RANKING OF KINGS

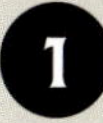

Story und Zeichnungen

SOUSUKE TOKA

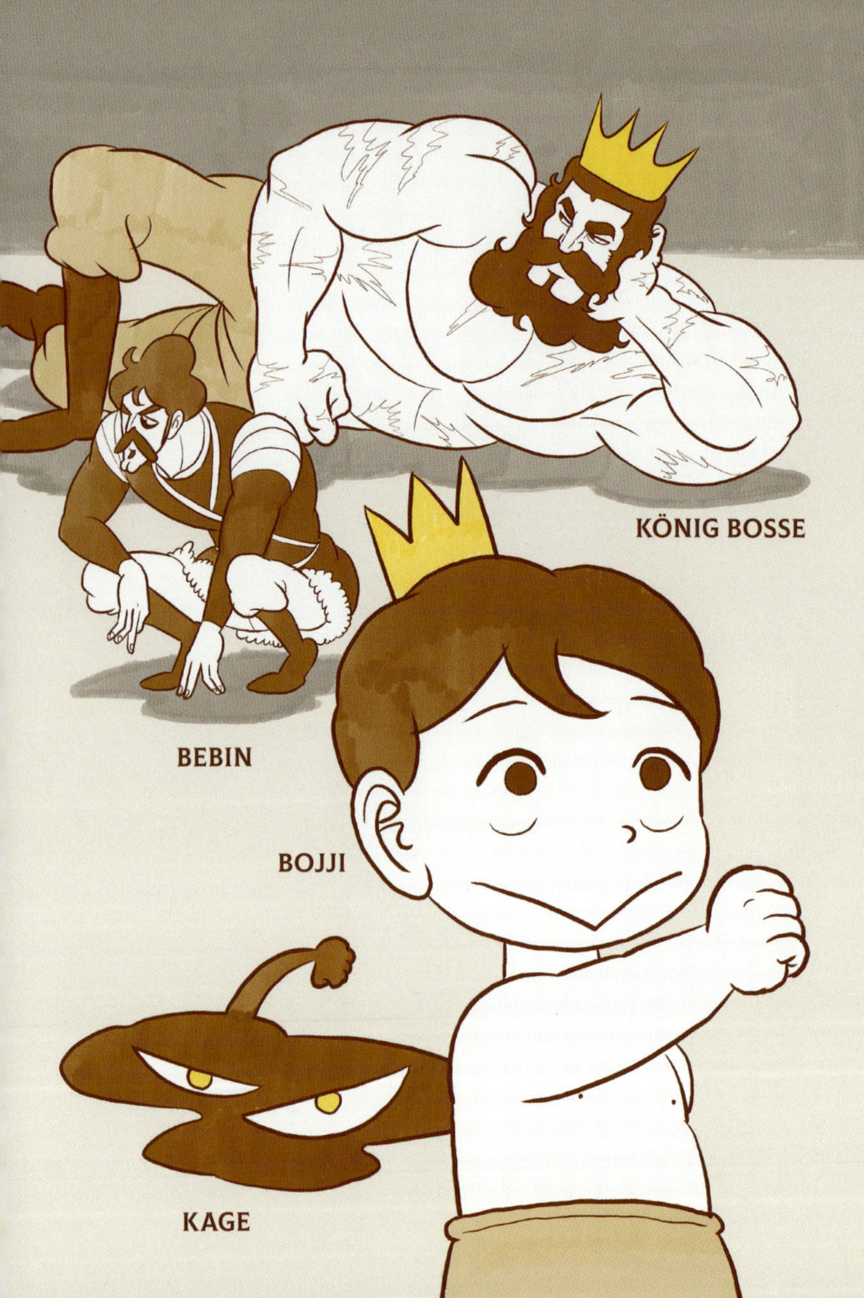
KÖNIG BOSSE
BEBIN
BOJJI
KAGE

CHARAKTERE

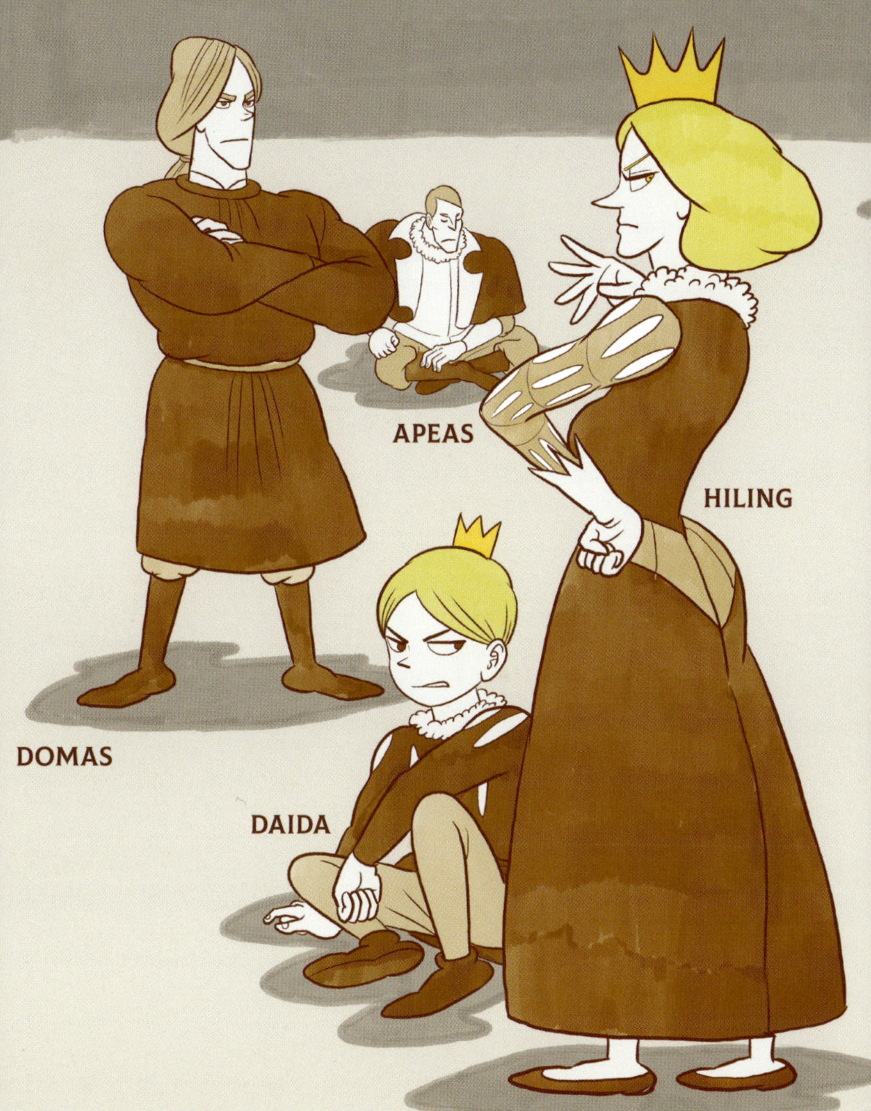

Story und Zeichnungen

SOUSUKE TOKA

Übersetzung

GYO ARAIWA

Lettering

ASTARTE DESIGN

INHALT

RANKING OF KINGS

BAND 1

1. KAPITEL

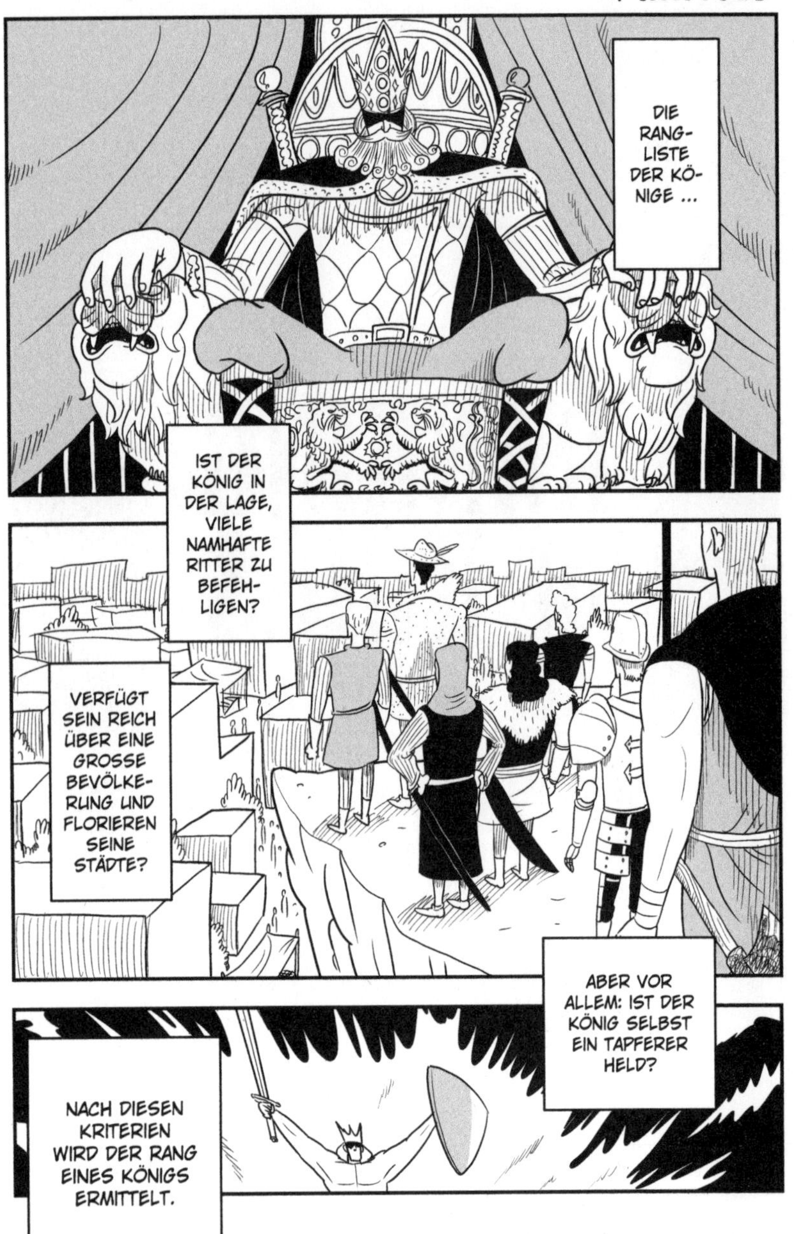
DIE RANGLISTE DER KÖNIGE ...
IST DER KÖNIG IN DER LAGE, VIELE NAMHAFTE RITTER ZU BEFEHLIGEN?
VERFÜGT SEIN REICH ÜBER EINE GROSSE BEVÖLKERUNG UND FLORIEREN SEINE STÄDTE?
ABER VOR ALLEM: IST DER KÖNIG SELBST EIN TAPFERER HELD?
NACH DIESEN KRITERIEN WIRD DER RANG EINES KÖNIGS ERMITTELT.

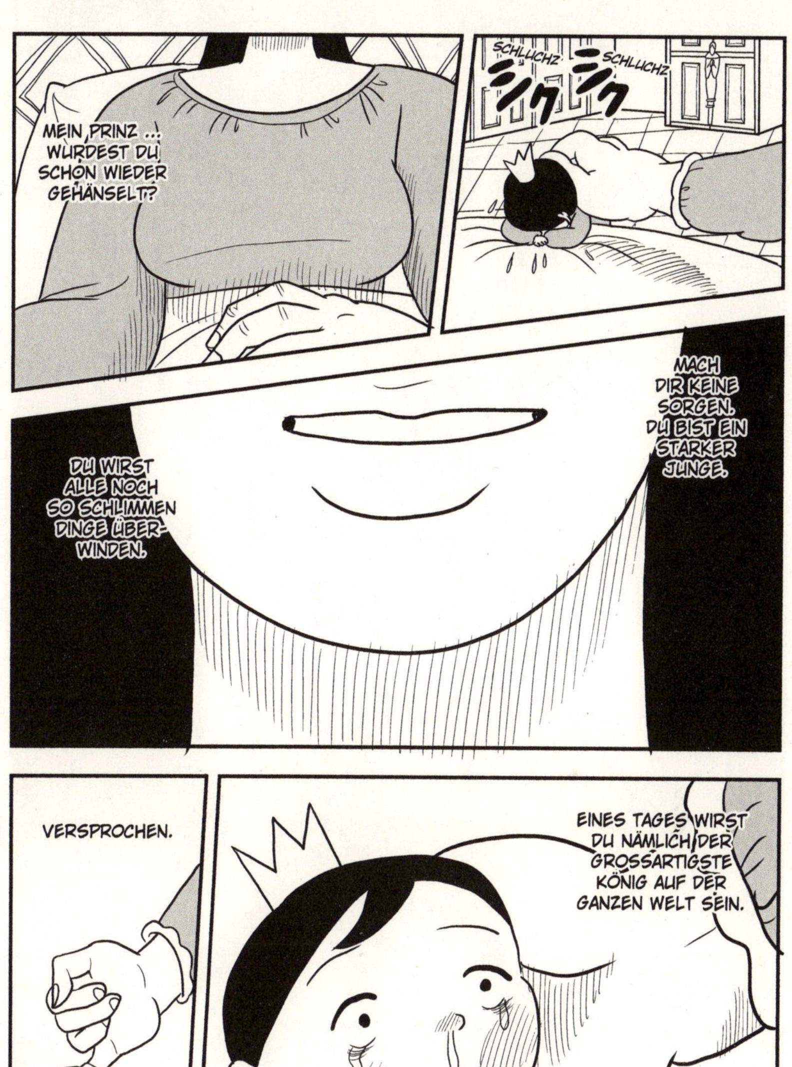
SCHLUCHZ
シク
SCHLUCHZ
シク
MEIN PRINZ ... WURDEST DU SCHON WIEDER GEHÄNSELT?
MACH DIR KEINE SORGEN. DU BIST EIN STARKER JUNGE.
DU WIRST ALLE NOCH SO SCHLIMMEN DINGE ÜBER-WINDEN.
EINES TAGES WIRST DU NÄMLICH DER GROSSARTIGSTE KÖNIG AUF DER GANZEN WELT SEIN.
VERSPROCHEN.

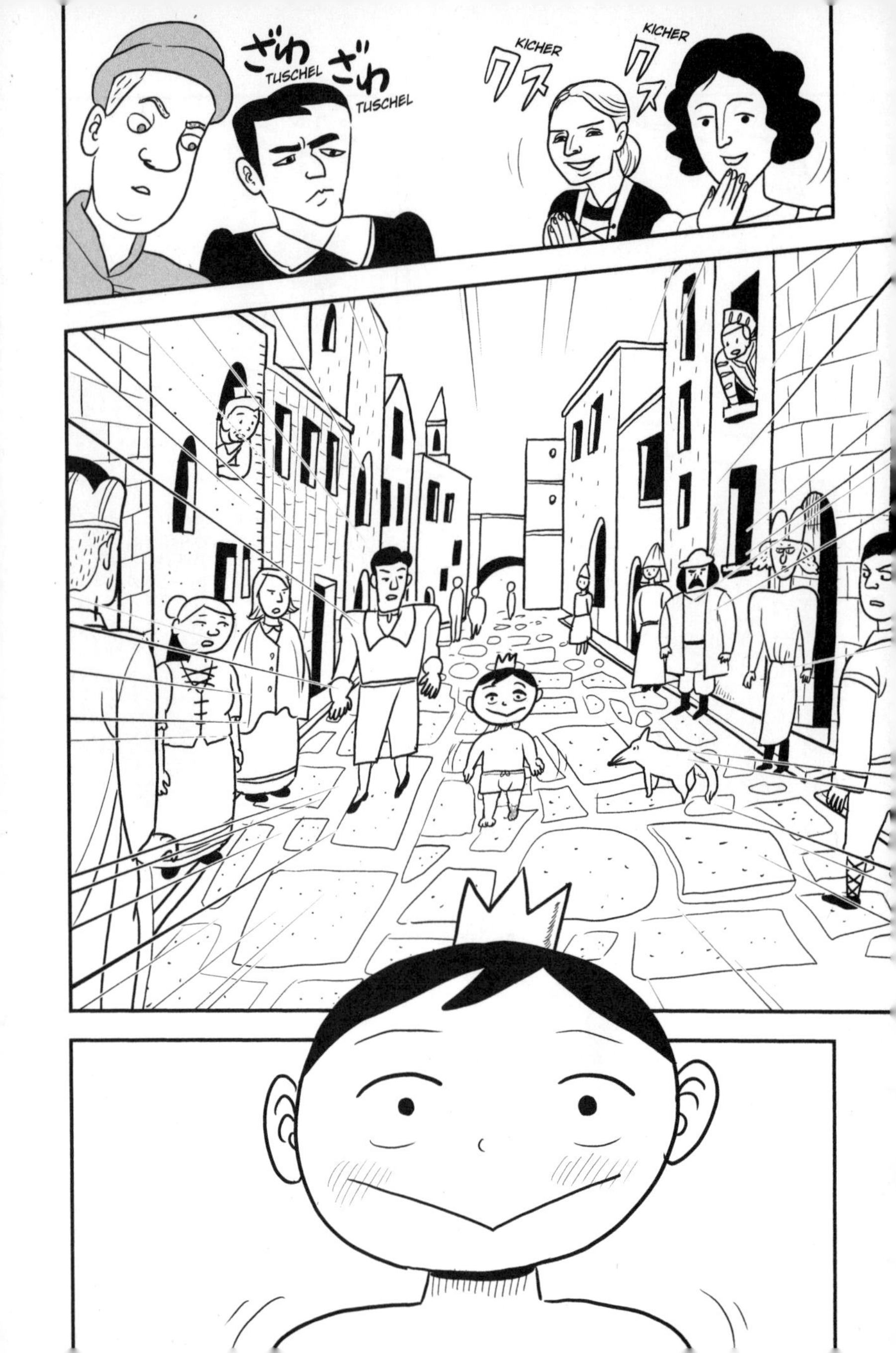
ざわ
TUSCHEL
ざわ
TUSCHEL
KICHER
クス
KICHER
クス

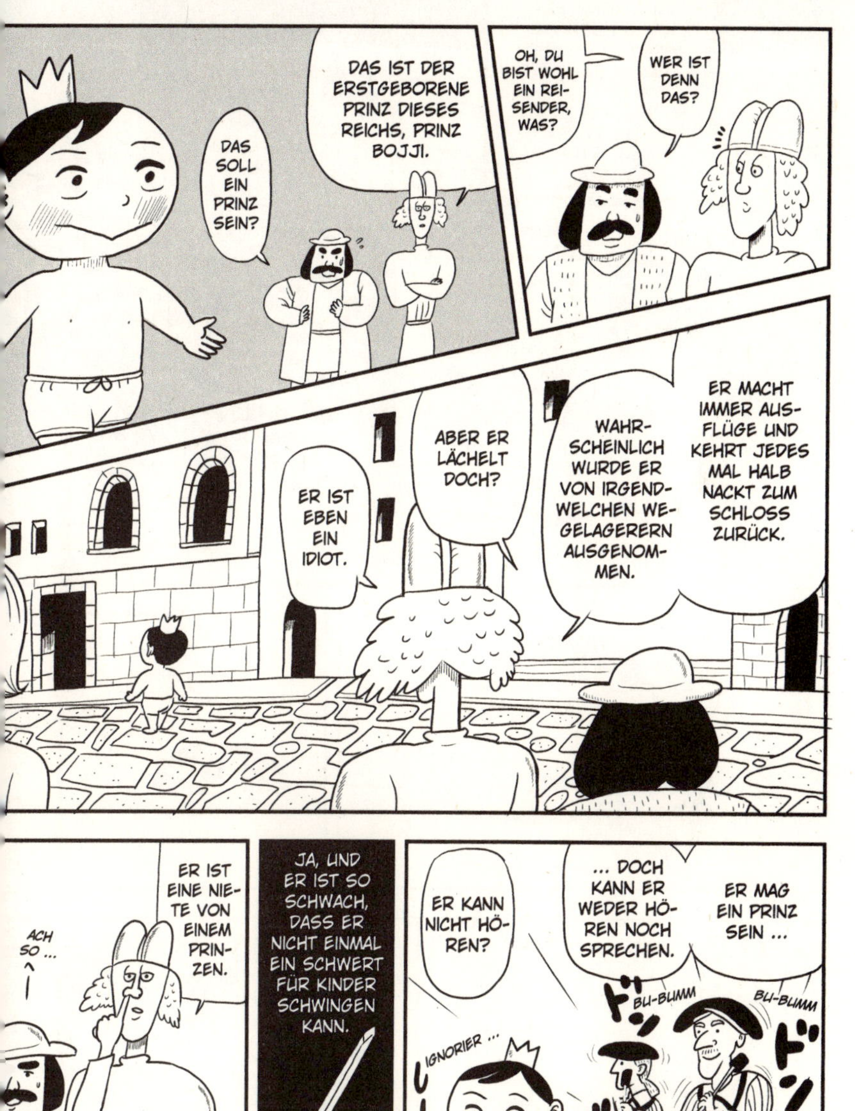
WER IST DENN DAS?
OH, DU BIST WOHL EIN REISENDER, WAS?
DAS IST DER ERSTGEBORENE PRINZ DIESES REICHS, PRINZ BOJJI.
DAS SOLL EIN PRINZ SEIN?
ER MACHT IMMER AUSFLÜGE UND KEHRT JEDES MAL HALB NACKT ZUM SCHLOSS ZURÜCK.
WAHRSCHEINLICH WURDE ER VON IRGENDWELCHEN WEGELAGERERN AUSGENOMMEN.
ABER ER LÄCHELT DOCH?
ER IST EBEN EIN IDIOT.
ER MAG EIN PRINZ SEIN ...
... DOCH KANN ER WEDER HÖREN NOCH SPRECHEN.
ER KANN NICHT HÖREN?
BU-BUMM
BU-BUMM
BU-BUMM
BU-BUMM
IGNORIER ...
JA, UND ER IST SO SCHWACH, DASS ER NICHT EINMAL EIN SCHWERT FÜR KINDER SCHWINGEN KANN.
ER IST EINE NIETE VON EINEM PRINZEN.
ACH SO ...

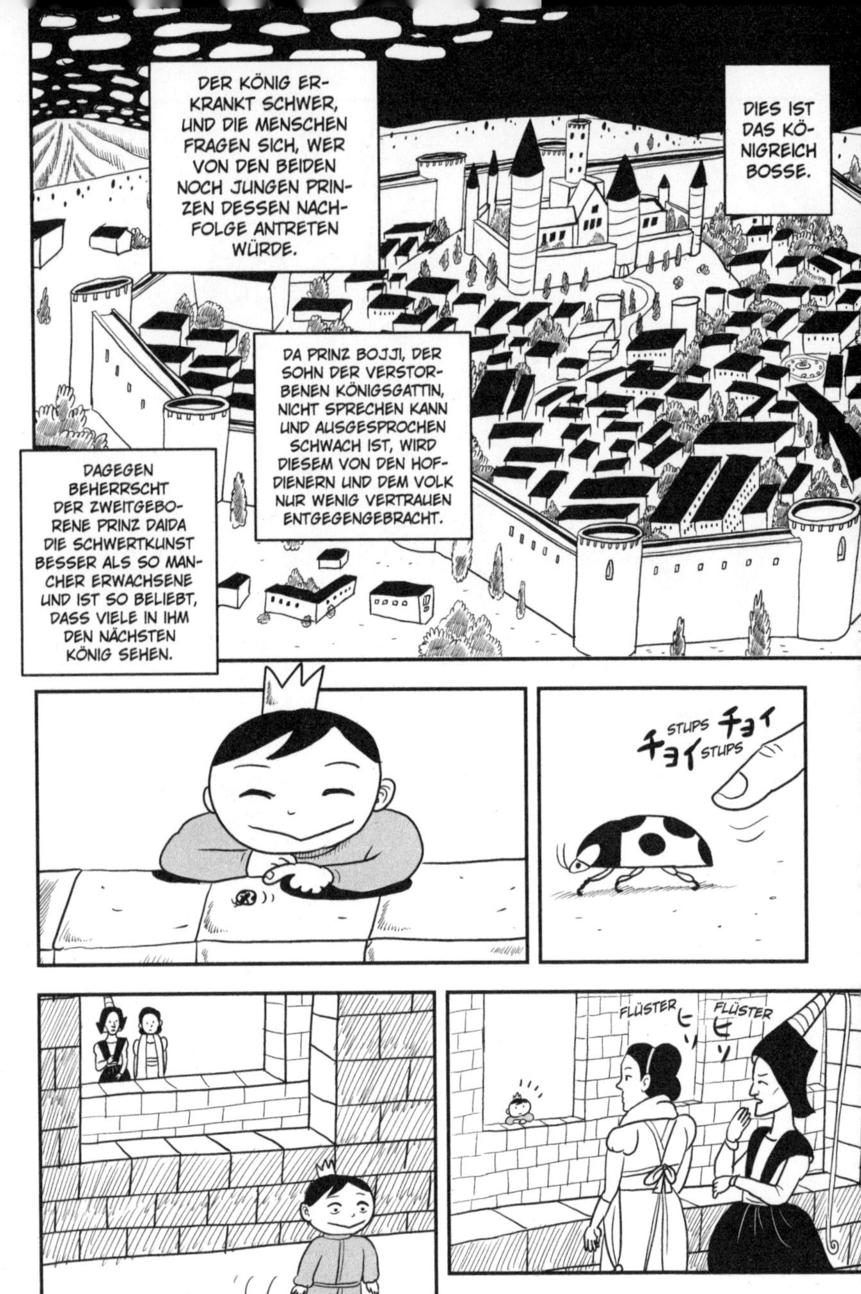
DIES IST DAS KÖNIGREICH BOSSE.
DER KÖNIG ERKRANKT SCHWER, UND DIE MENSCHEN FRAGEN SICH, WER VON DEN BEIDEN NOCH JUNGEN PRINZEN DESSEN NACHFOLGE ANTRETEN WÜRDE.
DA PRINZ BOJJI, DER SOHN DER VERSTORBENEN KÖNIGSGATTIN, NICHT SPRECHEN KANN UND AUSGESPROCHEN SCHWACH IST, WIRD DIESEM VON DEN HOFDIENERN UND DEM VOLK NUR WENIG VERTRAUEN ENTGEGENGEBRACHT.
DAGEGEN BEHERRSCHT DER ZWEITGEBORENE PRINZ DAIDA DIE SCHWERTKUNST BESSER ALS SO MANCHER ERWACHSENE UND IST SO BELIEBT, DASS VIELE IN IHM DEN NÄCHSTEN KÖNIG SEHEN.
チョイ STUPS チョイ STUPS
FLÜSTER ヒソ FLÜSTER ヒソ

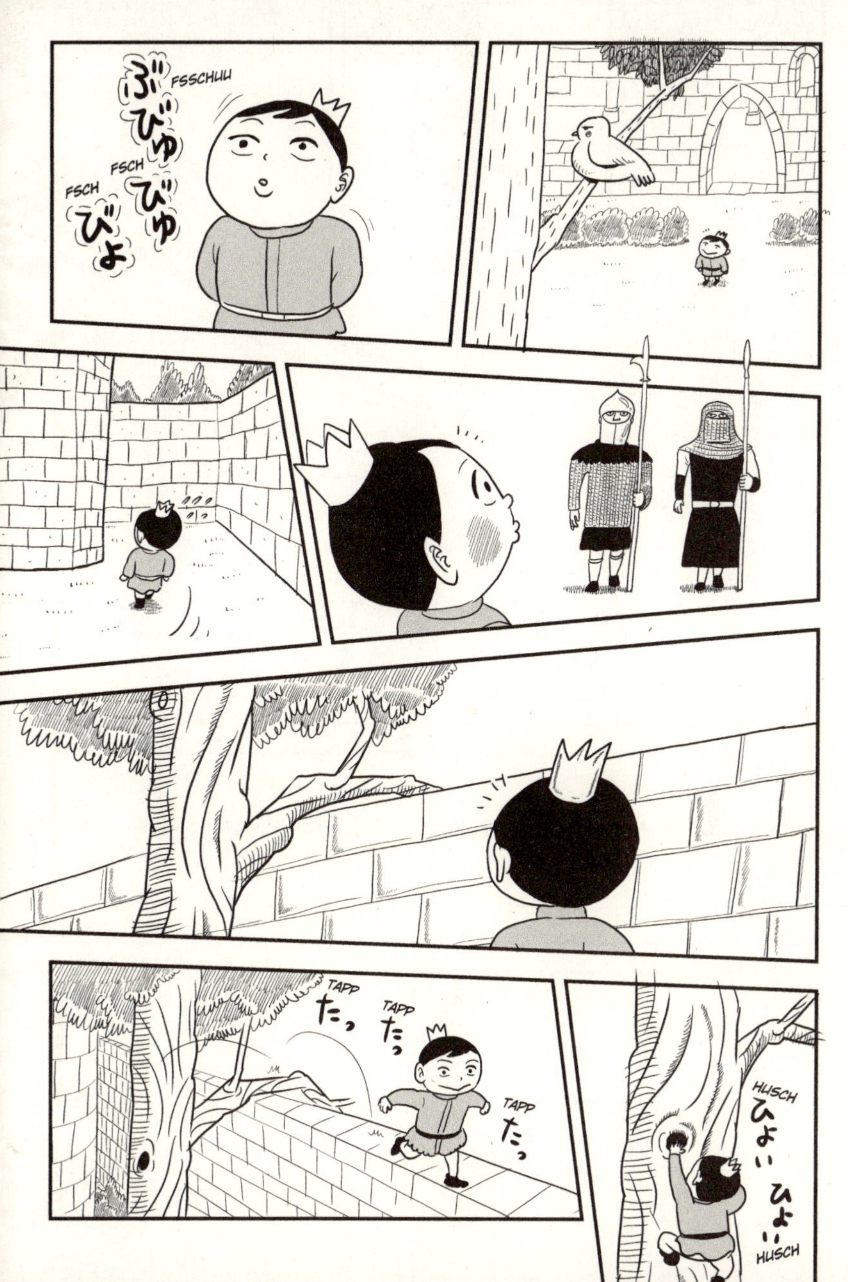
ぶ
FSSCHUU
びゅ
FSCH
びゅ
FSCH
びよ
TAPP
たっ
TAPP
たっ
TAPP
たっ
HUSCH
ひょい
ひょい
HUSCH

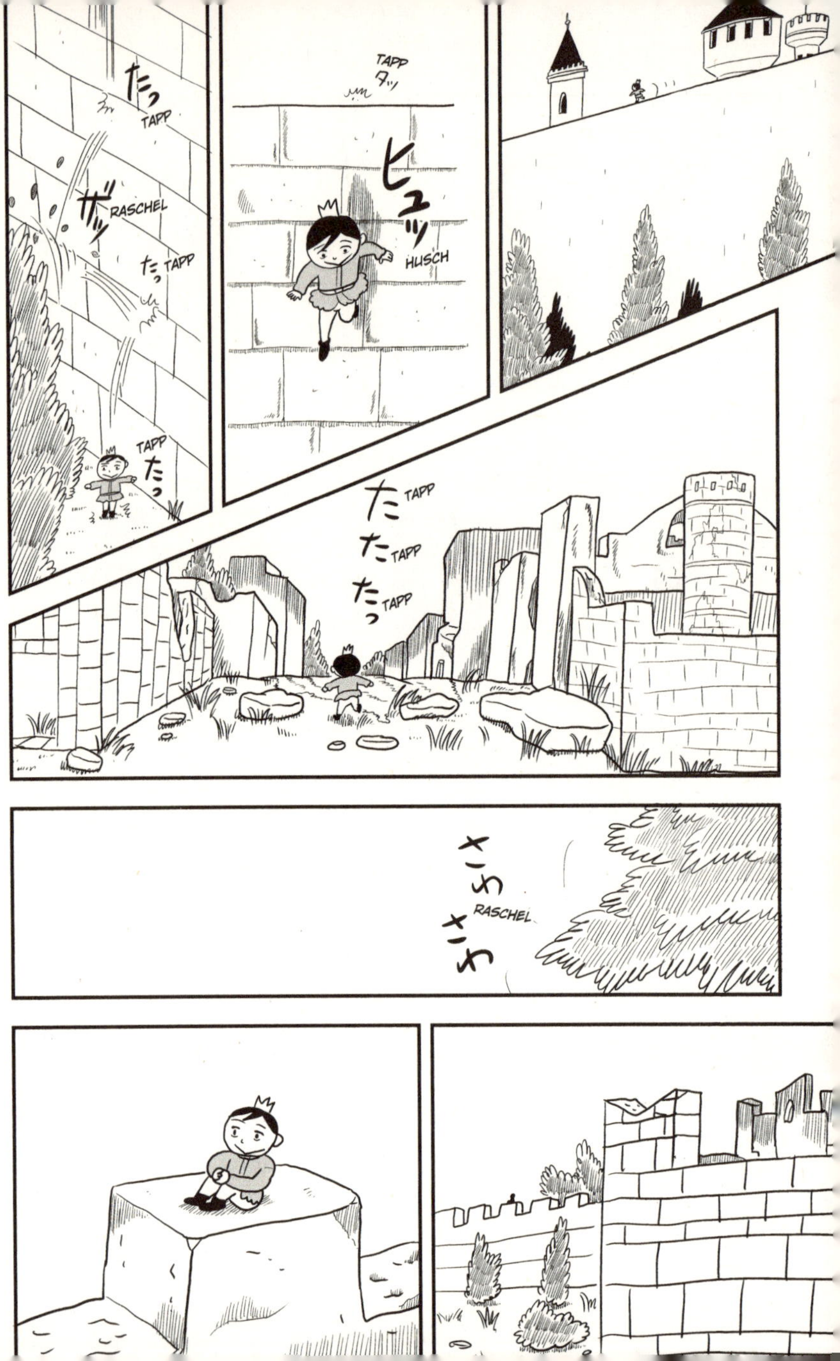

TAPP
タッ
ヒュッ
HUSCH
たっ
TAPP
ザッ
RASCHEL
たっ TAPP
TAPP
たっ
た TAPP
た TAPP
たっ TAPP
さわ
RASCHEL
さわ

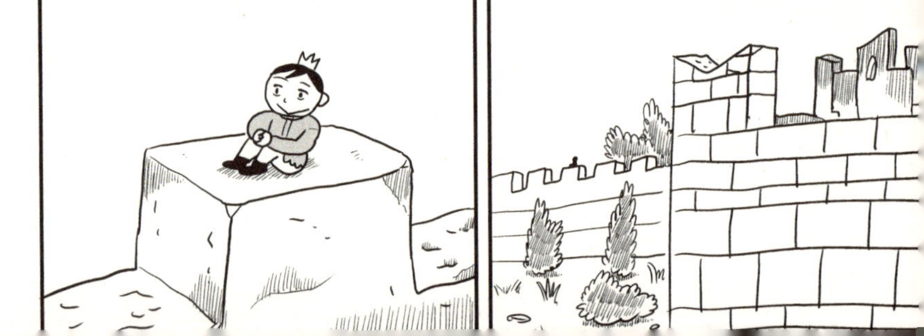

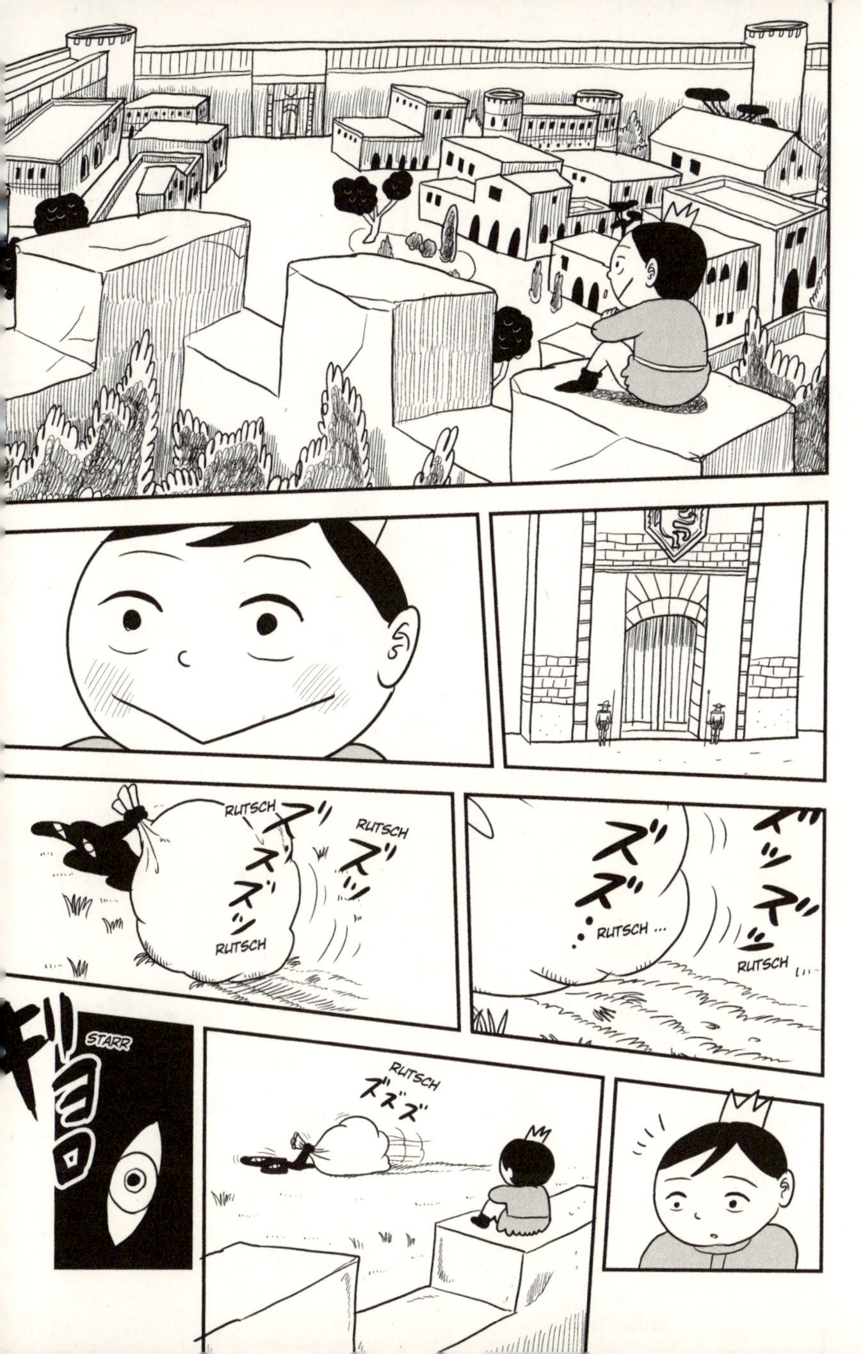
RUTSCH …
RUTSCH
RUTSCH
RUTSCH
RUTSCH
ズズズ
RUTSCH
ギョロ
STARR

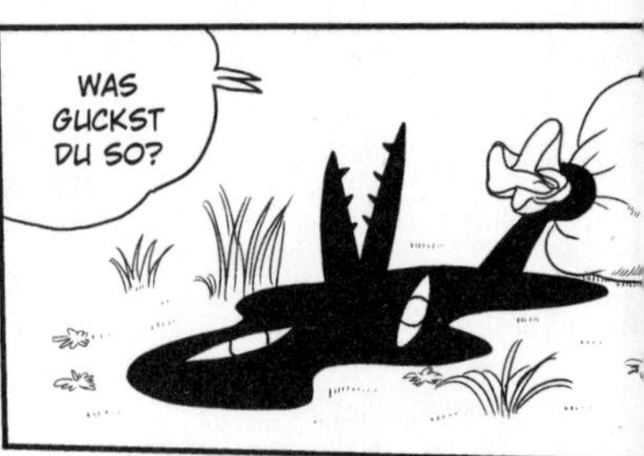
WAS GUCKST DU SO?

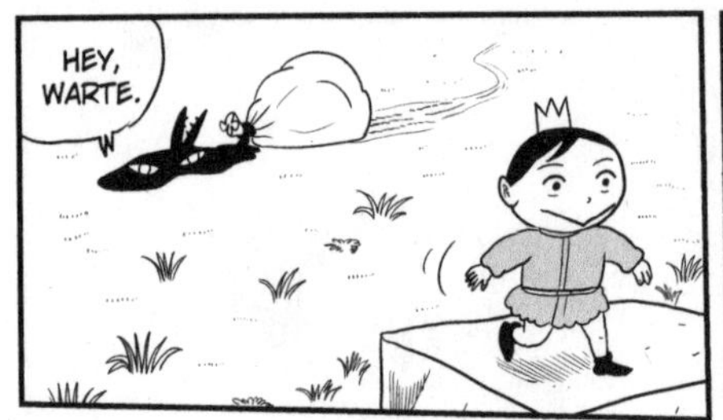
HEY, WARTE.

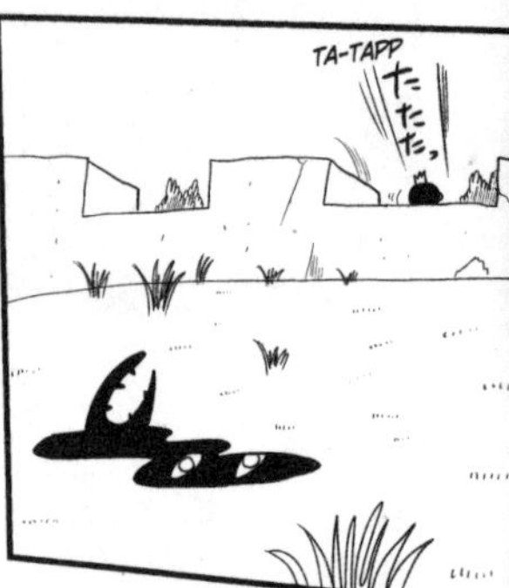
TA-TAPP
たたたっ

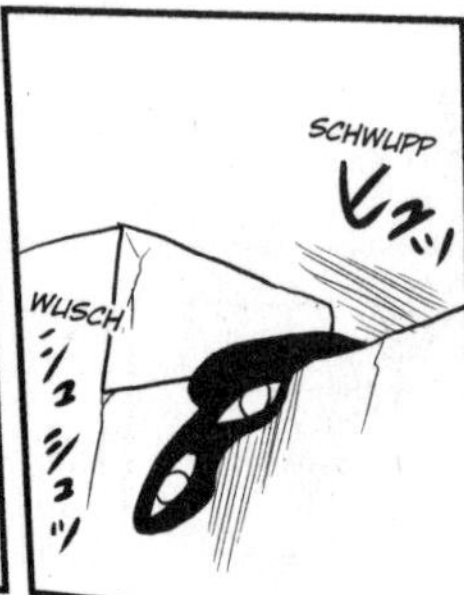
SCHWUPP
WUSCH

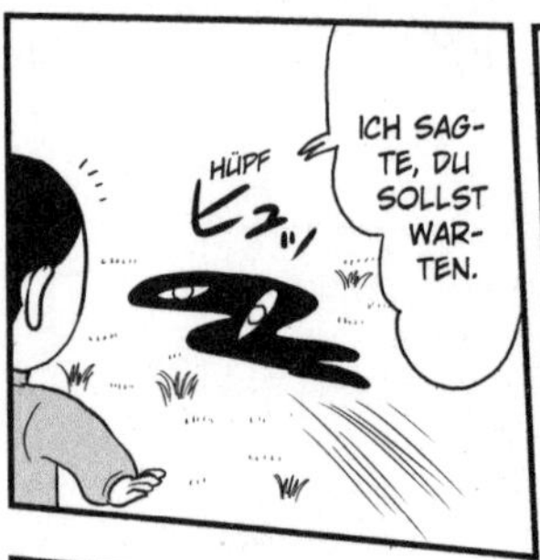
HÜPF
ICH SAGTE, DU SOLLST WARTEN.

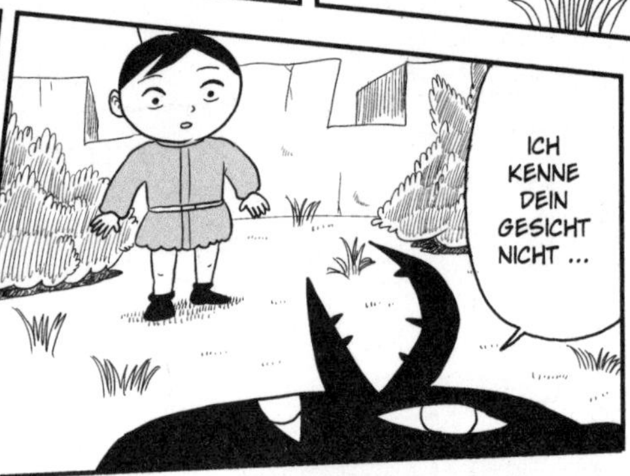
ICH KENNE DEIN GESICHT NICHT ...

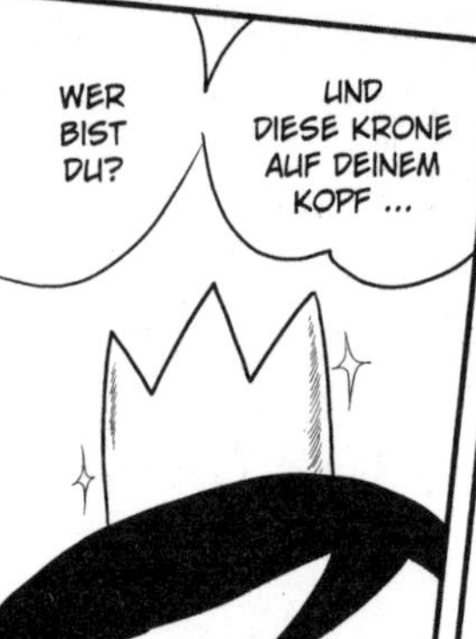
UND DIESE KRONE AUF DEINEM KOPF ...
WER BIST DU?

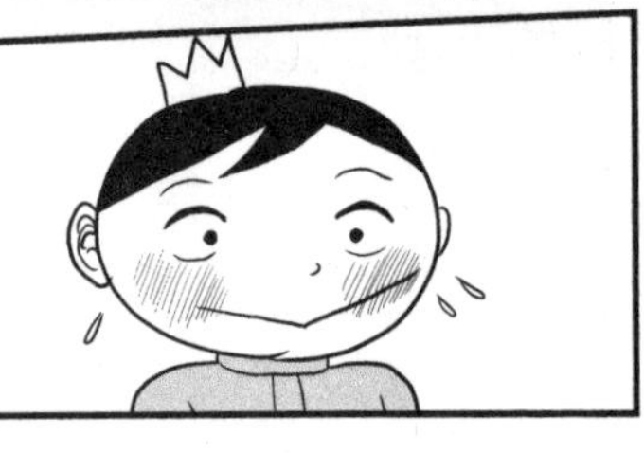

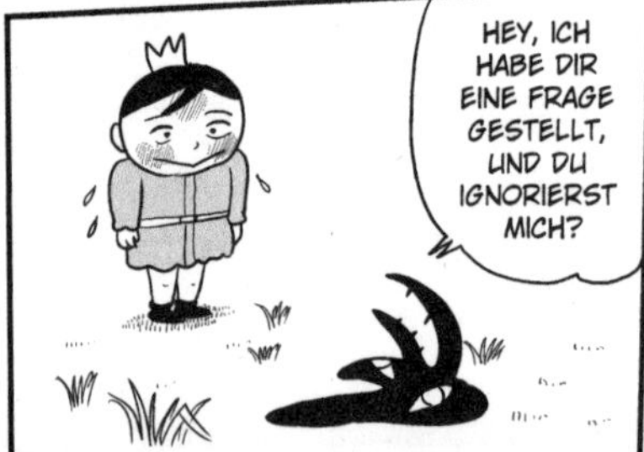
HEY, ICH HABE DIR EINE FRAGE GESTELLT, UND DU IGNORIERST MICH?

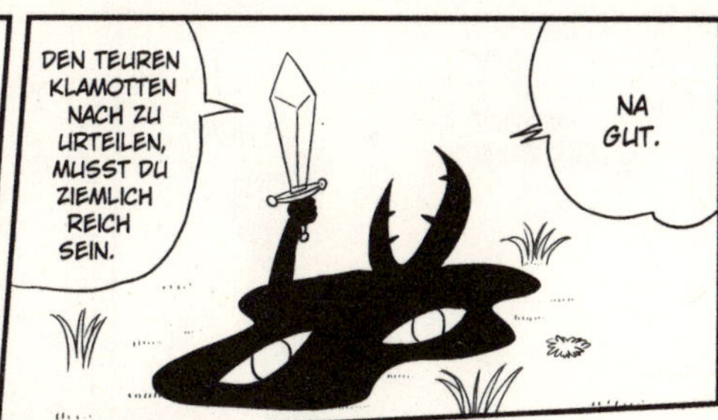
NA GUT.
DEN TEUREN KLAMOTTEN NACH ZU URTEILEN, MUSST DU ZIEMLICH REICH SEIN.

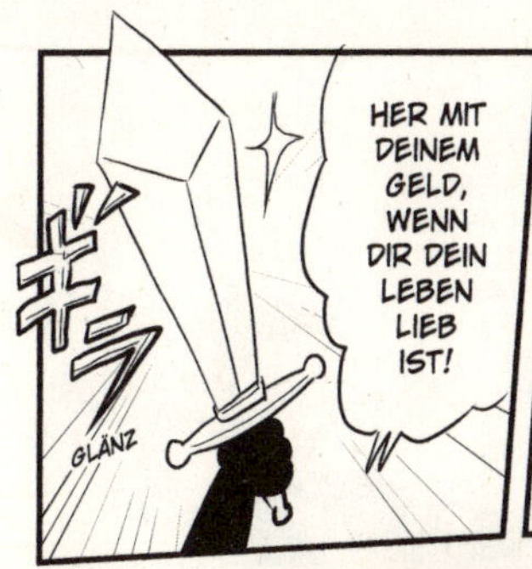
HER MIT DEINEM GELD, WENN DIR DEIN LEBEN LIEB IST!
ギラ
GLÄNZ

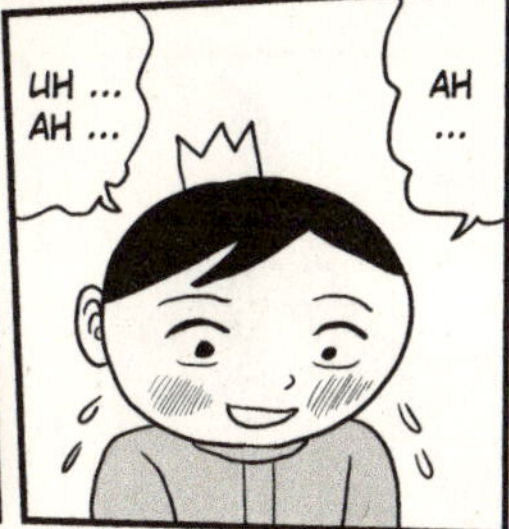
AH ...
UH ... AH ...

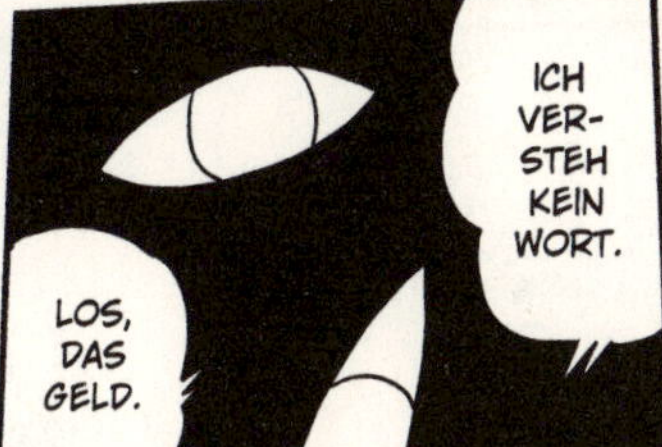
ICH VERSTEH KEIN WORT.
LOS, DAS GELD.

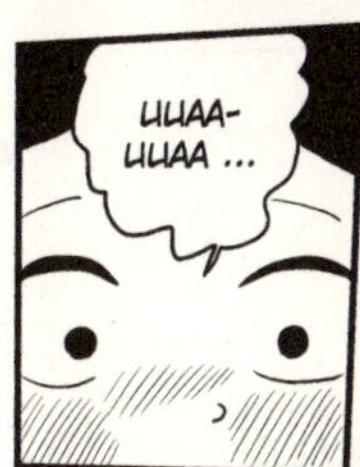
UUAA-UUAA ...

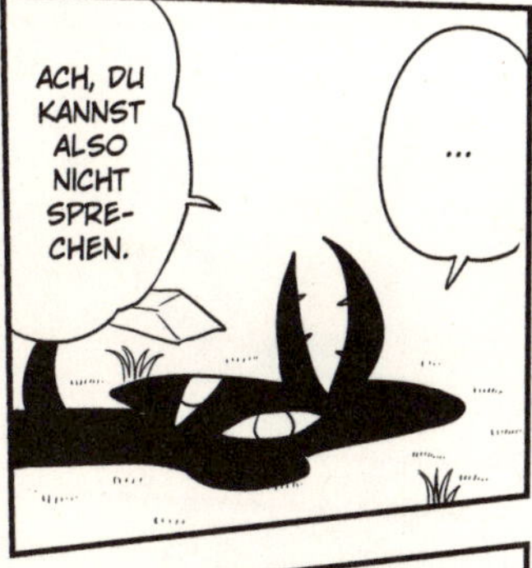
...
ACH, DU KANNST ALSO NICHT SPRECHEN.

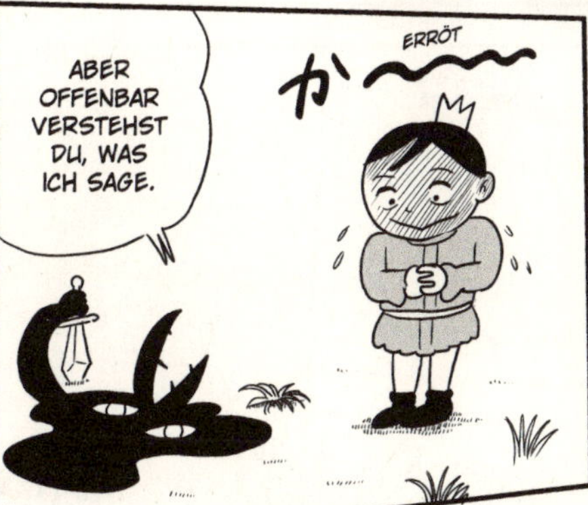
か
ERRÖT
ABER OFFENBAR VERSTEHST DU, WAS ICH SAGE.

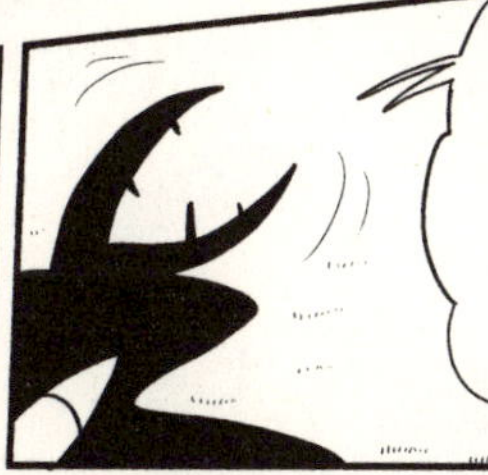
DU KANNST MEINE WORTE AN MEINEN LIPPENBEWEGUNGEN ABLESEN. DAS MUSS DAS SEIN, WAS „LIPPENLESEN" GENANNT WIRD.

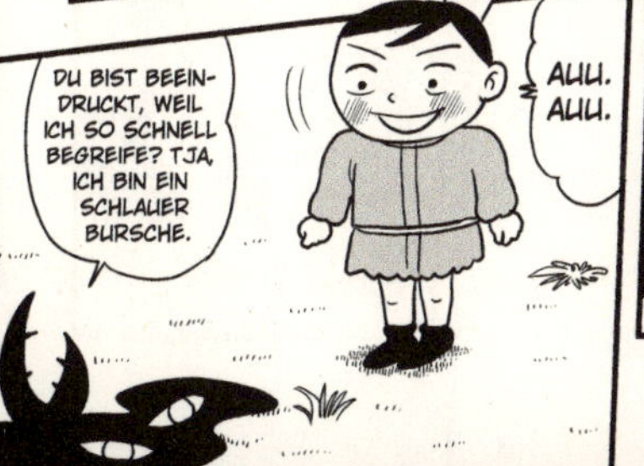
AUU. AUU.
DU BIST BEEINDRUCKT, WEIL ICH SO SCHNELL BEGREIFE? TJA, ICH BIN EIN SCHLAUER BURSCHE.

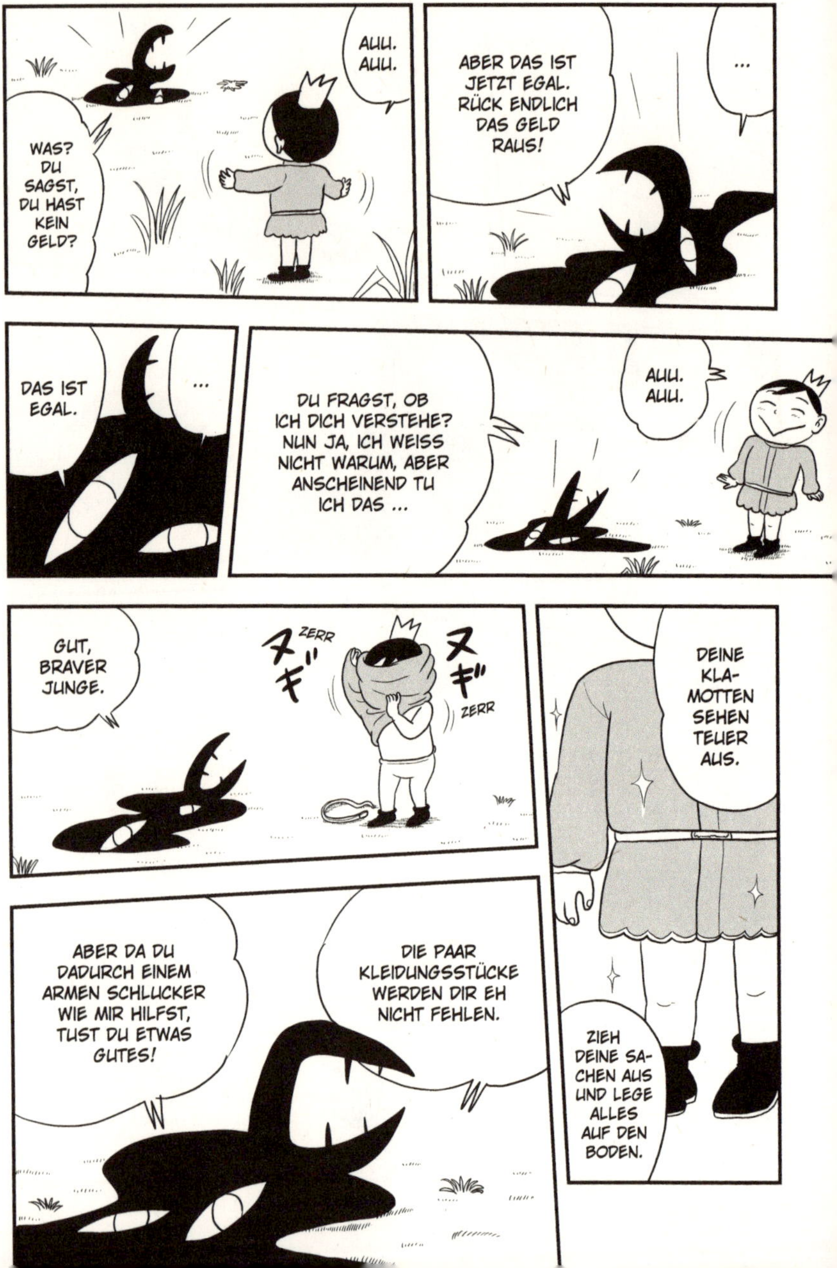

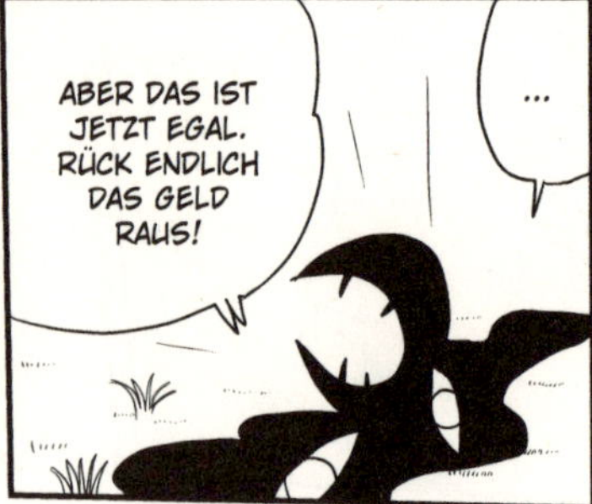

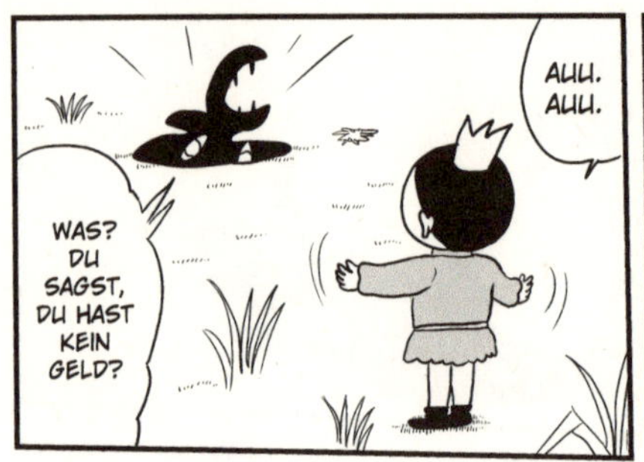

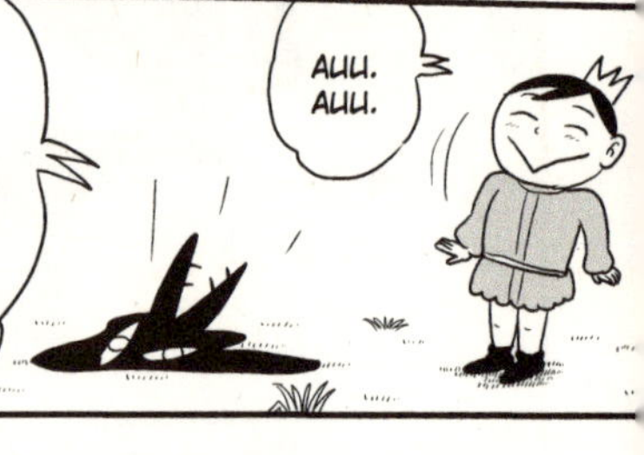

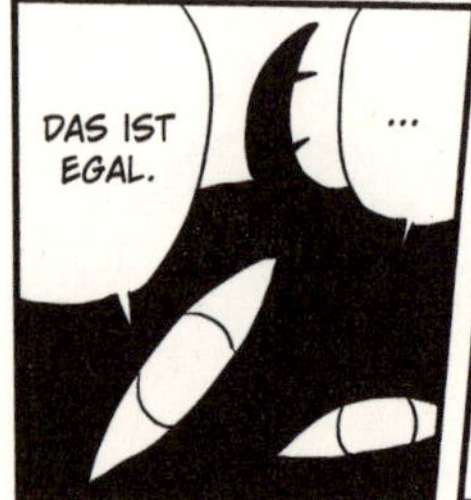

DEINE KLA-MOTTEN SEHEN TEUER AUS.

ZIEH DEINE SA-CHEN AUS UND LEGE ALLES AUF DEN BODEN.

ヌギ ZERR

ヌギ ZERR

GUT, BRAVER JUNGE.

DIE PAAR KLEIDUNGSSTÜCKE WERDEN DIR EH NICHT FEHLEN.

ABER DA DU DADURCH EINEM ARMEN SCHLUCKER WIE MIR HILFST, TUST DU ETWAS GUTES!

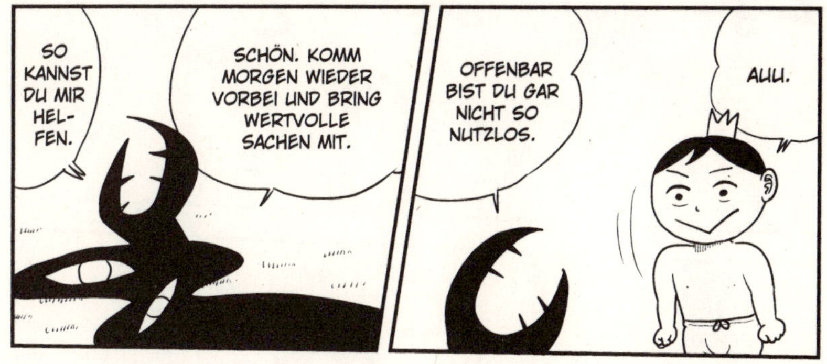
AUU.
OFFENBAR BIST DU GAR NICHT SO NUTZLOS.
SCHÖN. KOMM MORGEN WIEDER VORBEI UND BRING WERTVOLLE SACHEN MIT.
SO KANNST DU MIR HEL-FEN.

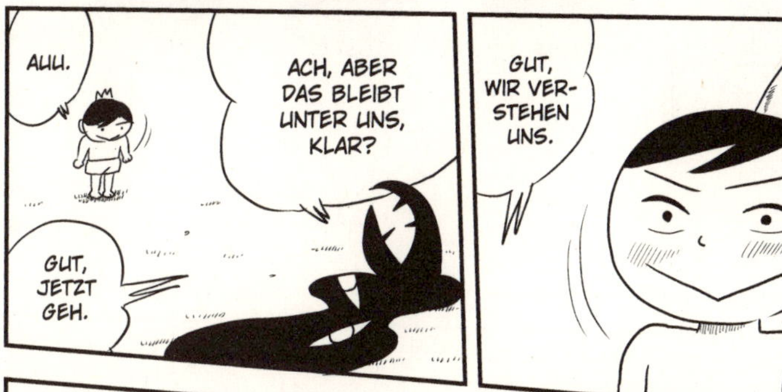
AUU.
GUT, WIR VER-STEHEN UNS.
ACH, ABER DAS BLEIBT UNTER UNS, KLAR?
AUU.
GUT, JETZT GEH.

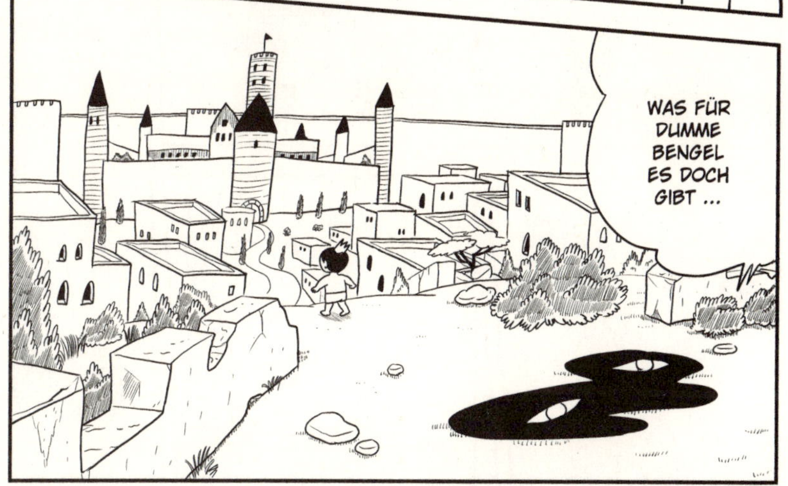
WAS FÜR DUMME BENGEL ES DOCH GIBT ...

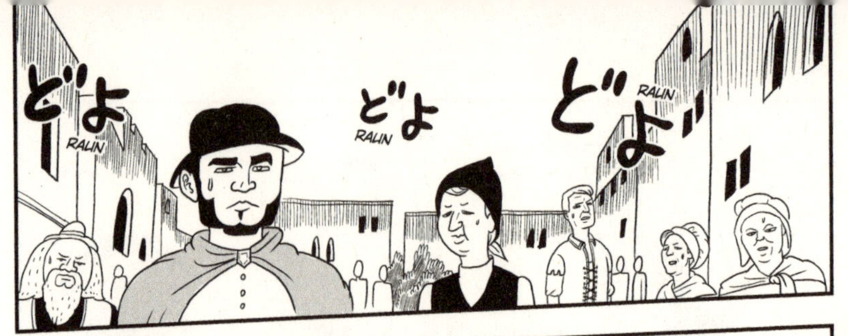
どよ
RAUN
どよ
RAUN
どよ
RAUN

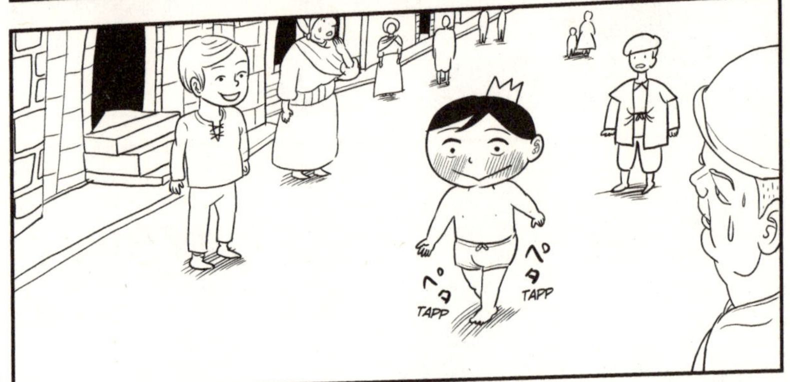
ペタ
TAPP
ペタ
TAPP

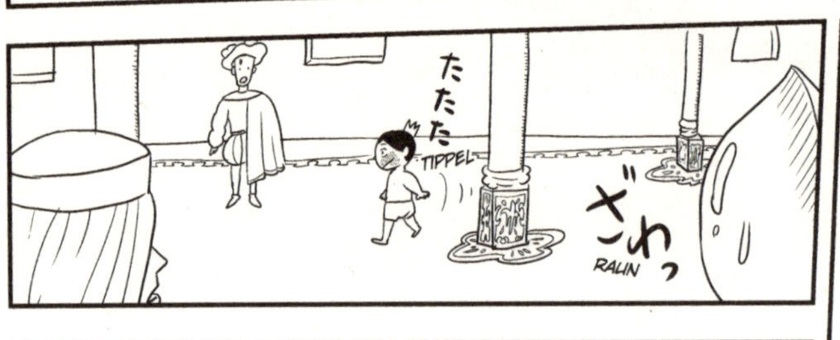
たたた
TIPPEL
ざわっ
RAUN

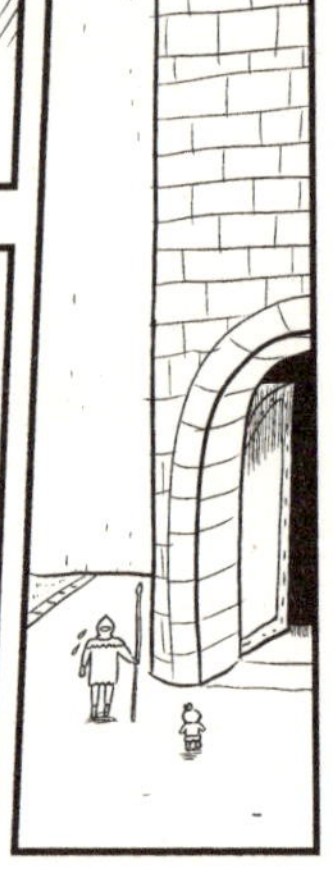

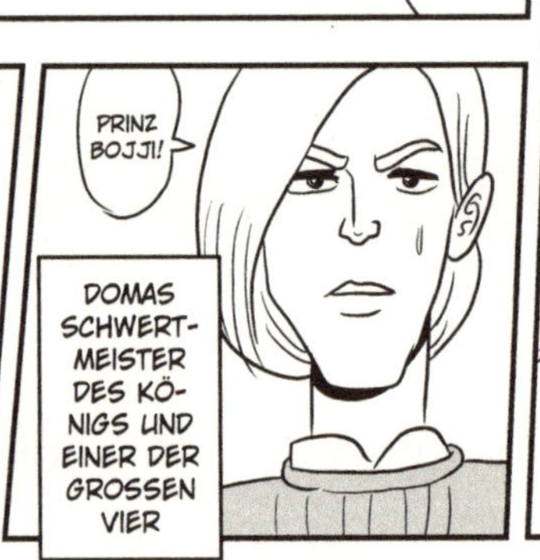
PRINZ BOJJI!
DOMAS SCHWERT-MEISTER DES KÖNIGS UND EINER DER GROSSEN VIER

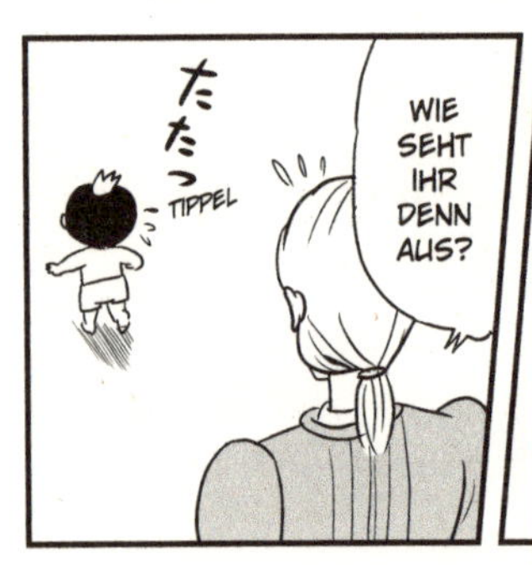
WIE SEHT IHR DENN AUS?
たたっ
TIPPEL

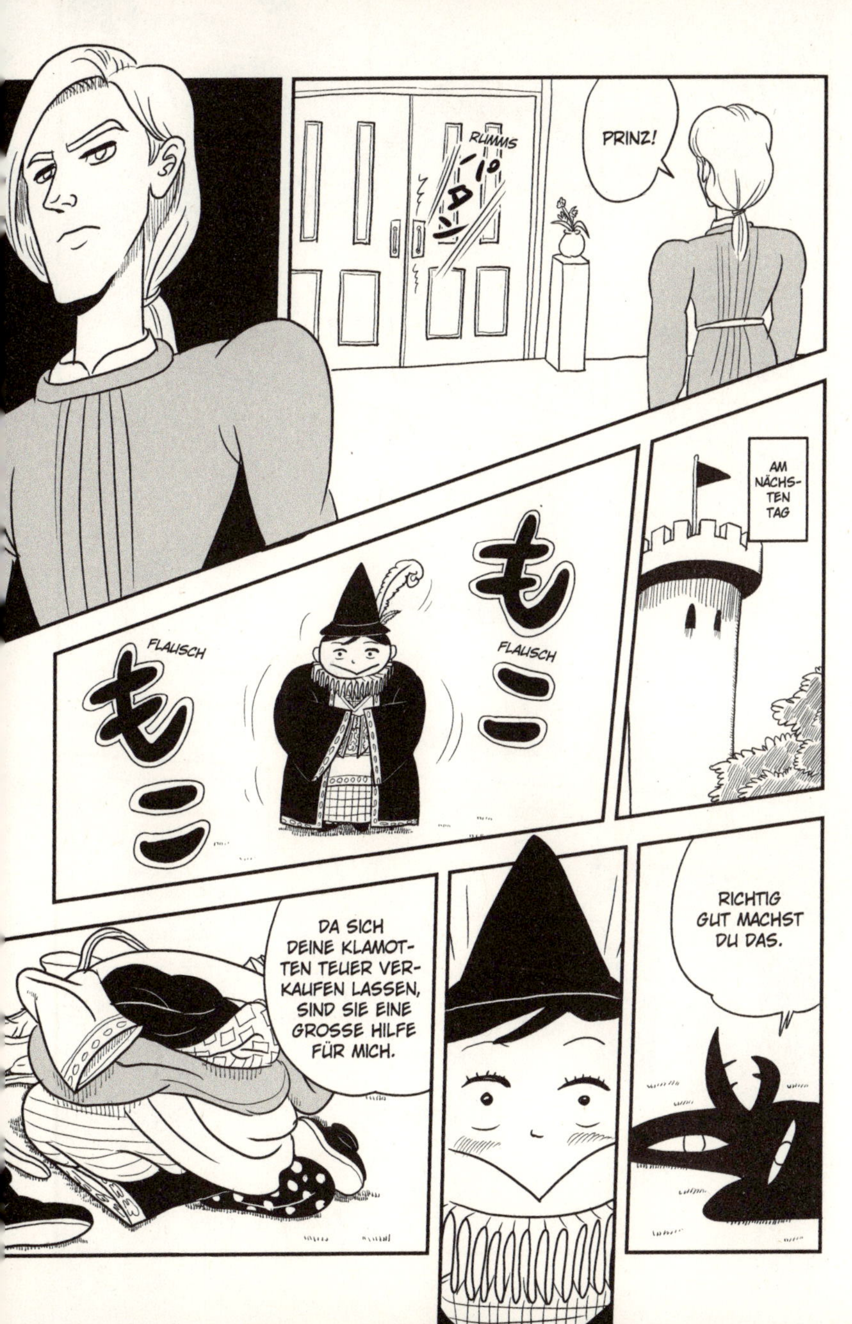

PRINZ!
RUMMS
AM NÄCHS-TEN TAG
FLAUSCH
FLAUSCH
RICHTIG GUT MACHST DU DAS.
DA SICH DEINE KLAMOTTEN TEUER VERKAUFEN LASSEN, SIND SIE EINE GROSSE HILFE FÜR MICH.

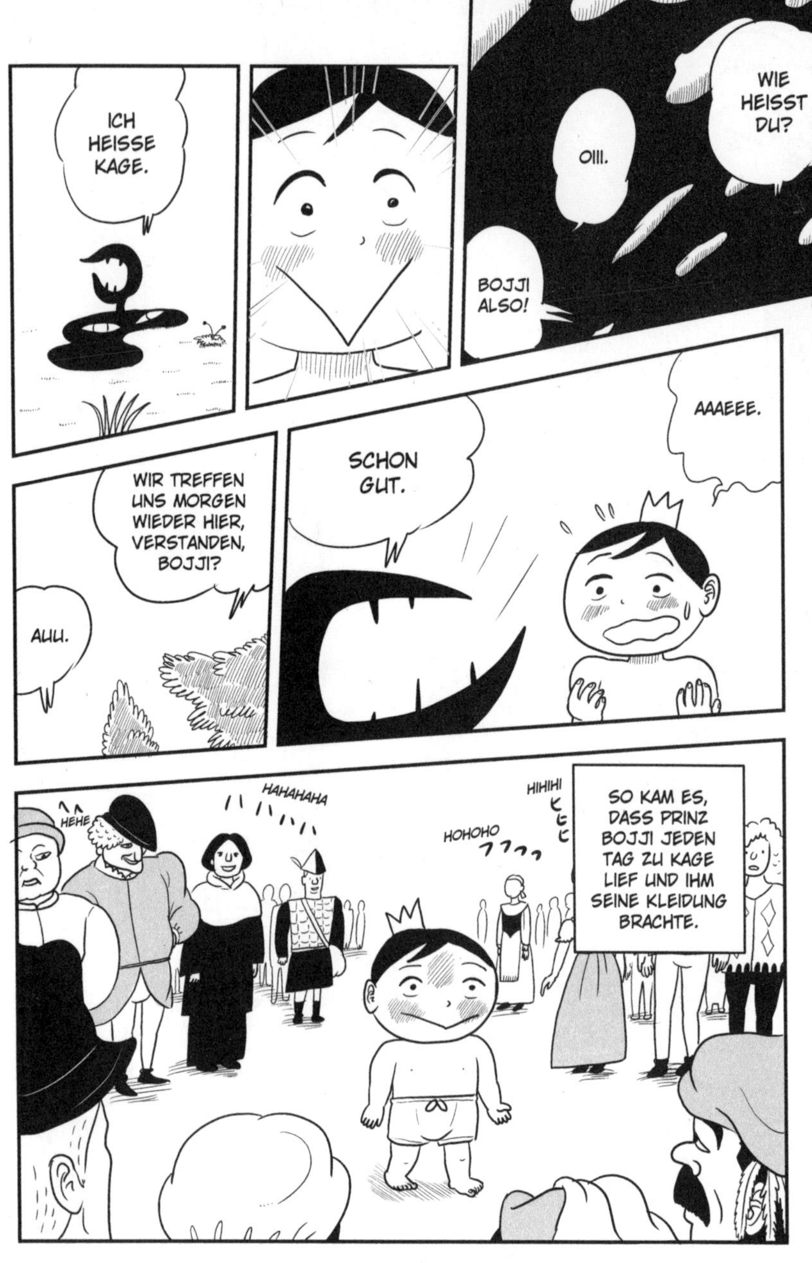
WIE HEISST DU?
OIII.
BOJJI ALSO!
ICH HEISSE KAGE.
AAAEEE.
SCHON GUT.
WIR TREFFEN UNS MORGEN WIEDER HIER, VERSTANDEN, BOJJI?
AUU.
SO KAM ES, DASS PRINZ BOJJI JEDEN TAG ZU KAGE LIEF UND IHM SEINE KLEIDUNG BRACHTE.
HIHIHI
HOHOHO
HAHAHAHA
HEHE

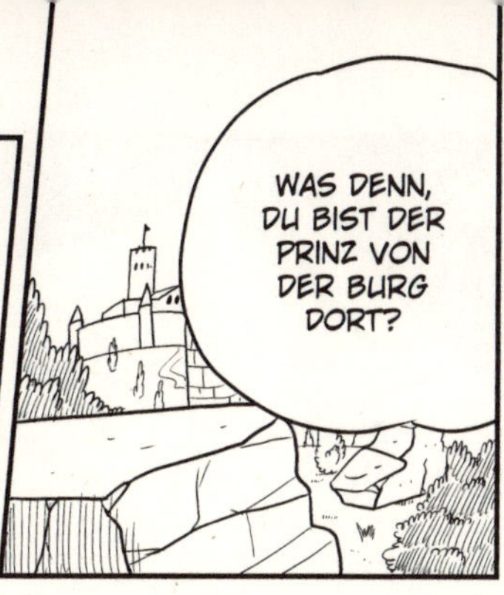
WAS DENN, DU BIST DER PRINZ VON DER BURG DORT?

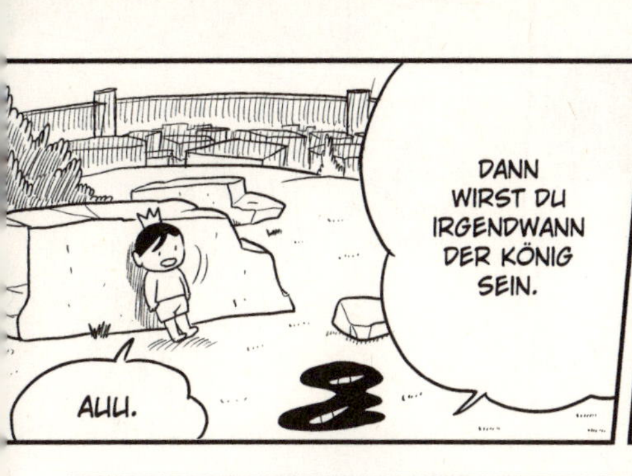
DANN WIRST DU IRGENDWANN DER KÖNIG SEIN.
AUU.

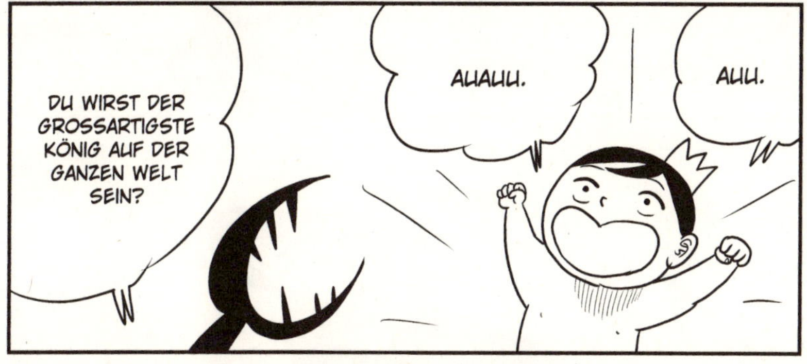
AUU.
AUAUU.
DU WIRST DER GROSSARTIGSTE KÖNIG AUF DER GANZEN WELT SEIN?

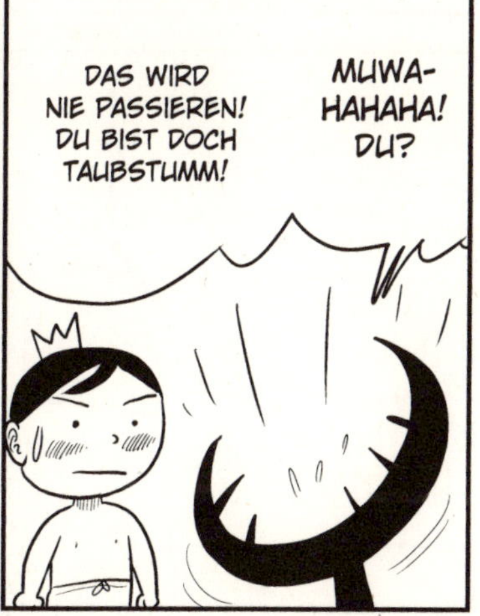
MUWA-HAHAHA! DU?
DAS WIRD NIE PASSIEREN! DU BIST DOCH TAUBSTUMM!

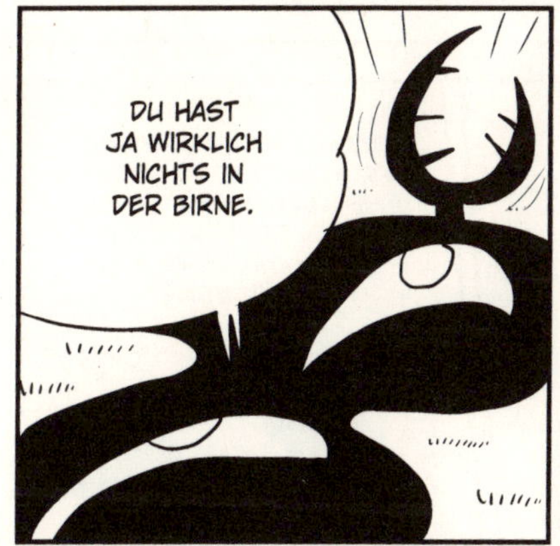
DU HAST JA WIRKLICH NICHTS IN DER BIRNE.

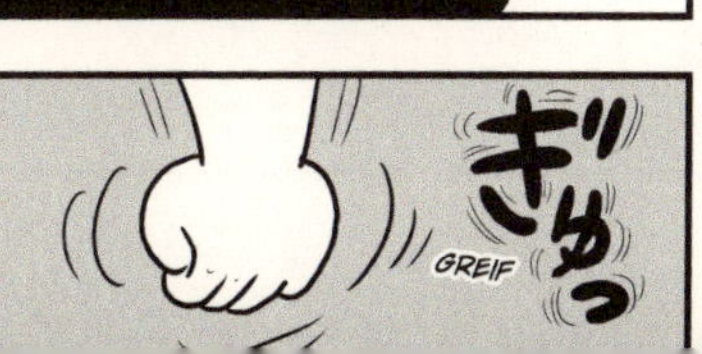
ぎゅっ
GREIF

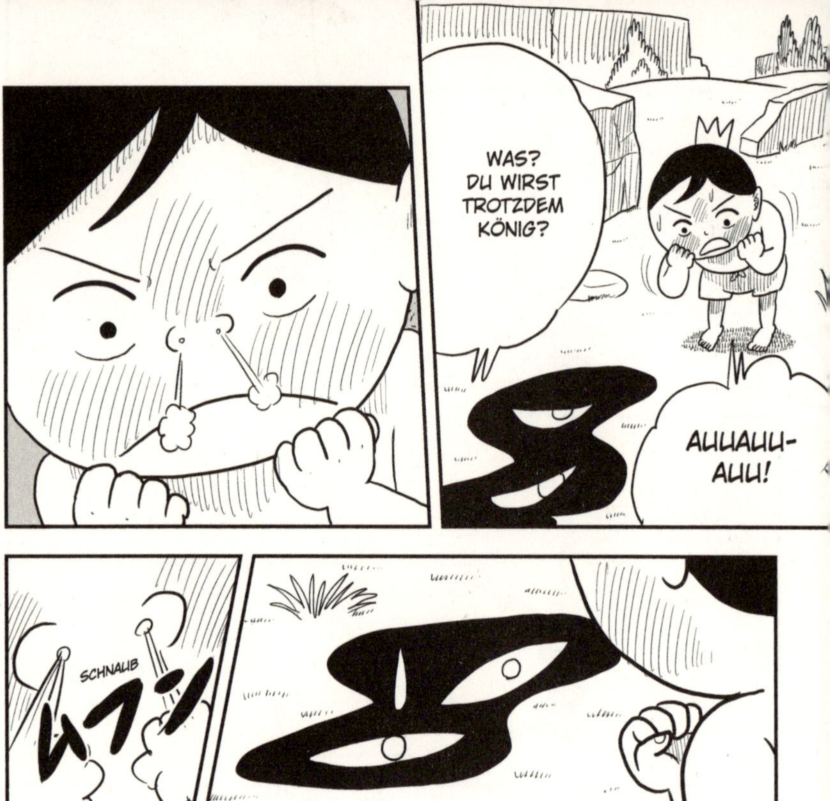

WAS? DU WIRST TROTZDEM KÖNIG?
AUUAUU-AUU!

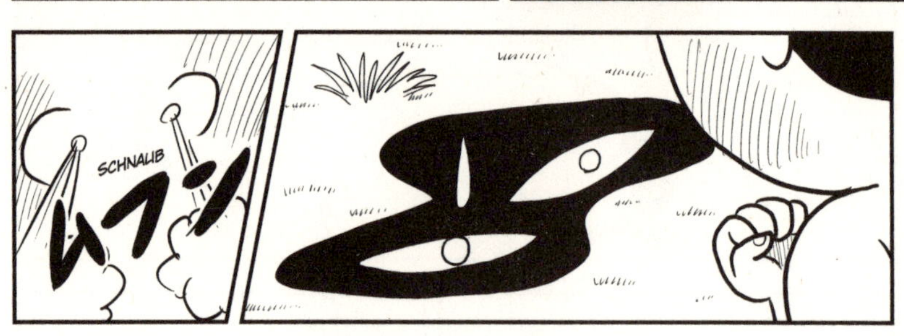

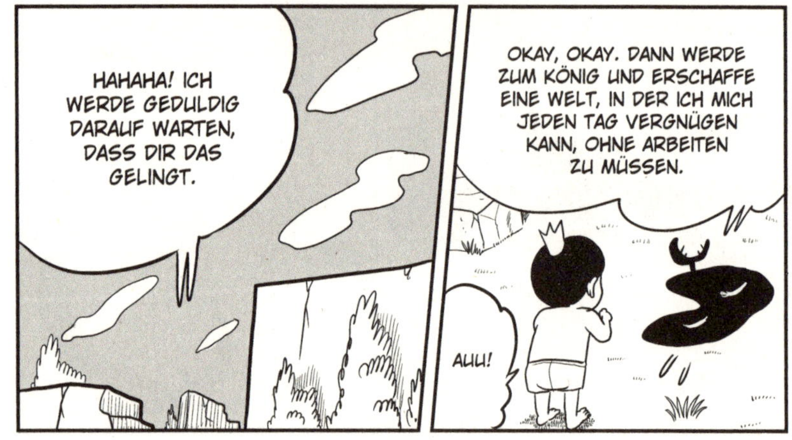

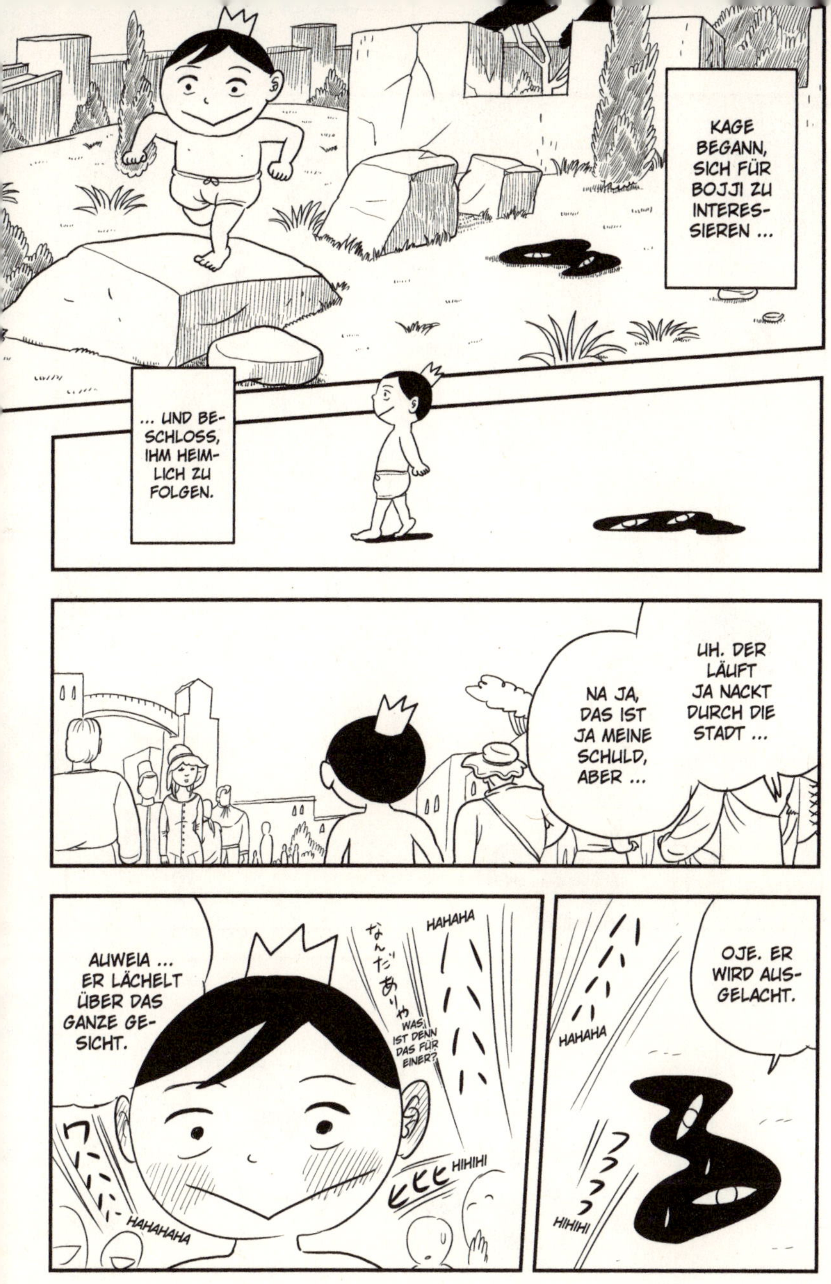

KAGE BEGANN, SICH FÜR BOJJI ZU INTERESSIEREN ...

... UND BESCHLOSS, IHM HEIMLICH ZU FOLGEN.

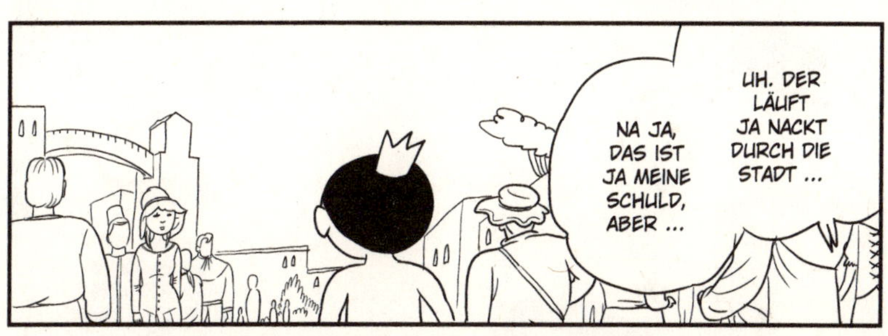

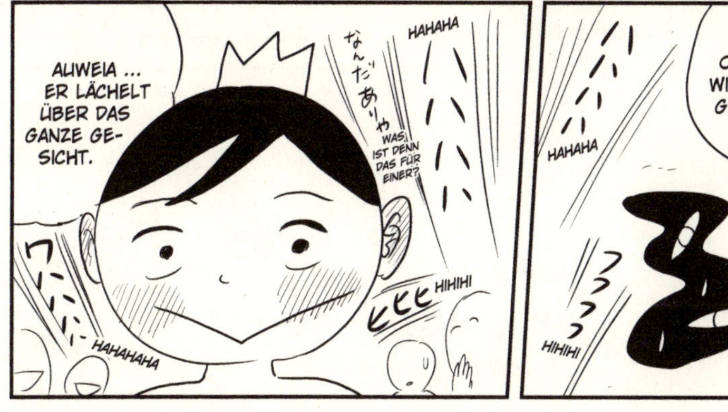

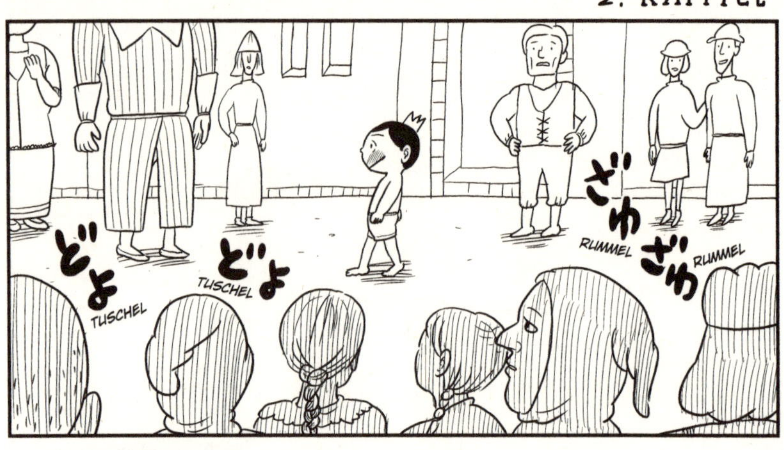
ざわ
RUMMEL
ざわ
RUMMEL
どよ
TUSCHEL
どよ
TUSCHEL

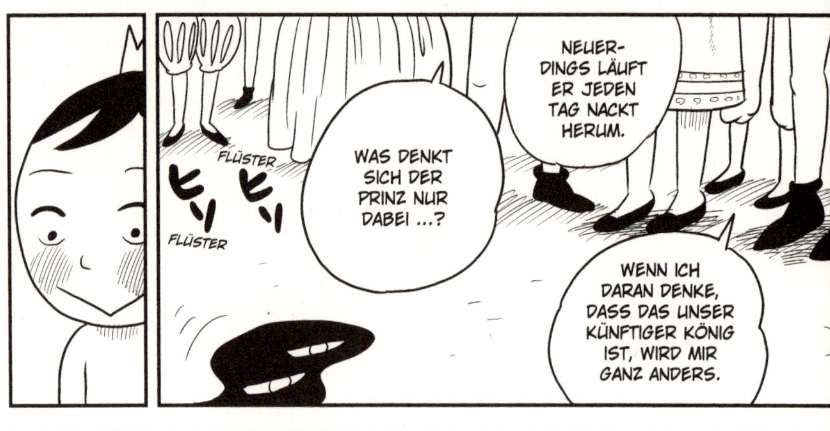
NEUERDINGS LÄUFT ER JEDEN TAG NACKT HERUM.
WAS DENKT SICH DER PRINZ NUR DABEI ...?
ヒソ
FLÜSTER
ヒソ
FLÜSTER
WENN ICH DARAN DENKE, DASS DAS UNSER KÜNFTIGER KÖNIG IST, WIRD MIR GANZ ANDERS.

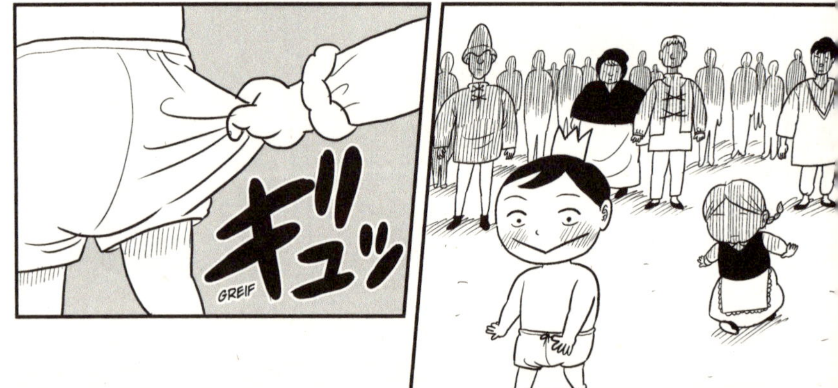
ギュッ
GREIF

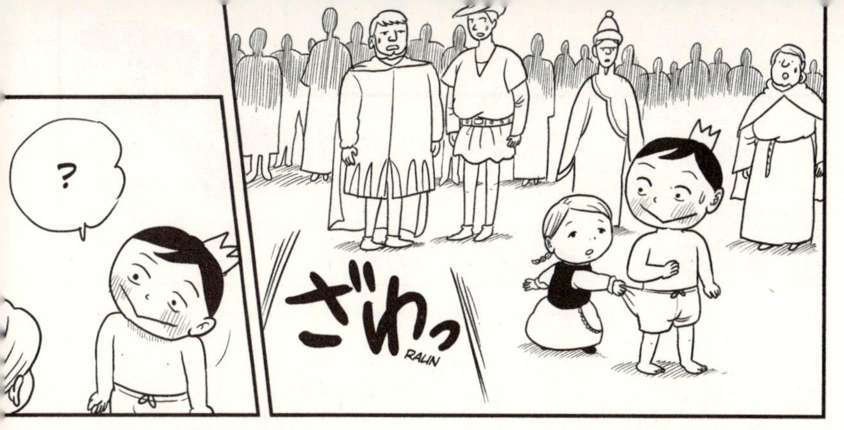
ざわっ
RAUN
?

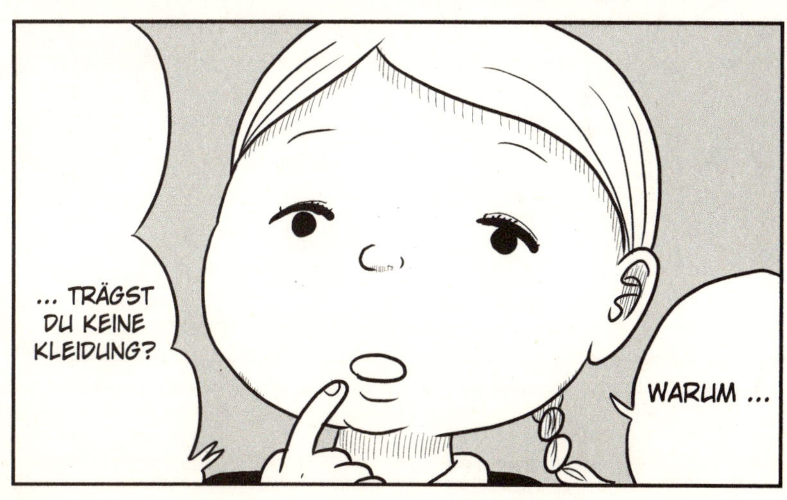
WARUM ...
... TRÄGST DU KEINE KLEIDUNG?

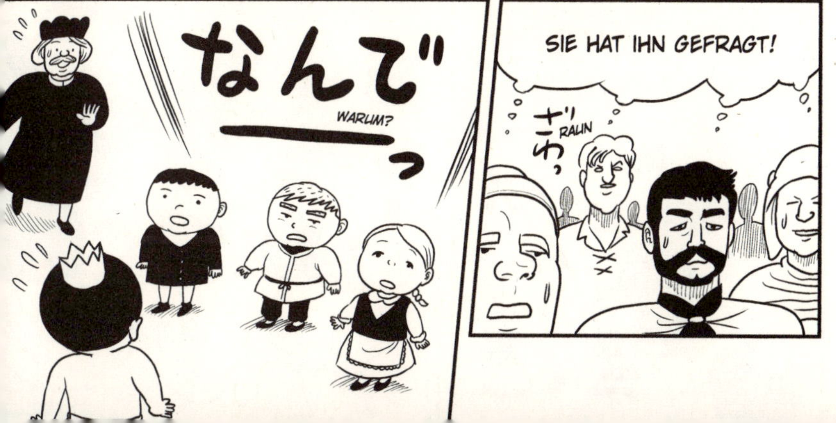
SIE HAT IHN GEFRAGT!
ざわっ
RAUN
なんでーっ
WARUM?

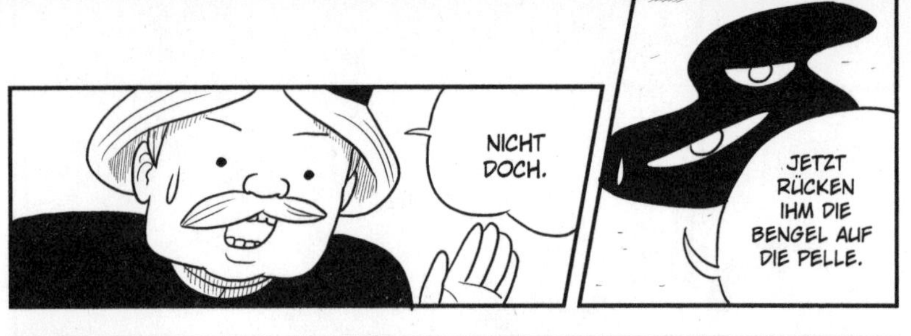

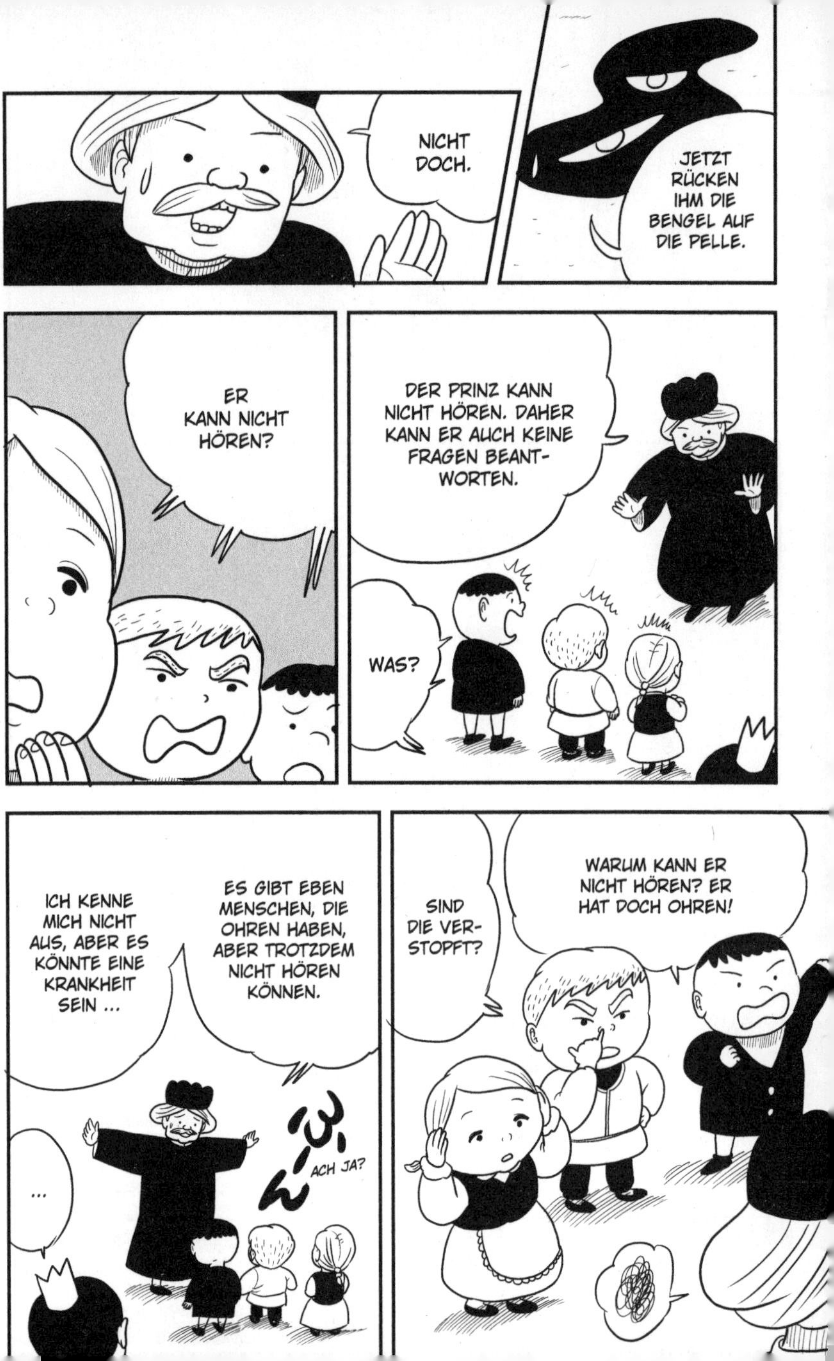

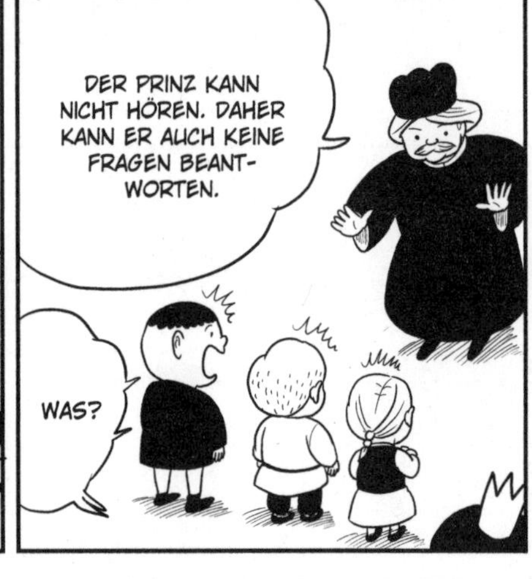

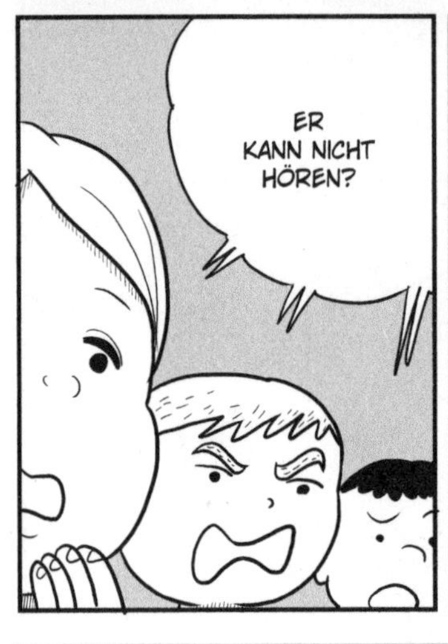

WARUM KANN ER NICHT HÖREN? ER HAT DOCH OHREN!

SIND DIE VER-STOPFT?

ES GIBT EBEN MENSCHEN, DIE OHREN HABEN, ABER TROTZDEM NICHT HÖREN KÖNNEN.

ICH KENNE MICH NICHT AUS, ABER ES KÖNNTE EINE KRANKHEIT SEIN …

ACH JA?

…

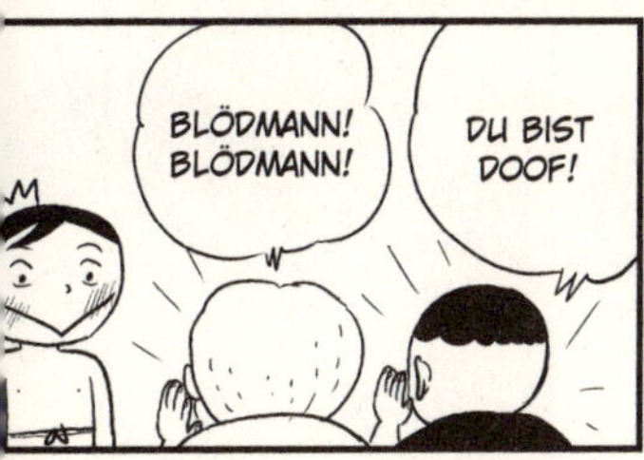
BLÖDMANN! BLÖDMANN!
DU BIST DOOF!

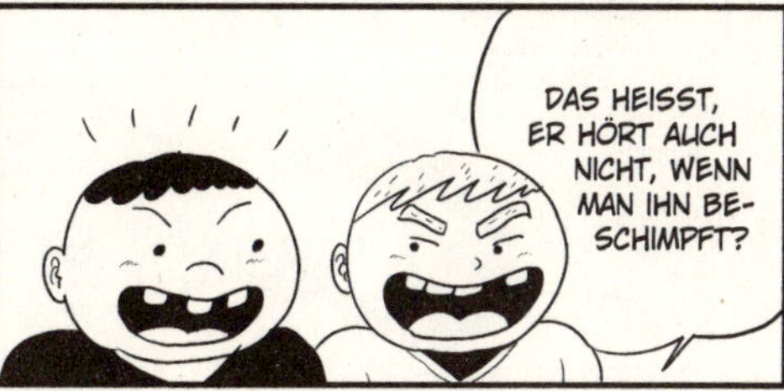
DAS HEISST, ER HÖRT AUCH NICHT, WENN MAN IHN BE-SCHIMPFT?

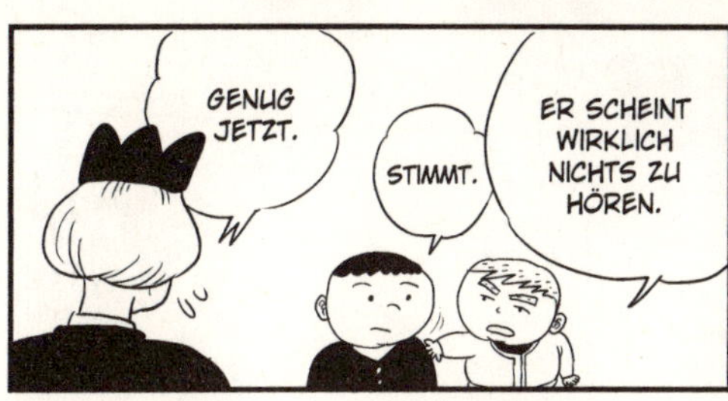
ER SCHEINT WIRKLICH NICHTS ZU HÖREN.
STIMMT.
GENUG JETZT.

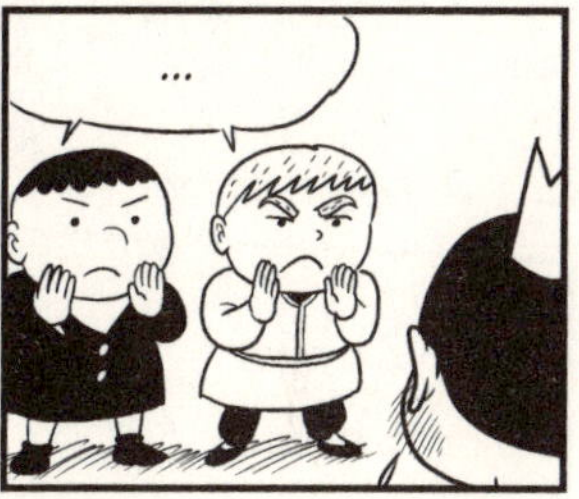
...

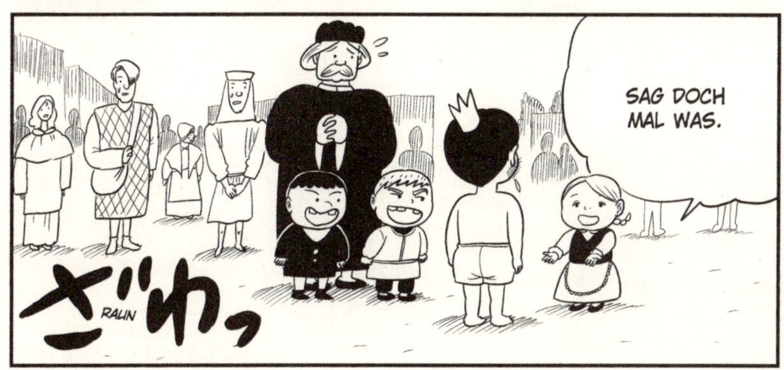
SAG DOCH MAL WAS.
RAUN

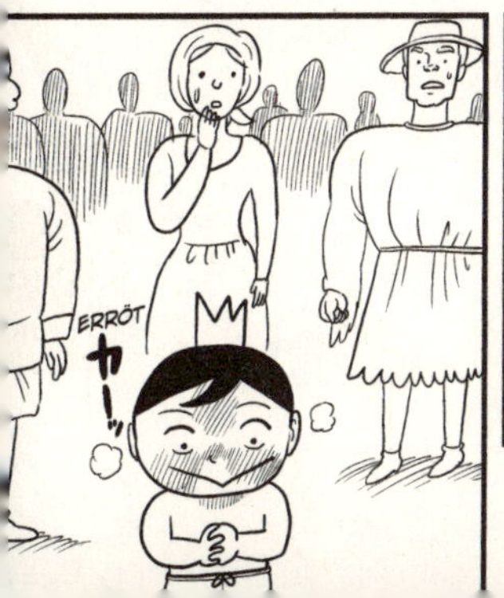
ERRÖT

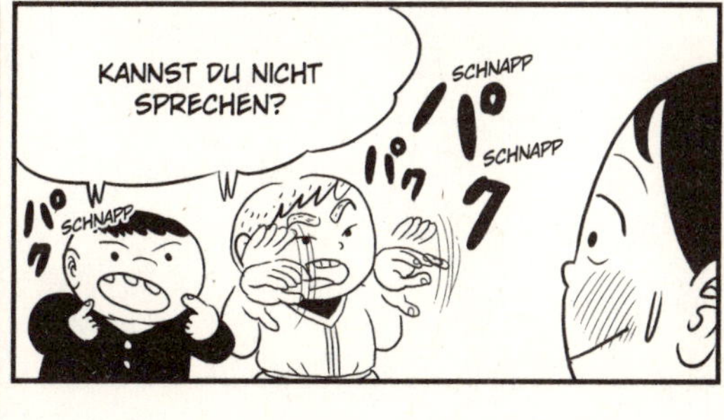
SCHNAPP
SCHNAPP
KANNST DU NICHT SPRECHEN?
SCHNAPP

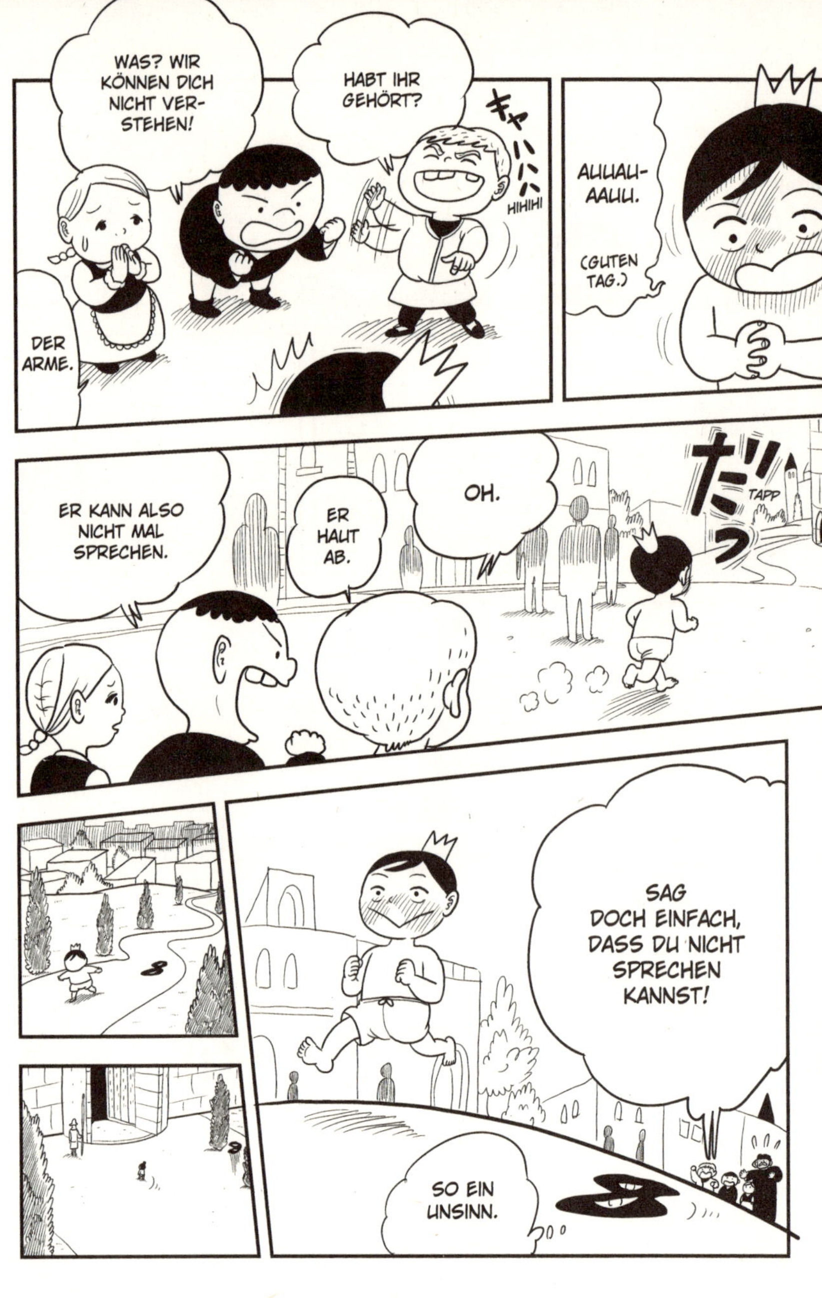
AUUAU-AAUU.
(GUTEN TAG.)
キャハハハ
HIHIHI
HABT IHR GEHÖRT?
WAS? WIR KÖNNEN DICH NICHT VER-STEHEN!
DER ARME.
だっ
TAPP
OH.
ER HAUT AB.
ER KANN ALSO NICHT MAL SPRECHEN.
SAG DOCH EINFACH, DASS DU NICHT SPRECHEN KANNST!
SO EIN UNSINN.

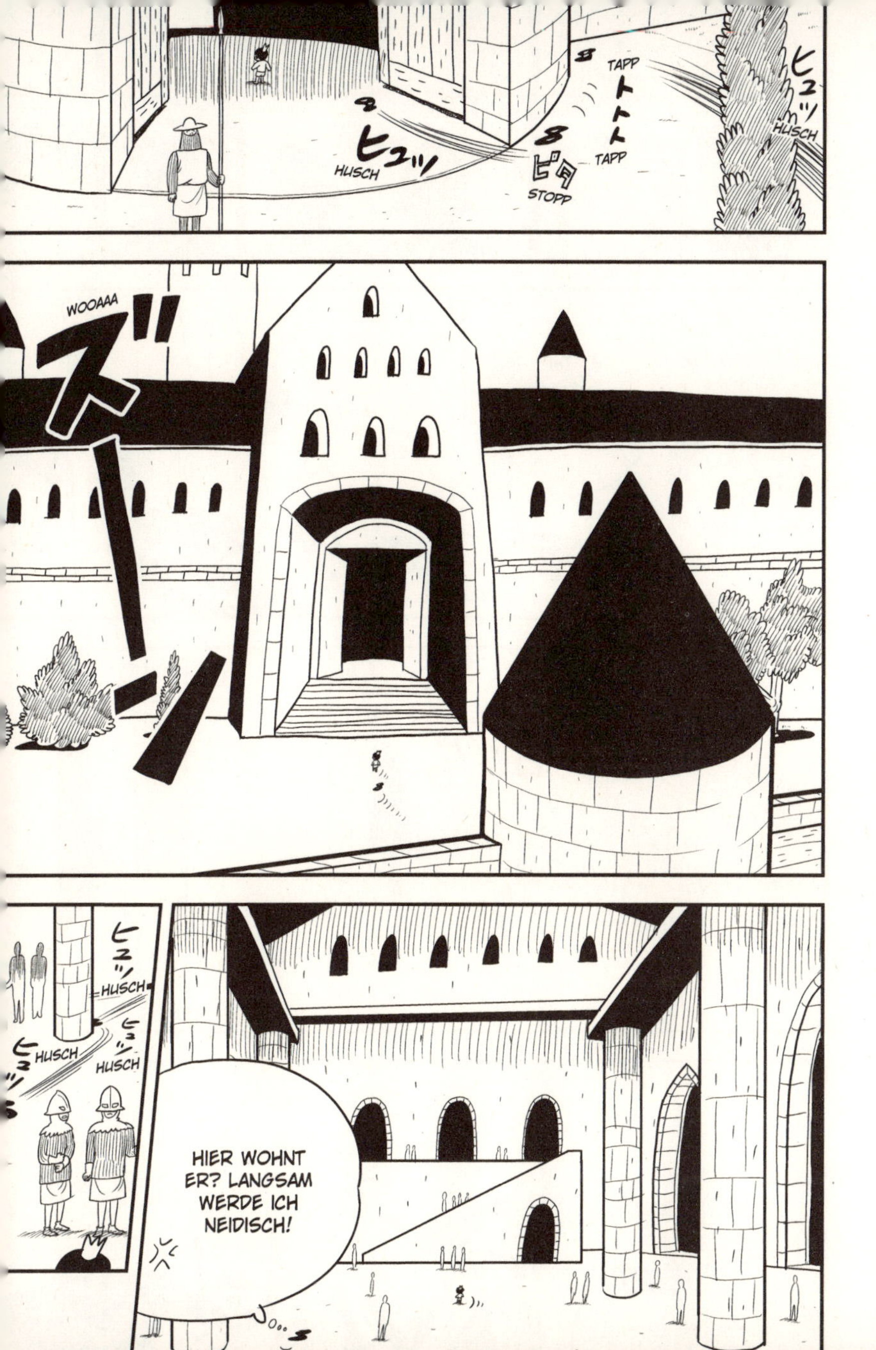
ヒュッ
HUSCH
トトト
TAPP
TAPP
ヒュッ
HUSCH
ピタ
STOPP
ズーン
WOOAAA
ヒュッ
HUSCH
ヒュッ
HUSCH
ヒュッ
HUSCH
HIER WOHNT ER? LANGSAM WERDE ICH NEIDISCH!

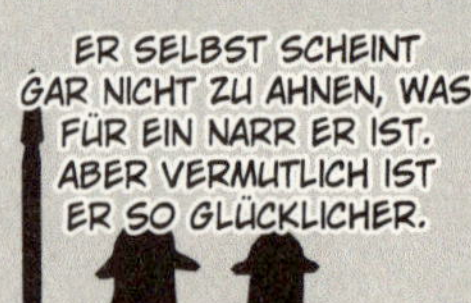
ER SELBST SCHEINT GAR NICHT ZU AHNEN, WAS FÜR EIN NARR ER IST. ABER VERMUTLICH IST ER SO GLÜCKLICHER.
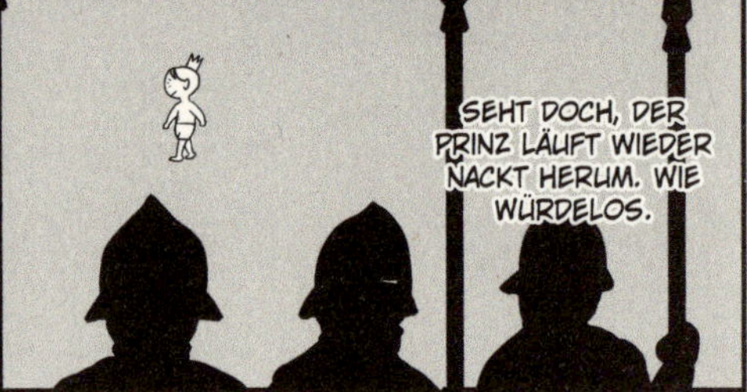
SEHT DOCH, DER PRINZ LÄUFT WIEDER NACKT HERUM. WIE WÜRDELOS.
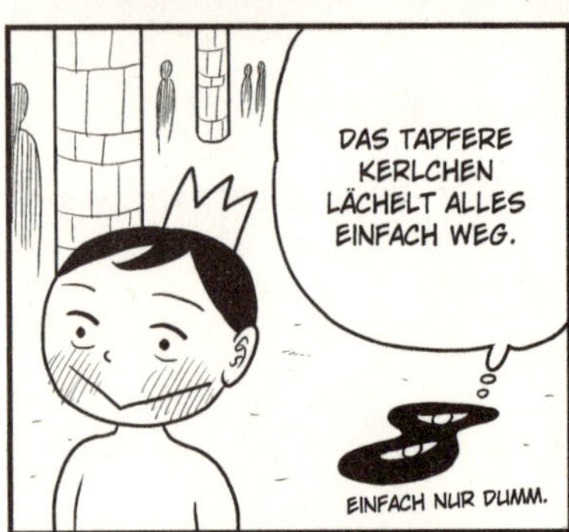
DAS TAPFERE KERLCHEN LÄCHELT ALLES EINFACH WEG.
EINFACH NUR DUMM.
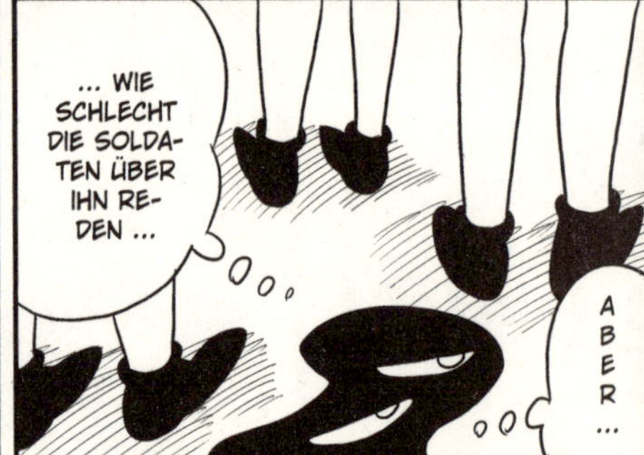
... WIE SCHLECHT DIE SOLDATEN ÜBER IHN REDEN ...
ABER ...
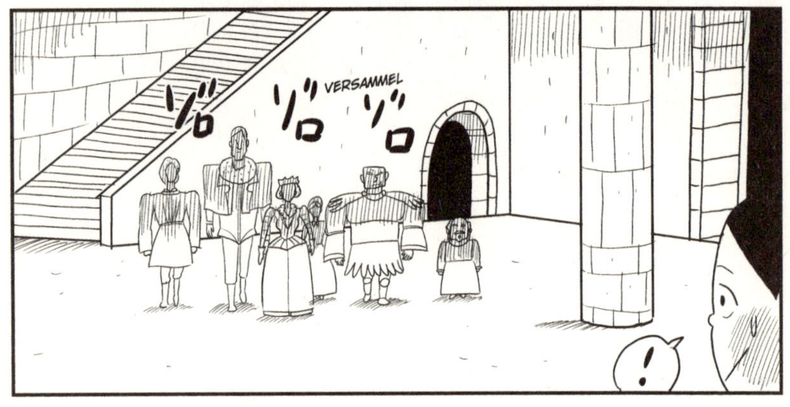
VERSAMMEL
!
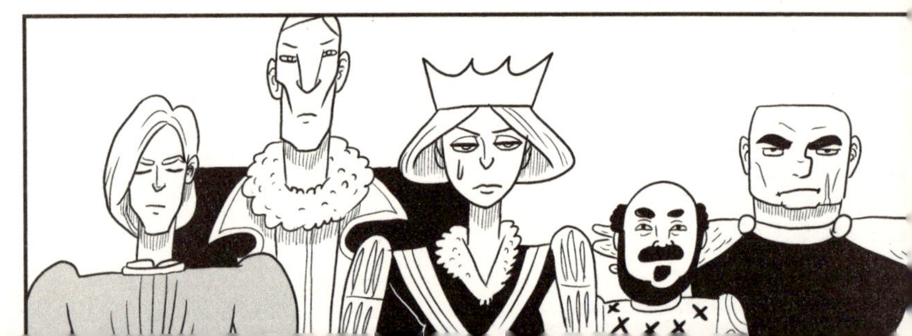

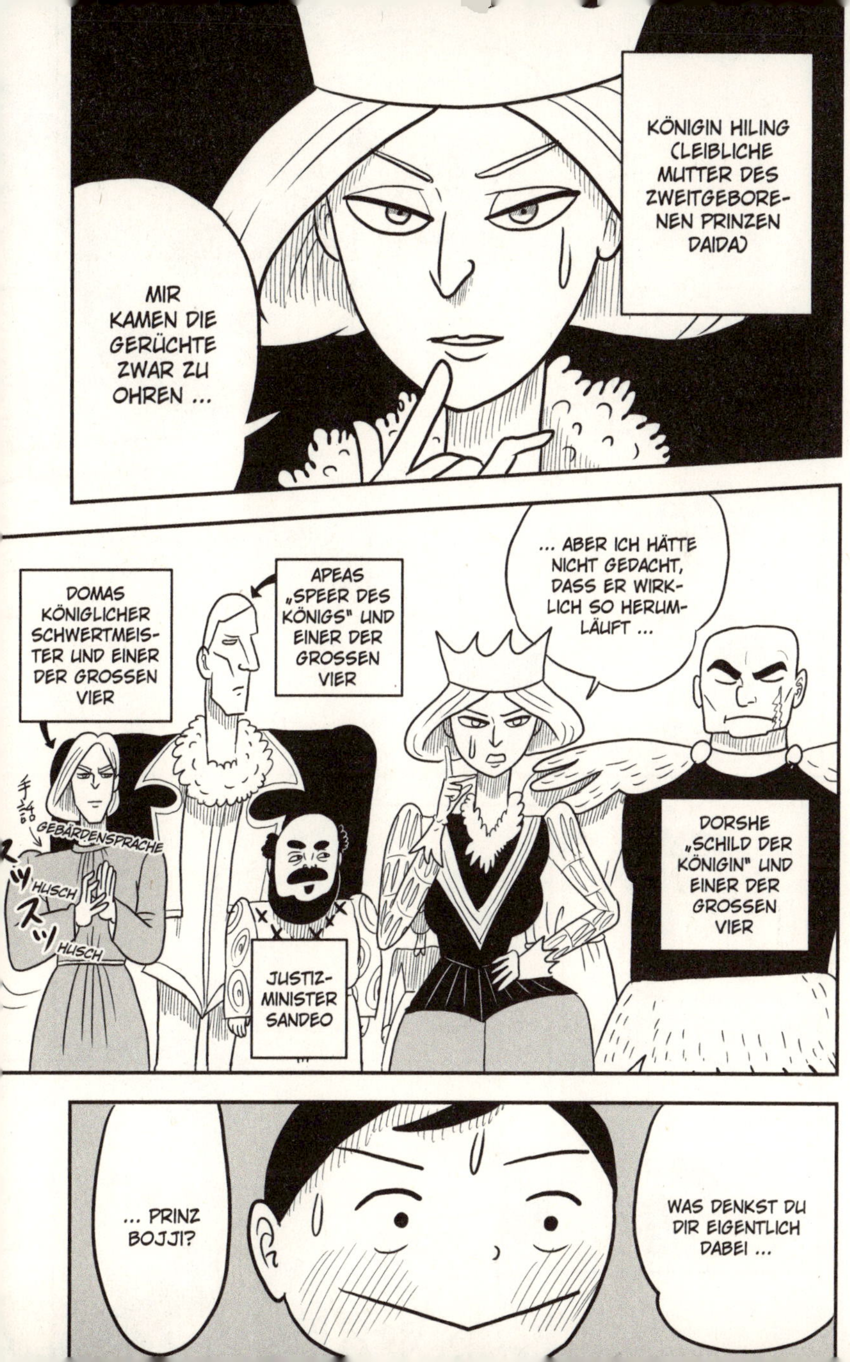

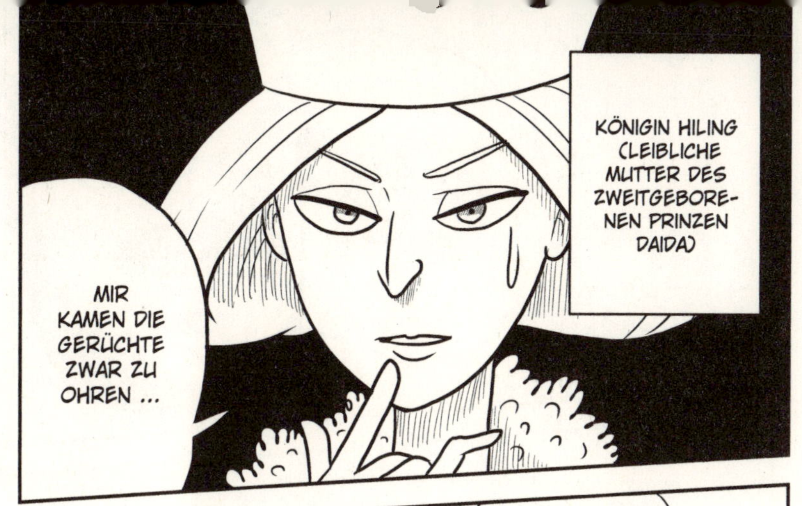

... ABER ICH HÄTTE NICHT GEDACHT, DASS ER WIRKLICH SO HERUMLÄUFT ...

DORSHE „SCHILD DER KÖNIGIN" UND EINER DER GROSSEN VIER

APEAS „SPEER DES KÖNIGS" UND EINER DER GROSSEN VIER

DOMAS KÖNIGLICHER SCHWERTMEISTER UND EINER DER GROSSEN VIER

JUSTIZMINISTER SANDEO

手話 GEBÄRDENSPRACHE

スッ HUSCH

スッ HUSCH

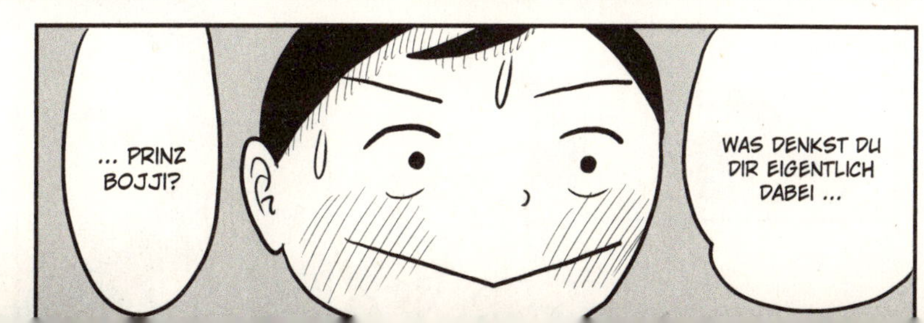

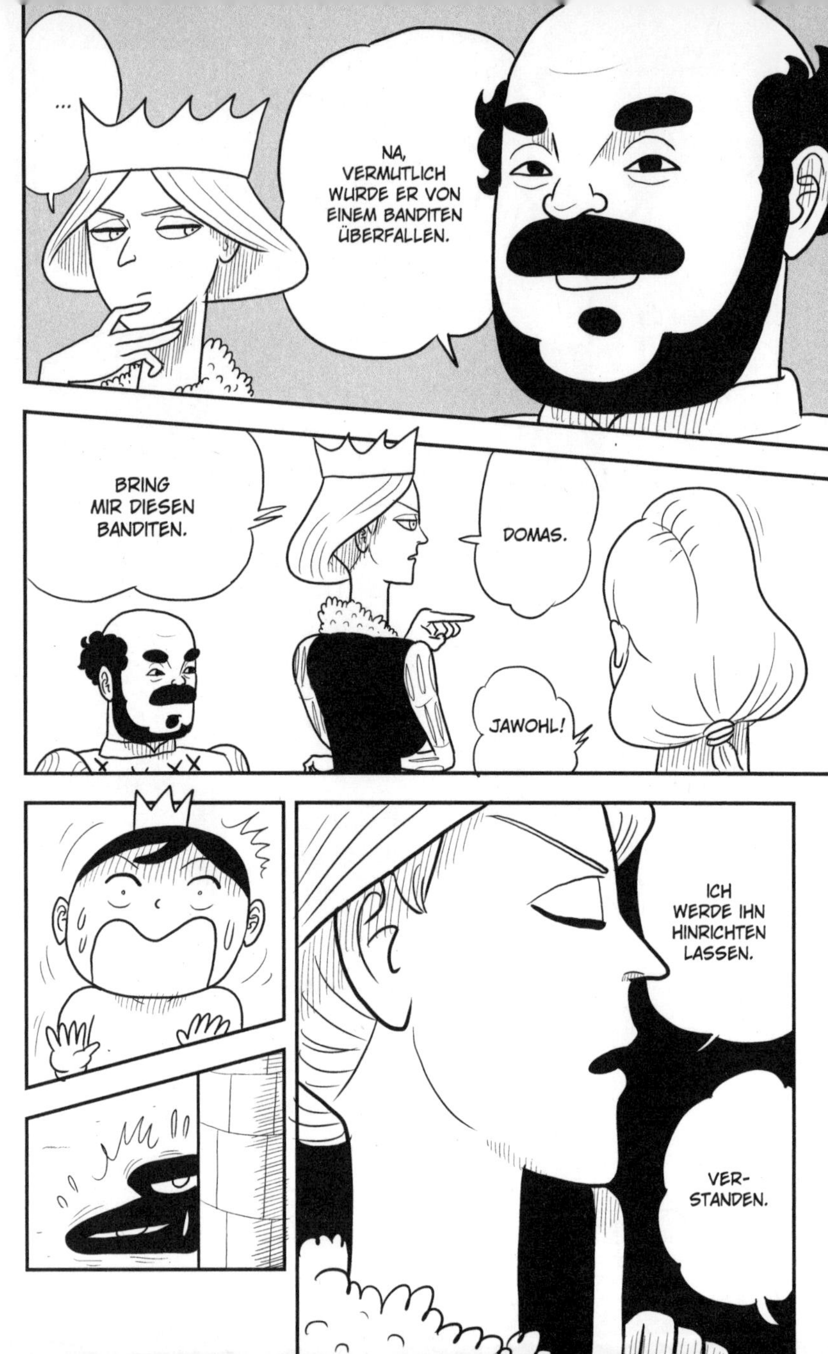
NA, VERMUTLICH WURDE ER VON EINEM BANDITEN ÜBERFALLEN.
...
DOMAS.
BRING MIR DIESEN BANDITEN.
JAWOHL!
ICH WERDE IHN HINRICHTEN LASSEN.
VER-STANDEN.

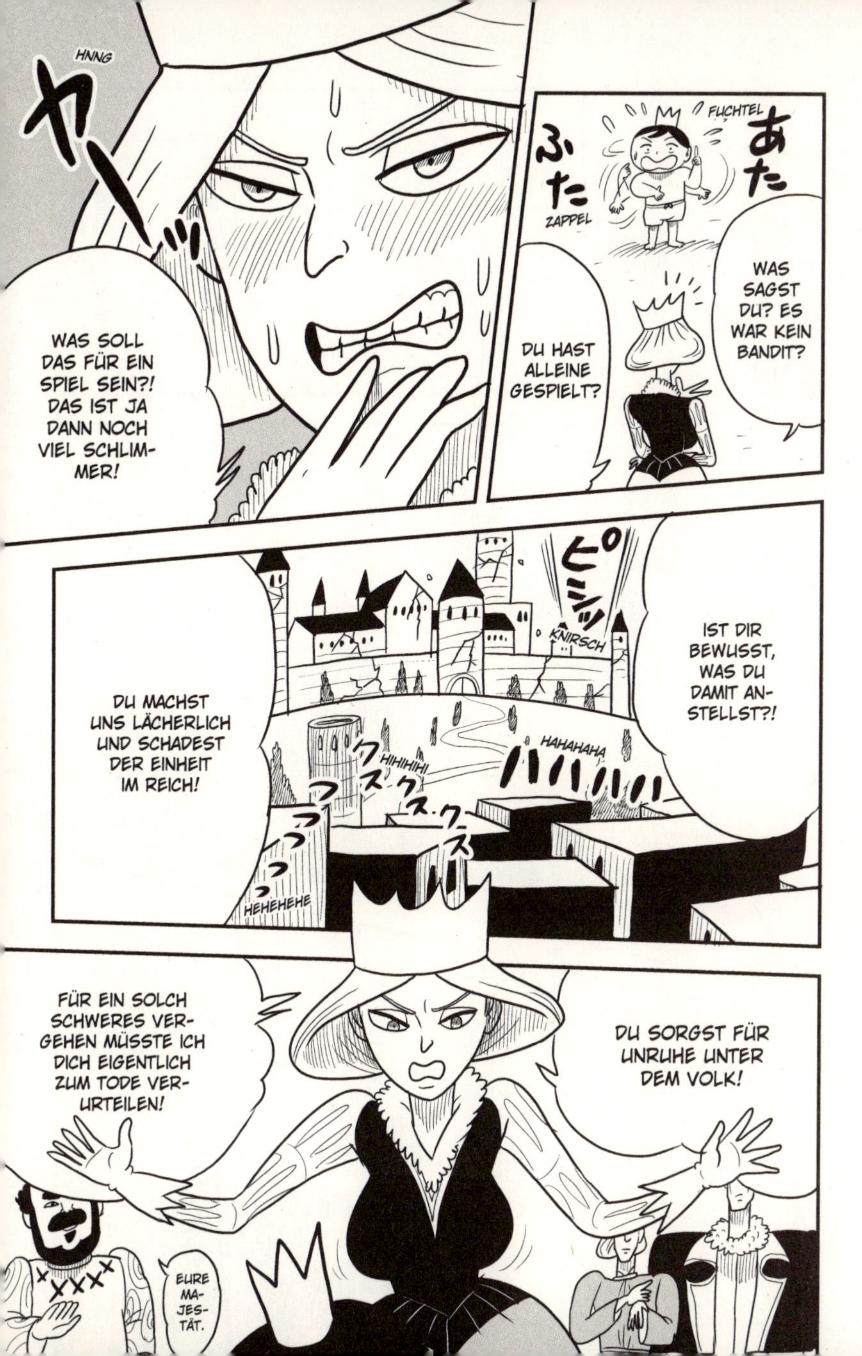

FUCHTEL
あた
ふた
ZAPPEL
WAS SAGST DU? ES WAR KEIN BANDIT?
DU HAST ALLEINE GESPIELT?
HNNG
ヤ
WAS SOLL DAS FÜR EIN SPIEL SEIN?! DAS IST JA DANN NOCH VIEL SCHLIMMER!
ピシッ
KNIRSCH
IST DIR BEWUSST, WAS DU DAMIT ANSTELLST?!
HAHAHAHA
ハハハハハ
HIHIHIHI
クスクスクス
HEHEHEHE
フフフフフ
DU MACHST UNS LÄCHERLICH UND SCHADEST DER EINHEIT IM REICH!
DU SORGST FÜR UNRUHE UNTER DEM VOLK!
FÜR EIN SOLCH SCHWERES VERGEHEN MÜSSTE ICH DICH EIGENTLICH ZUM TODE VERURTEILEN!
EURE MAJESTÄT.

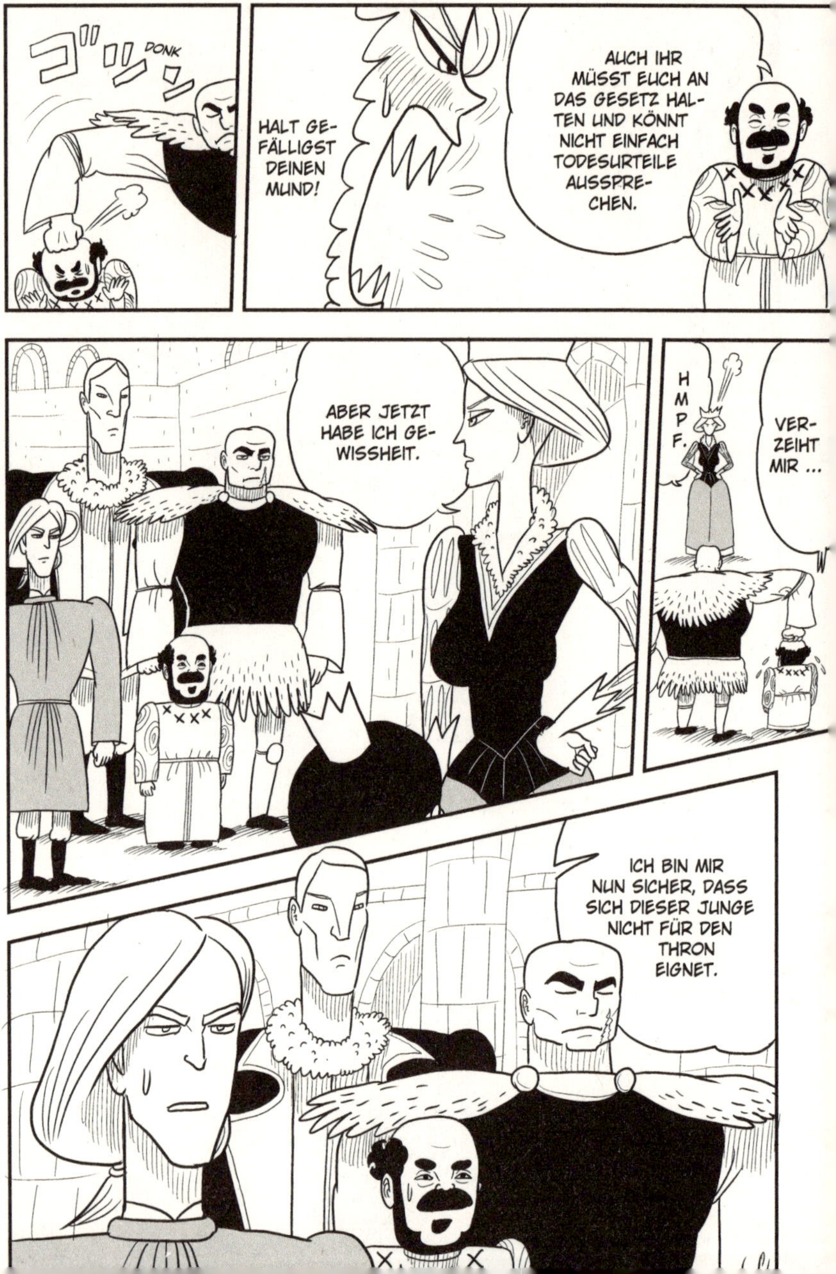

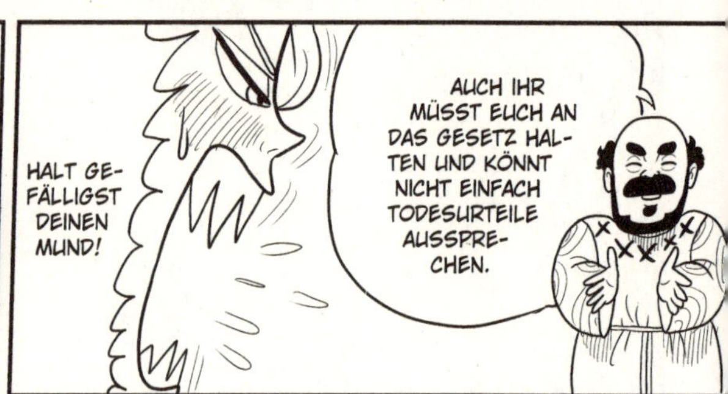

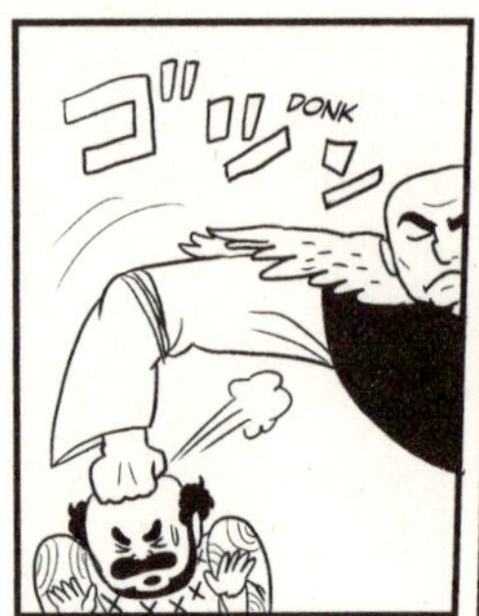

VERZEIHT MIR ...

HMPF.

ABER JETZT HABE ICH GEWISSHEIT.

ICH BIN MIR NUN SICHER, DASS SICH DIESER JUNGE NICHT FÜR DEN THRON EIGNET.

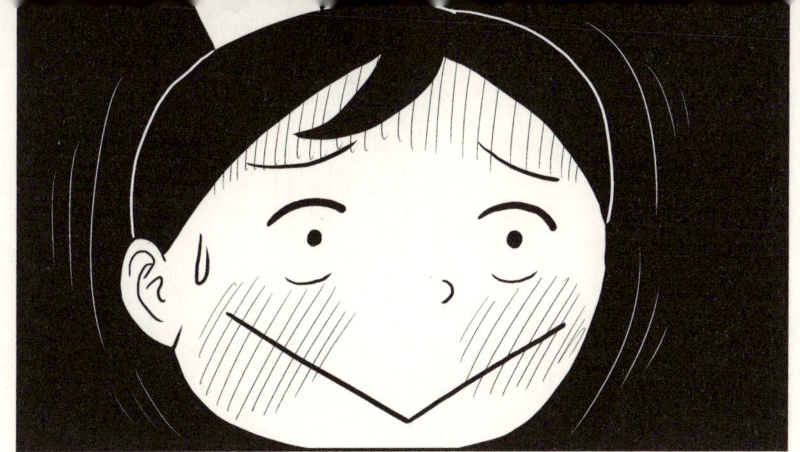

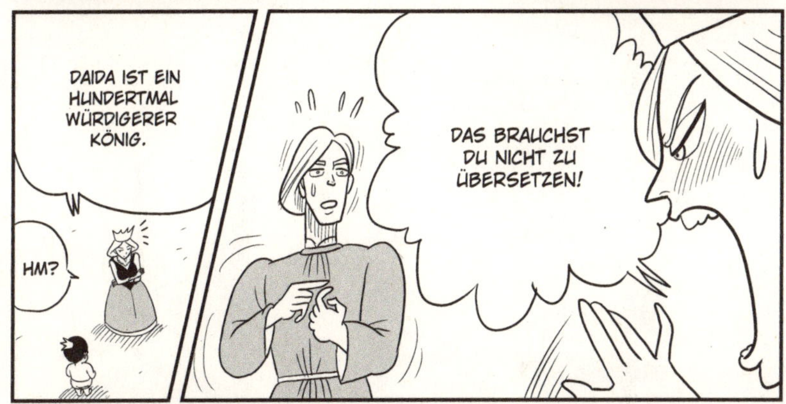
DAIDA IST EIN HUNDERTMAL WÜRDIGERER KÖNIG.
HM?
DAS BRAUCHST DU NICHT ZU ÜBERSETZEN!

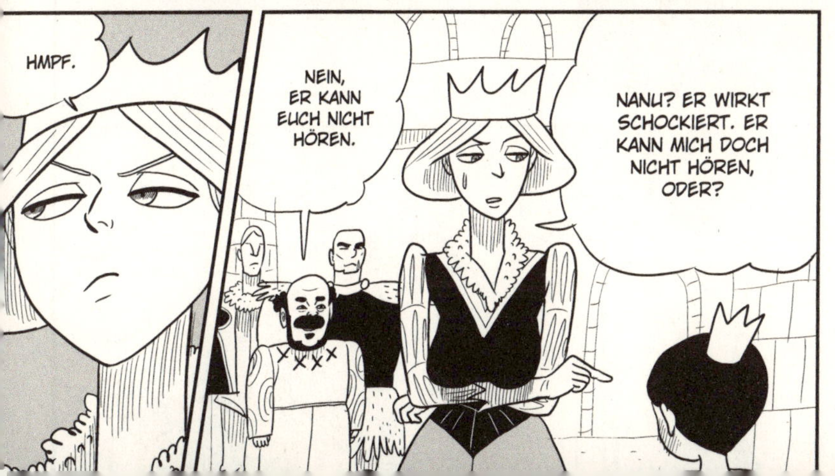
HMPF.
NEIN, ER KANN EUCH NICHT HÖREN.
NANU? ER WIRKT SCHOCKIERT. ER KANN MICH DOCH NICHT HÖREN, ODER?

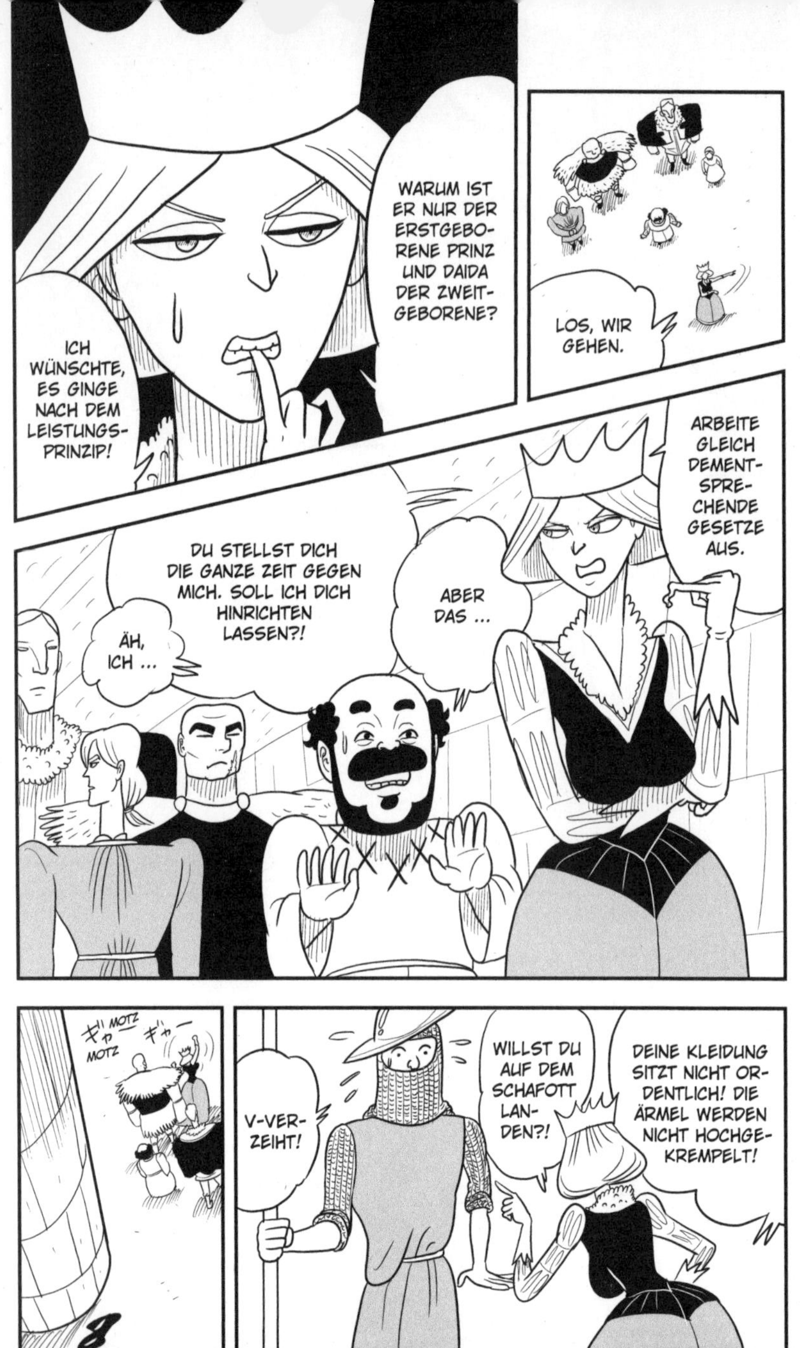

WARUM IST ER NUR DER ERSTGEBORENE PRINZ UND DAIDA DER ZWEITGEBORENE?
ICH WÜNSCHTE, ES GINGE NACH DEM LEISTUNGSPRINZIP!
LOS, WIR GEHEN.
ARBEITE GLEICH DEMENTSPRECHENDE GESETZE AUS.
ABER DAS ...
DU STELLST DICH DIE GANZE ZEIT GEGEN MICH. SOLL ICH DICH HINRICHTEN LASSEN?!
ÄH, ICH ...
DEINE KLEIDUNG SITZT NICHT ORDENTLICH! DIE ÄRMEL WERDEN NICHT HOCHGEKREMPELT!
WILLST DU AUF DEM SCHAFOTT LANDEN?!
V-VERZEIHT!
ギャー MOTZ
ギャー MOTZ

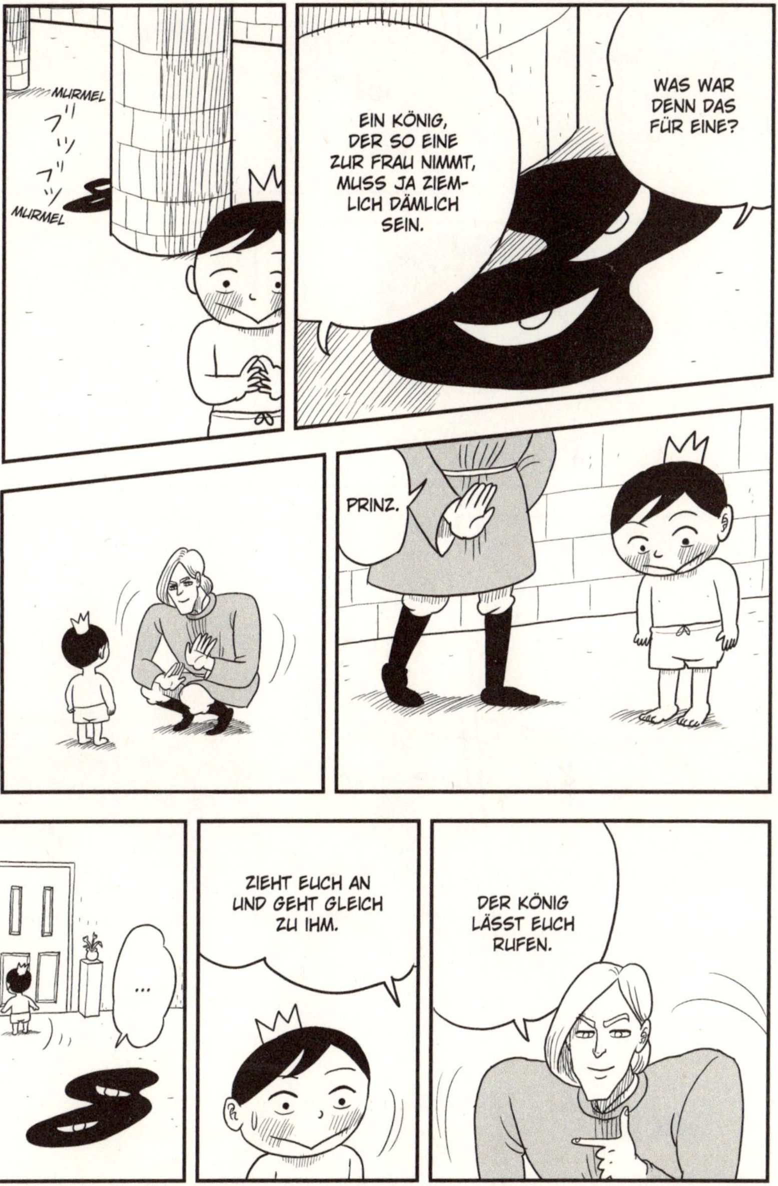

WAS WAR DENN DAS FÜR EINE?

EIN KÖNIG, DER SO EINE ZUR FRAU NIMMT, MUSS JA ZIEMLICH DÄMLICH SEIN.

MURMEL ブツブツ MURMEL

PRINZ.

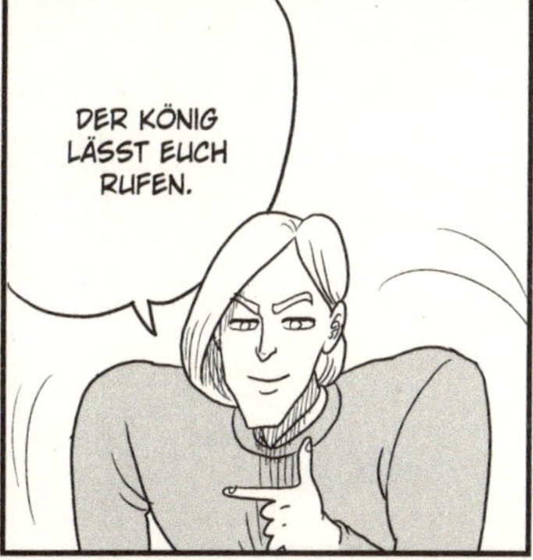

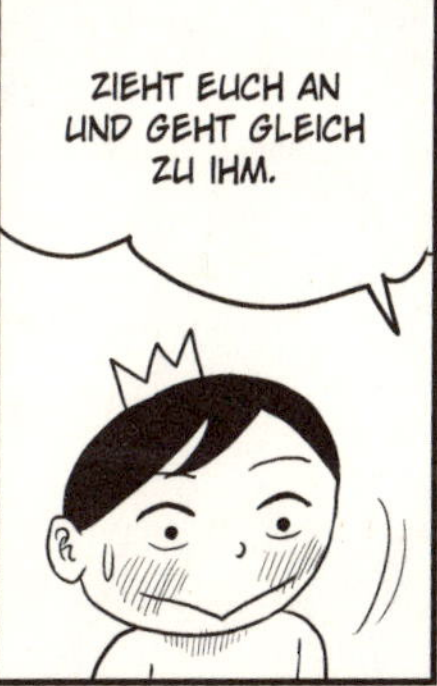

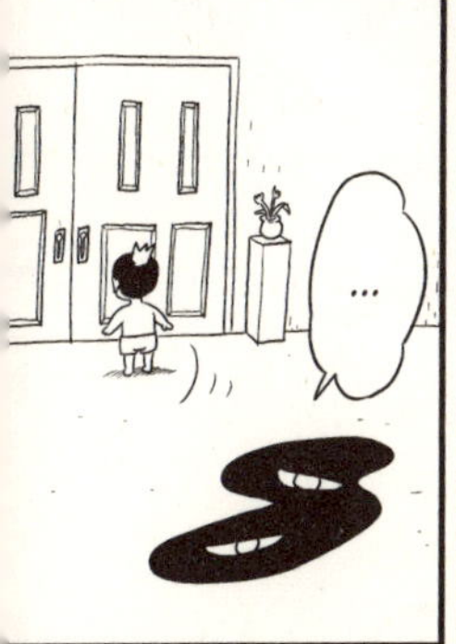

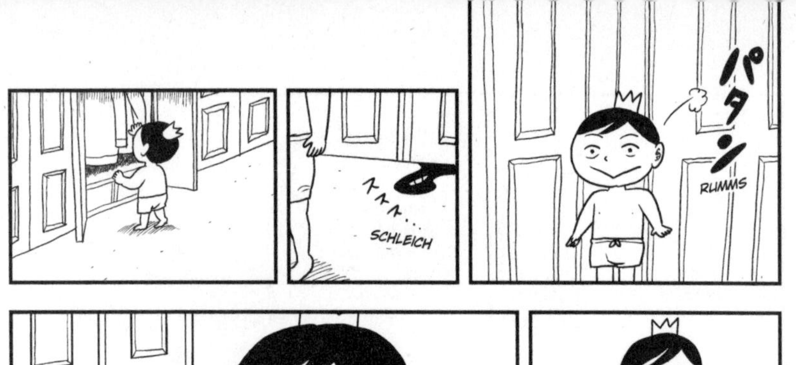
パタン
RUMMS
ススス…
SCHLEICH

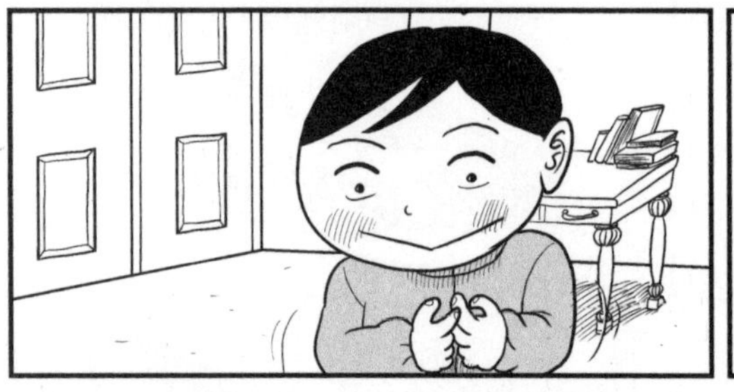

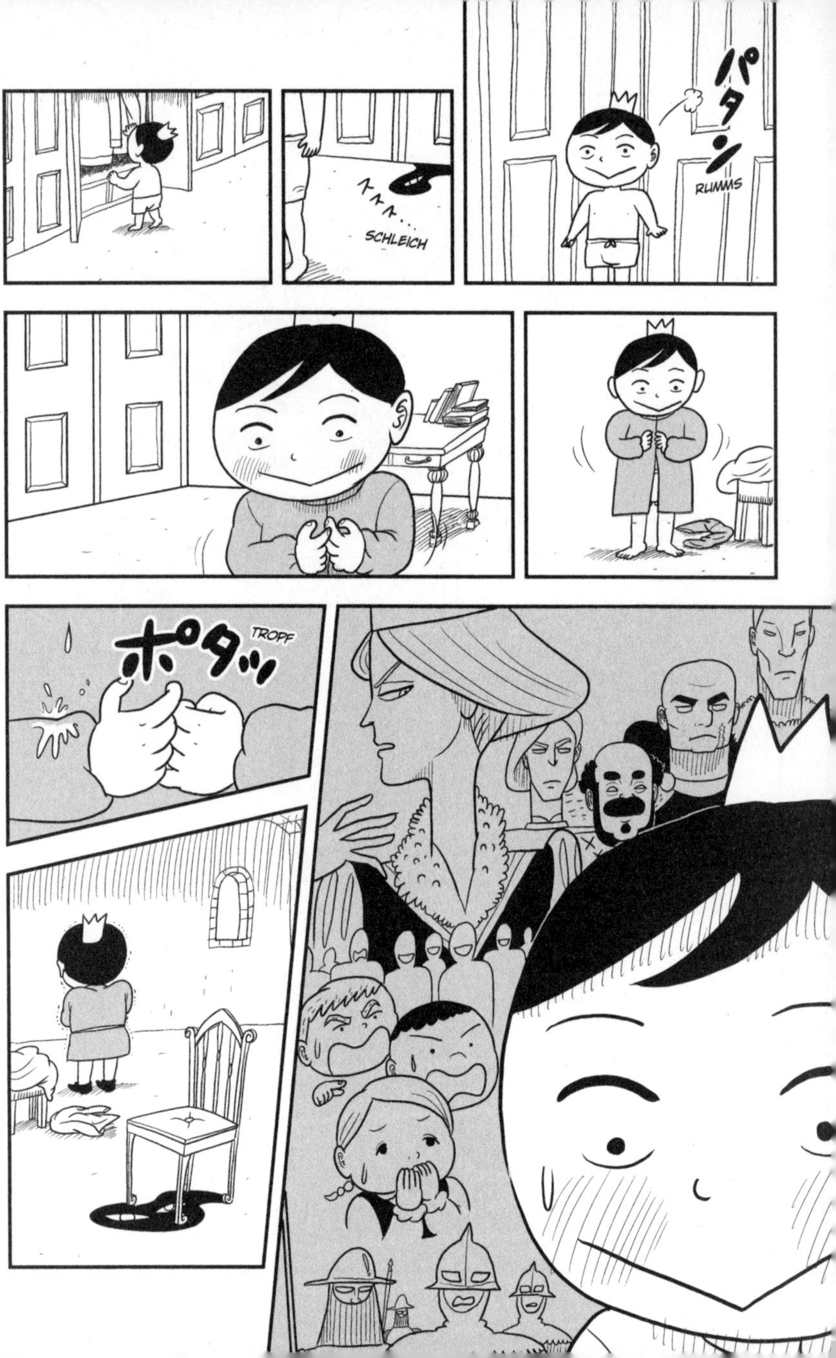

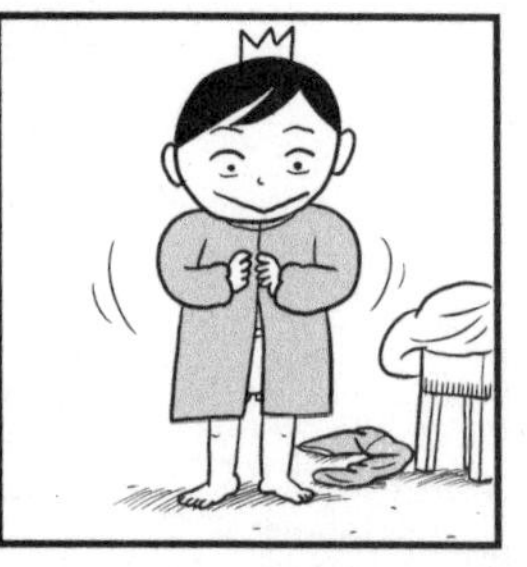
ポタッ
TROPF

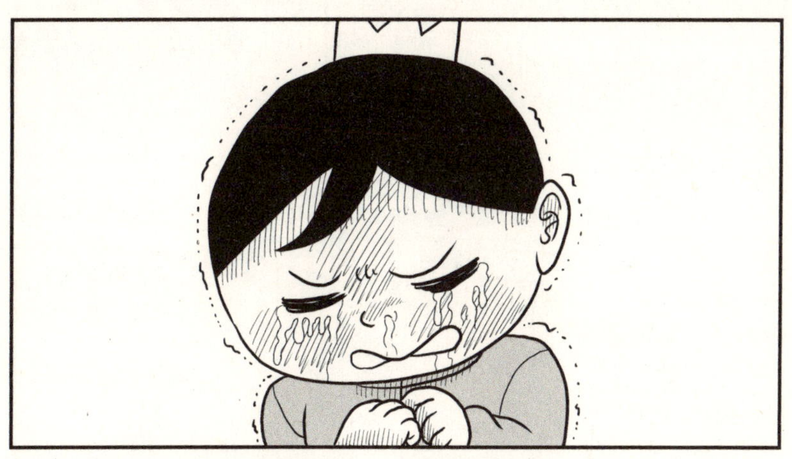

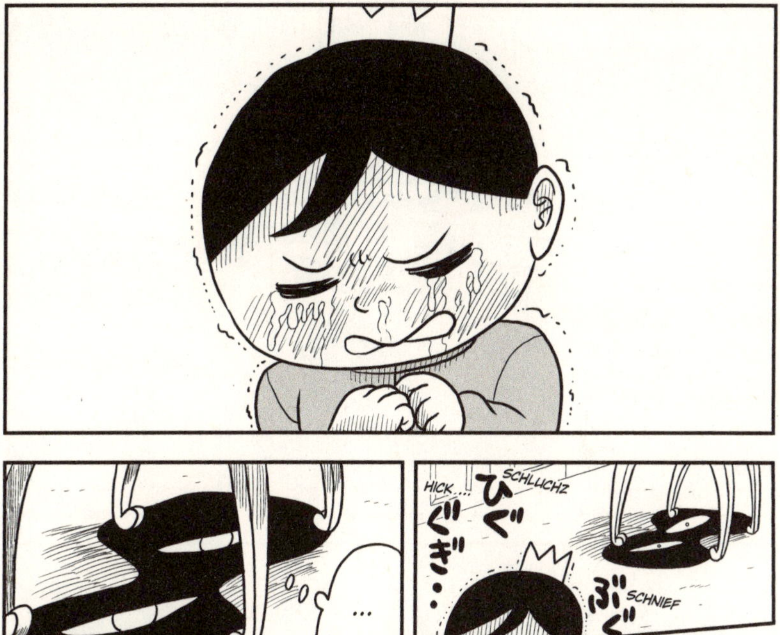

HICK
ひぐ
SCHLUCHZ
ぐぎ・・
ぶぐ
SCHNIEF

...

WISCH
ぐいっ

KLAPP
ガチャ

BOJJI ...

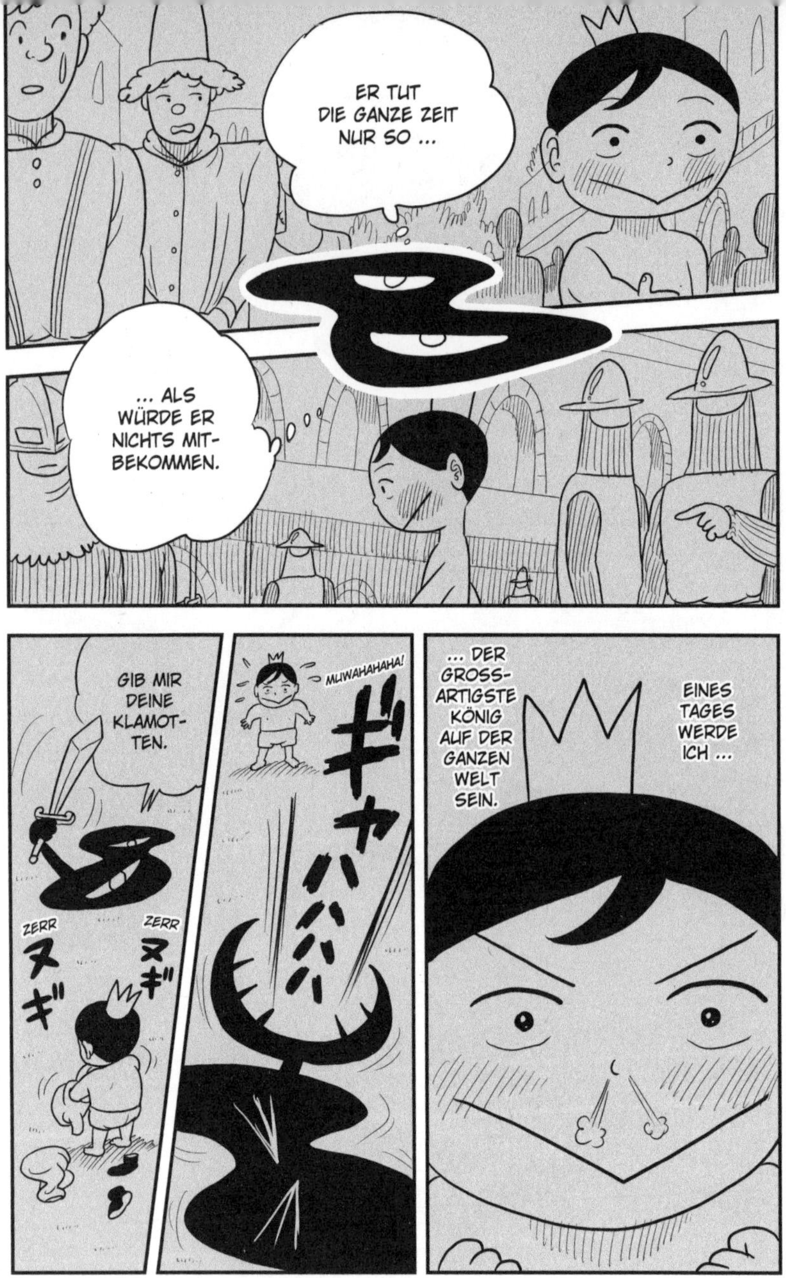

ER TUT DIE GANZE ZEIT NUR SO ...

... ALS WÜRDE ER NICHTS MITBEKOMMEN.

EINES TAGES WERDE ICH ...

... DER GROSSARTIGSTE KÖNIG AUF DER GANZEN WELT SEIN.

MUWAHAHAHA!

ギャハハハハ

GIB MIR DEINE KLAMOTTEN.

ZERR

ヌギ

ZERR

ヌギ

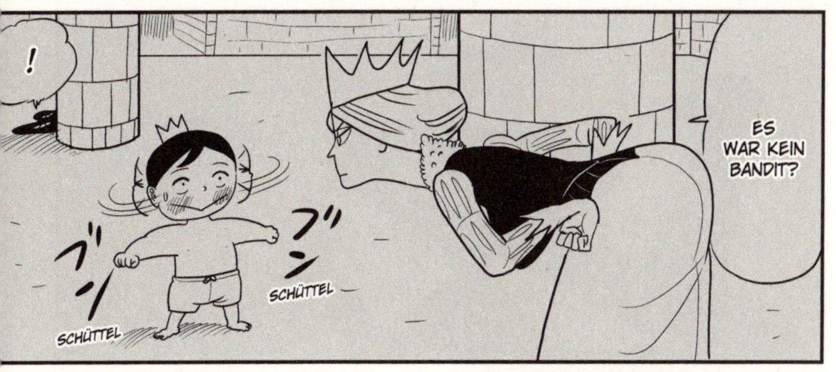
!
ES WAR KEIN BANDIT?
ブン
SCHÜTTEL
ブン
SCHÜTTEL

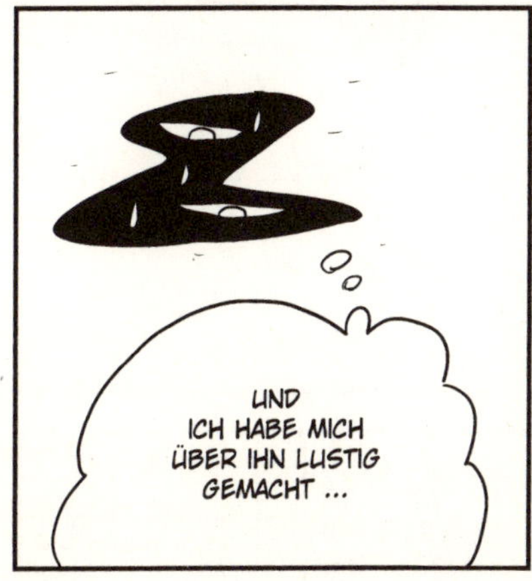
UND ICH HABE MICH ÜBER IHN LUSTIG GEMACHT ...

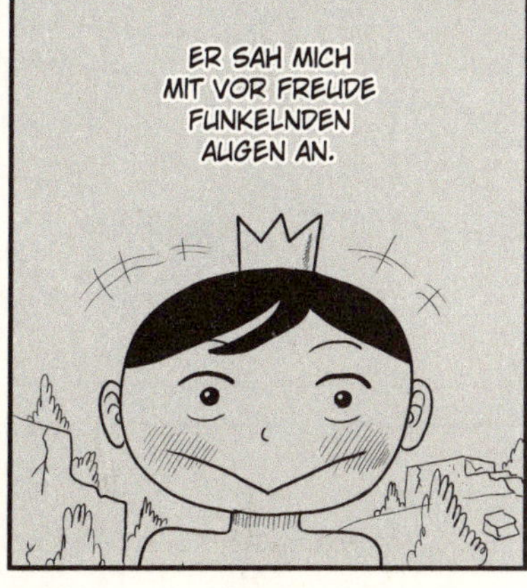
ER SAH MICH MIT VOR FREUDE FUNKELNDEN AUGEN AN.

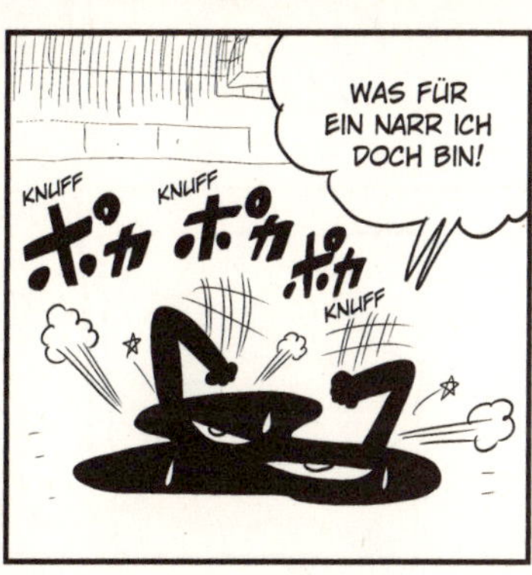
WAS FÜR EIN NARR ICH DOCH BIN!
ポカ
KNUFF
ポカ
KNUFF
ポカ
KNUFF

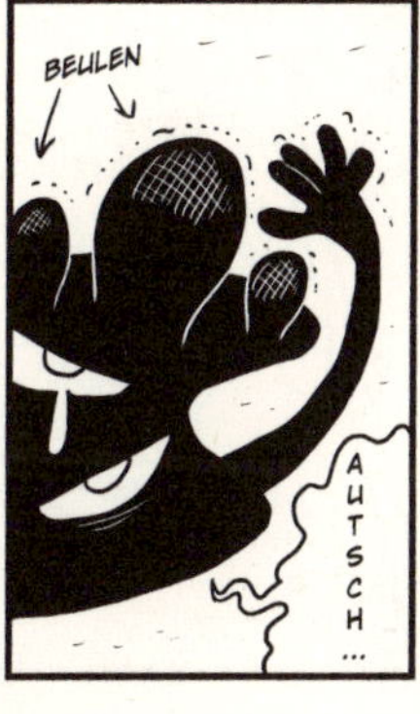
BEULEN
AUTSCH ...

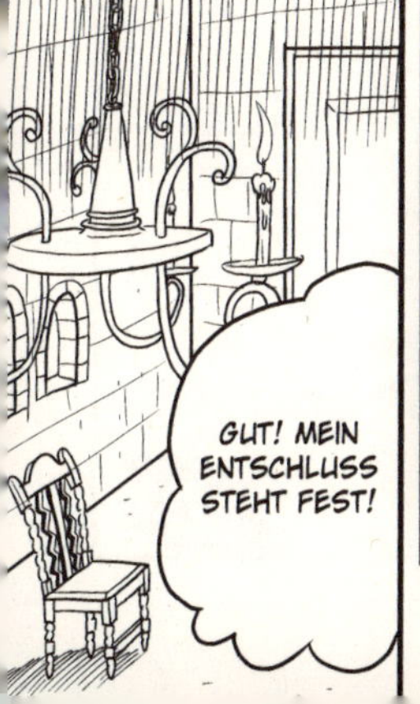
GUT! MEIN ENTSCHLUSS STEHT FEST!

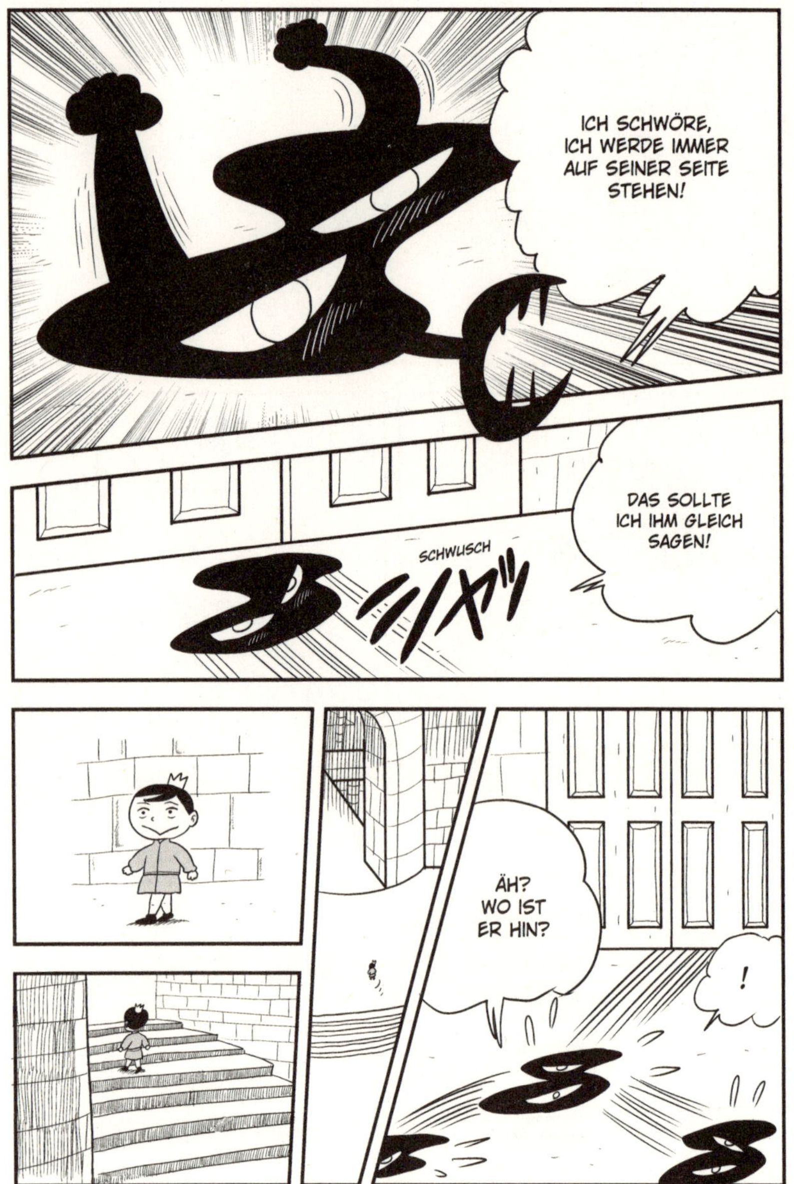
ICH SCHWÖRE, ICH WERDE IMMER AUF SEINER SEITE STEHEN!
DAS SOLLTE ICH IHM GLEICH SAGEN!
SCHWUSCH
ÄH? WO IST ER HIN?
!

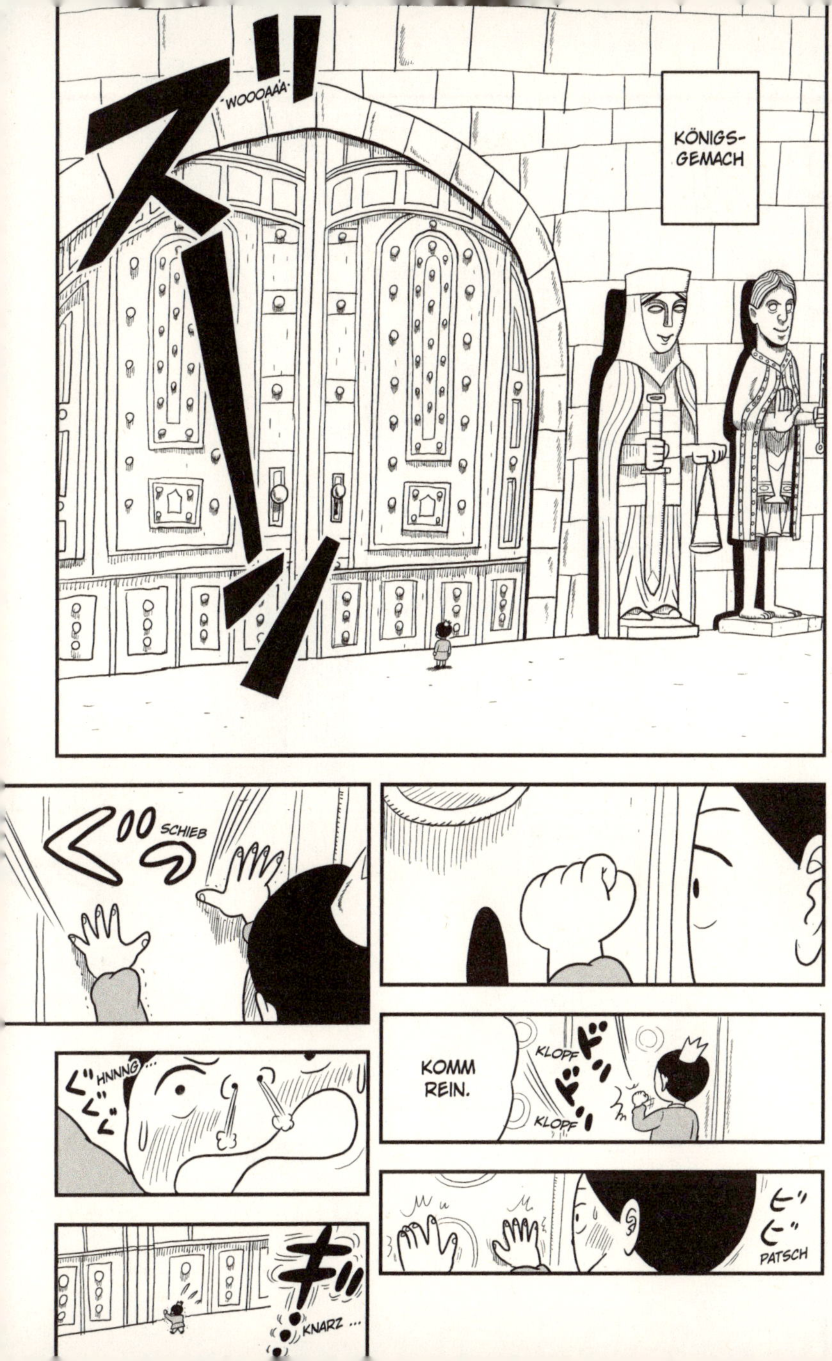

WOOOAAA
KÖNIGS-
GEMACH

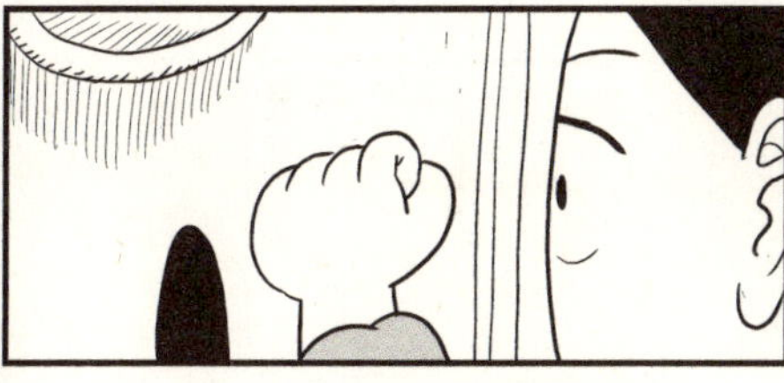

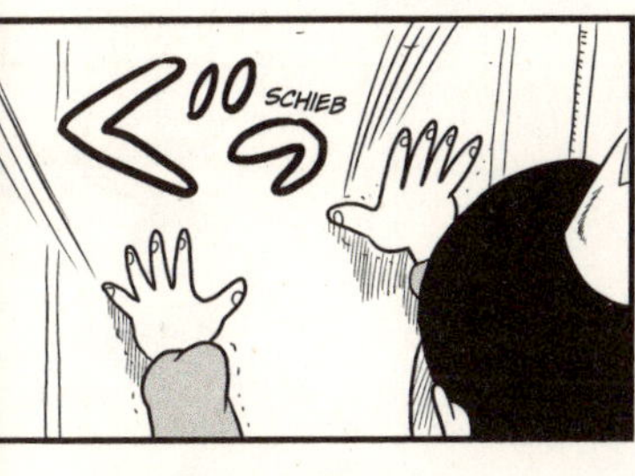
SCHIEB

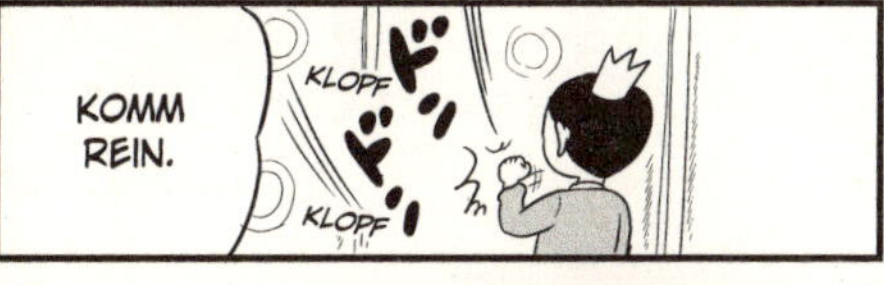
KLOPF
KLOPF
KOMM
REIN.

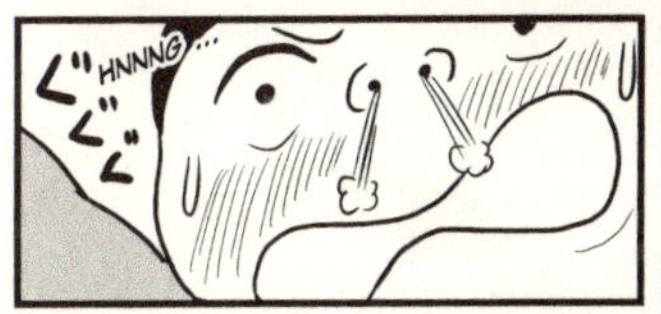
HNNNG ...

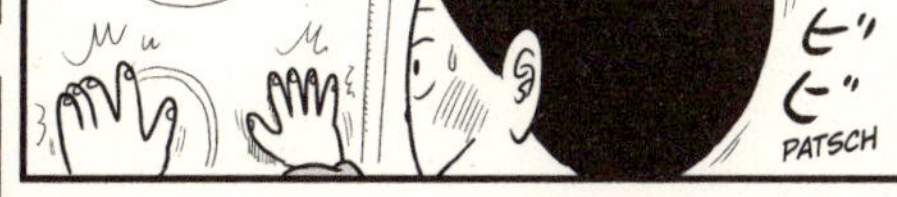
PATSCH

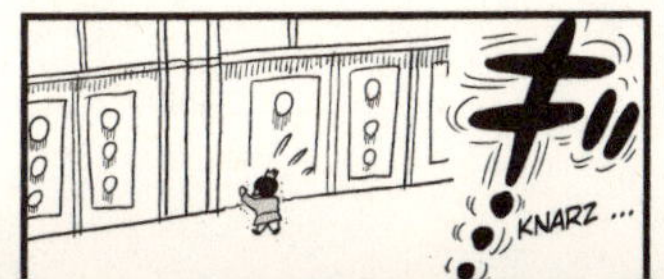
KNARZ ...

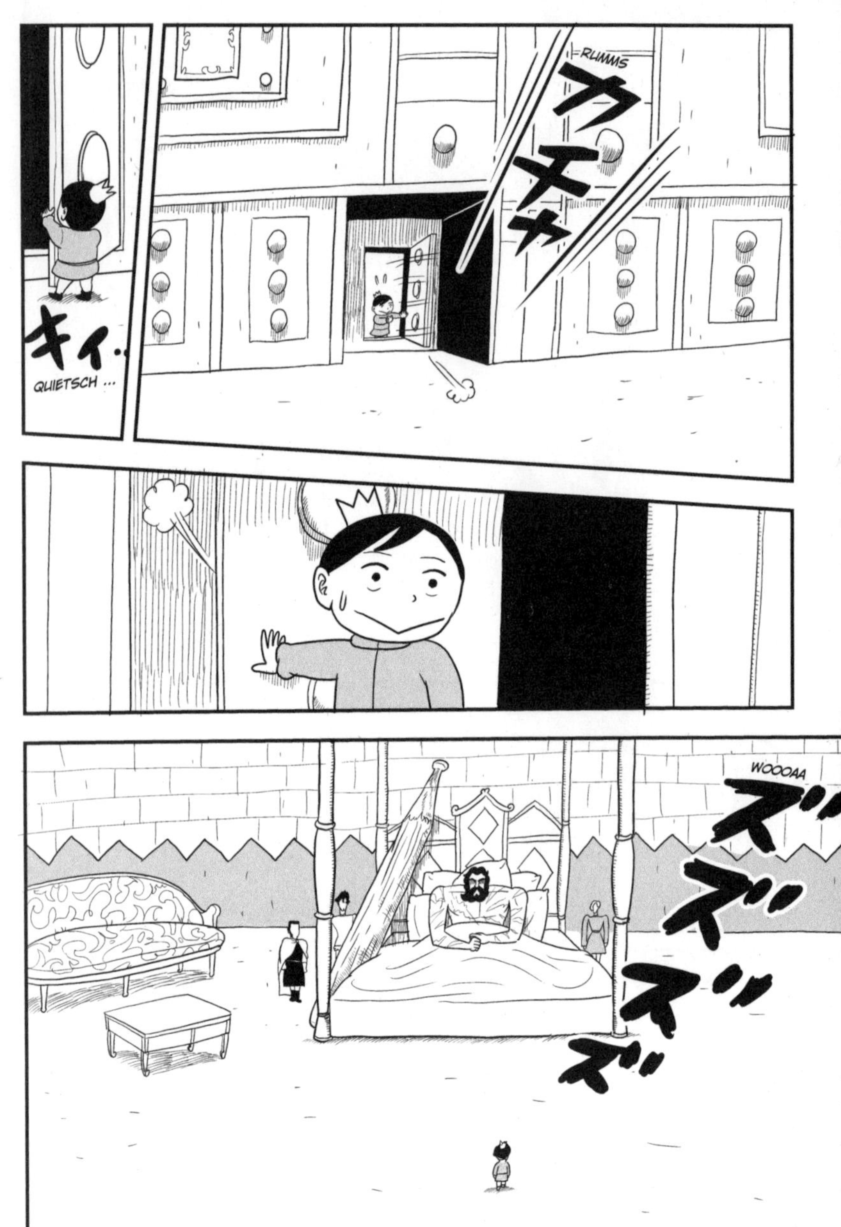

カチャ
RUMMS
キィ…
QUIETSCH …
ズズズズ
WOOOAA

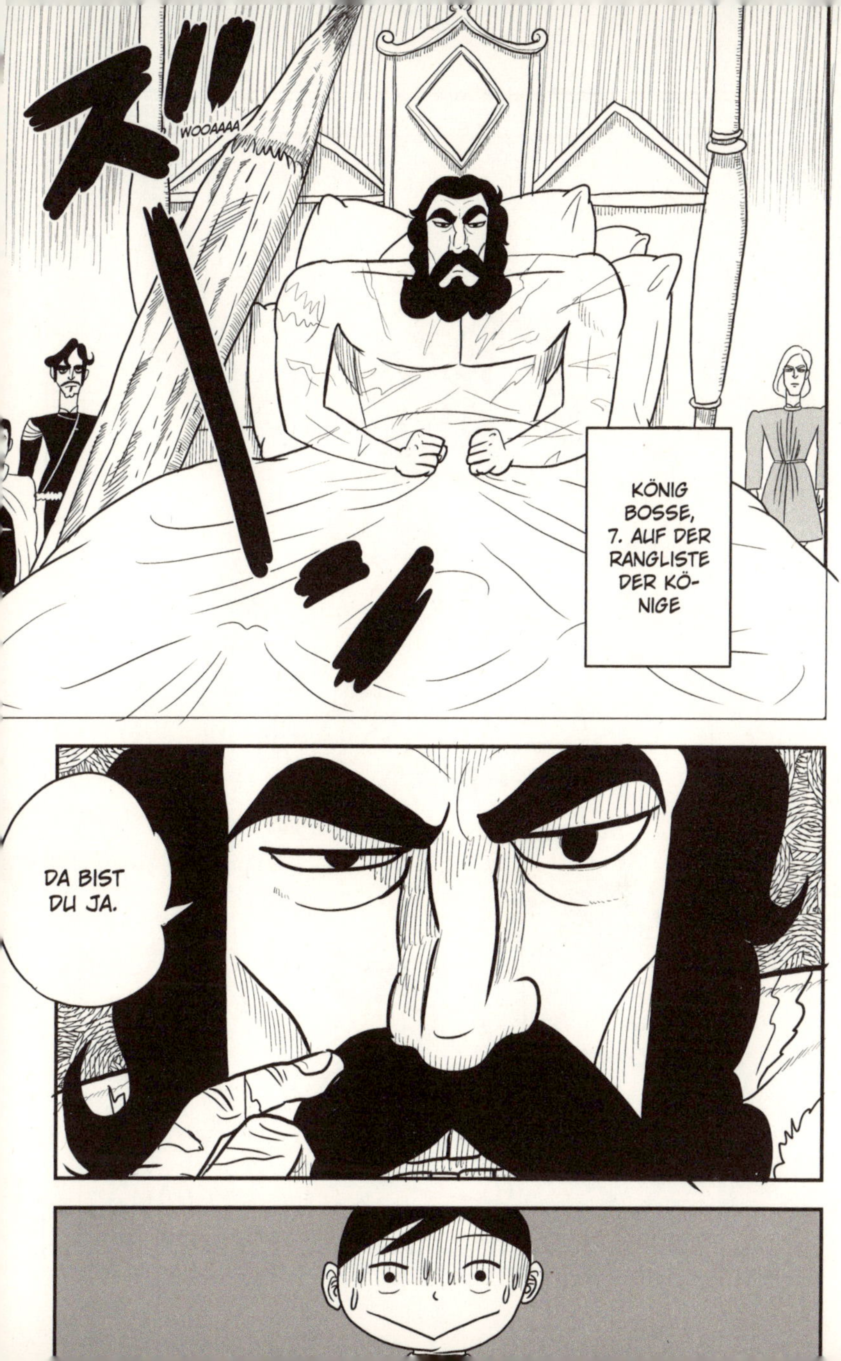

WOOAAAA

KÖNIG BOSSE, 7. AUF DER RANGLISTE DER KÖ-NIGE

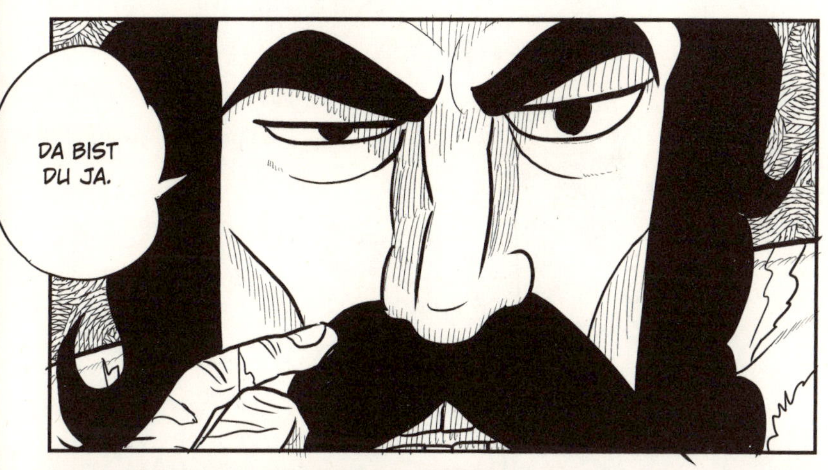

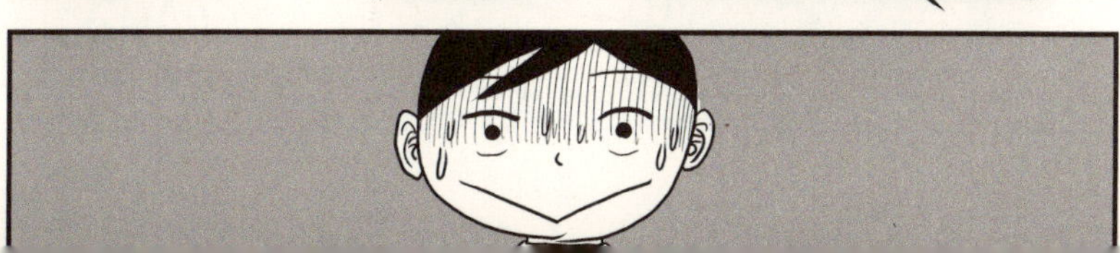

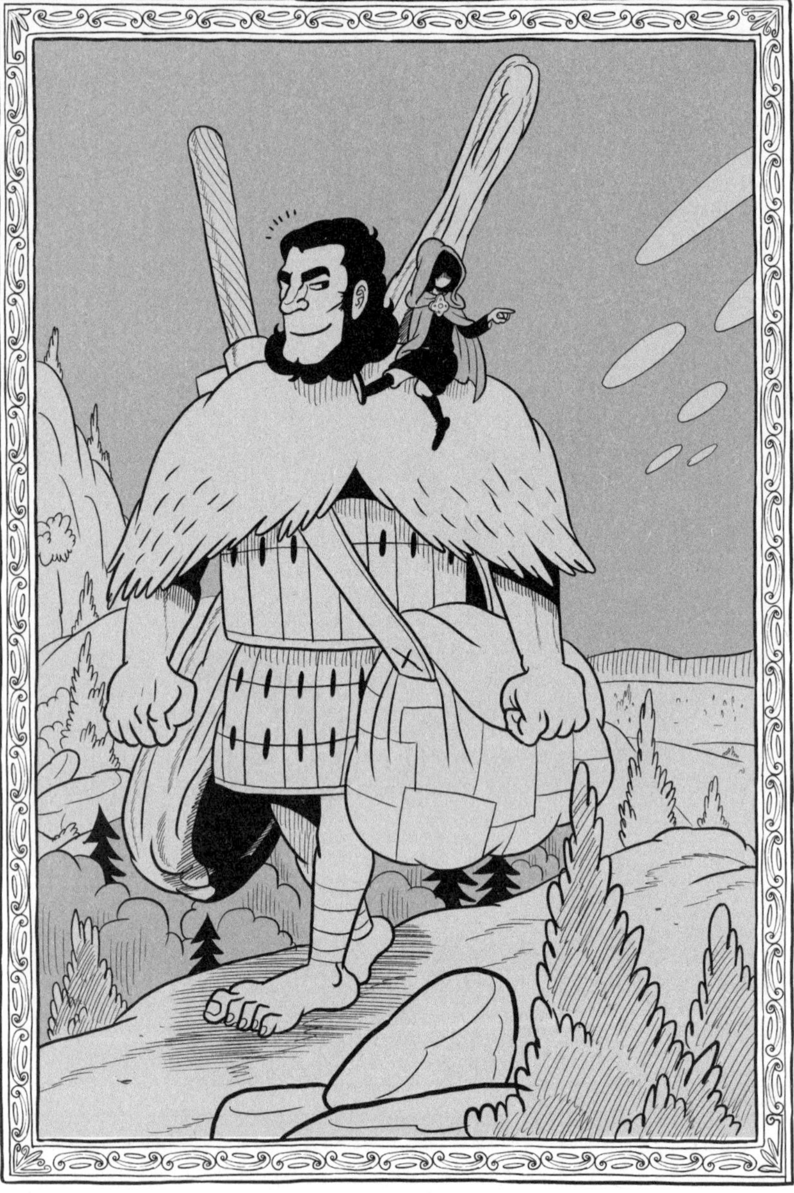

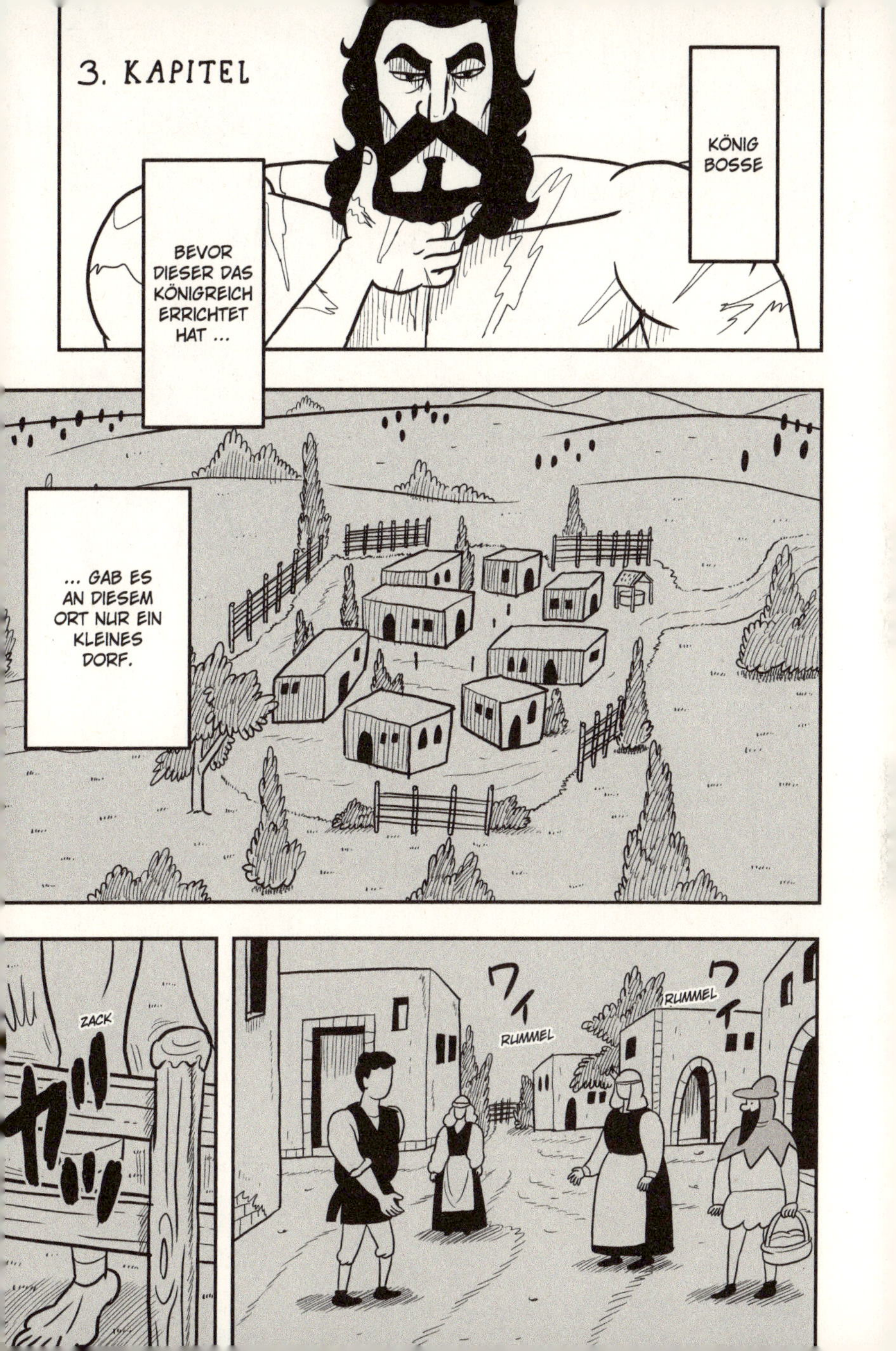

3. KAPITEL

KÖNIG BOSSE

BEVOR DIESER DAS KÖNIGREICH ERRICHTET HAT ...

... GAB ES AN DIESEM ORT NUR EIN KLEINES DORF.

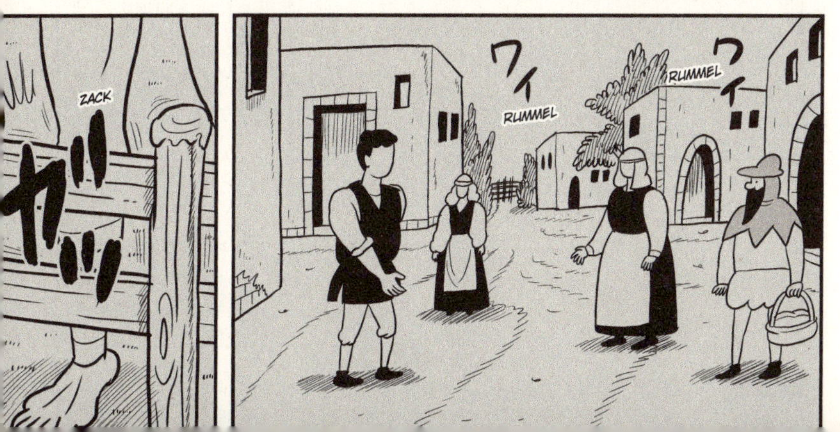

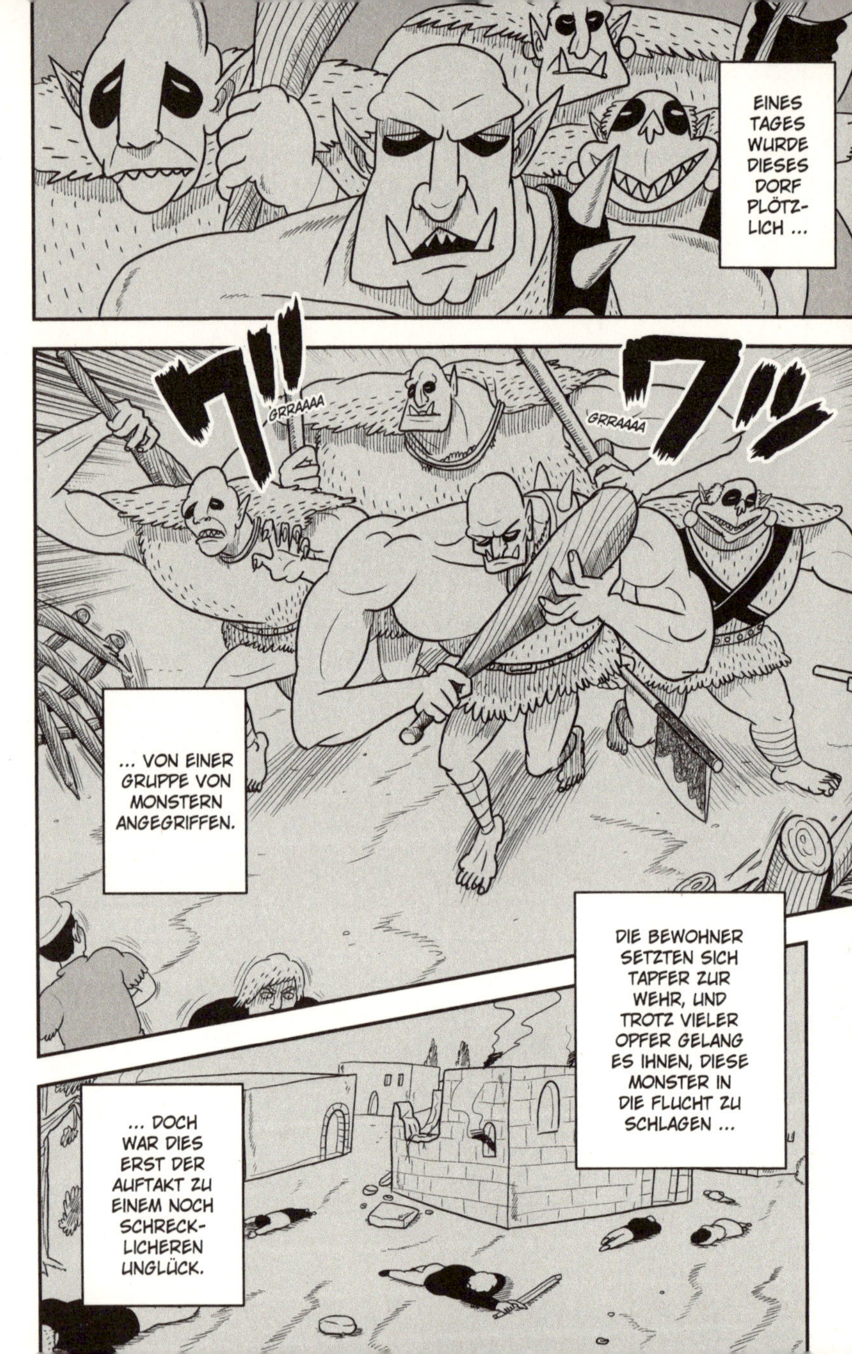
EINES TAGES WURDE DIESES DORF PLÖTZLICH …
ワ"
GRRAAAA
ワ"
GRRAAAA
… VON EINER GRUPPE VON MONSTERN ANGEGRIFFEN.
DIE BEWOHNER SETZTEN SICH TAPFER ZUR WEHR, UND TROTZ VIELER OPFER GELANG ES IHNEN, DIESE MONSTER IN DIE FLUCHT ZU SCHLAGEN …
… DOCH WAR DIES ERST DER AUFTAKT ZU EINEM NOCH SCHRECKLICHEREN UNGLÜCK.

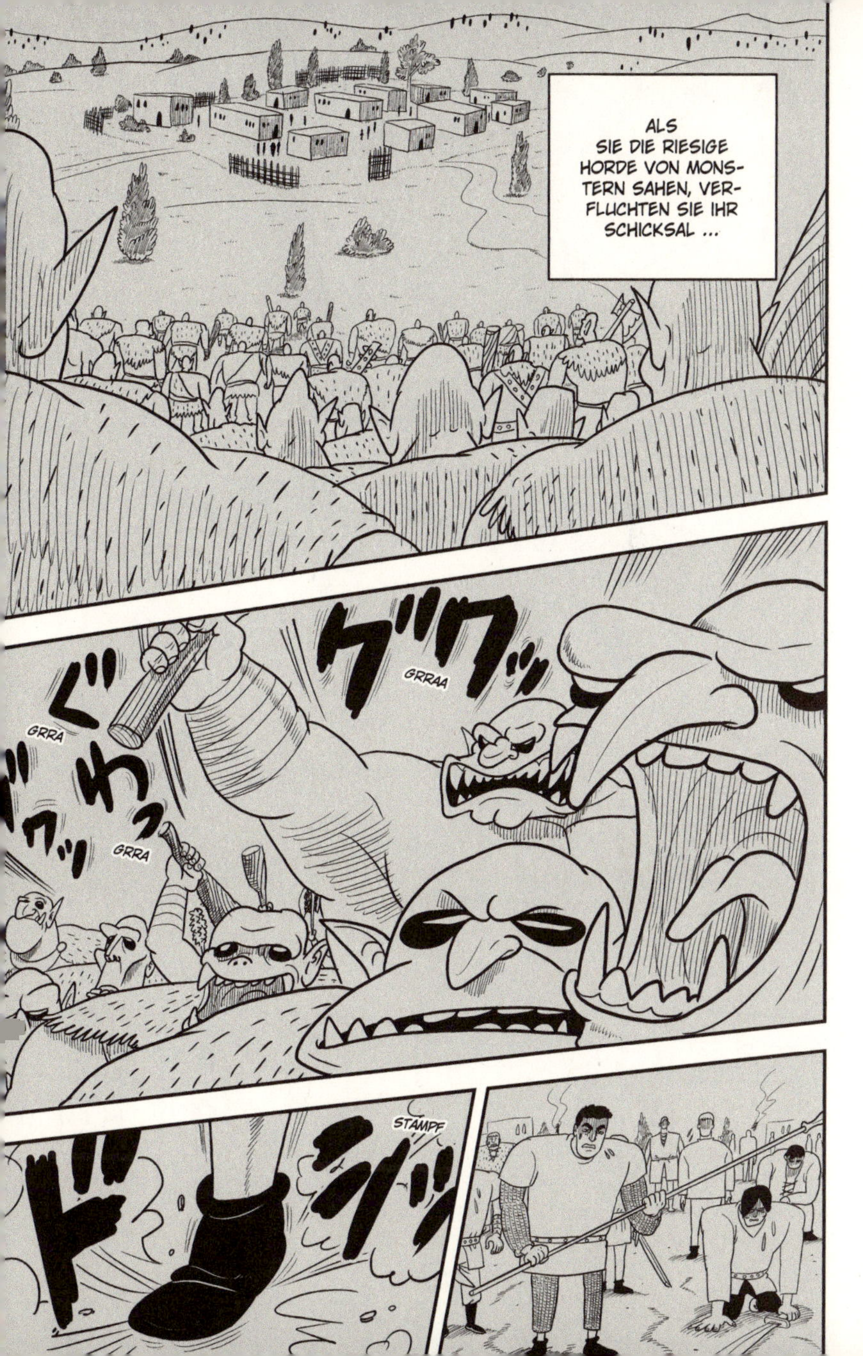
ALS SIE DIE RIESIGE HORDE VON MONSTERN SAHEN, VERFLUCHTEN SIE IHR SCHICKSAL ...
GRRAA
GRRA
GRRA
STAMPF

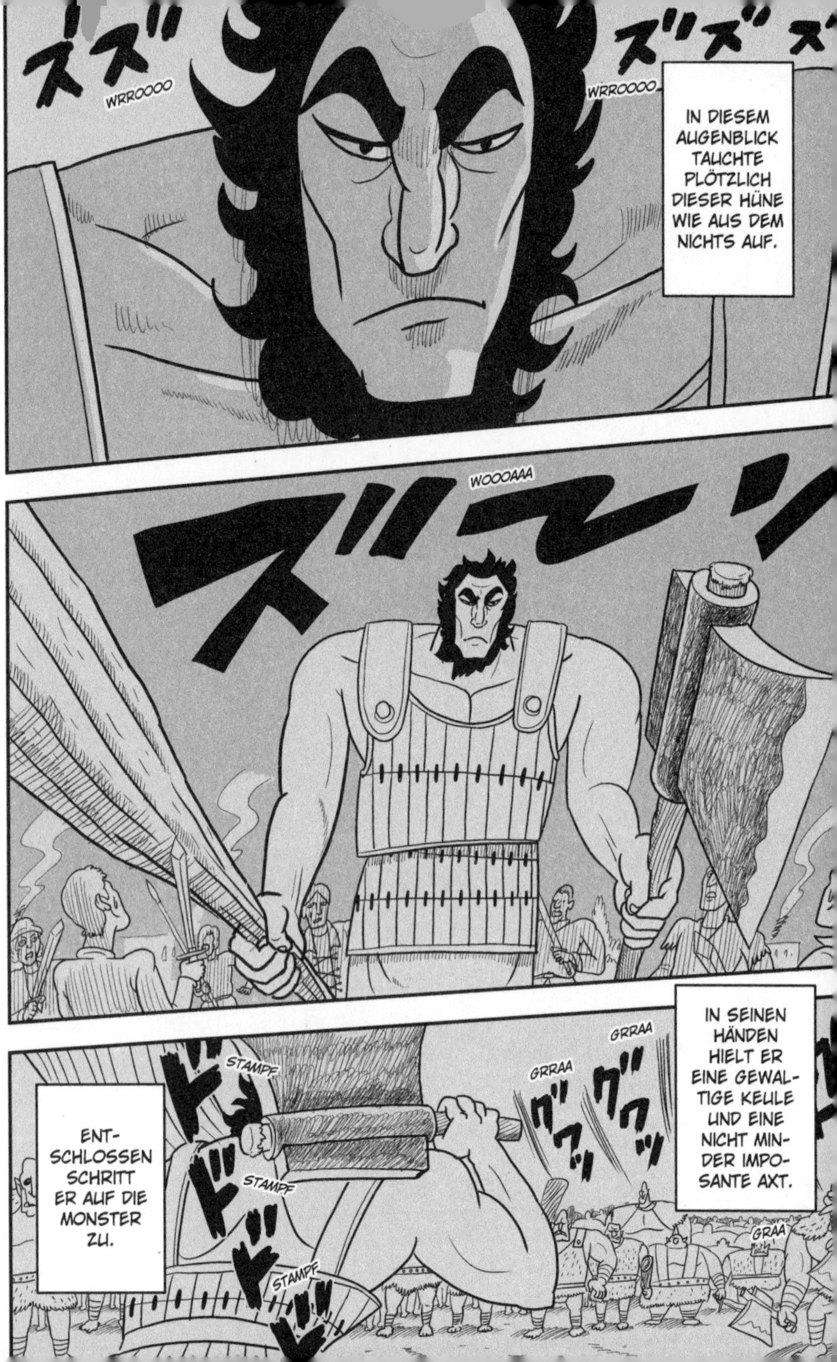

ズズ ズズ
WRROOOO
WRROOOO
IN DIESEM AUGENBLICK TAUCHTE PLÖTZLICH DIESER HÜNE WIE AUS DEM NICHTS AUF.

WOOOAAA
ズズーン

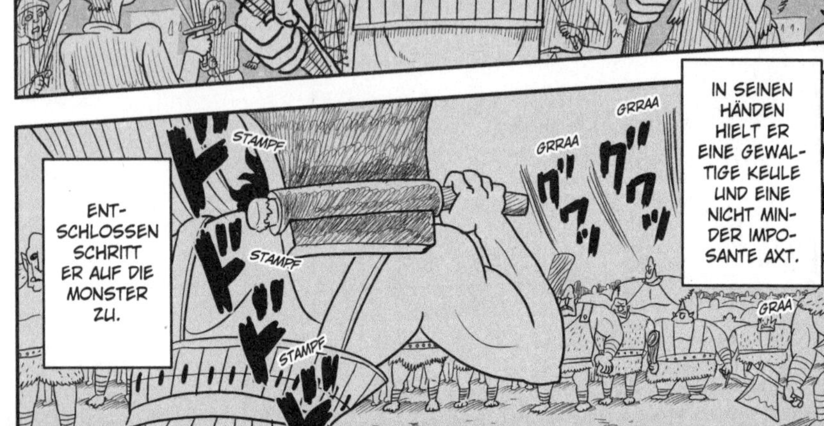

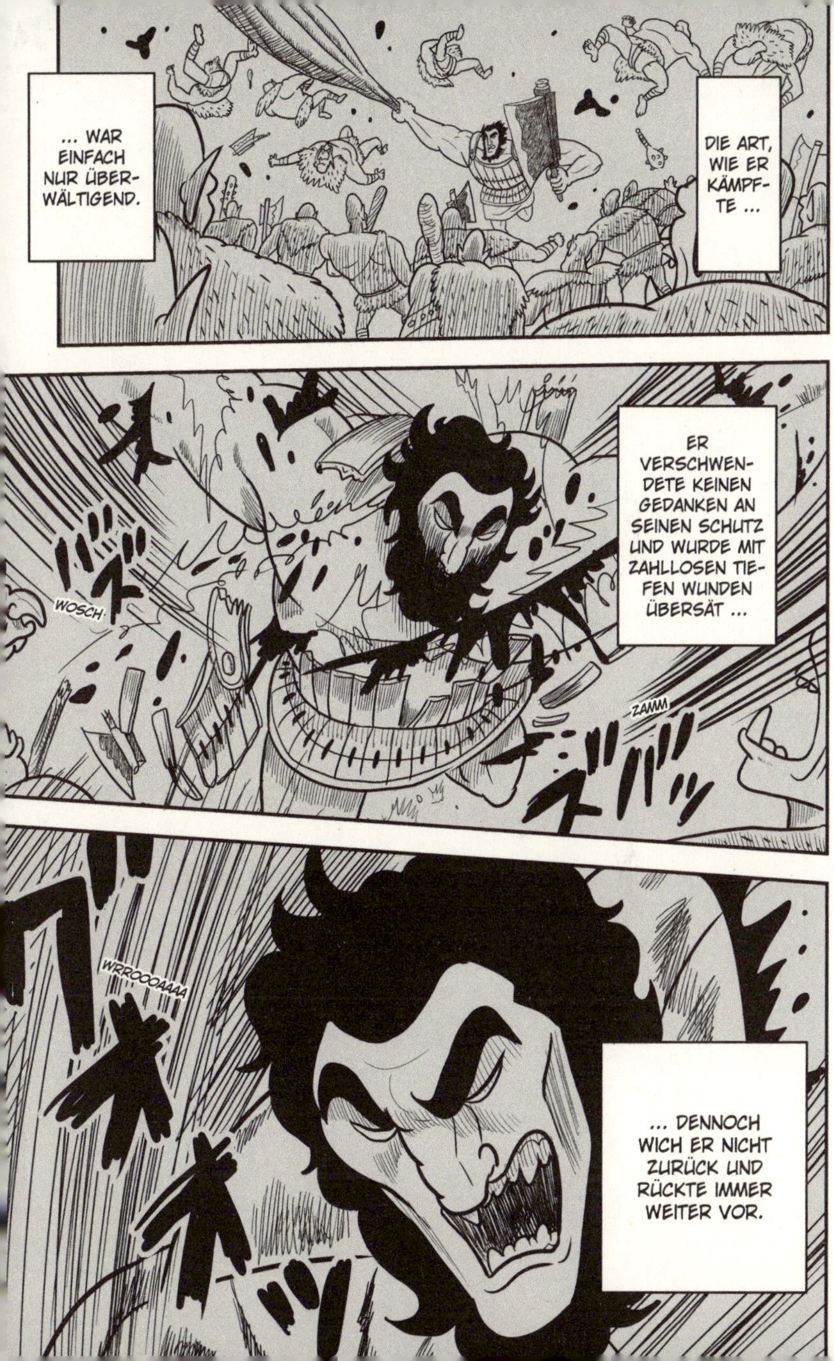

DIE ART, WIE ER KÄMPFTE ...

... WAR EINFACH NUR ÜBERWÄLTIGEND.

ER VERSCHWENDETE KEINEN GEDANKEN AN SEINEN SCHUTZ UND WURDE MIT ZAHLLOSEN TIEFEN WUNDEN ÜBERSÄT ...

ZAMM

WOSCH

... DENNOCH WICH ER NICHT ZURÜCK UND RÜCKTE IMMER WEITER VOR.

WRROOOAAAA

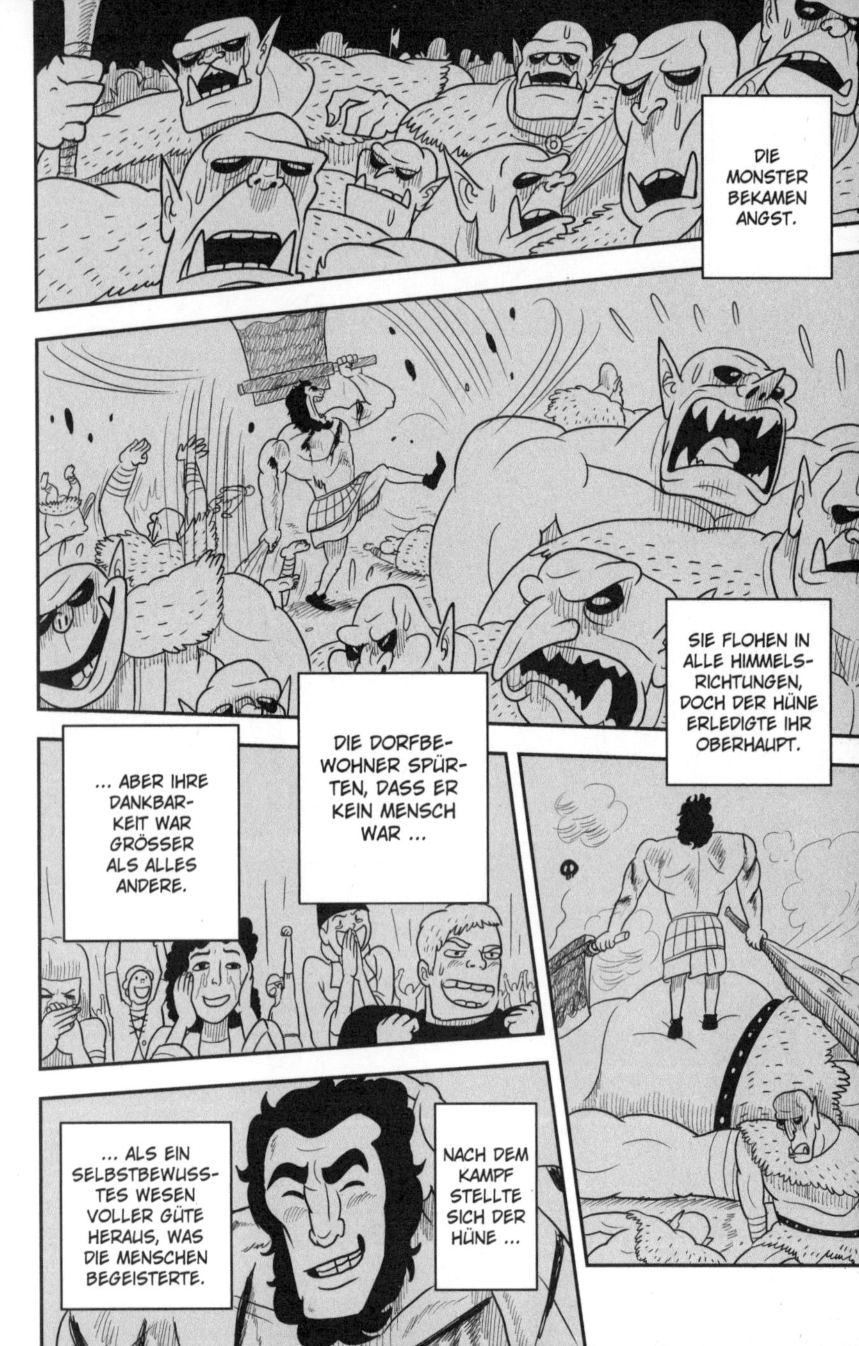
DIE MONSTER BEKAMEN ANGST.
SIE FLOHEN IN ALLE HIMMELS-RICHTUNGEN, DOCH DER HÜNE ERLEDIGTE IHR OBERHAUPT.
NACH DEM KAMPF STELLTE SICH DER HÜNE ...
... ALS EIN SELBSTBEWUSS-TES WESEN VOLLER GÜTE HERAUS, WAS DIE MENSCHEN BEGEISTERTE.
DIE DORFBE-WOHNER SPÜR-TEN, DASS ER KEIN MENSCH WAR ...
... ABER IHRE DANKBAR-KEIT WAR GRÖSSER ALS ALLES ANDERE.

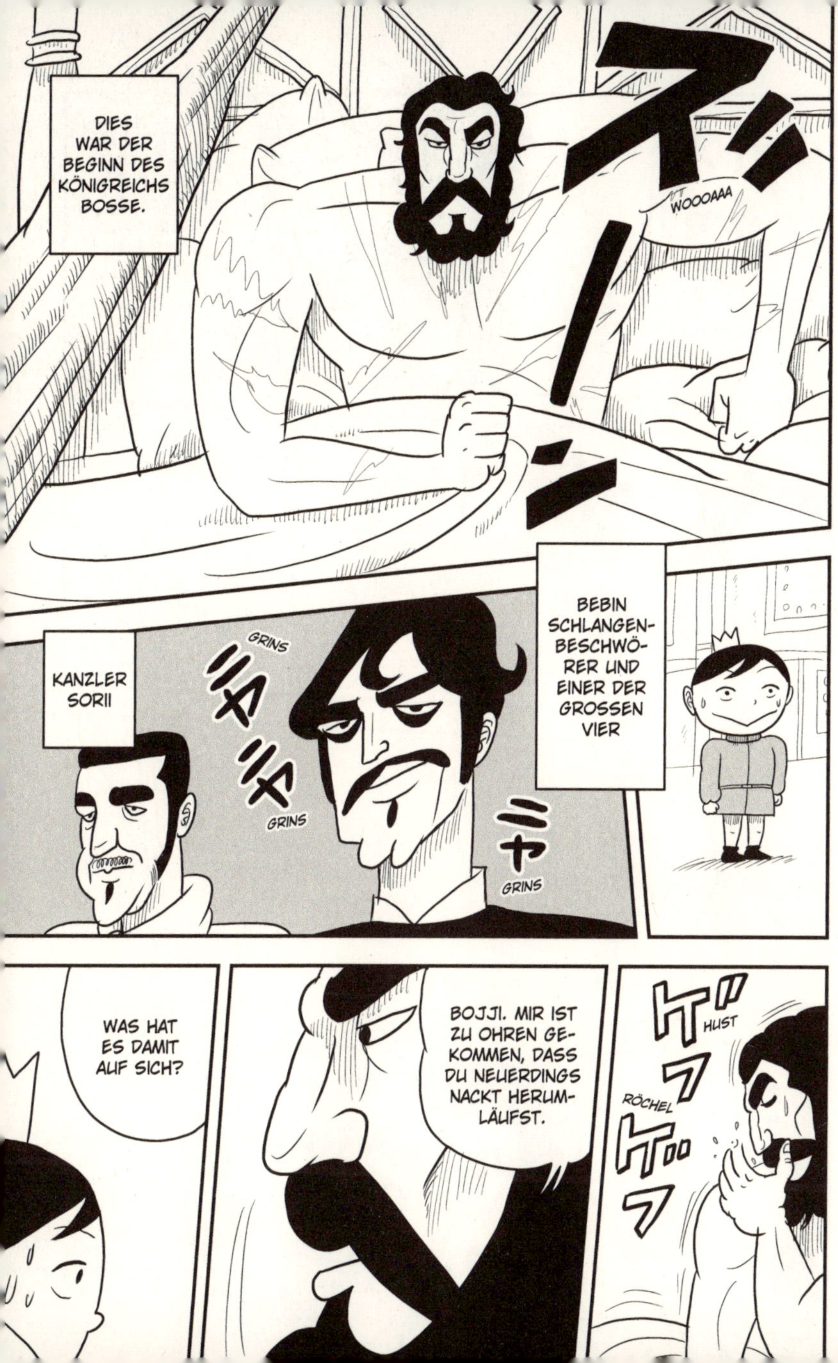

DIES WAR DER BEGINN DES KÖNIGREICHS BOSSE.

WOOOAAA

BEBIN SCHLANGEN-BESCHWÖRER UND EINER DER GROSSEN VIER

GRINS

GRINS

GRINS

KANZLER SORII

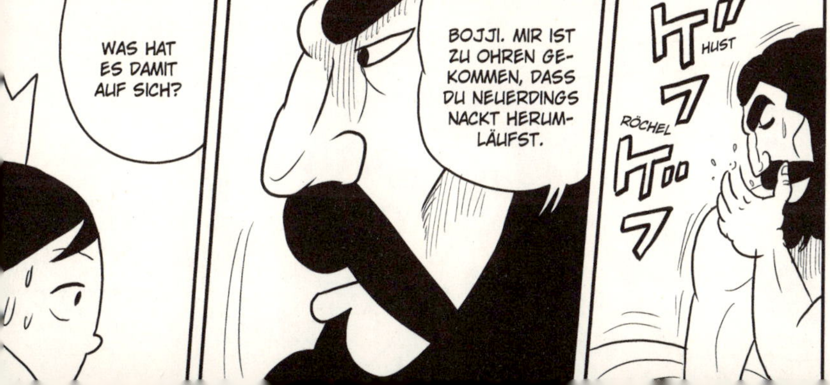

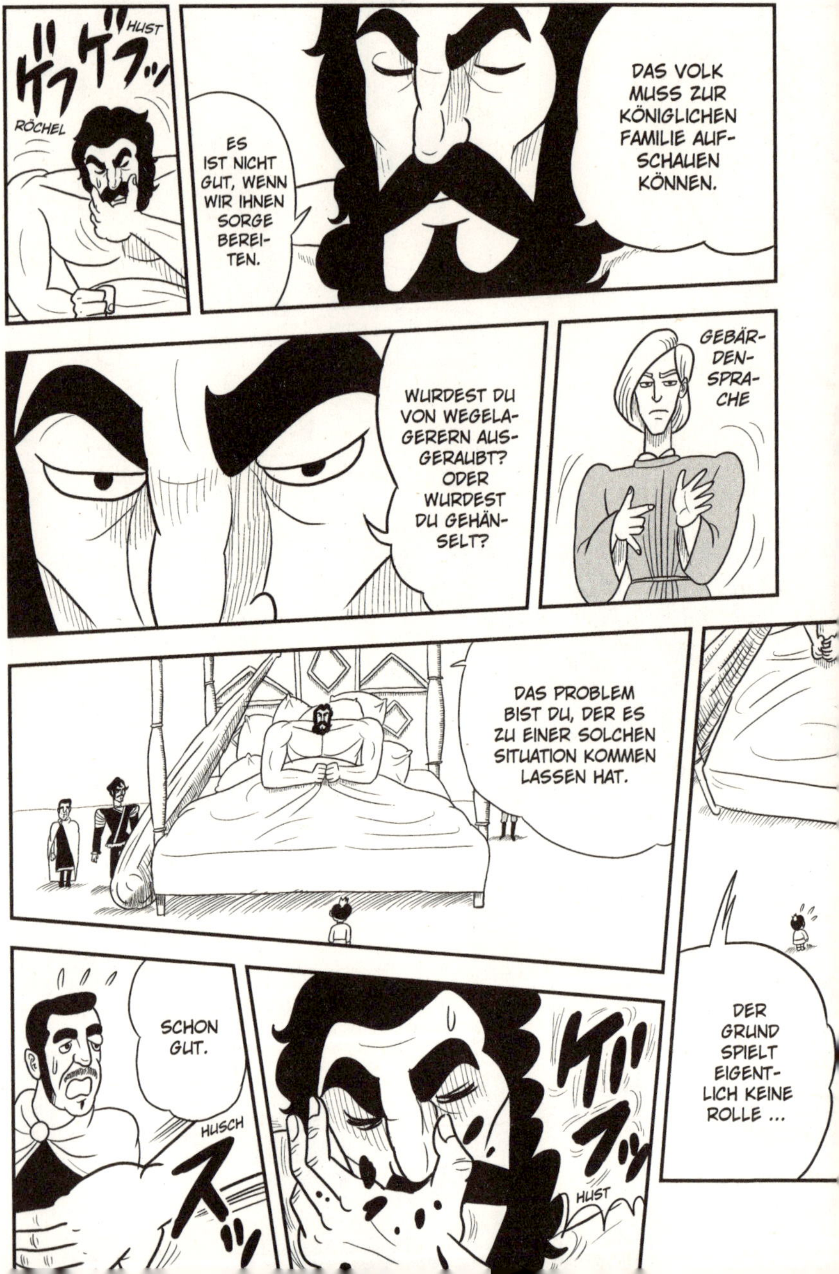

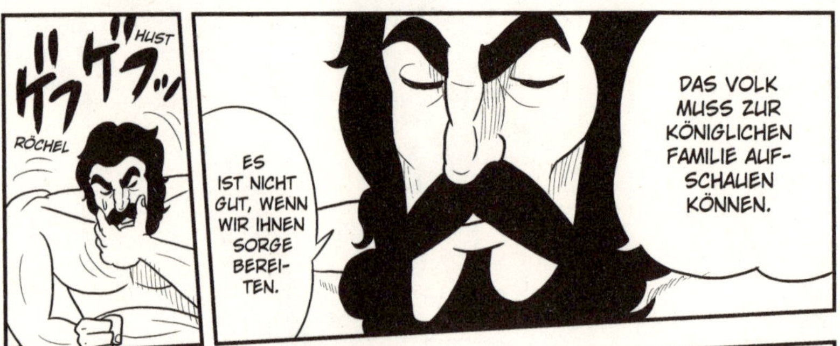

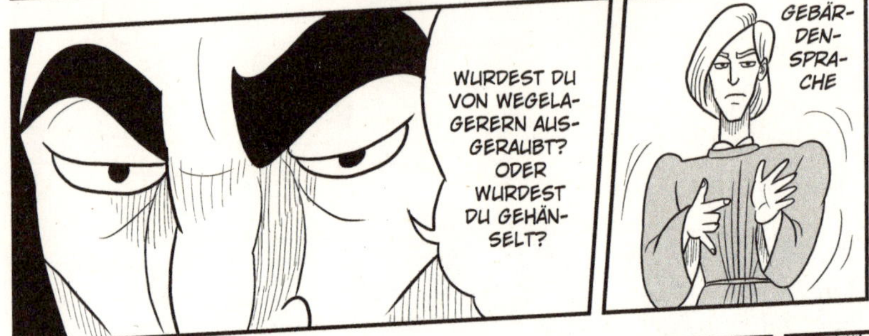

DER GRUND SPIELT EIGENT-LICH KEINE ROLLE ...

DAS PROBLEM BIST DU, DER ES ZU EINER SOLCHEN SITUATION KOMMEN LASSEN HAT.

HUST

HUSCH

SCHON GUT.

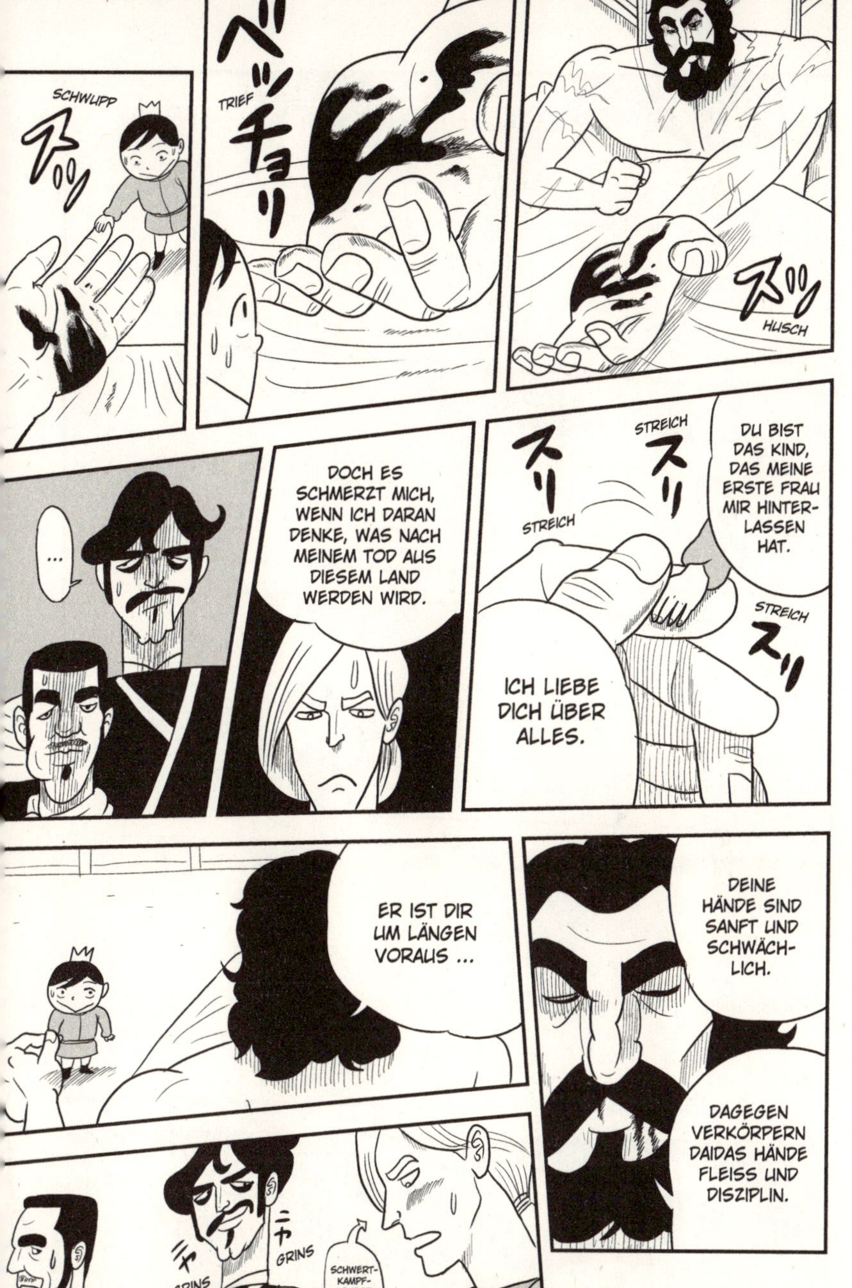

ズッ
HUSCH
ベッチョリ
TRIEF
スッ
SCHWUPP
DU BIST DAS KIND, DAS MEINE ERSTE FRAU MIR HINTER-LASSEN HAT.
スリ
STREICH
スリ
STREICH
スリ
STREICH
ICH LIEBE DICH ÜBER ALLES.
DOCH ES SCHMERZT MICH, WENN ICH DARAN DENKE, WAS NACH MEINEM TOD AUS DIESEM LAND WERDEN WIRD.
...
DEINE HÄNDE SIND SANFT UND SCHWÄCH-LICH.
DAGEGEN VERKÖRPERN DAIDAS HÄNDE FLEISS UND DISZIPLIN.
ER IST DIR UM LÄNGEN VORAUS ...
SCHWERT-KAMPF-LEHRER VON PRINZ BOJJI
ニヤ
GRINS
ニヤ
GRINS

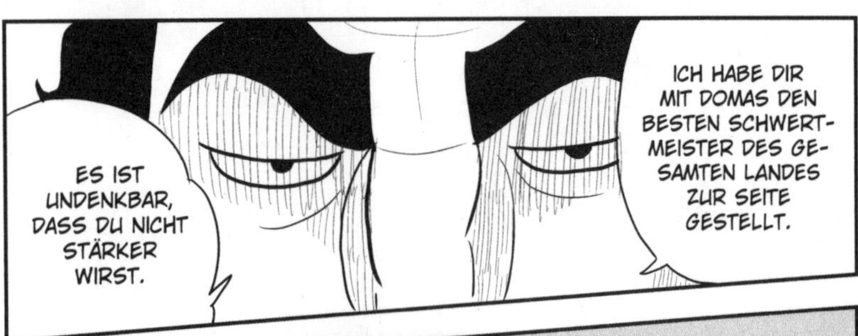
ICH HABE DIR MIT DOMAS DEN BESTEN SCHWERT-MEISTER DES GE-SAMTEN LANDES ZUR SEITE GESTELLT.
ES IST UNDENKBAR, DASS DU NICHT STÄRKER WIRST.

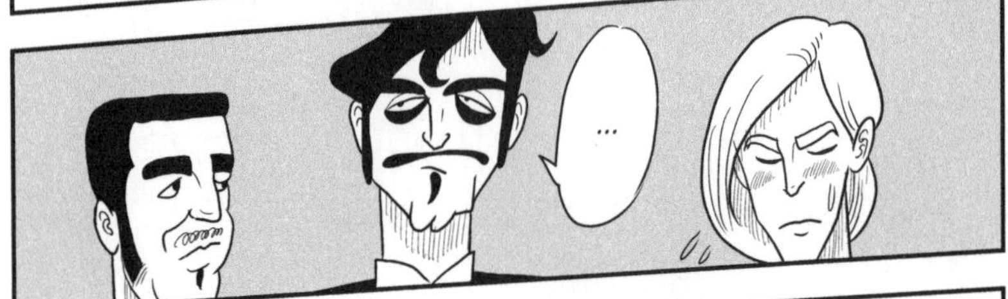
...

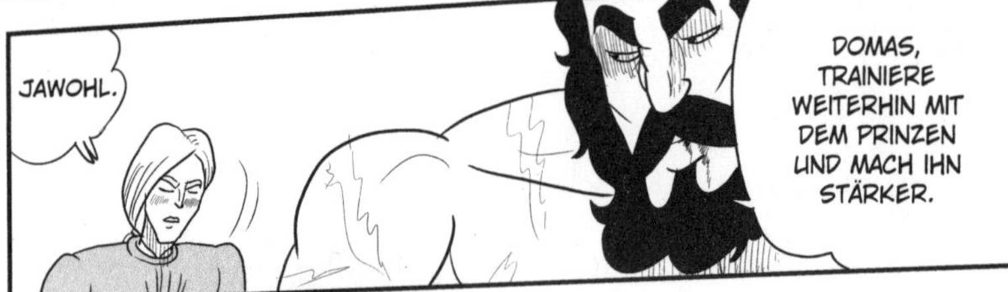
DOMAS, TRAINIERE WEITERHIN MIT DEM PRINZEN UND MACH IHN STÄRKER.
JAWOHL.

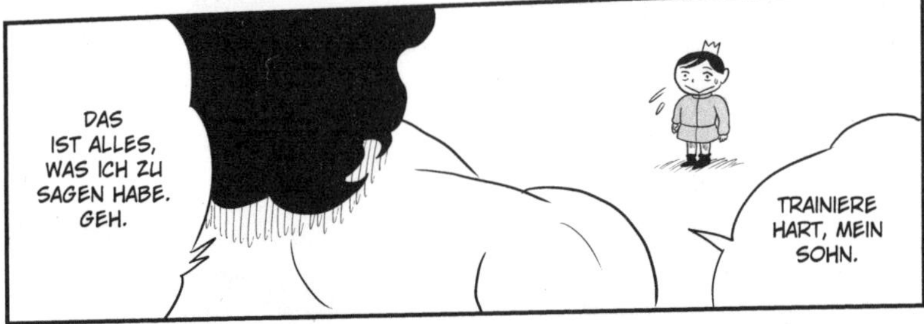
TRAINIERE HART, MEIN SOHN.
DAS IST ALLES, WAS ICH ZU SAGEN HABE. GEH.

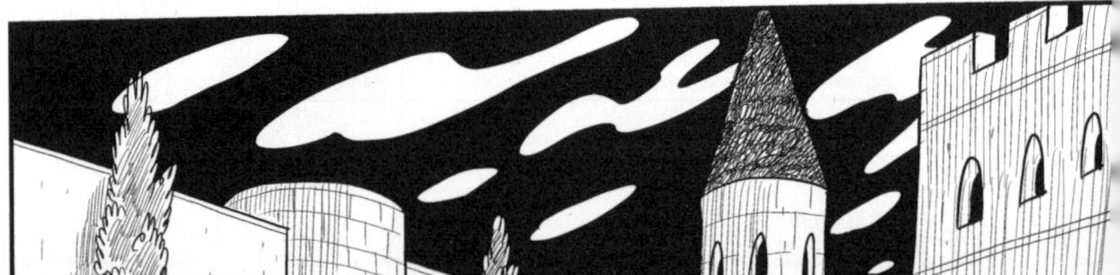

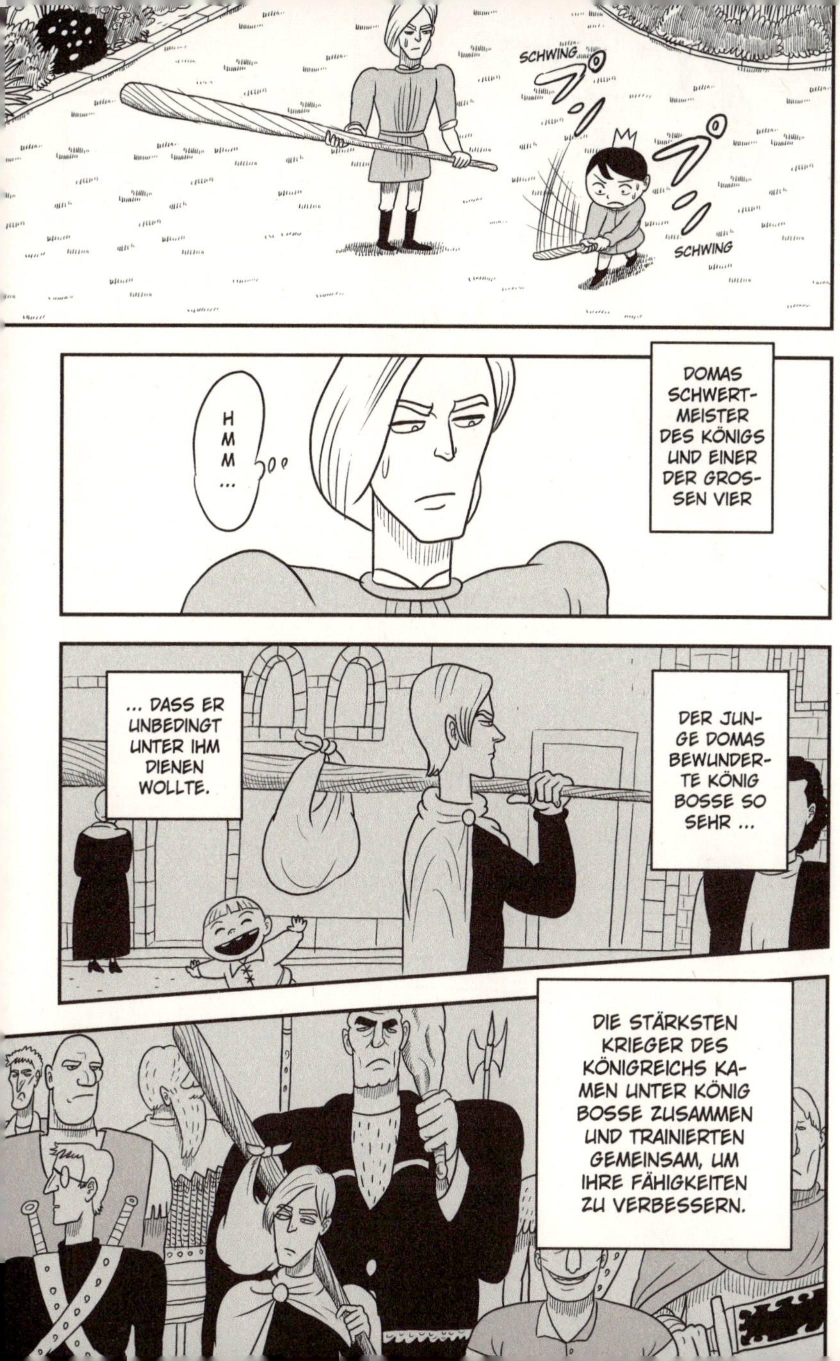

SCHWING
SCHWING

DOMAS SCHWERTMEISTER DES KÖNIGS UND EINER DER GROSSEN VIER
HMM ...

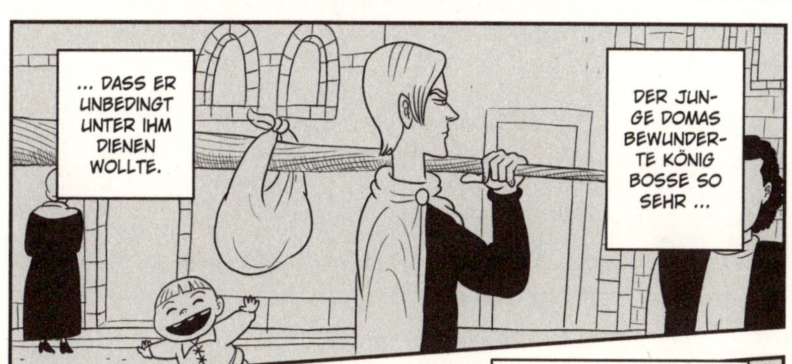

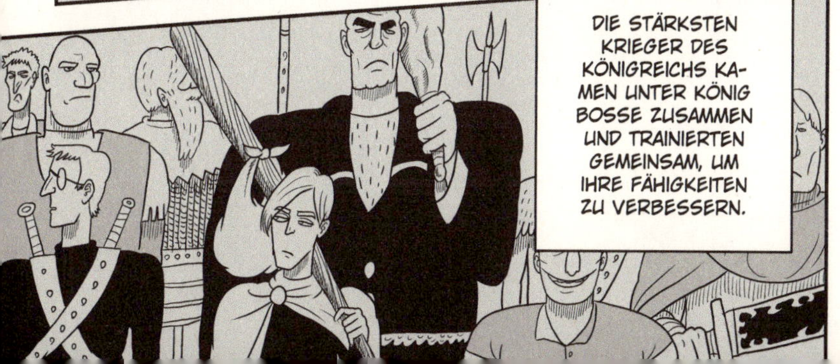

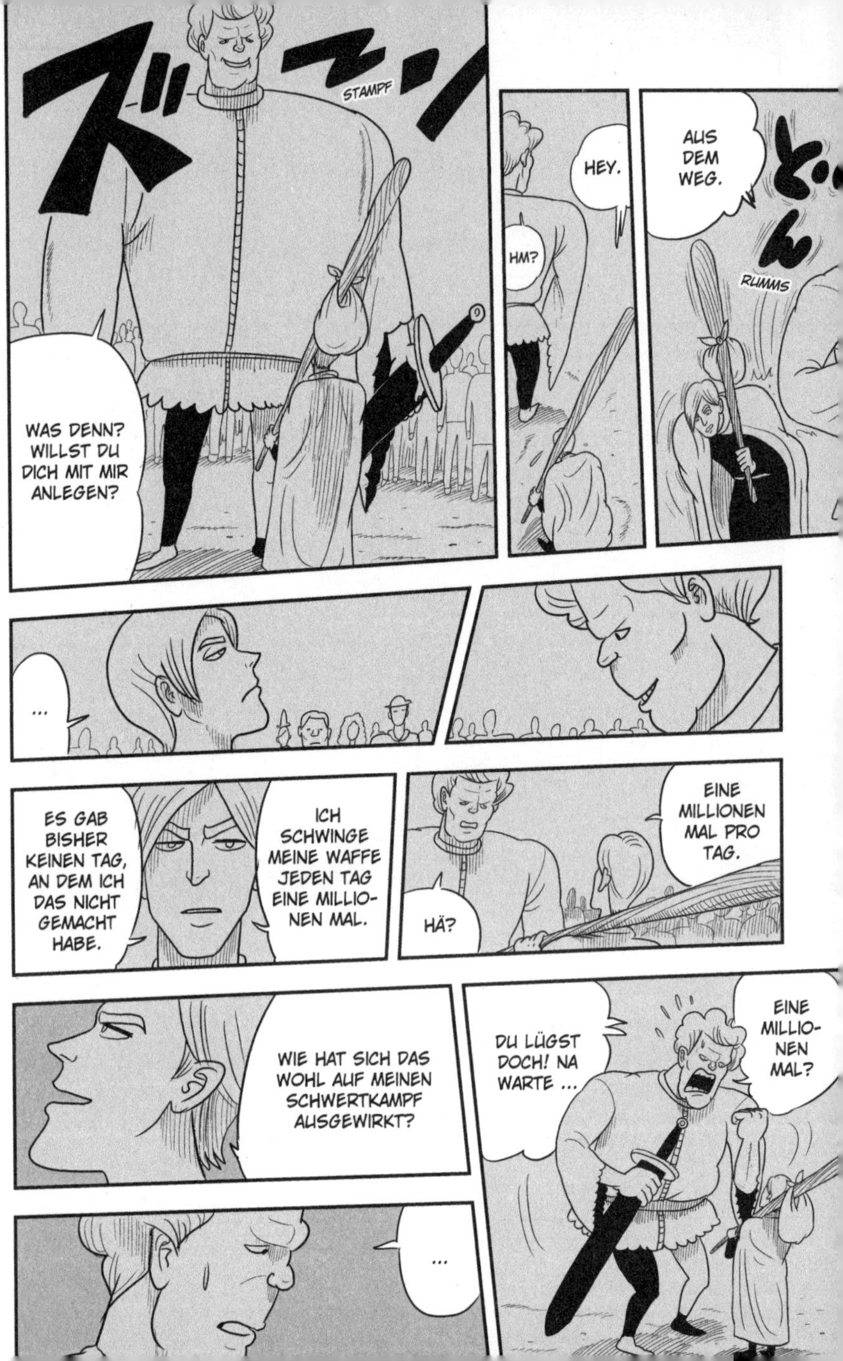

AUS DEM WEG.
RUMMS
HEY.
HM?
STAMPF
WAS DENN? WILLST DU DICH MIT MIR ANLEGEN?

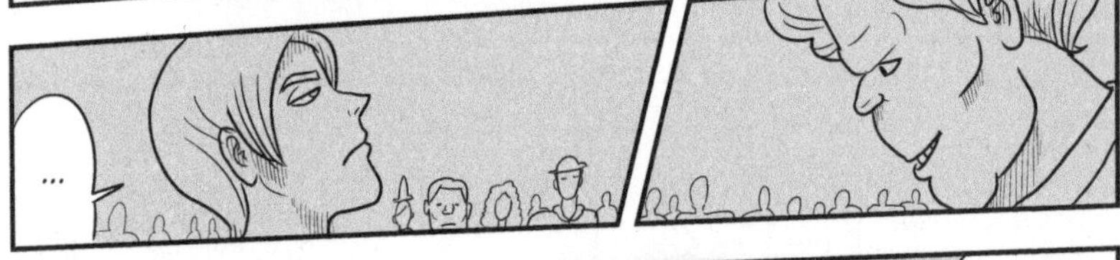

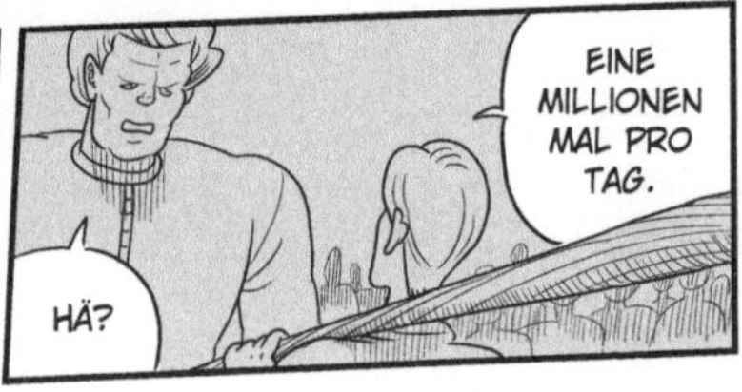

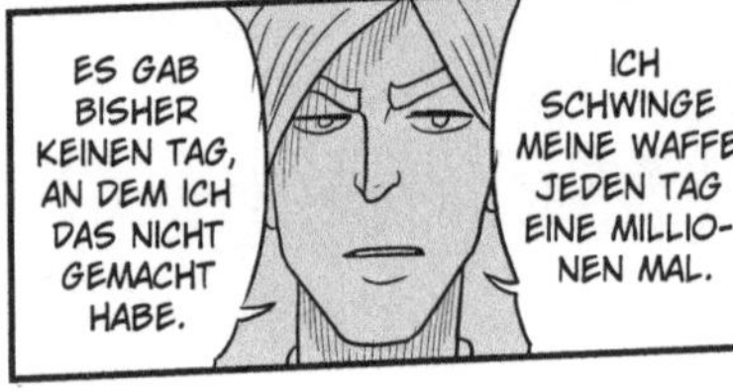

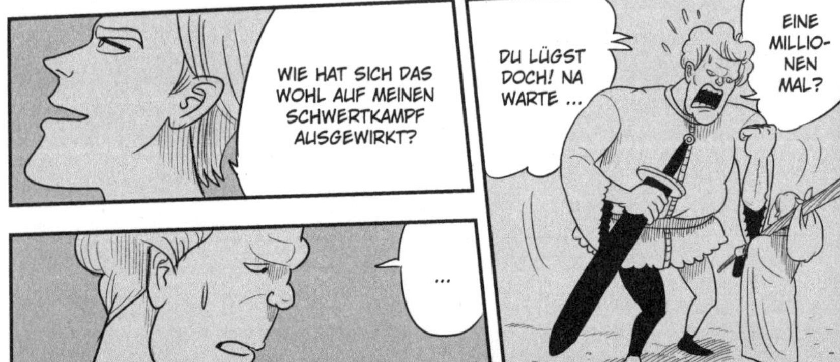

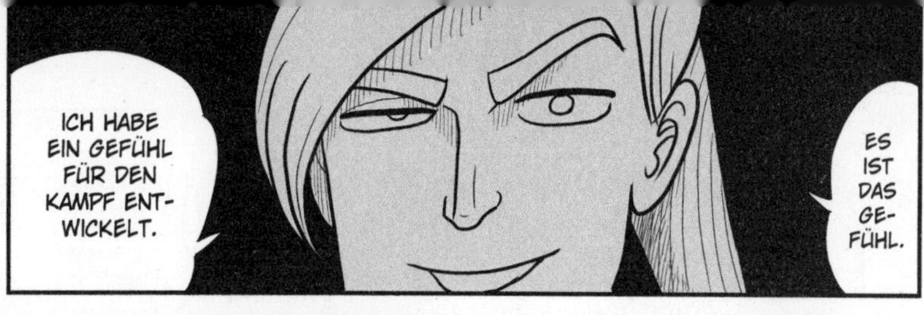
ES IST DAS GE-FÜHL.
ICH HABE EIN GEFÜHL FÜR DEN KAMPF ENT-WICKELT.

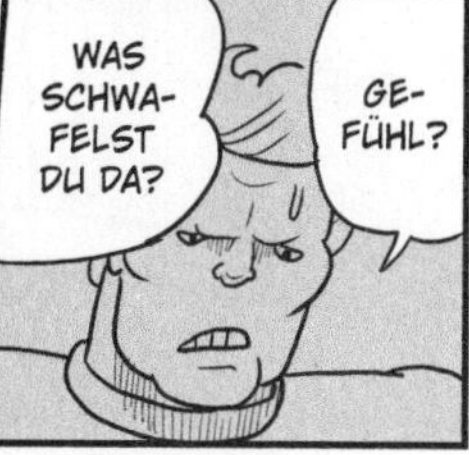
GE-FÜHL?
WAS SCHWA-FELST DU DA?

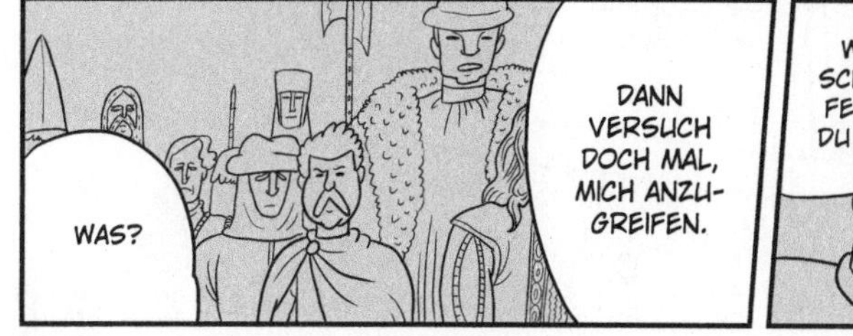
DANN VERSUCH DOCH MAL, MICH ANZU-GREIFEN.
WAS?

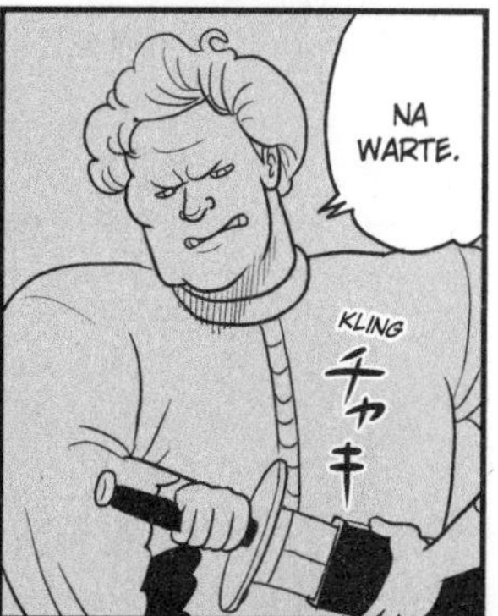
NA WARTE.
KLING
チャキ

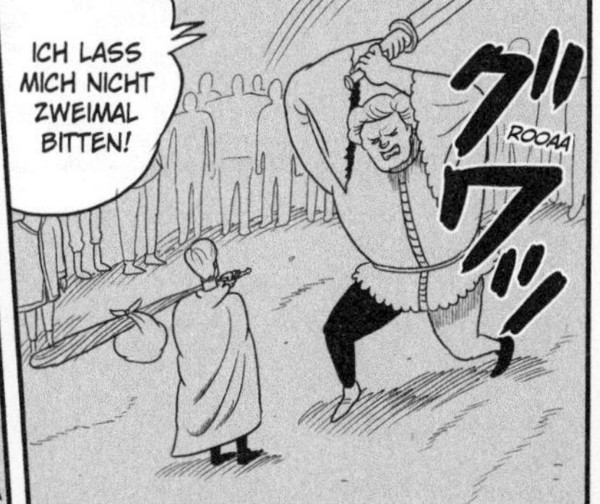
ROOAA
グワッ
ICH LASS MICH NICHT ZWEIMAL BITTEN!

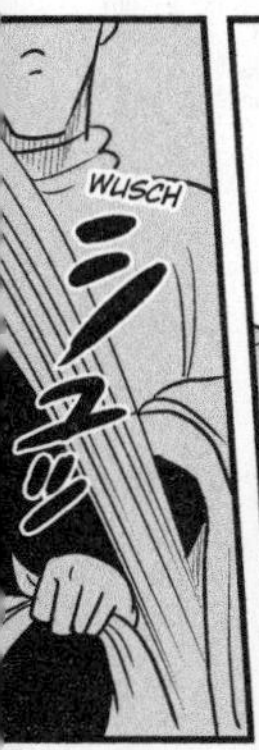
WUSCH
シュッ

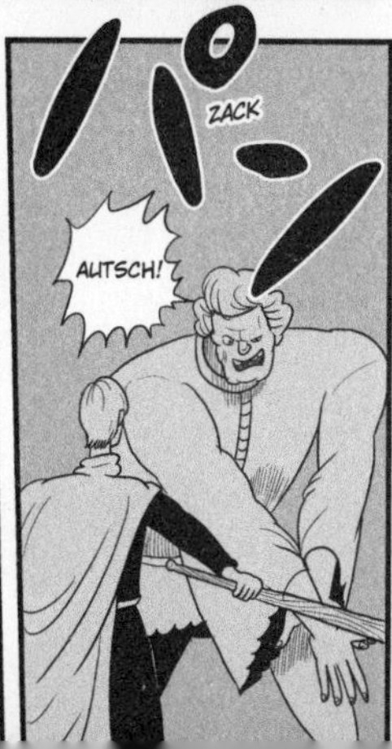
ZACK
パーン
AUTSCH!

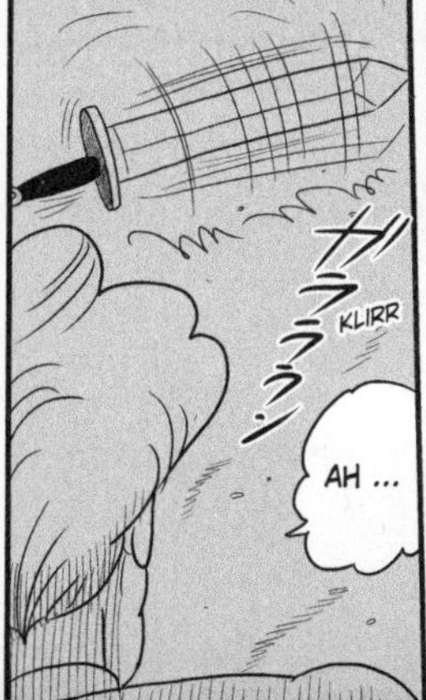
KLIRR
ガラララン
AH ...

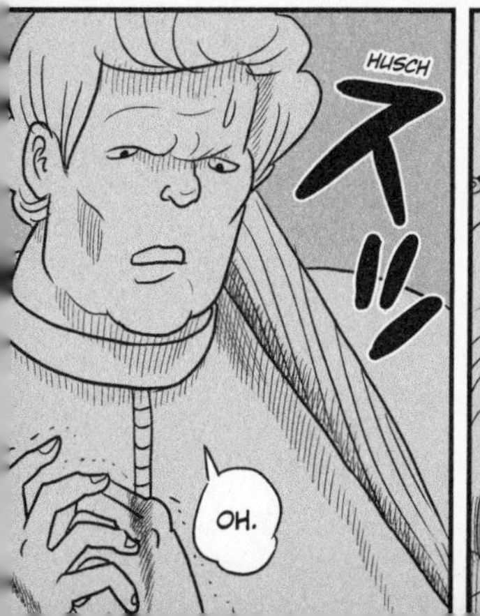
HUSCH
スッ
OH.

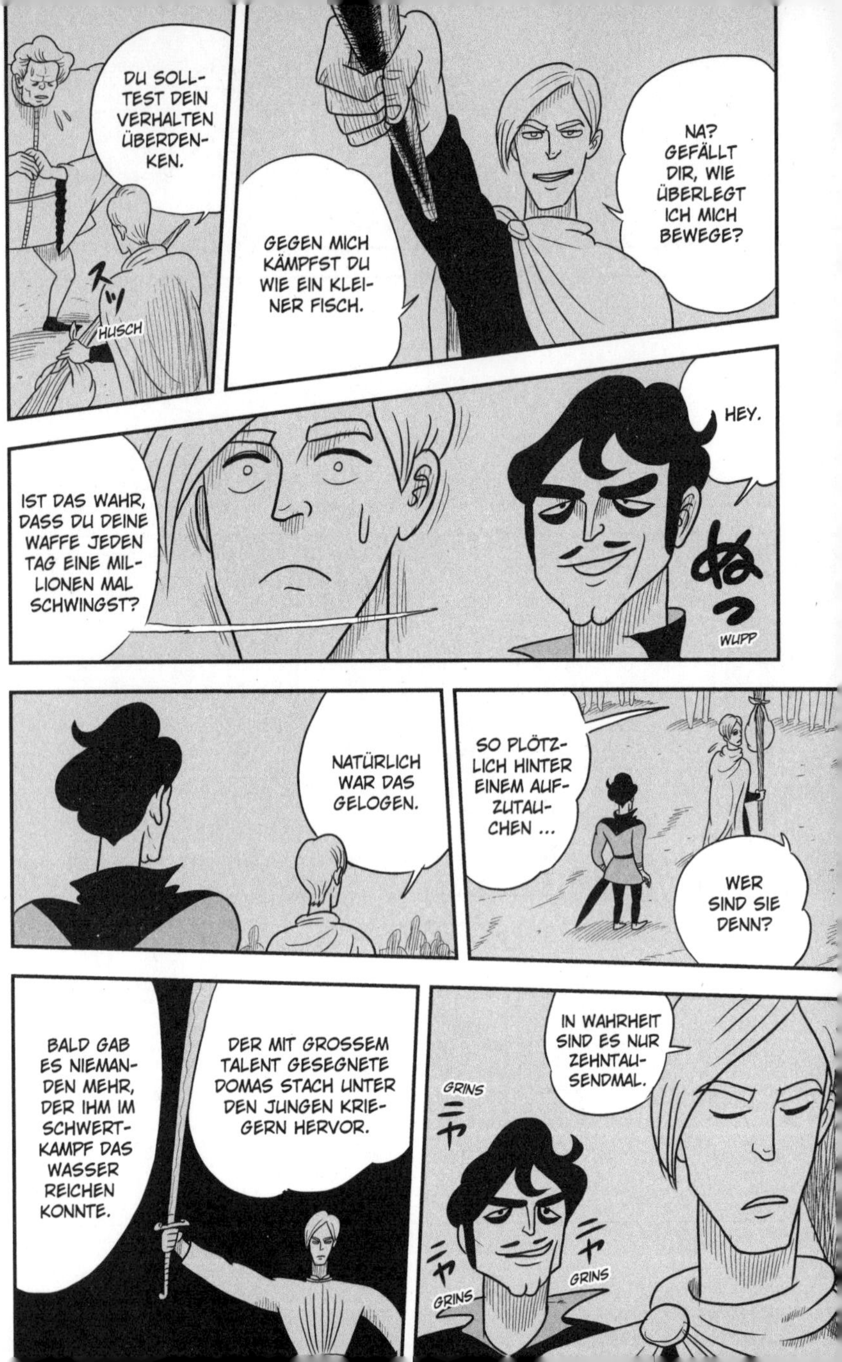

NA? GEFÄLLT DIR, WIE ÜBERLEGT ICH MICH BEWEGE?

GEGEN MICH KÄMPFST DU WIE EIN KLEINER FISCH.

DU SOLLTEST DEIN VERHALTEN ÜBERDENKEN.

HUSCH

HEY.

WUPP

IST DAS WAHR, DASS DU DEINE WAFFE JEDEN TAG EINE MILLIONEN MAL SCHWINGST?

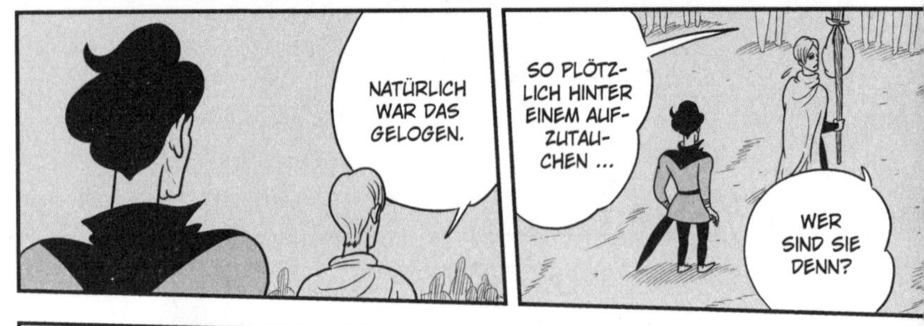

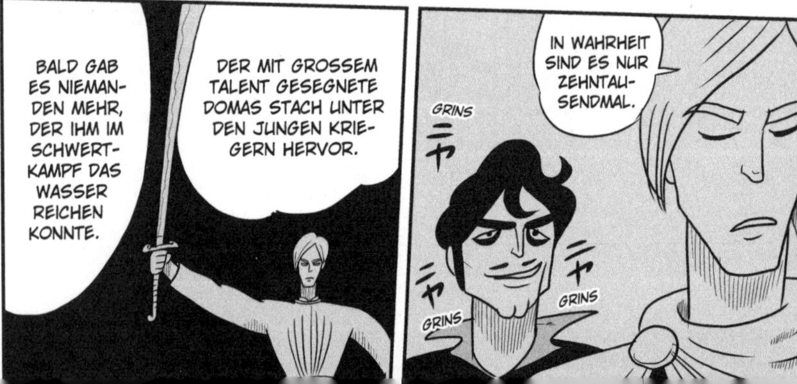

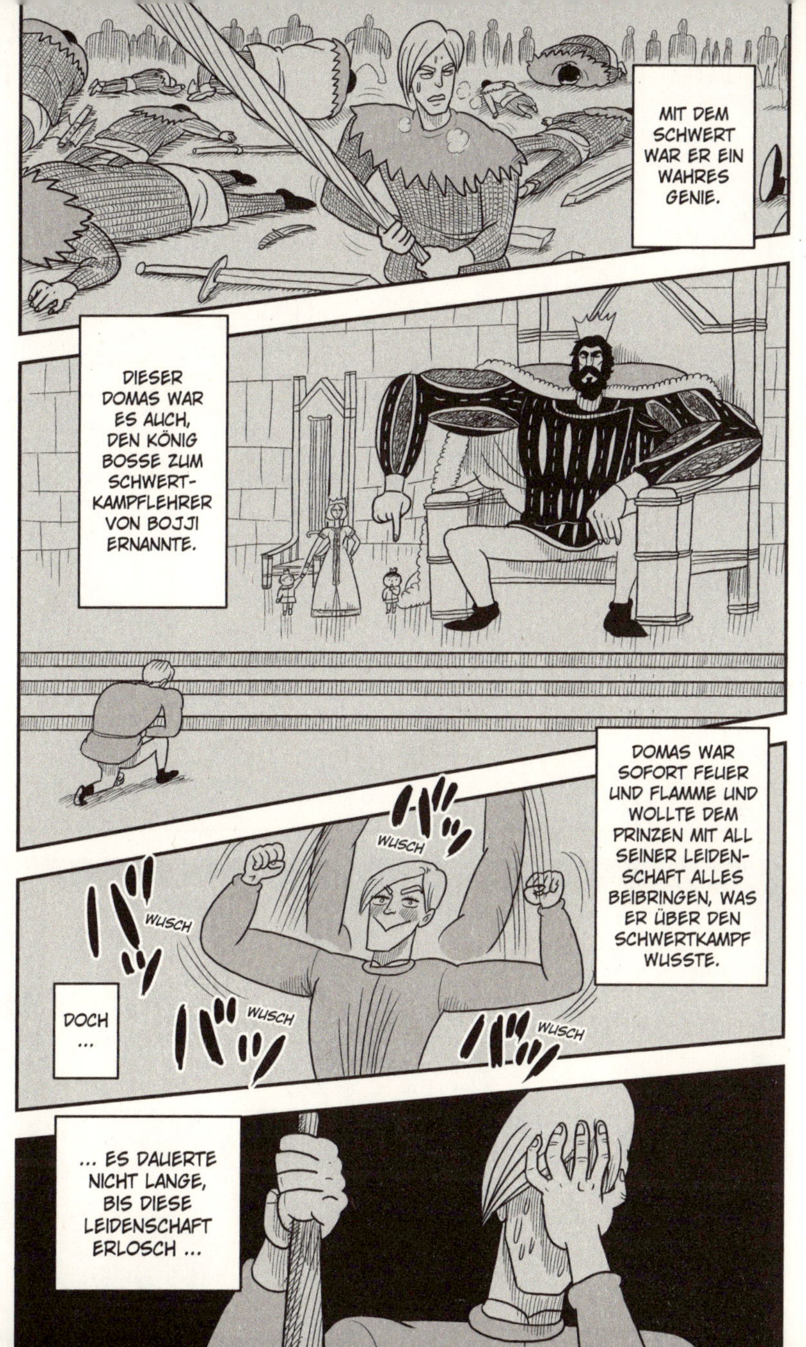
MIT DEM SCHWERT WAR ER EIN WAHRES GENIE.
DIESER DOMAS WAR ES AUCH, DEN KÖNIG BOSSE ZUM SCHWERT-KAMPFLEHRER VON BOJJI ERNANNTE.
DOMAS WAR SOFORT FEUER UND FLAMME UND WOLLTE DEM PRINZEN MIT ALL SEINER LEIDEN-SCHAFT ALLES BEIBRINGEN, WAS ER ÜBER DEN SCHWERTKAMPF WUSSTE.
WUSCH
WUSCH
WUSCH
WUSCH
DOCH ...
... ES DAUERTE NICHT LANGE, BIS DIESE LEIDENSCHAFT ERLOSCH ...

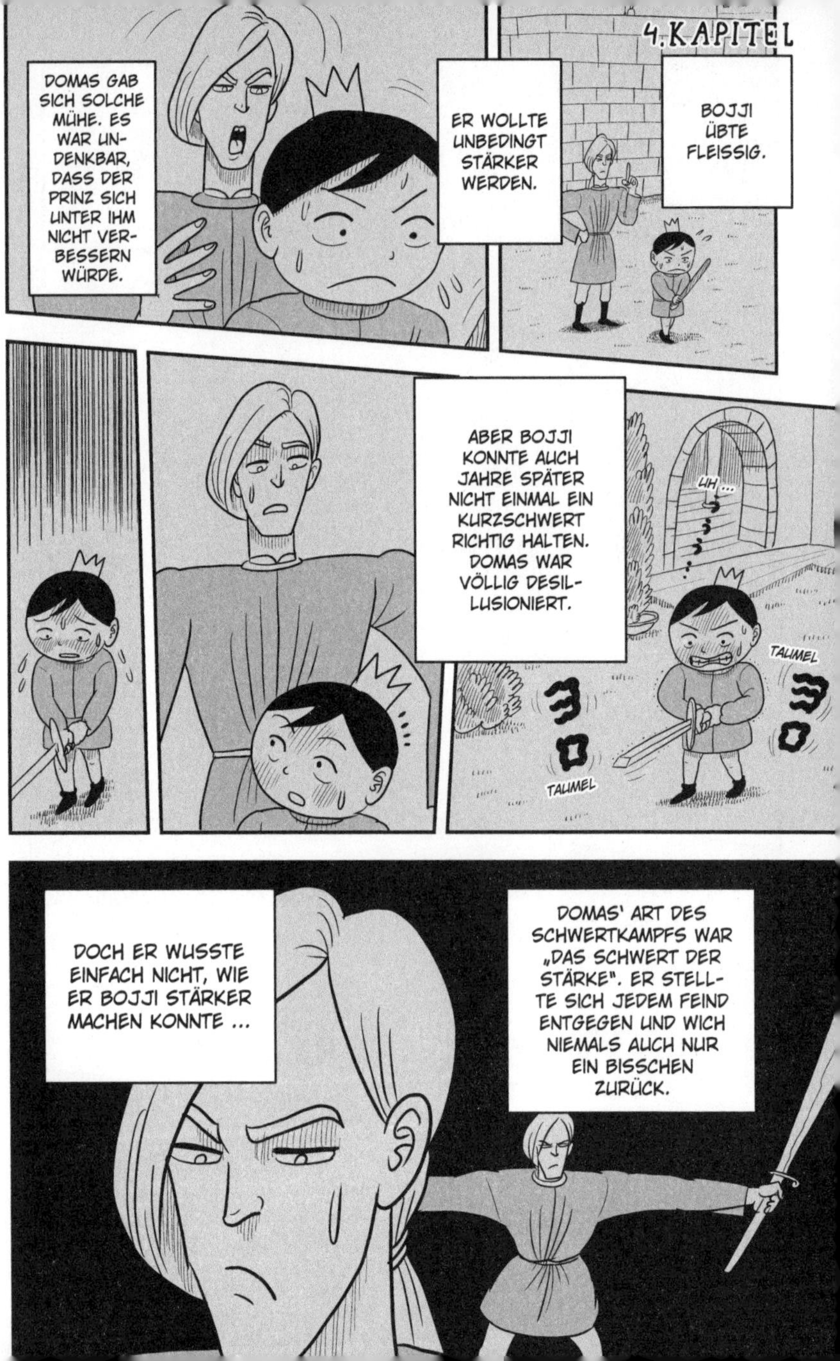

4. KAPITEL

BOJJI ÜBTE FLEISSIG.

ER WOLLTE UNBEDINGT STÄRKER WERDEN.

DOMAS GAB SICH SOLCHE MÜHE. ES WAR UNDENKBAR, DASS DER PRINZ SICH UNTER IHM NICHT VERBESSERN WÜRDE.

UH ...

TAUMEL

TAUMEL

ABER BOJJI KONNTE AUCH JAHRE SPÄTER NICHT EINMAL EIN KURZSCHWERT RICHTIG HALTEN. DOMAS WAR VÖLLIG DESILLUSIONIERT.

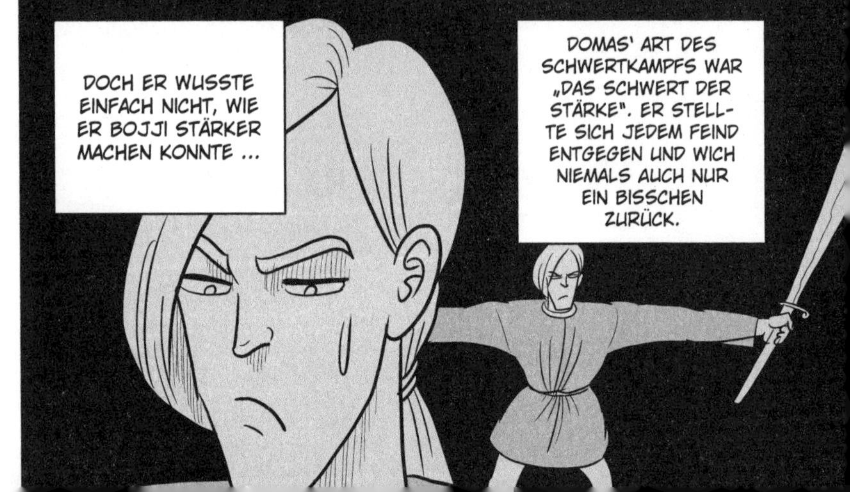

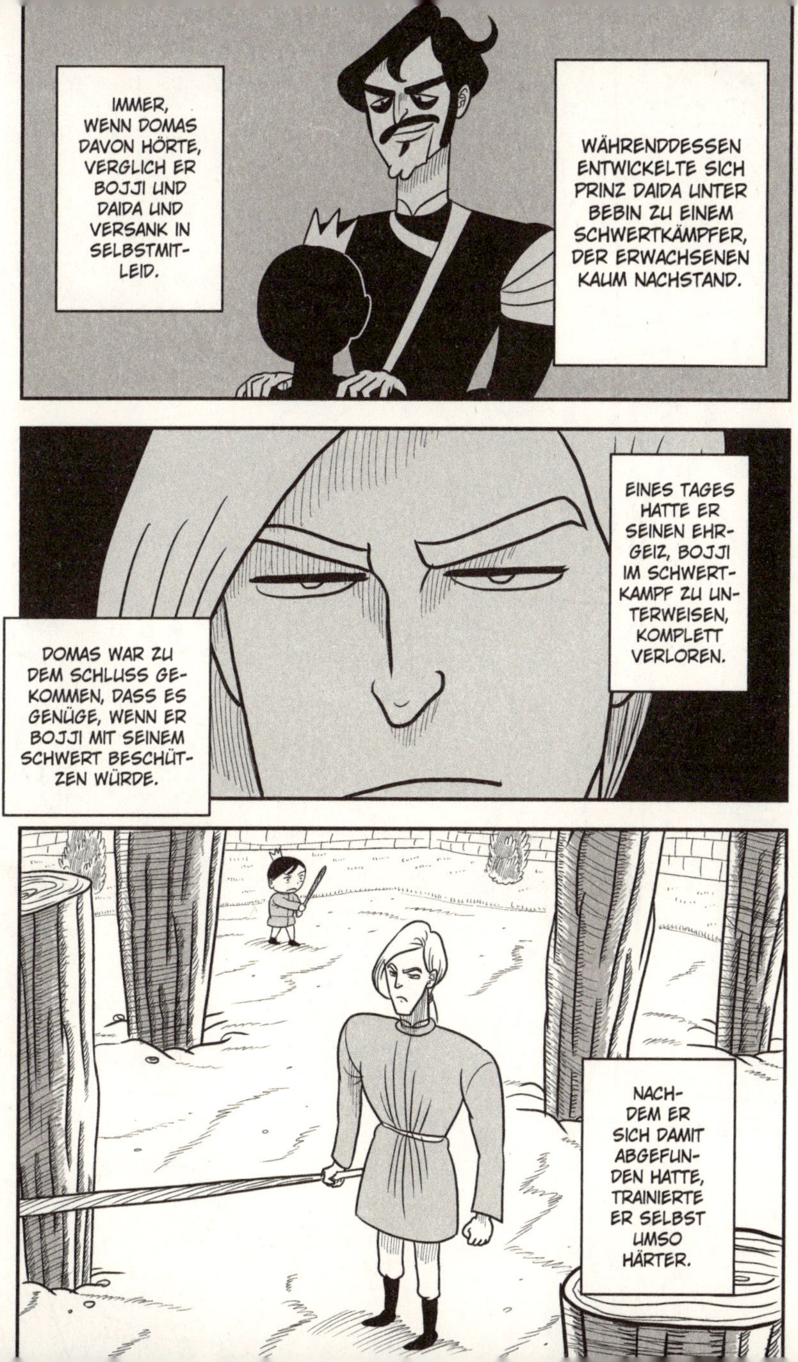

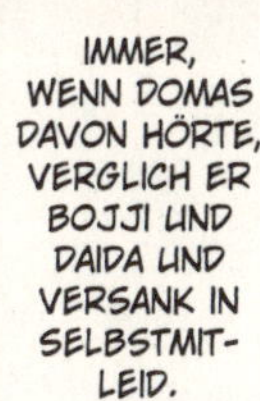

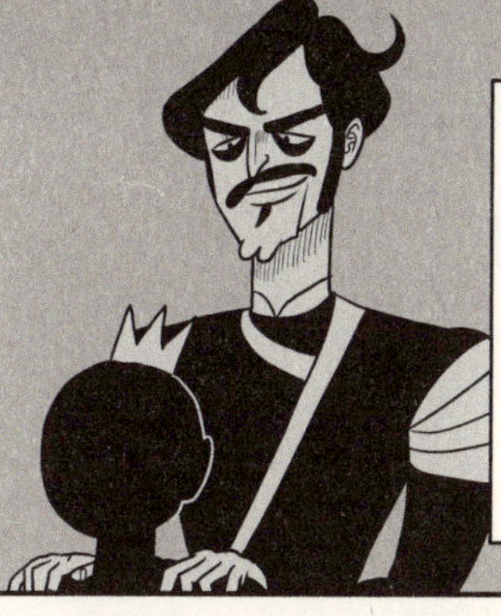

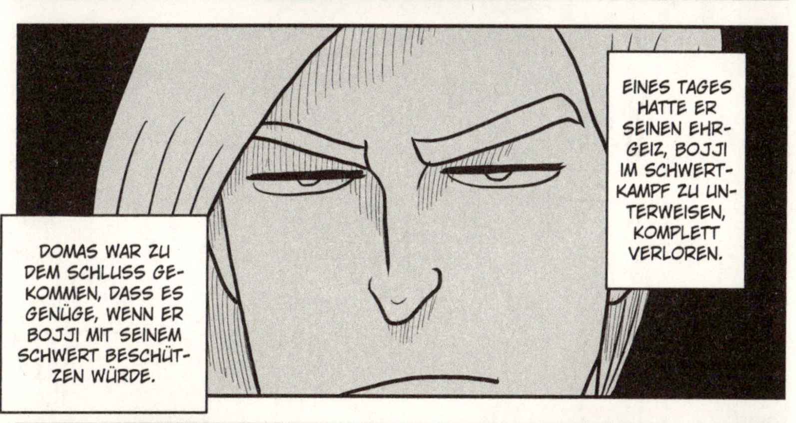

NACH-DEM ER SICH DAMIT ABGEFUN-DEN HATTE, TRAINIERTE ER SELBST UMSO HÄRTER.

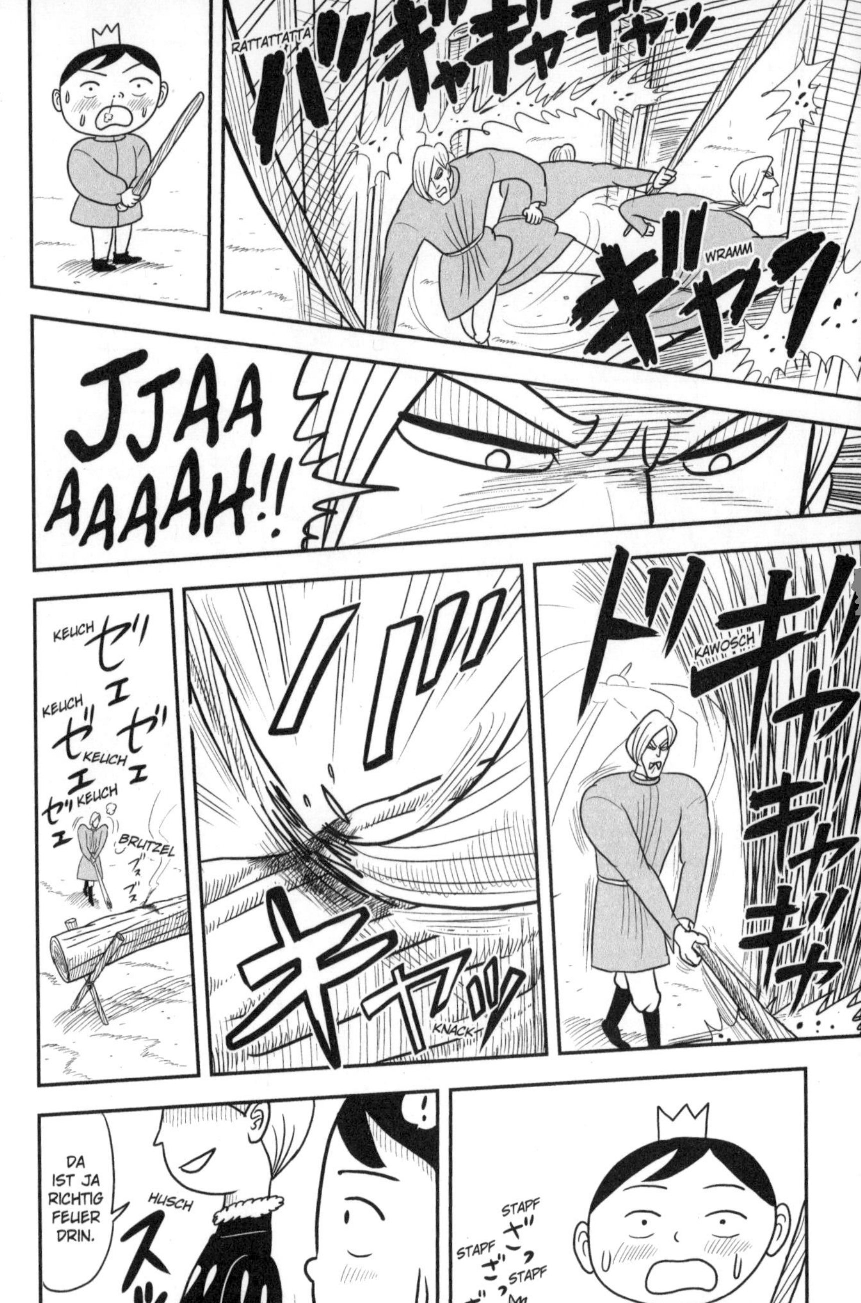

RATTATTATTA
バッギャギャギャッ
WRAMM
ギャァ
JJAA AAAAH!!
KAWOSCH
ドッギャッキャキャ
KNACK
キャア
KEUCH
KEUCH
KEUCH
KEUCH
BRUTZEL
ブスブス
DA IST JA RICHTIG FEUER DRIN.
HUSCH
スッ
STAPF
STAPF
STAPF

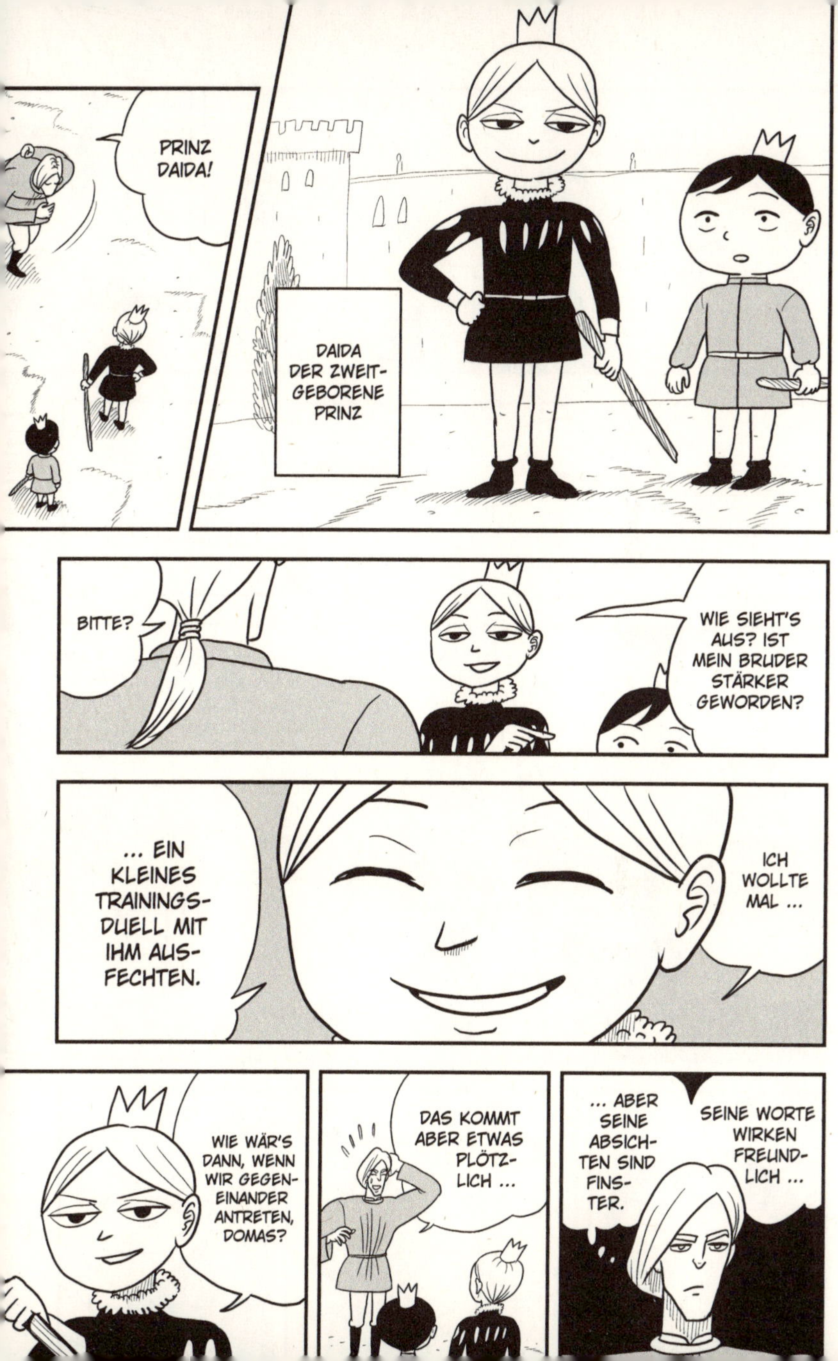

DAIDA DER ZWEITGEBORENE PRINZ

PRINZ DAIDA!

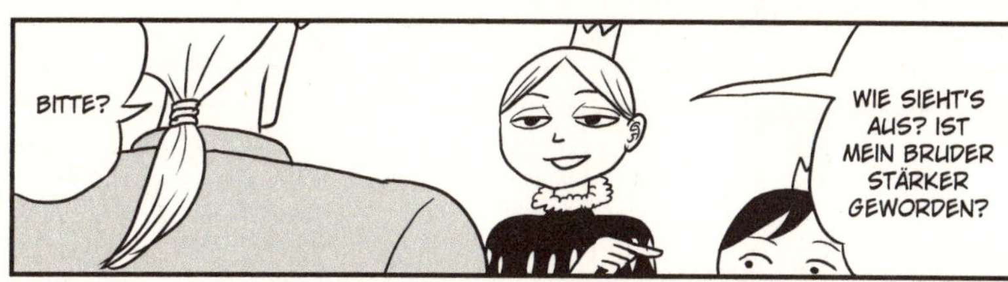

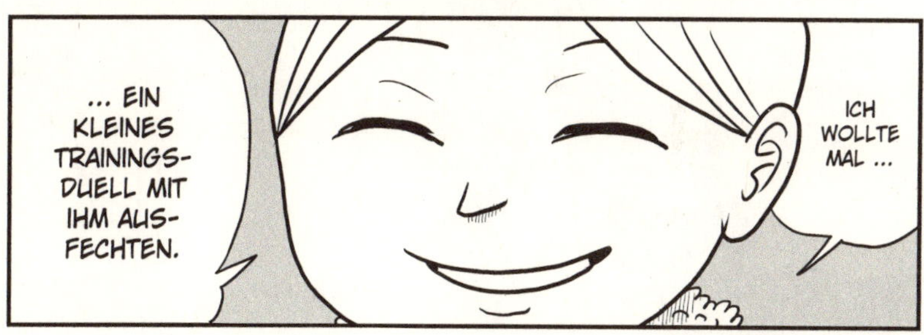

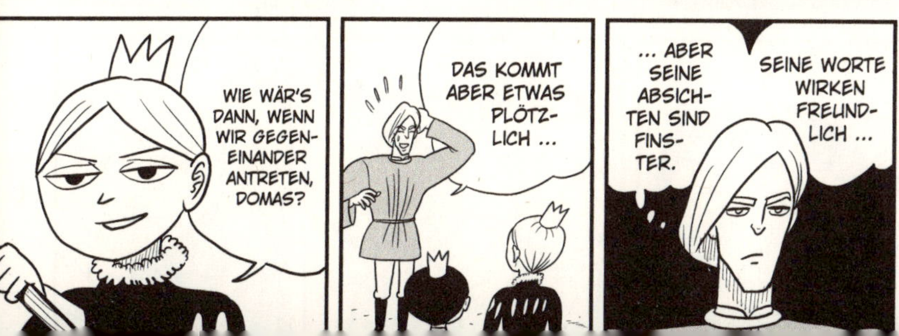

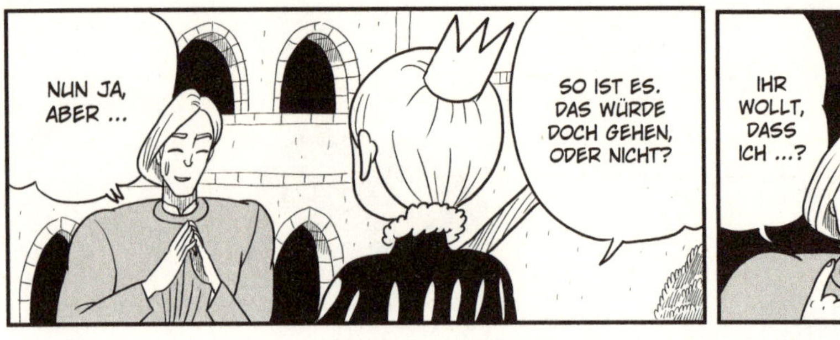
WAS?
IHR WOLLT, DASS ICH ...?
SO IST ES. DAS WÜRDE DOCH GEHEN, ODER NICHT?
NUN JA, ABER ...

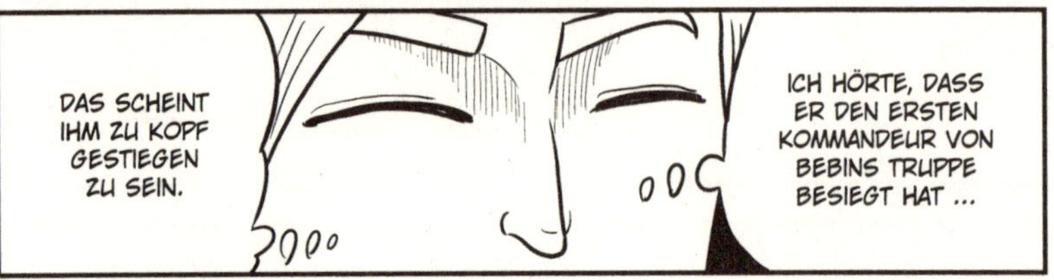
ICH HÖRTE, DASS ER DEN ERSTEN KOMMANDEUR VON BEBINS TRUPPE BESIEGT HAT ...
DAS SCHEINT IHM ZU KOPF GESTIEGEN ZU SEIN.

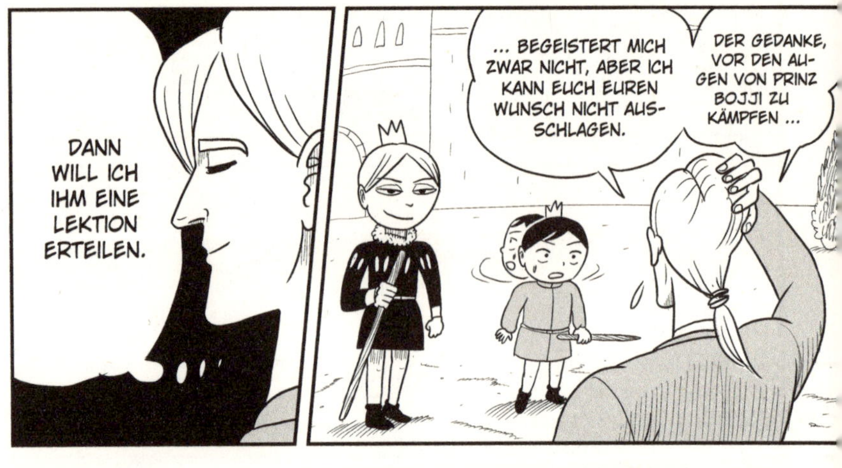
DER GEDANKE, VOR DEN AUGEN VON PRINZ BOJJI ZU KÄMPFEN ...
... BEGEISTERT MICH ZWAR NICHT, ABER ICH KANN EUCH EUREN WUNSCH NICHT AUSSCHLAGEN.
DANN WILL ICH IHM EINE LEKTION ERTEILEN.

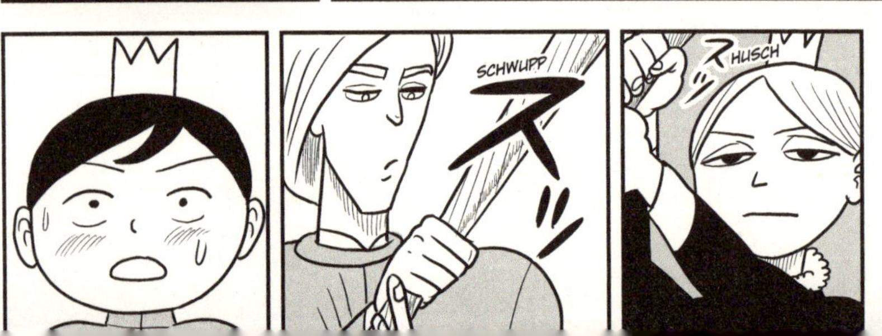
HUSCH
SCHWUPP

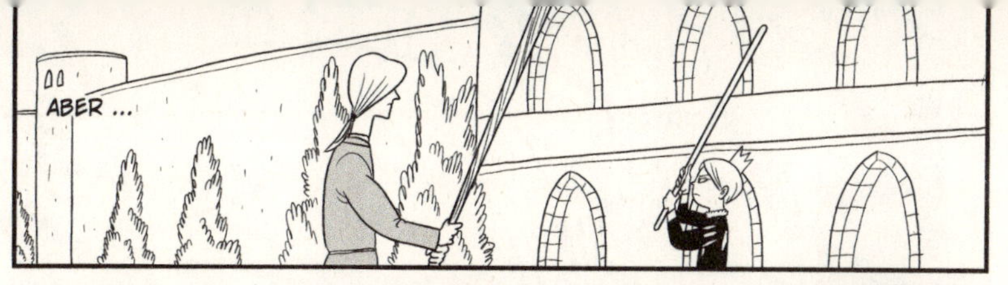
ABER ...

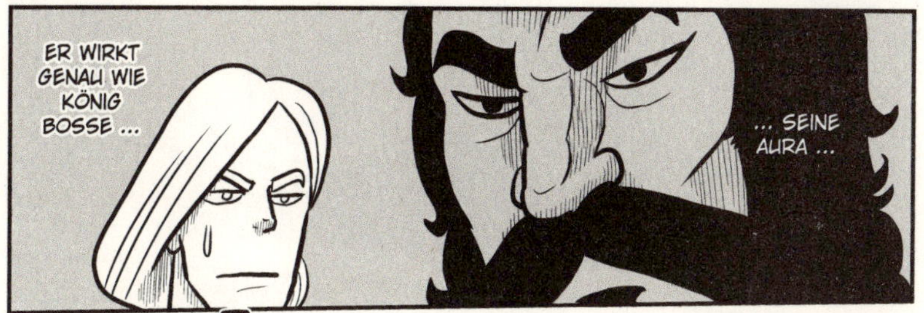
... SEINE AURA ...
ER WIRKT GENAU WIE KÖNIG BOSSE ...

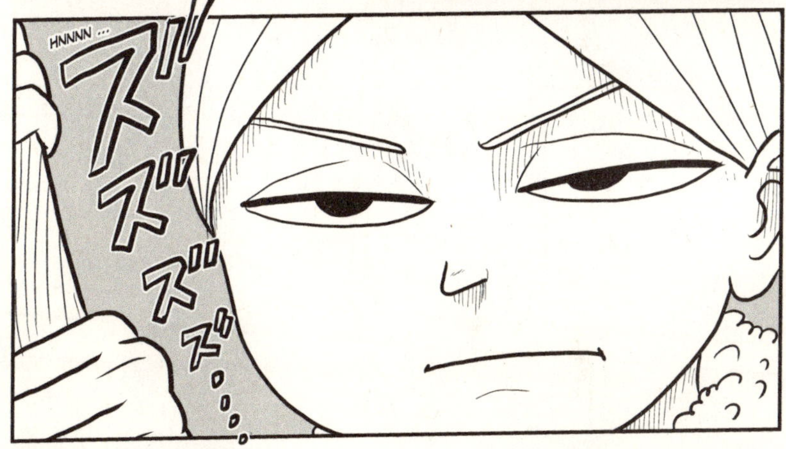
HNNNN ...
ズズズズ...

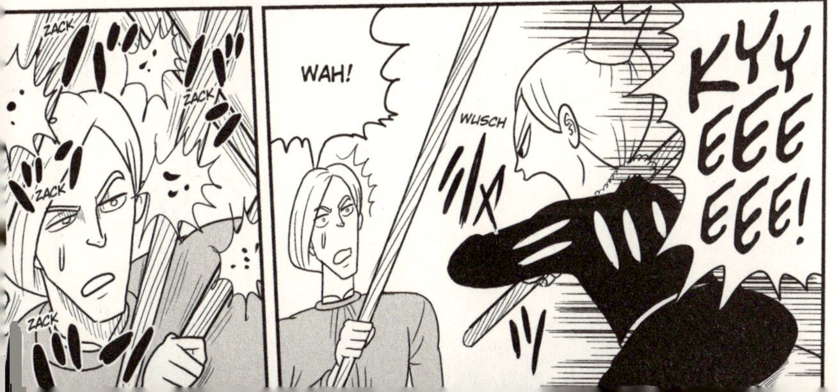
KYYEEEEEE!
WUSCH
WAH!
ZACK
ZACK
ZACK
ZACK

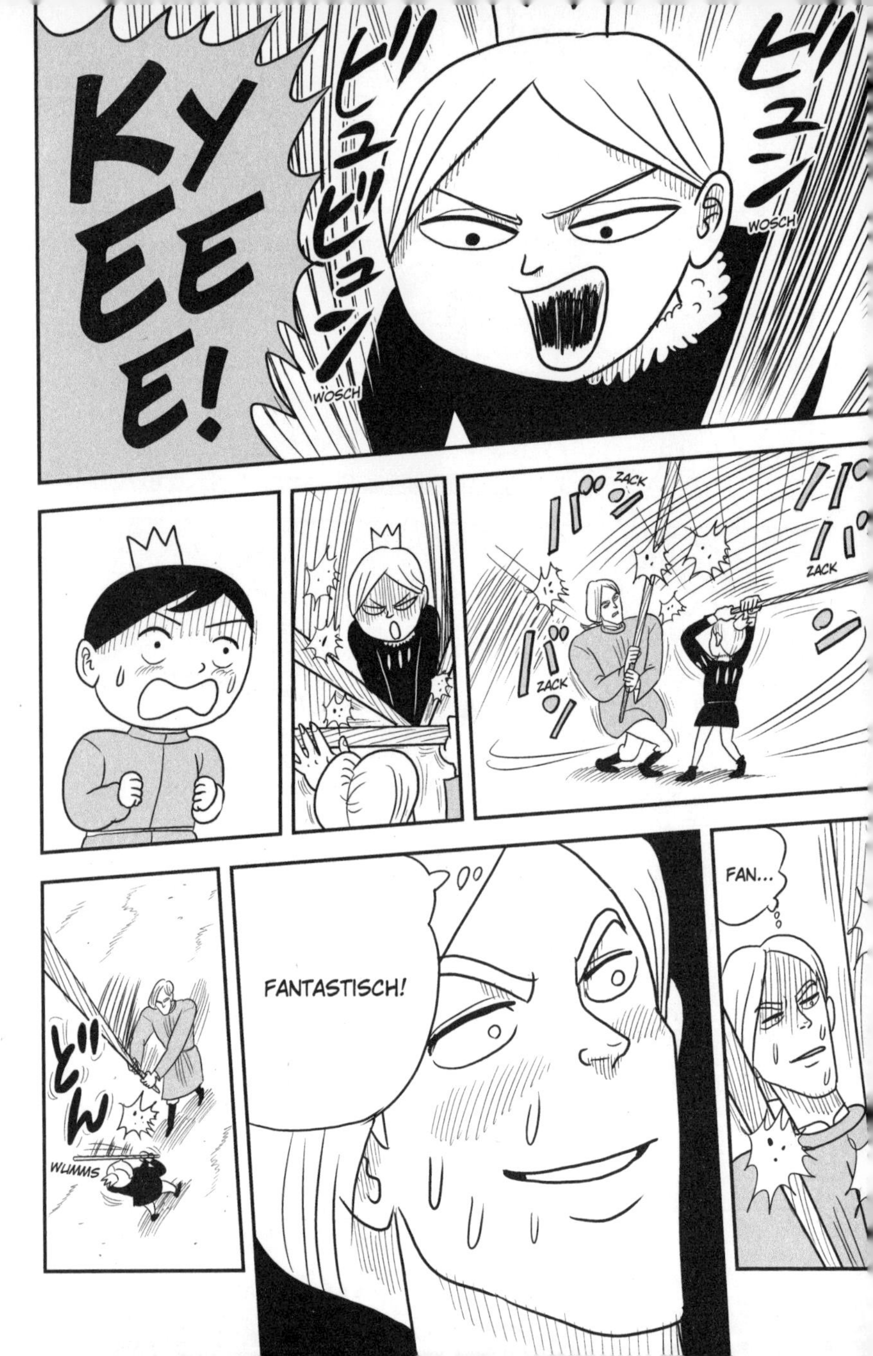
WOSCH
WOSCH
KYEEEE!
ZACK
ZACK
ZACK
FAN...
FANTASTISCH!
WUMMS

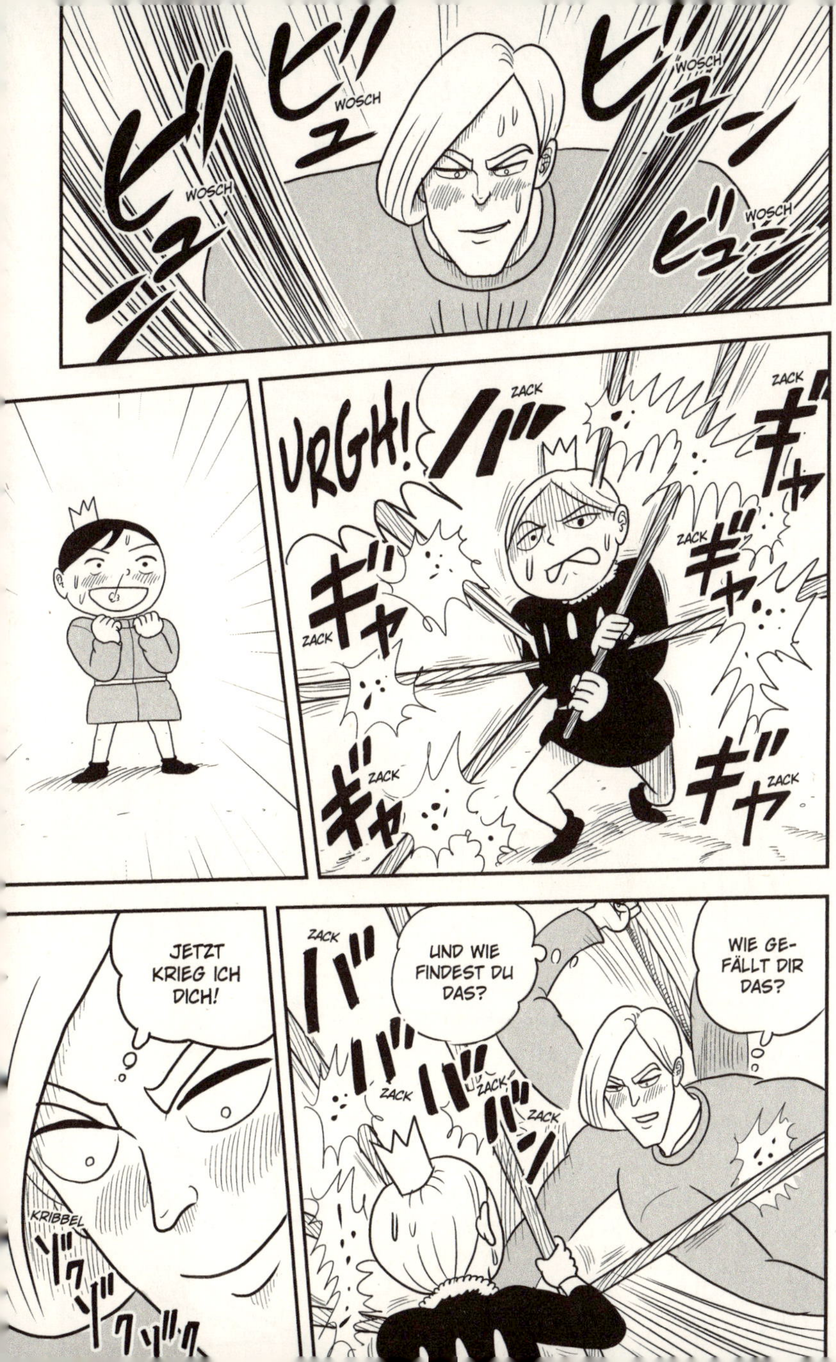

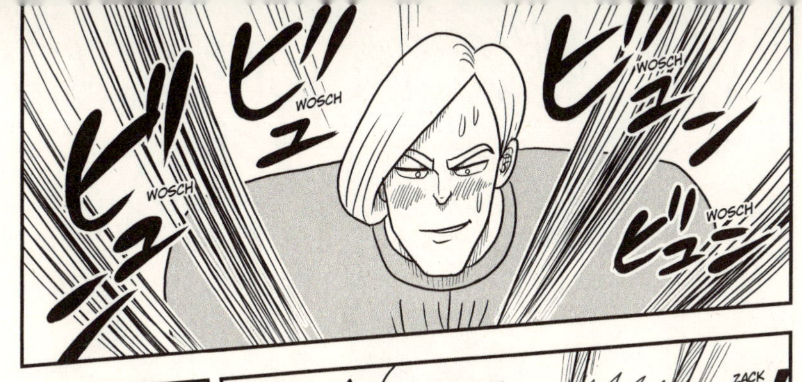

ZACK
ZACK
VRGH!
ZACK
ZACK
ZACK
ZACK

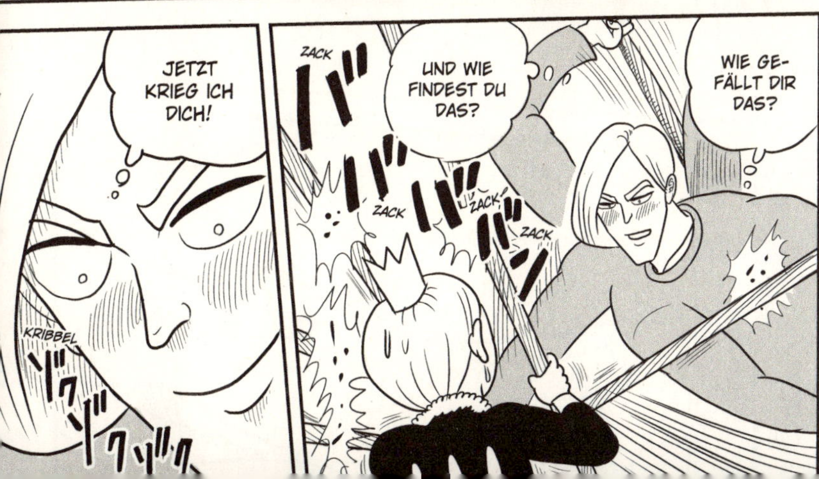

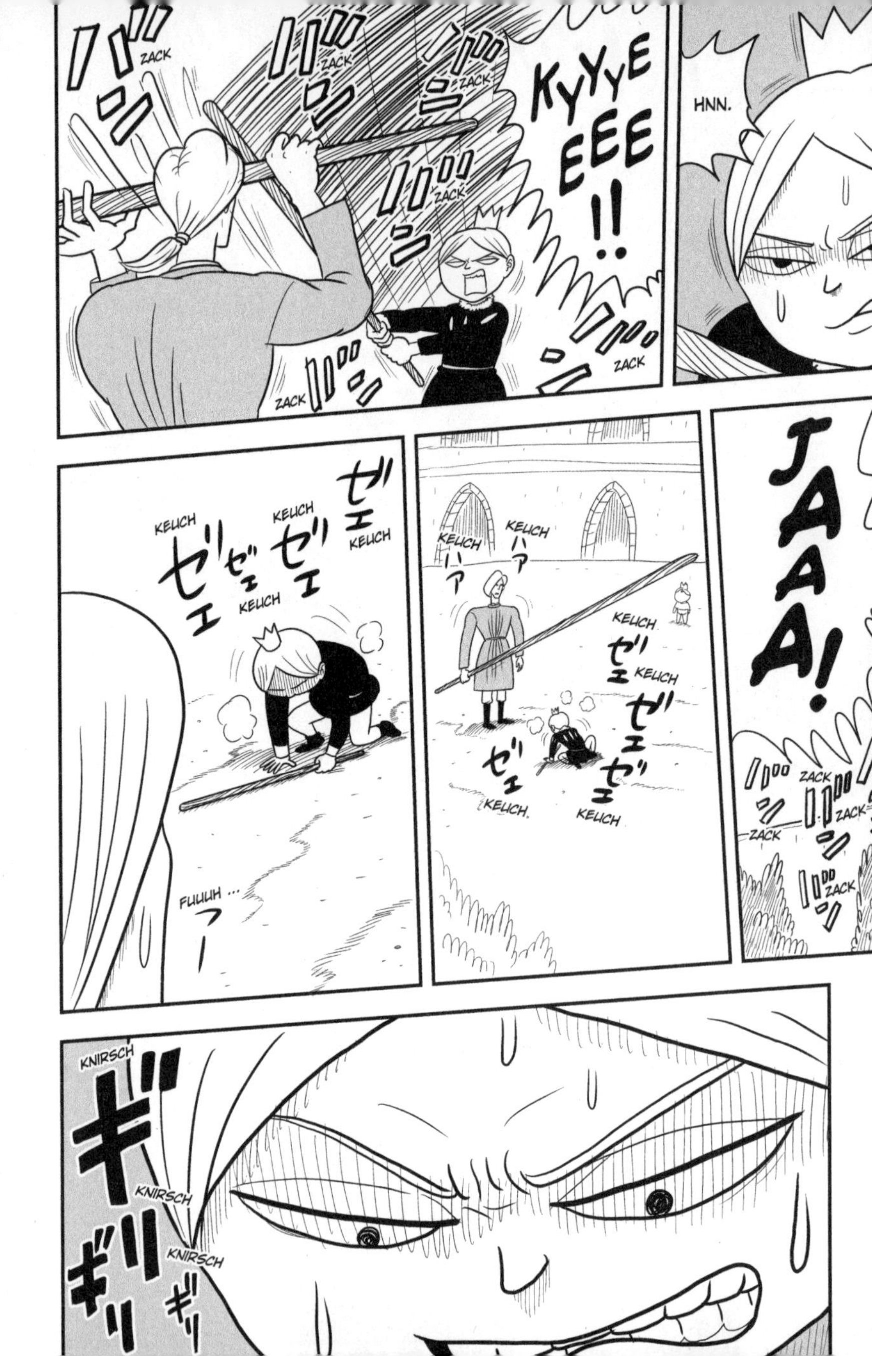
HNN.
KYYYE EEE !!
ZACK
ZACK
ZACK
ZACK
ZACK
ZACK
JAAAA!
ZACK
ZACK
ZACK
ZACK
KEUCH
KEUCH
KEUCH
KEUCH
KEUCH.
KEUCH
KEUCH
KEUCH
KEUCH
KEUCH
FUUUH ...
KNIRSCH
KNIRSCH
KNIRSCH

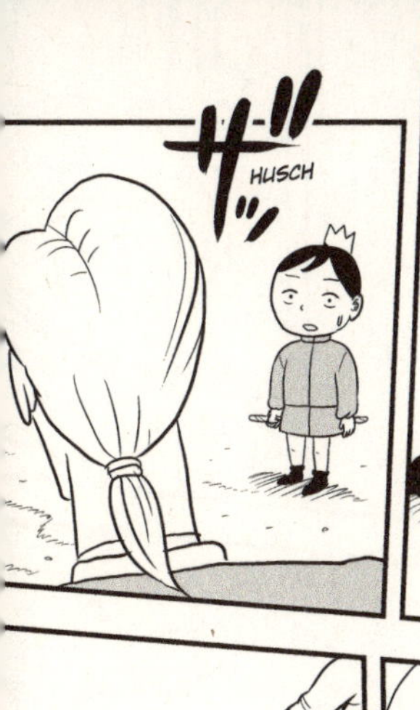
ザッ
HUSCH
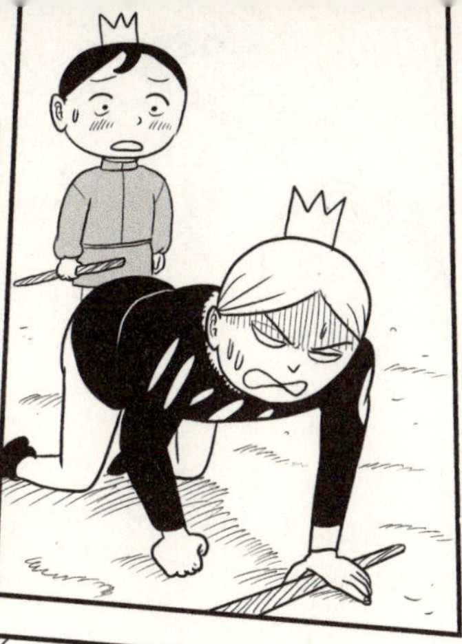
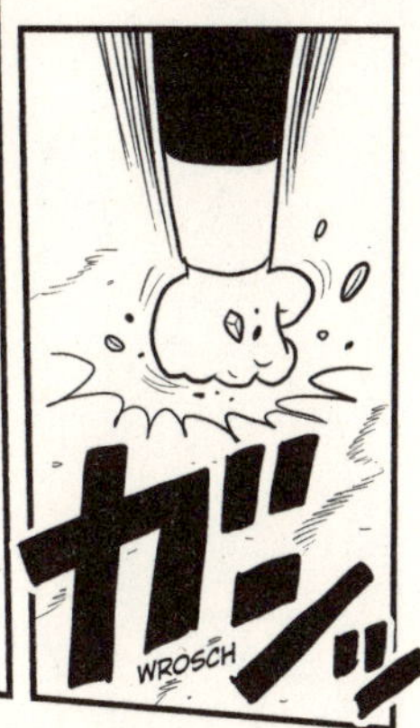
ガンッ
WROSCH
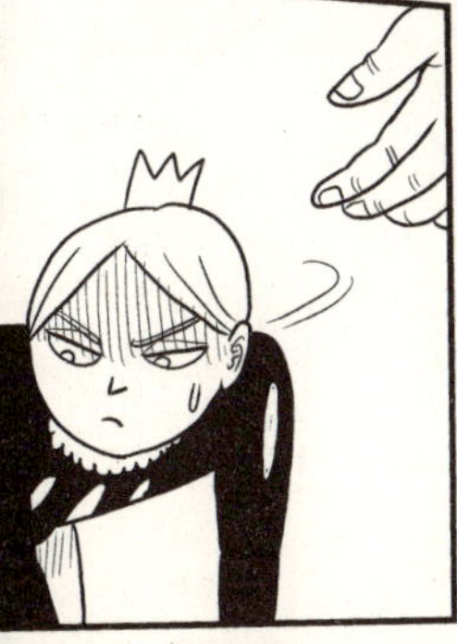
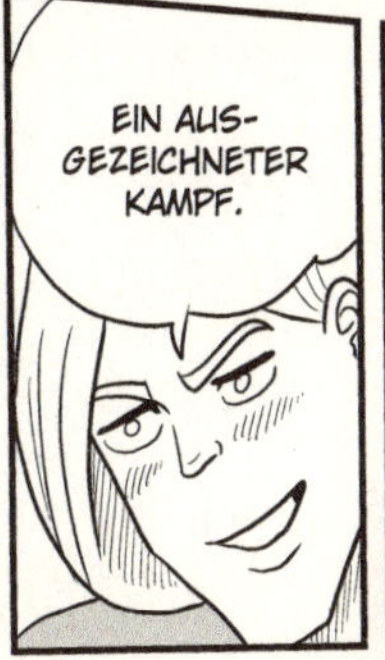
EIN AUS-
GEZEICHNETER
KAMPF.
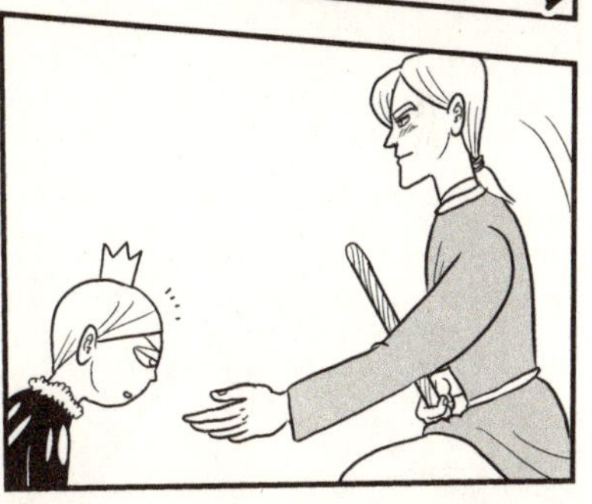
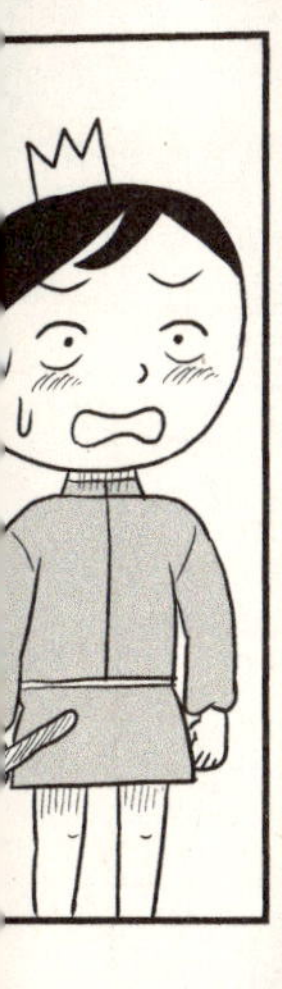
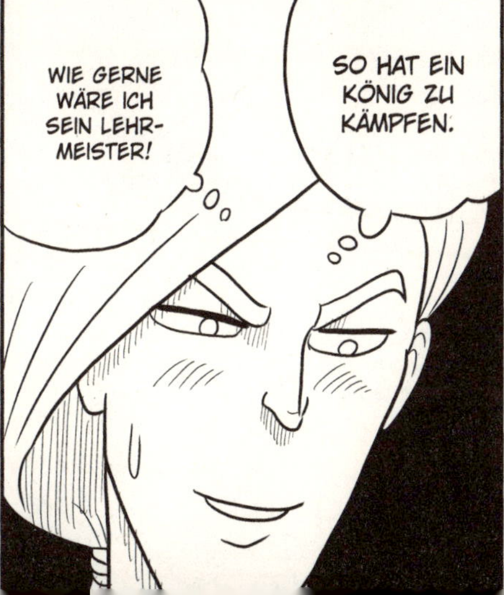
SO HAT EIN
KÖNIG ZU
KÄMPFEN.
WIE GERNE
WÄRE ICH
SEIN LEHR-
MEISTER!
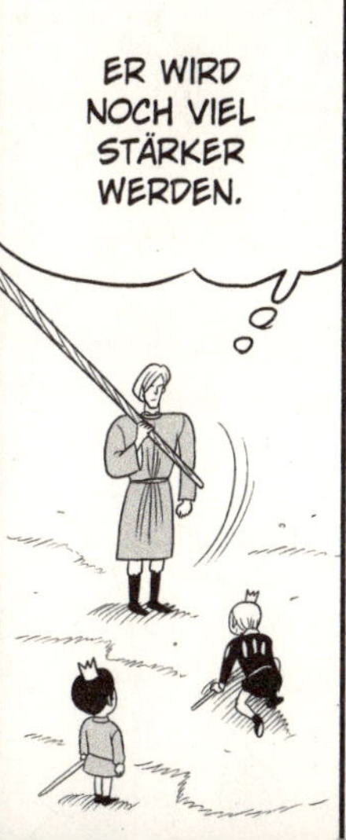
ER WIRD
NOCH VIEL
STÄRKER
WERDEN.

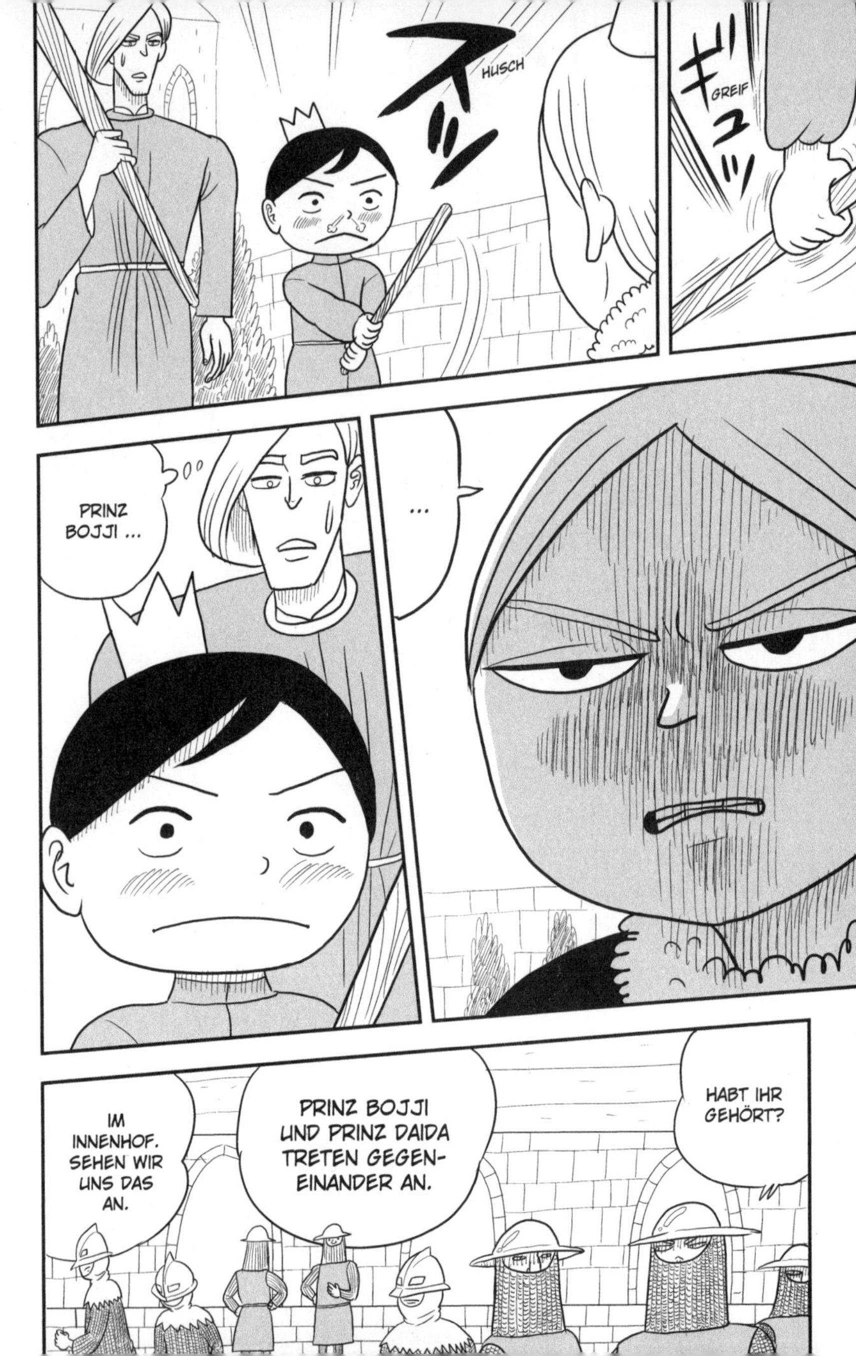

GREIF
HUSCH
PRINZ BOJJI ...
...
HABT IHR GEHÖRT?
PRINZ BOJJI UND PRINZ DAIDA TRETEN GEGEN-EINANDER AN.
IM INNENHOF. SEHEN WIR UNS DAS AN.

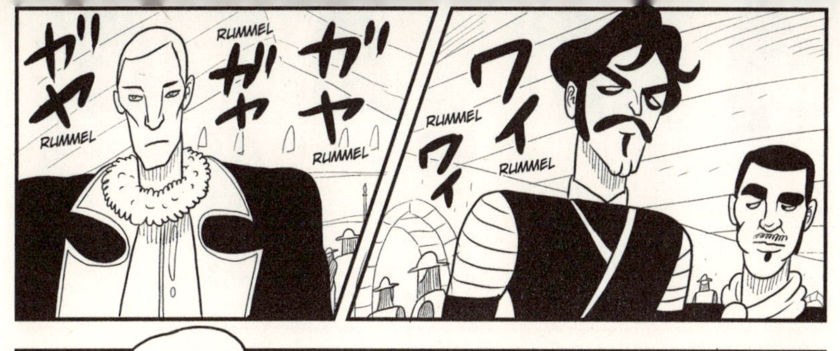
ワイワイ
RUMMEL
RUMMEL
ガヤガヤ
RUMMEL
ガヤガヤ
RUMMEL
RUMMEL
ガヤ

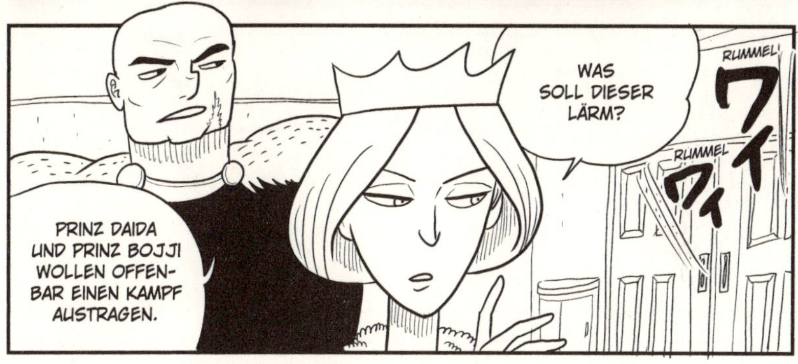
RUMMEL
ワイ
RUMMEL
ワイ
WAS SOLL DIESER LÄRM?
PRINZ DAIDA UND PRINZ BOJJI WOLLEN OFFEN-BAR EINEN KAMPF AUSTRAGEN.

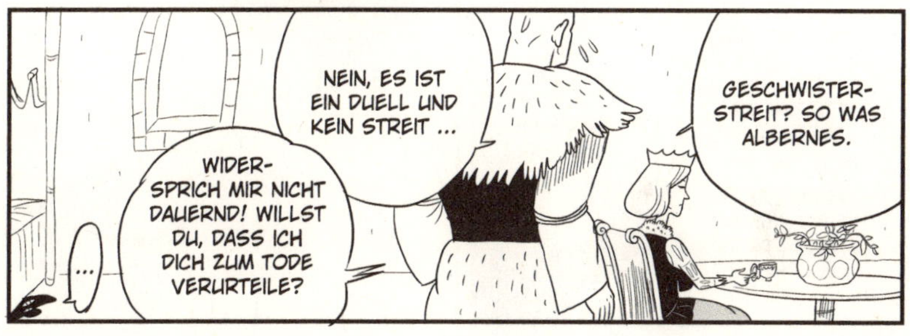
GESCHWISTER-STREIT? SO WAS ALBERNES.
NEIN, ES IST EIN DUELL UND KEIN STREIT ...
WIDER-SPRICH MIR NICHT DAUERND! WILLST DU, DASS ICH DICH ZUM TODE VERURTEILE?
...

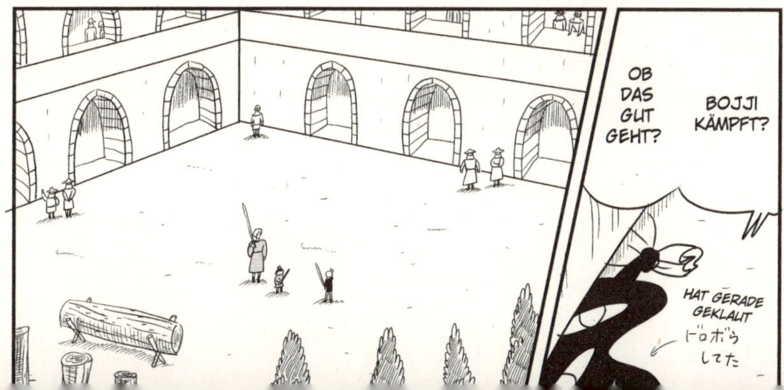
BOJJI KÄMPFT?
OB DAS GUT GEHT?
HAT GERADE GEKLAUT
ドロボうしてた

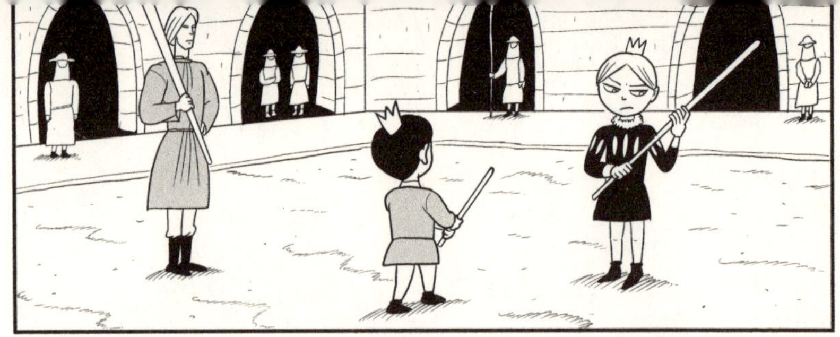

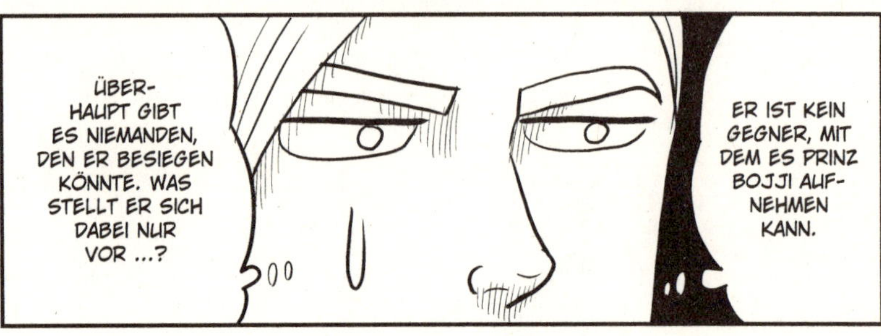
ER IST KEIN GEGNER, MIT DEM ES PRINZ BOJJI AUFNEHMEN KANN.
ÜBERHAUPT GIBT ES NIEMANDEN, DEN ER BESIEGEN KÖNNTE. WAS STELLT ER SICH DABEI NUR VOR ...?

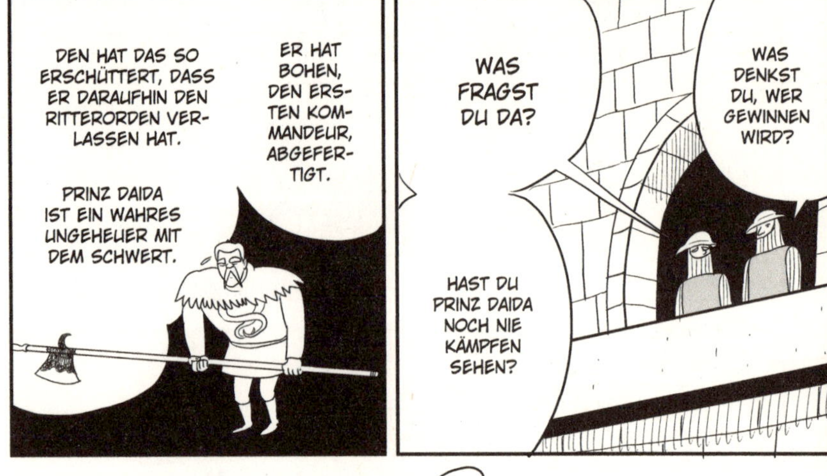
WAS DENKST DU, WER GEWINNEN WIRD?
WAS FRAGST DU DA?
HAST DU PRINZ DAIDA NOCH NIE KÄMPFEN SEHEN?
ER HAT BOHEN, DEN ERSTEN KOMMANDEUR, ABGEFERTIGT.
DEN HAT DAS SO ERSCHÜTTERT, DASS ER DARAUFHIN DEN RITTERORDEN VERLASSEN HAT.
PRINZ DAIDA IST EIN WAHRES UNGEHEUER MIT DEM SCHWERT.

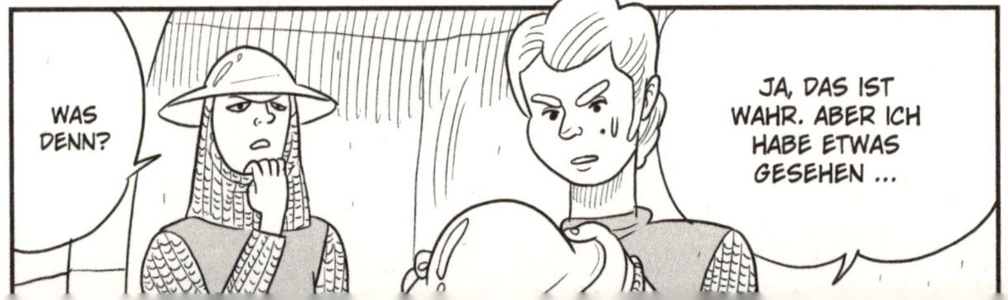
JA, DAS IST WAHR. ABER ICH HABE ETWAS GESEHEN ...
WAS DENN?

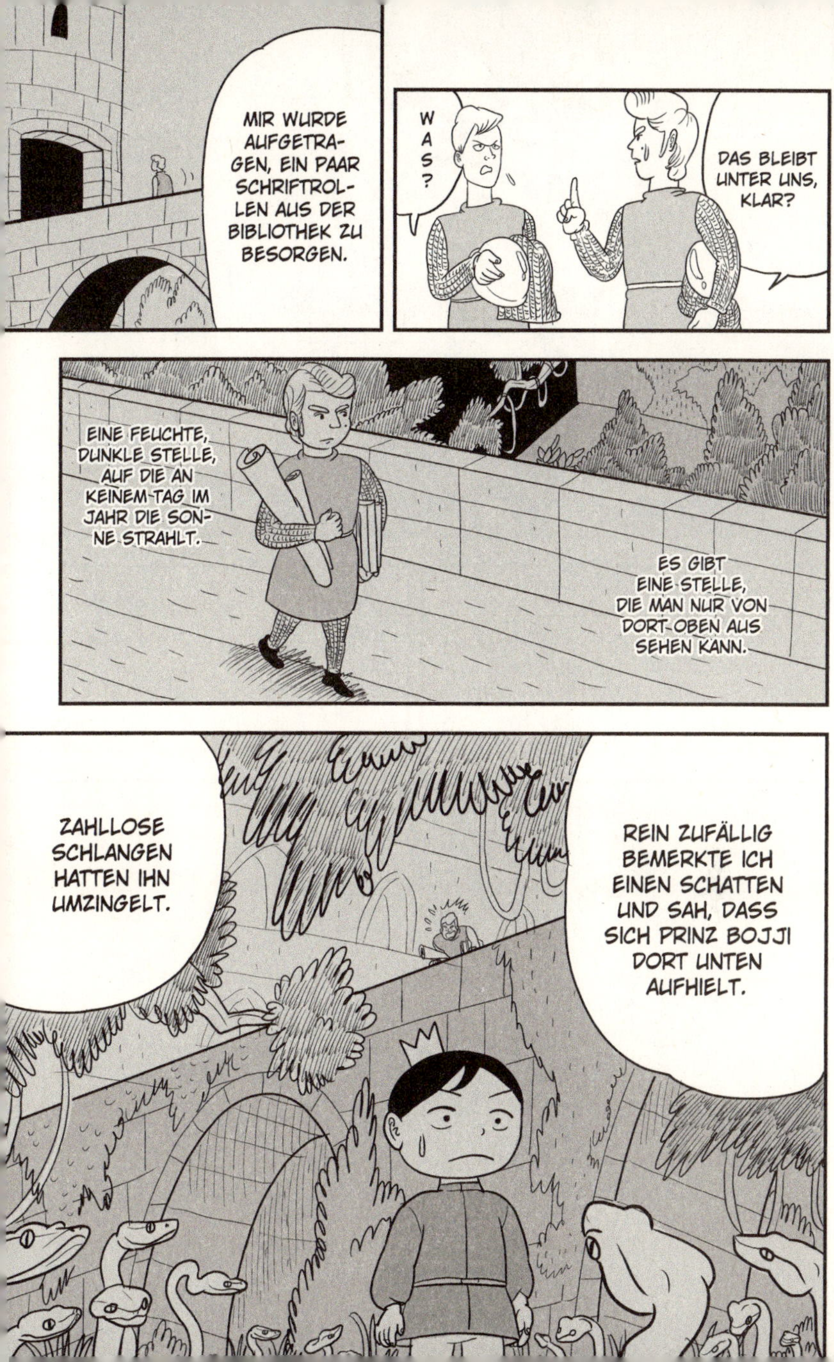

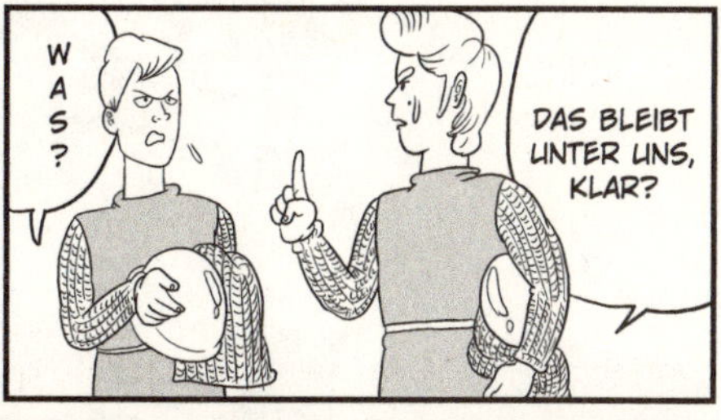
DAS BLEIBT UNTER UNS, KLAR?
WAS?

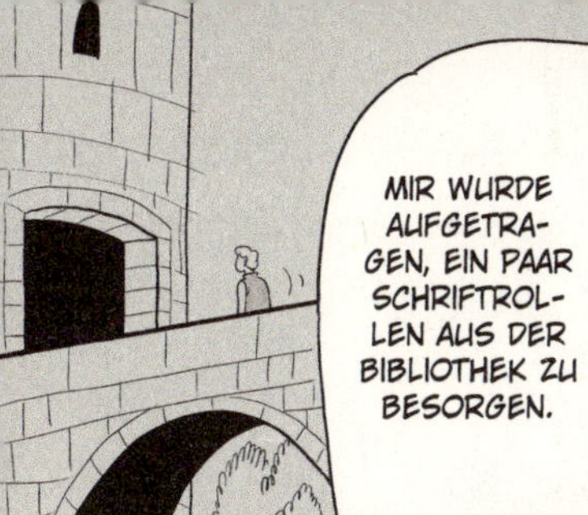
MIR WURDE AUFGETRAGEN, EIN PAAR SCHRIFTROLLEN AUS DER BIBLIOTHEK ZU BESORGEN.

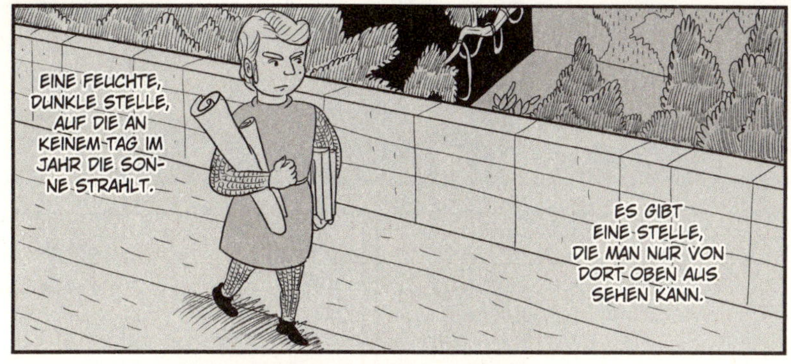
ES GIBT EINE STELLE, DIE MAN NUR VON DORT OBEN AUS SEHEN KANN.
EINE FEUCHTE, DUNKLE STELLE, AUF DIE AN KEINEM TAG IM JAHR DIE SONNE STRAHLT.

REIN ZUFÄLLIG BEMERKTE ICH EINEN SCHATTEN UND SAH, DASS SICH PRINZ BOJJI DORT UNTEN AUFHIELT.
ZAHLLOSE SCHLANGEN HATTEN IHN UMZINGELT.

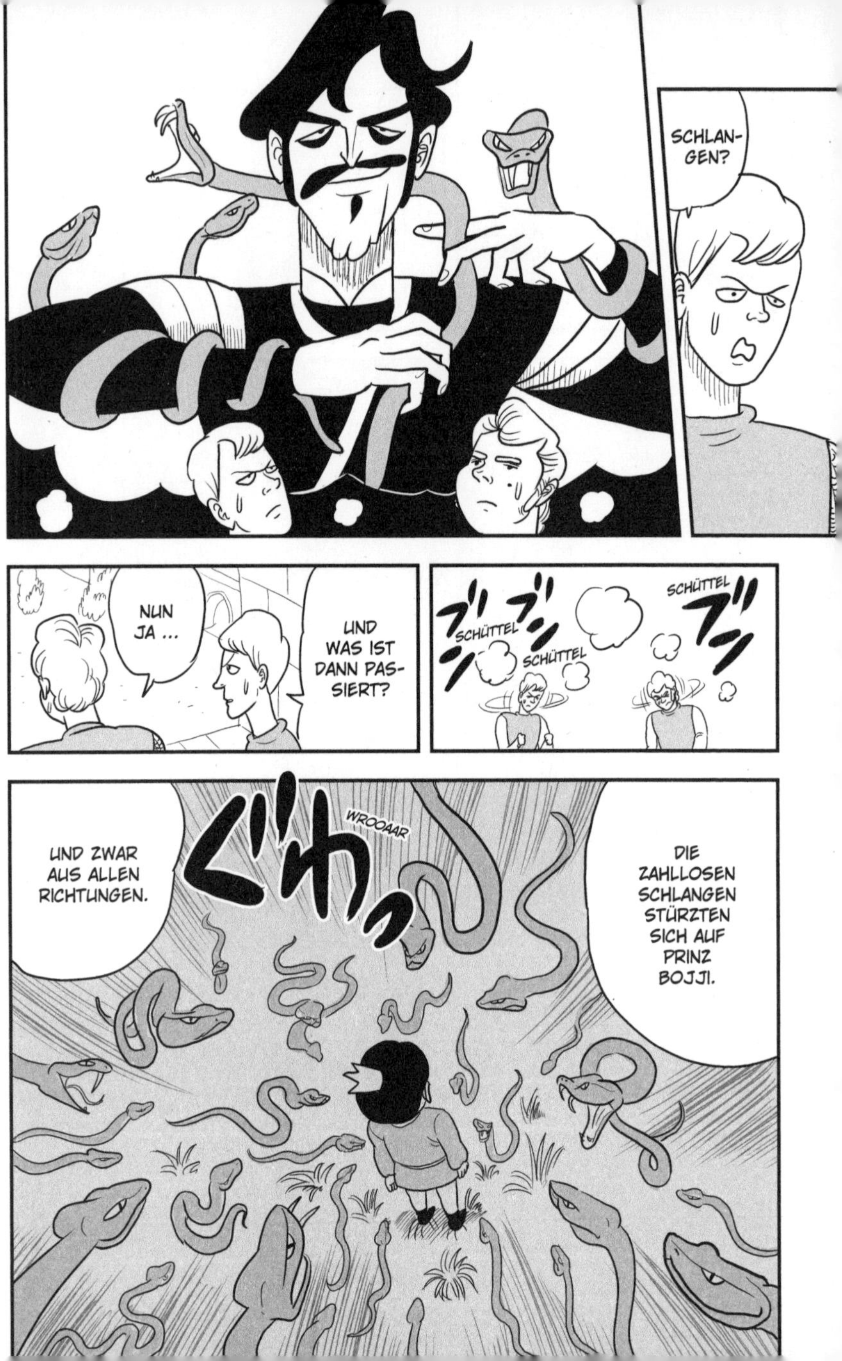

SCHLAN-GEN?

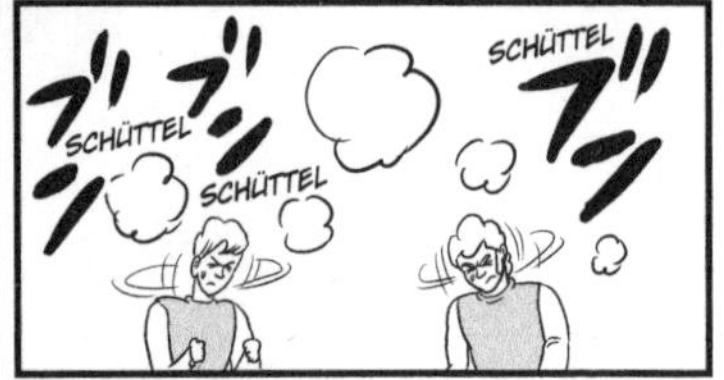

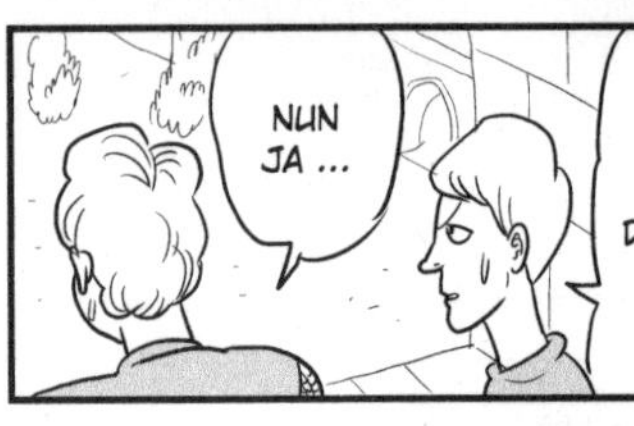

WROOAAR

DIE ZAHLLOSEN SCHLANGEN STÜRZTEN SICH AUF PRINZ BOJJI.

UND ZWAR AUS ALLEN RICHTUNGEN.

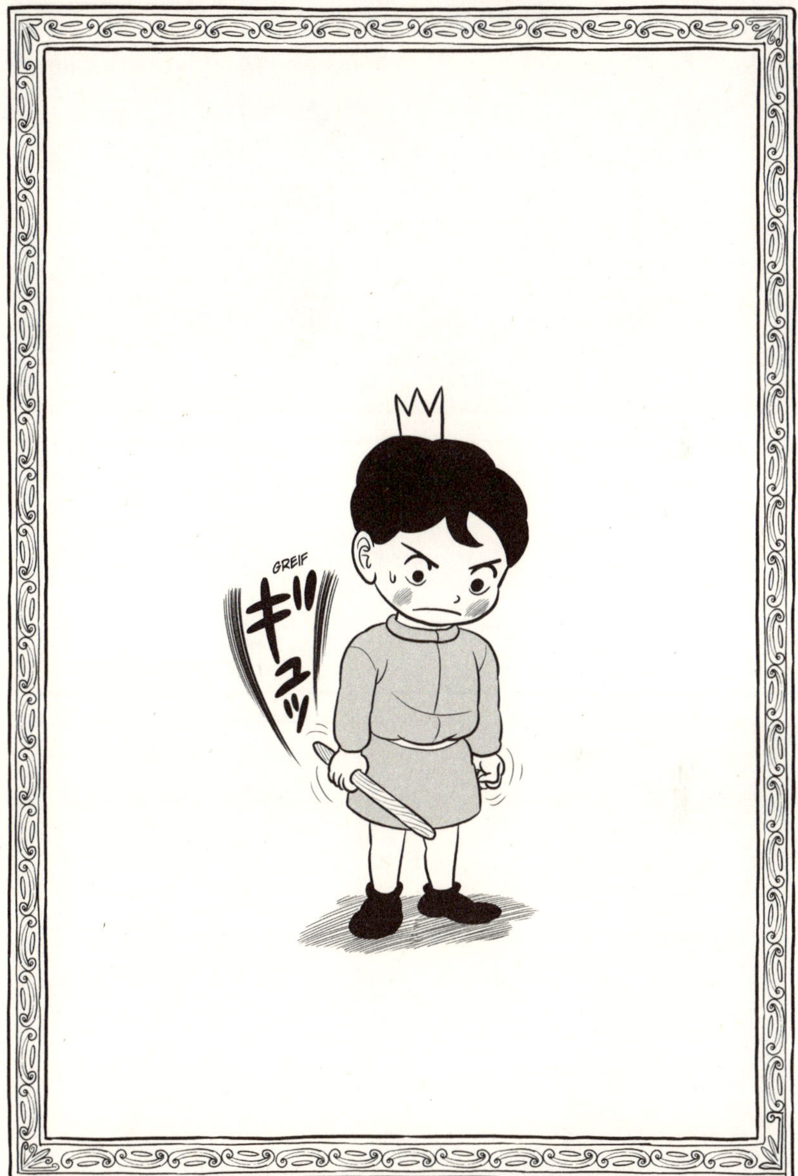
GREIF
ギュッ

5. KAPITEL

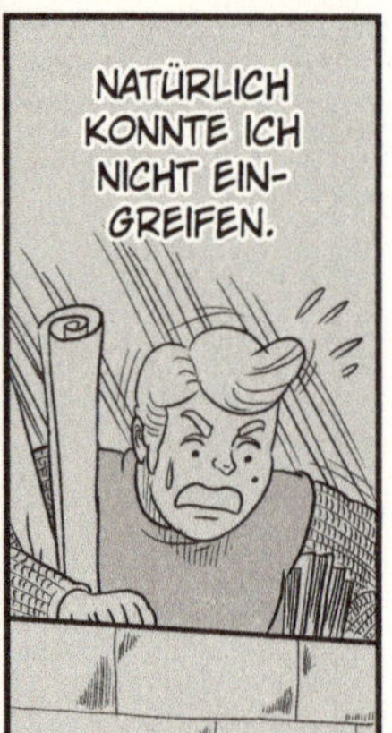
NATÜRLICH KONNTE ICH NICHT EIN- GREIFEN.

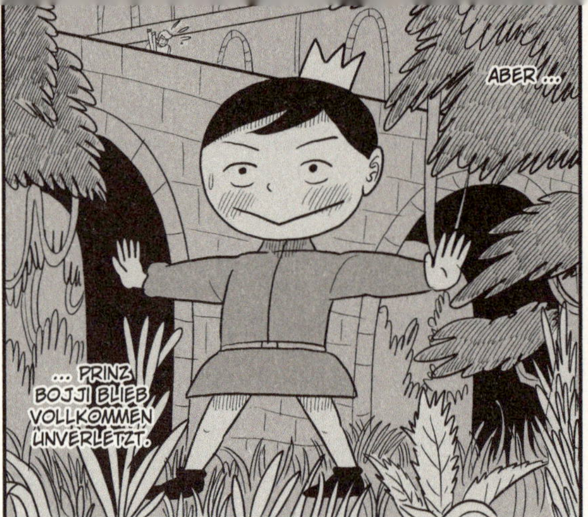
ABER ...
... PRINZ BOJJI BLIEB VOLLKOMMEN UNVERLETZT.

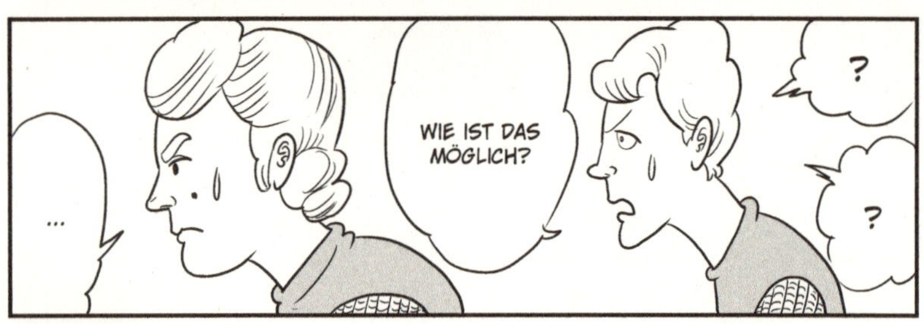
?
?
WIE IST DAS MÖGLICH?
...

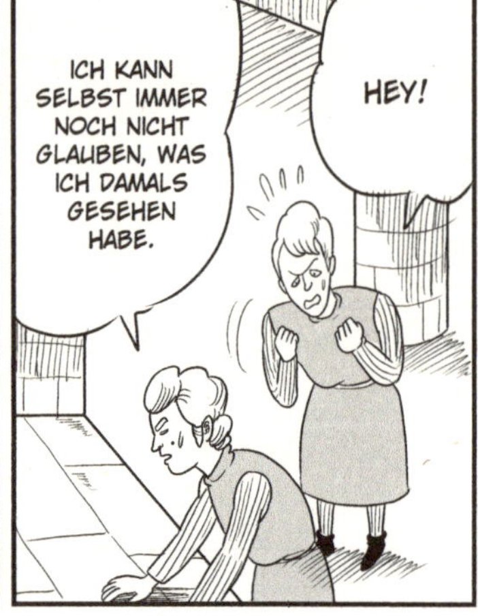
HEY!
ICH KANN SELBST IMMER NOCH NICHT GLAUBEN, WAS ICH DAMALS GESEHEN HABE.

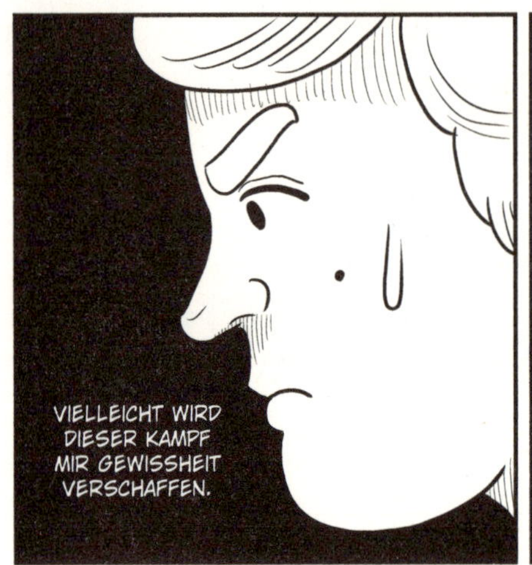
VIELLEICHT WIRD DIESER KAMPF MIR GEWISSHEIT VERSCHAFFEN.

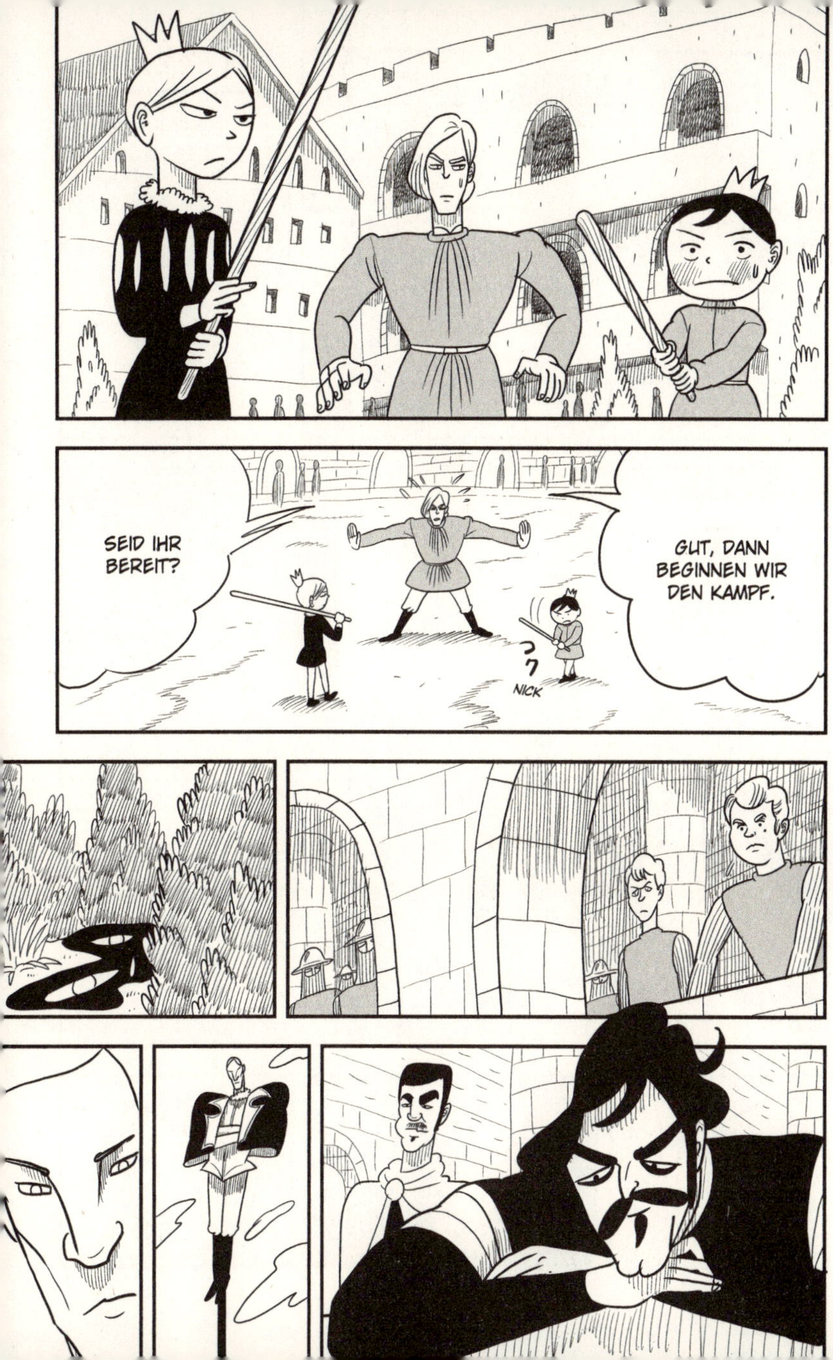

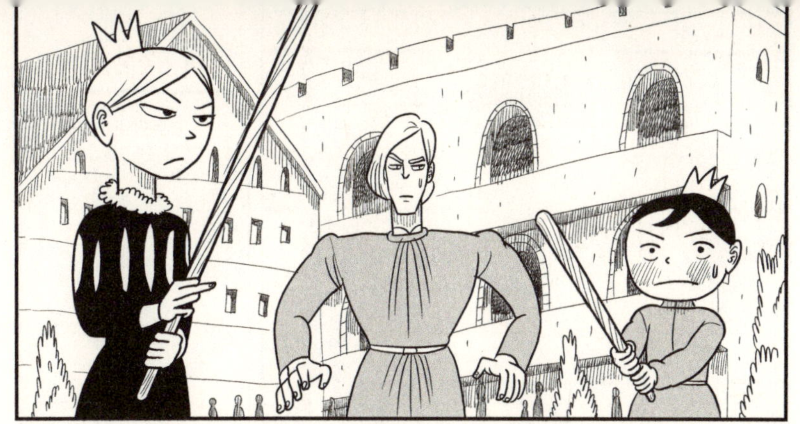

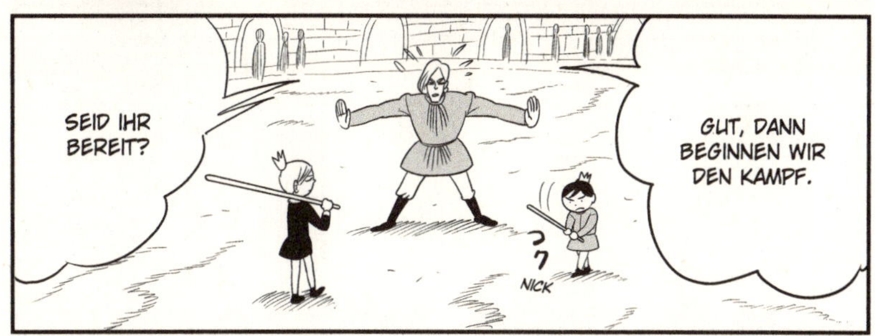
SEID IHR BEREIT?
GUT, DANN BEGINNEN WIR DEN KAMPF.
NICK

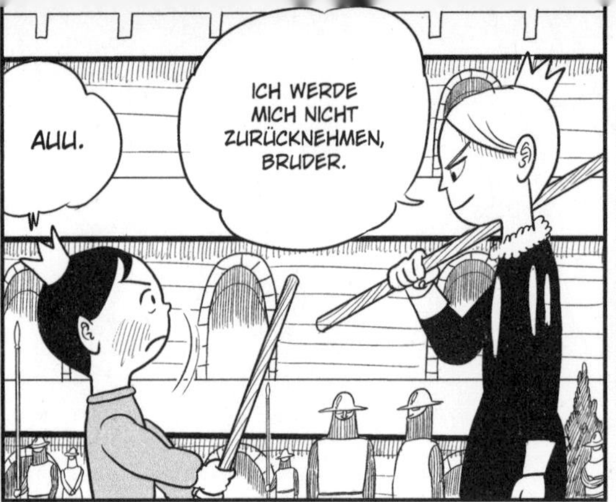
ICH WERDE MICH NICHT ZURÜCKNEHMEN, BRUDER.
AUU.

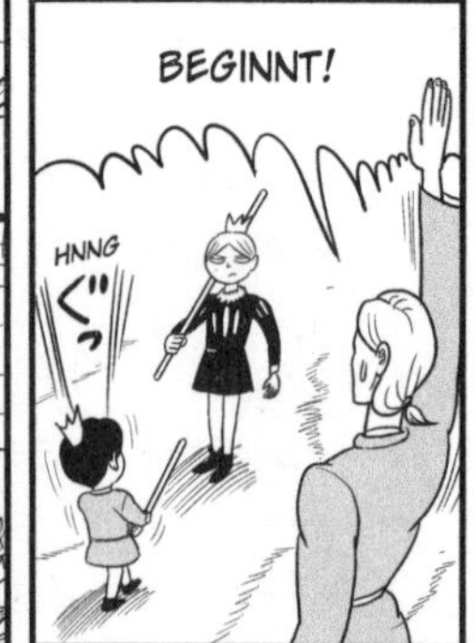
BEGINNT!
HNNG

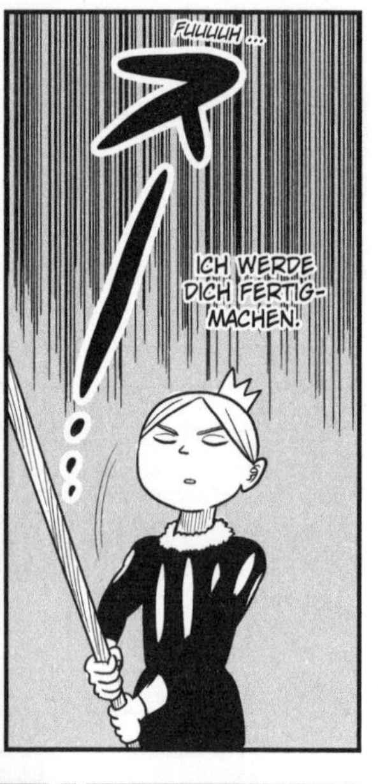
FUUUUH ...
ICH WERDE DICH FERTIG-MACHEN.

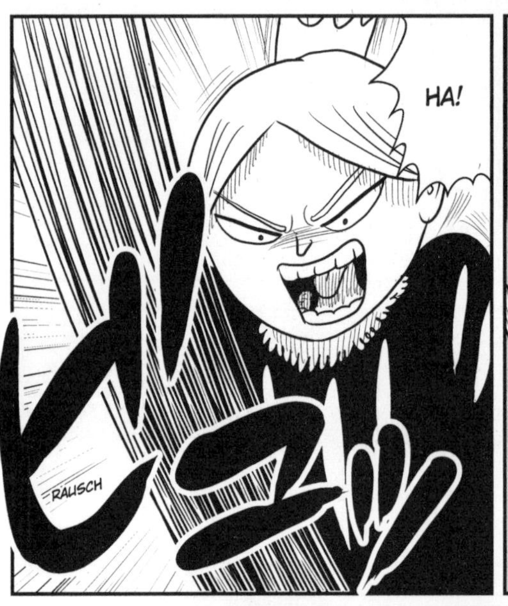
HA!
RAUSCH

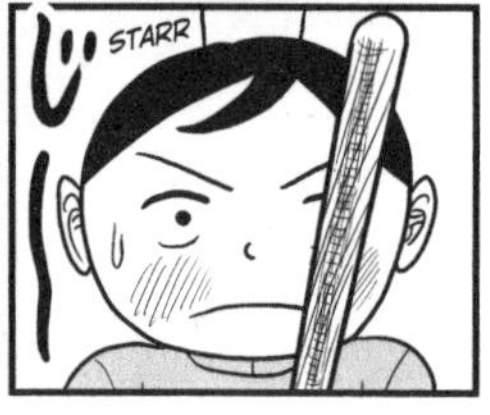
STARR

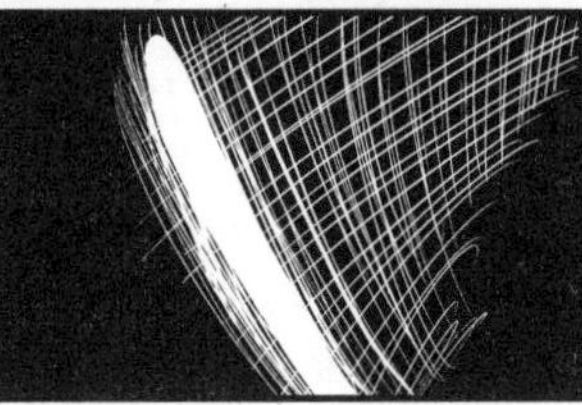

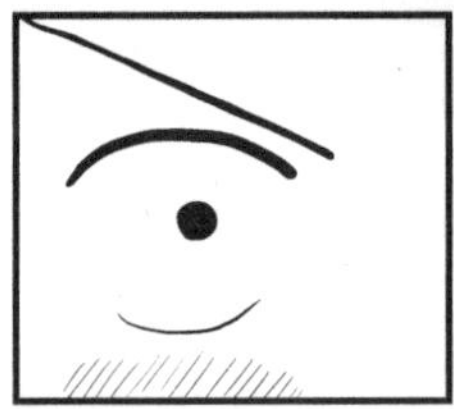

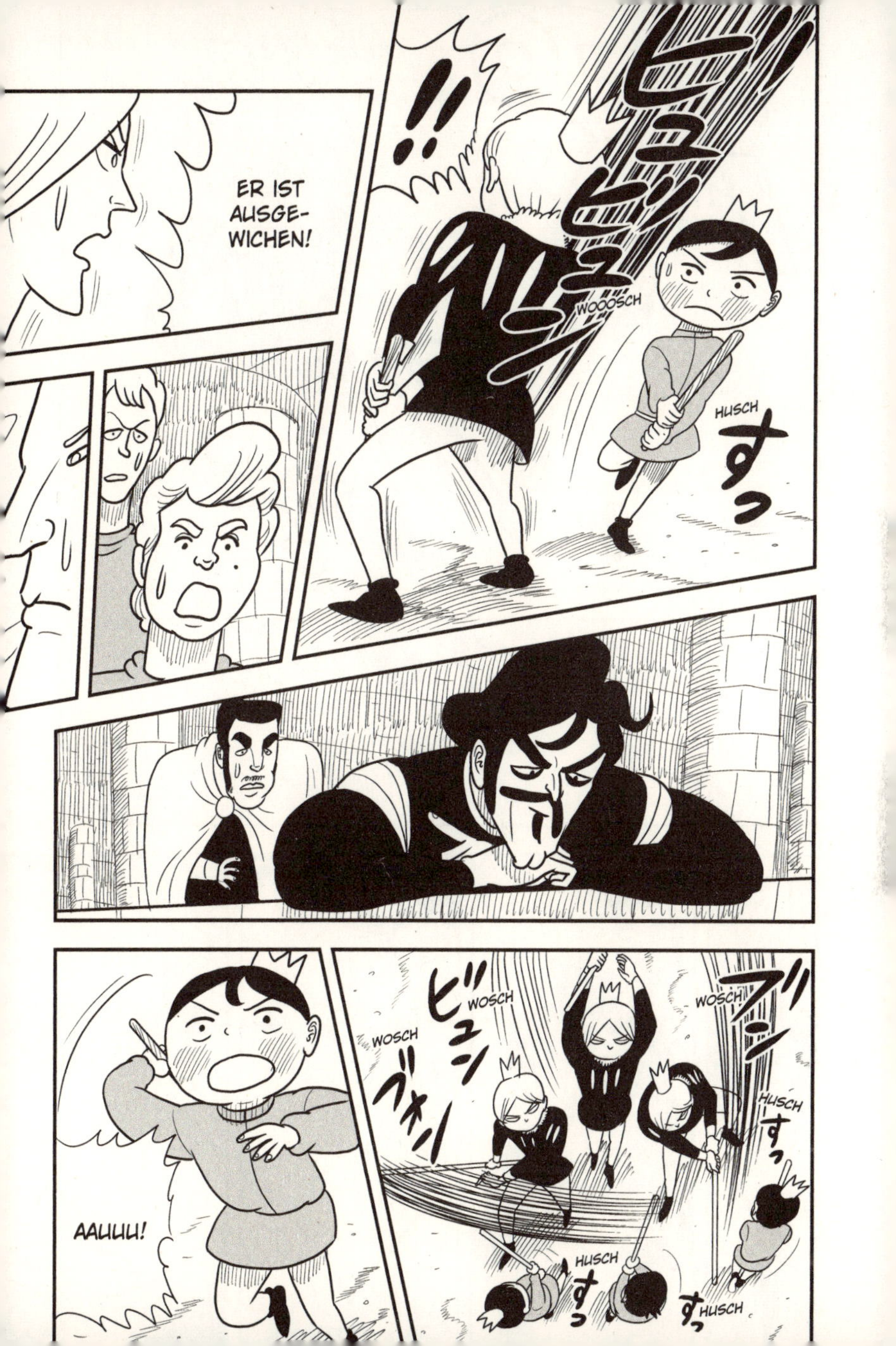

WOOOSCH

HUSCH

ER IST AUSGE-WICHEN!

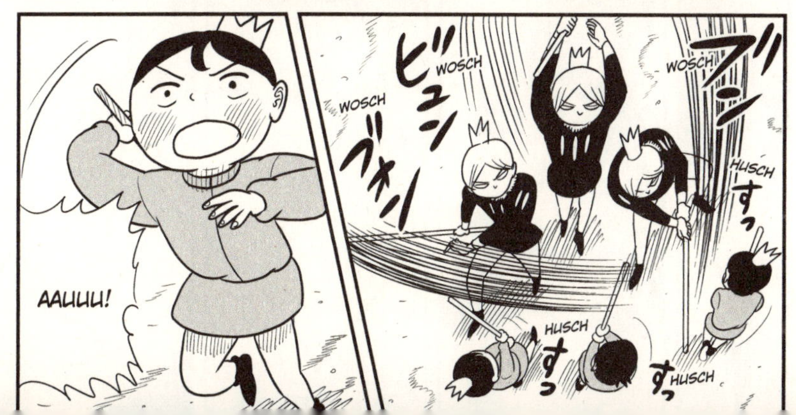

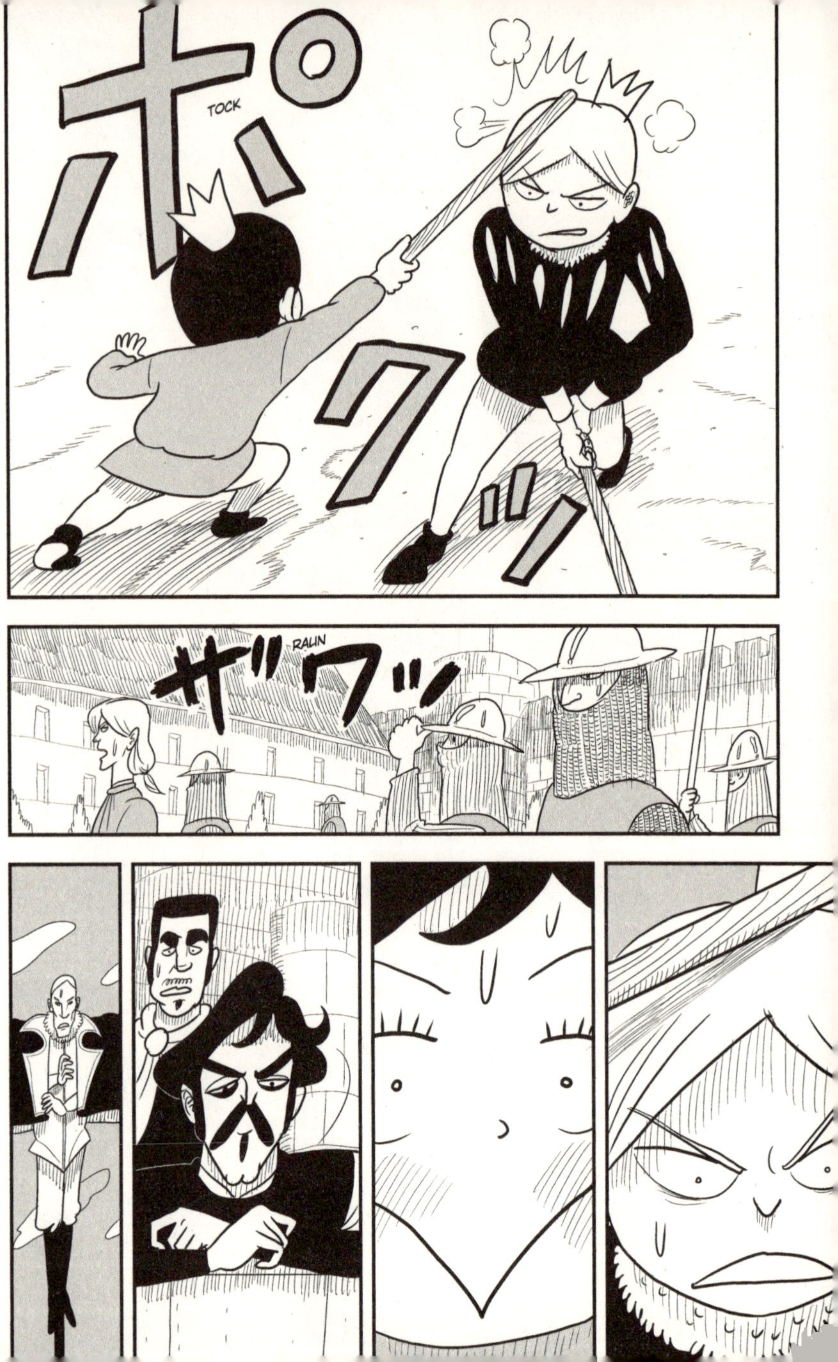

ポクッ

TOCK

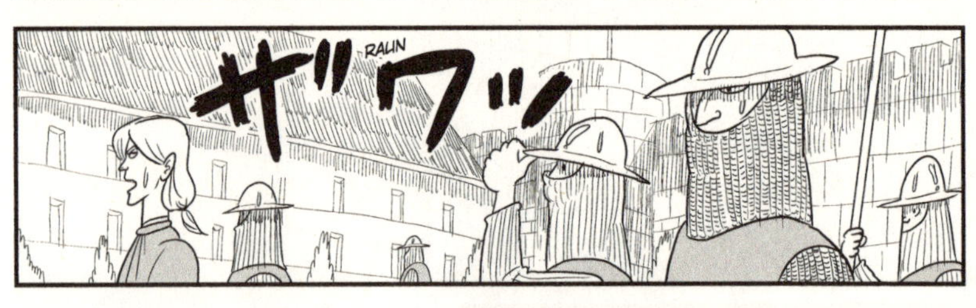

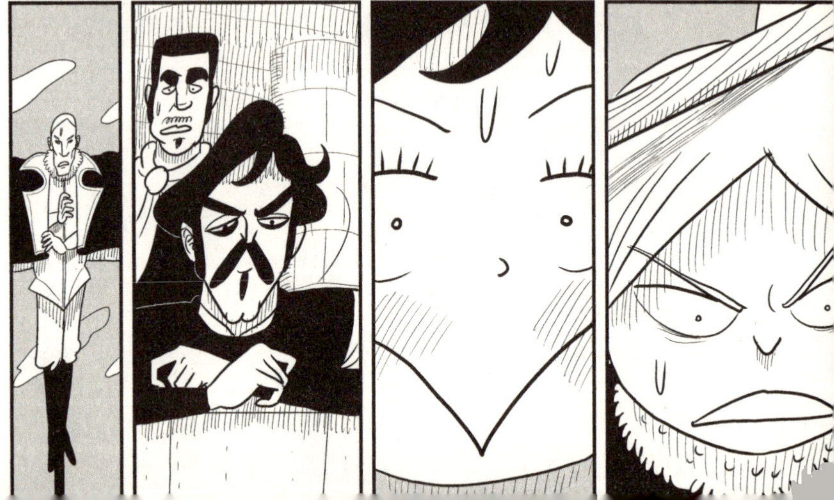

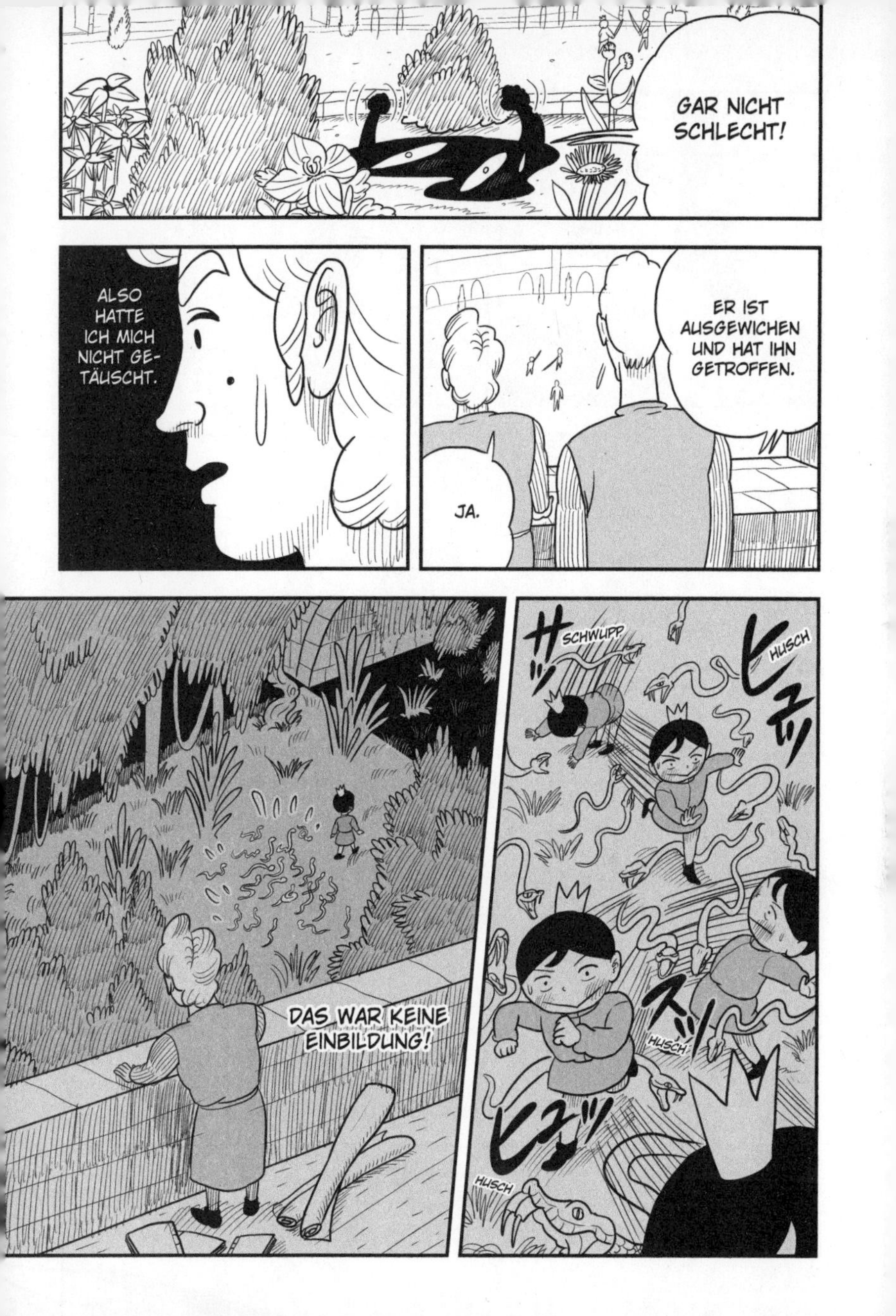

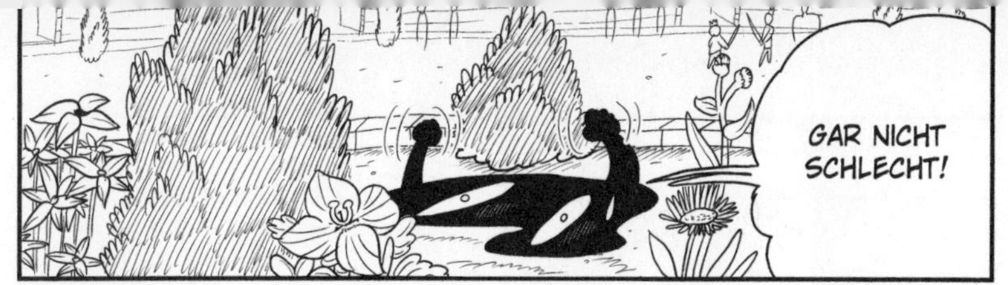
GAR NICHT SCHLECHT!

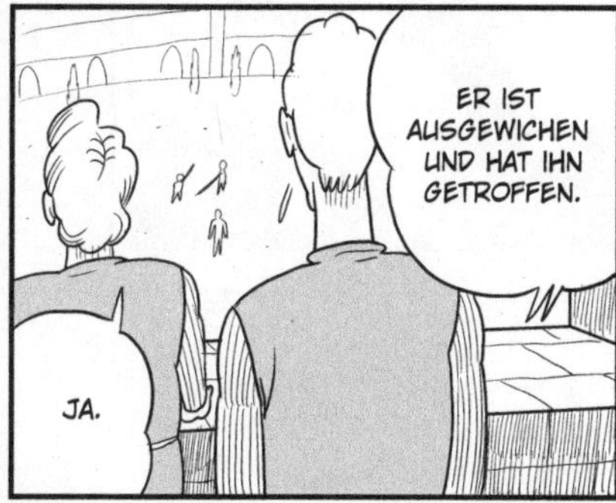
ER IST AUSGEWICHEN UND HAT IHN GETROFFEN.
JA.

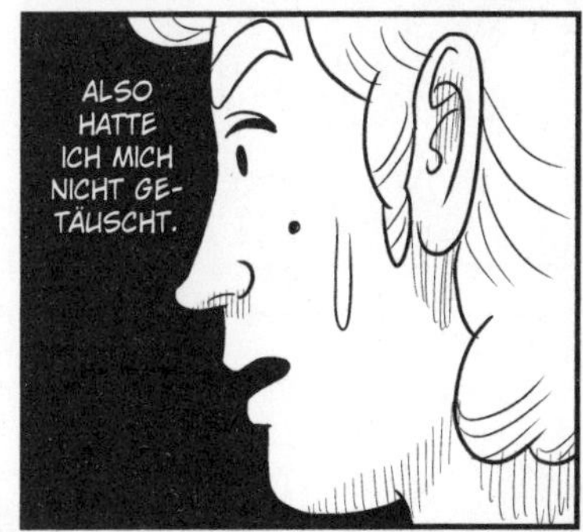
ALSO HATTE ICH MICH NICHT GE-TÄUSCHT.

SCHWUPP
HUSCH
HUSCH
HUSCH
DAS WAR KEINE EINBILDUNG!

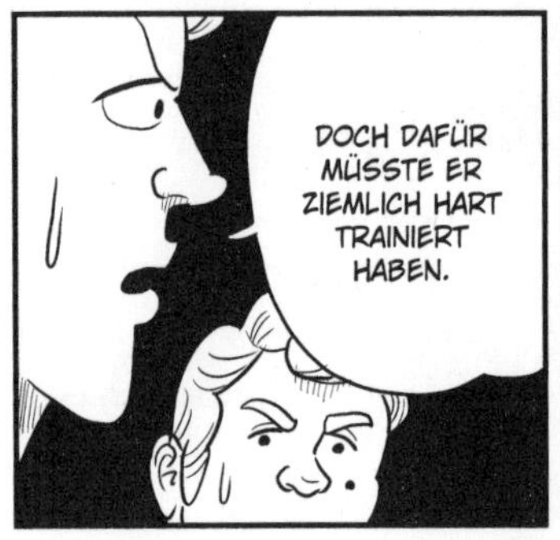
DOCH DAFÜR MÜSSTE ER ZIEMLICH HART TRAINIERT HABEN.

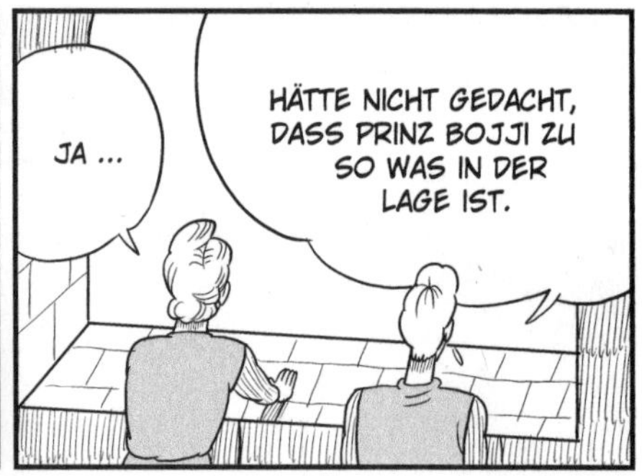
HÄTTE NICHT GEDACHT, DASS PRINZ BOJJI ZU SO WAS IN DER LAGE IST.
JA ...

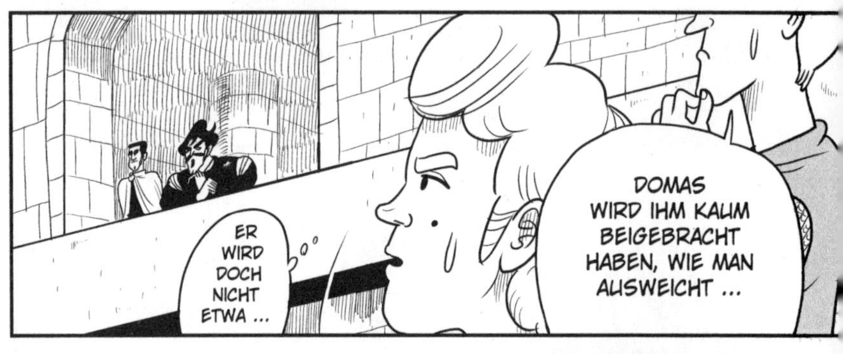
DOMAS WIRD IHM KAUM BEIGEBRACHT HABEN, WIE MAN AUSWEICHT ...
ER WIRD DOCH NICHT ETWA ...

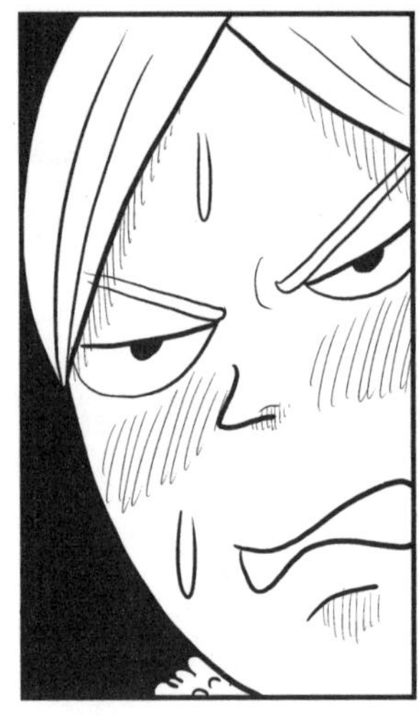

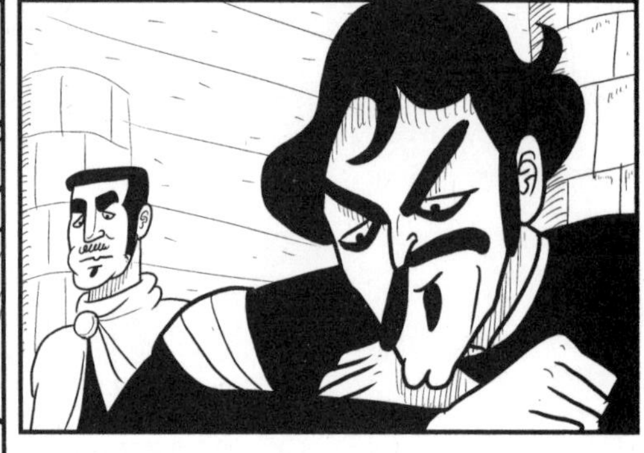

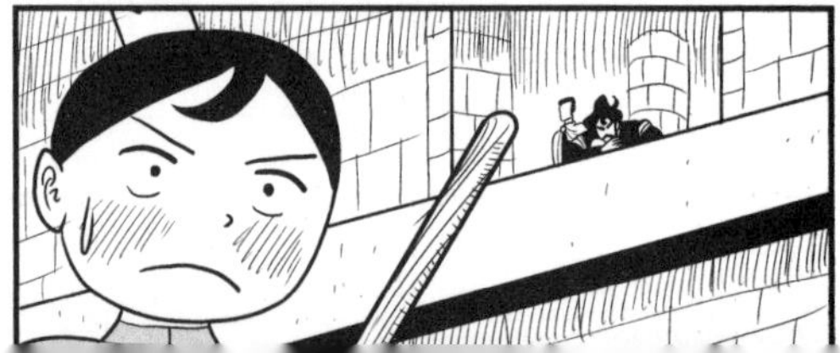

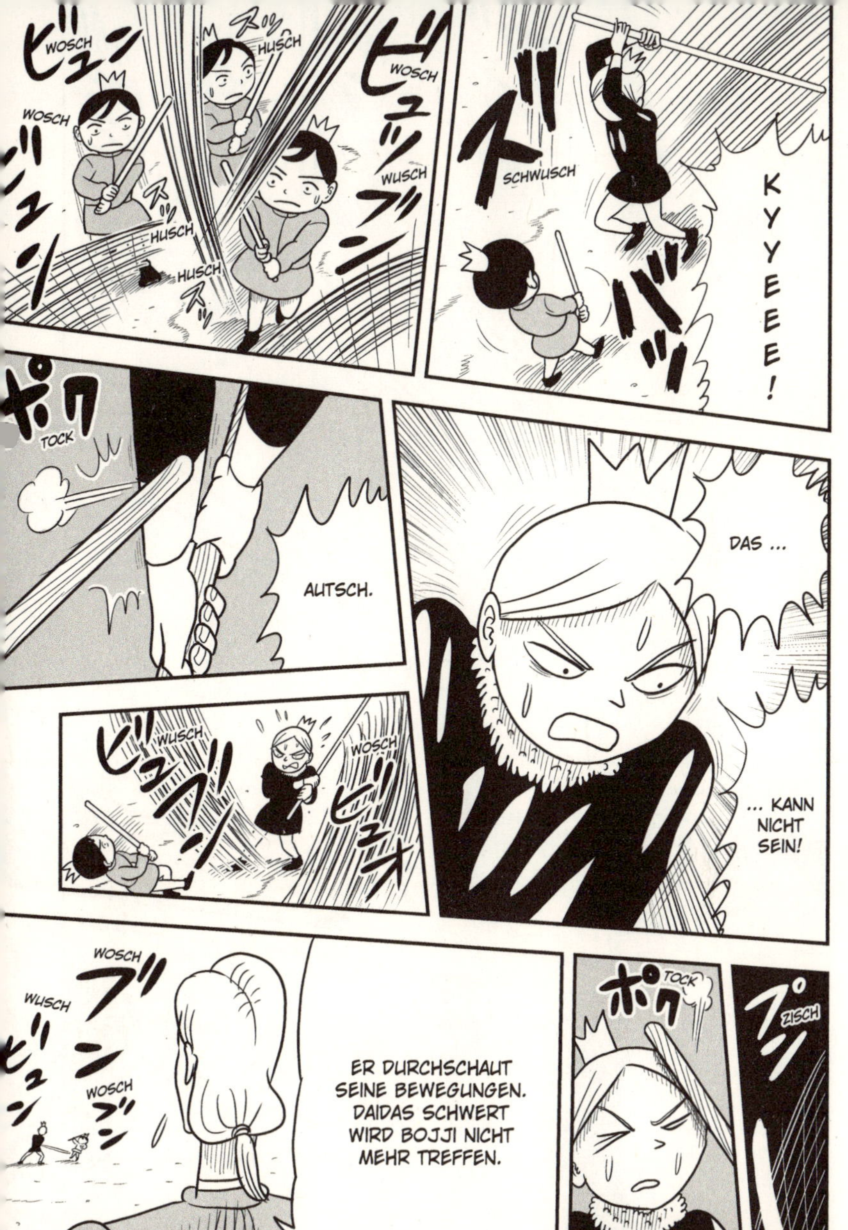
KYYEEE!
SCHWUSCH
WOSCH
HUSCH
WUSCH
WOSCH
WOSCH
HUSCH
HUSCH
DAS ...
... KANN NICHT SEIN!
TOCK
AUTSCH.
WOSCH
WUSCH
ZISCH
TOCK
ER DURCHSCHAUT SEINE BEWEGUNGEN. DAIDAS SCHWERT WIRD BOJJI NICHT MEHR TREFFEN.
WOSCH
WUSCH
WOSCH

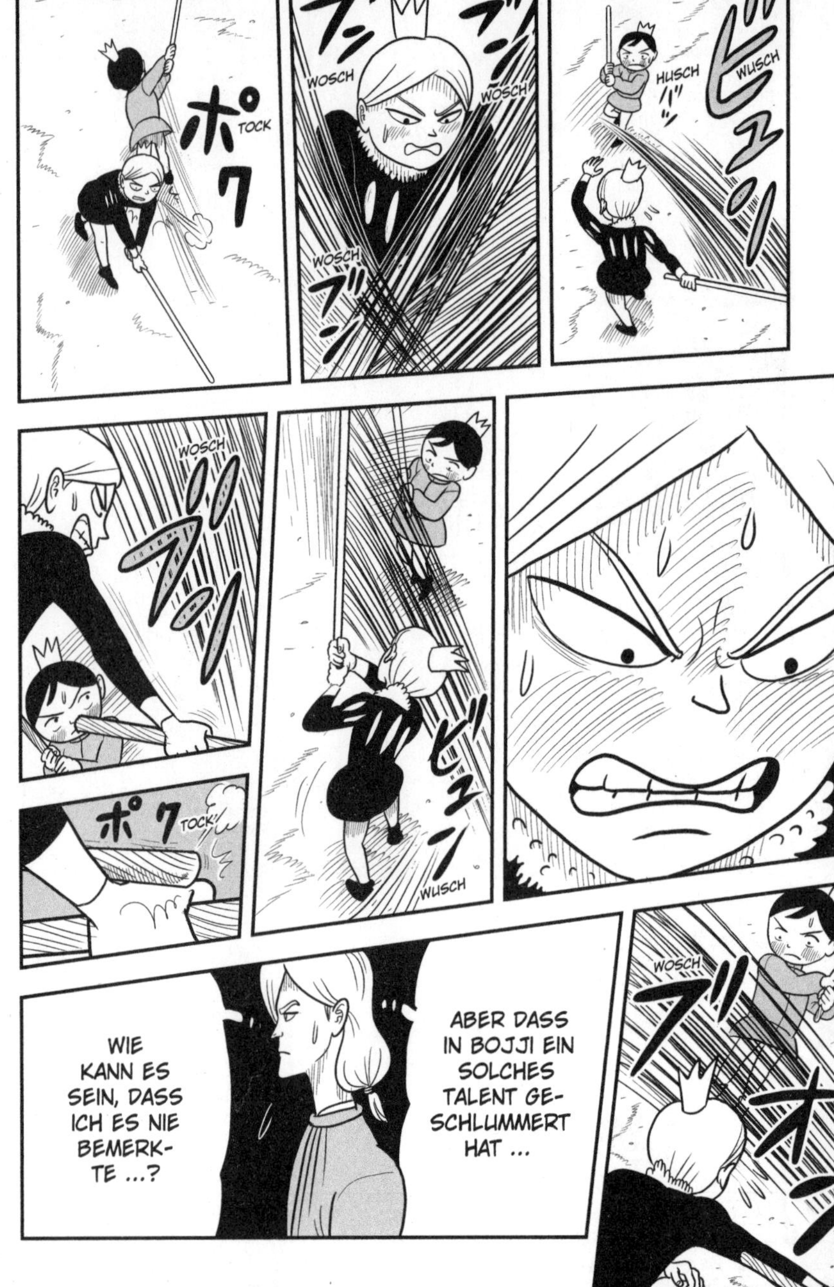
WUSCH
HUSCH
WOSCH
WOSCH
WOSCH
TOCK
WUSCH
WOSCH
TOCK
WOSCH
ABER DASS IN BOJJI EIN SOLCHES TALENT GE-SCHLUMMERT HAT ...
WIE KANN ES SEIN, DASS ICH ES NIE BEMERK-TE ...?

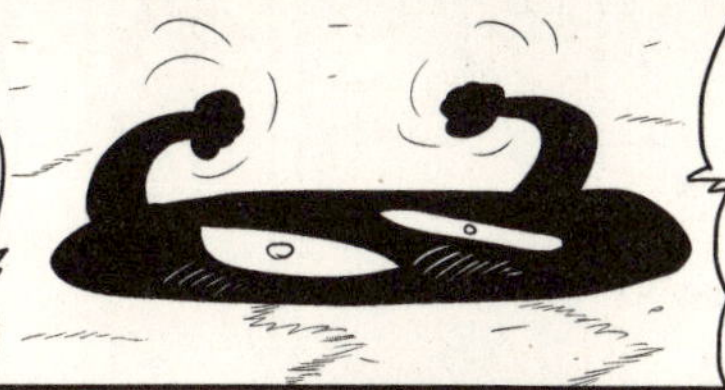

JA, BOJJI! DU KANNST ANHAND VON LIPPENBEWEGUNGEN WORTE ERKENNEN.
DESHALB SIND DEINE SEHFÄHIGKEITEN UND DEINE GABE, DINGE VORAUSZUSEHEN, SO PERFEKT.

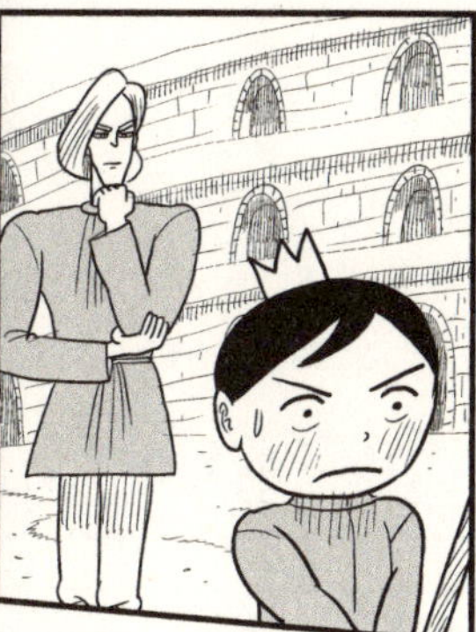

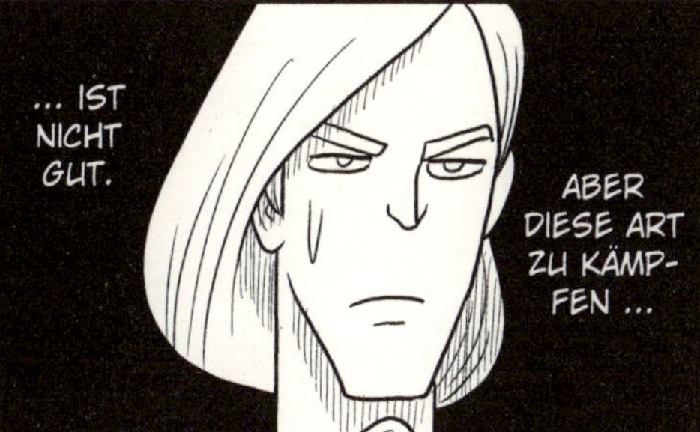

ABER DIESE ART ZU KÄMPFEN …
… IST NICHT GUT.

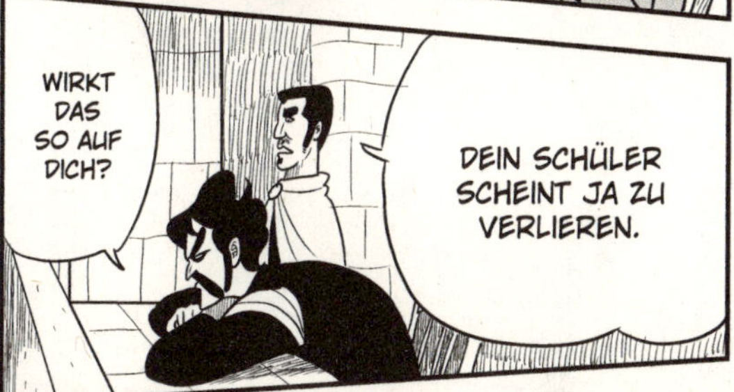

DEIN SCHÜLER SCHEINT JA ZU VERLIEREN.
WIRKT DAS SO AUF DICH?

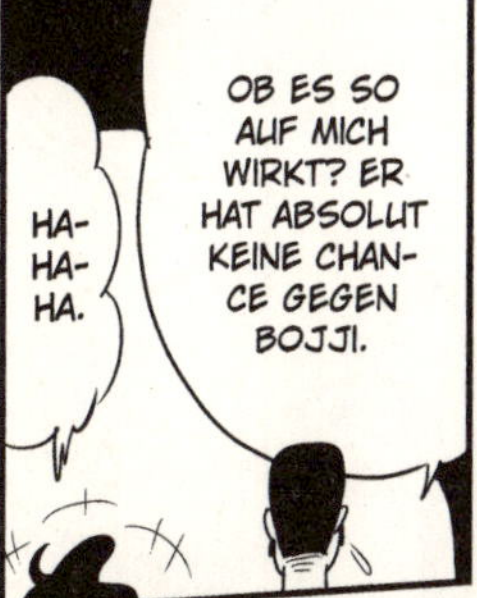

OB ES SO AUF MICH WIRKT? ER HAT ABSOLUT KEINE CHANCE GEGEN BOJJI.
HA-HA-HA.

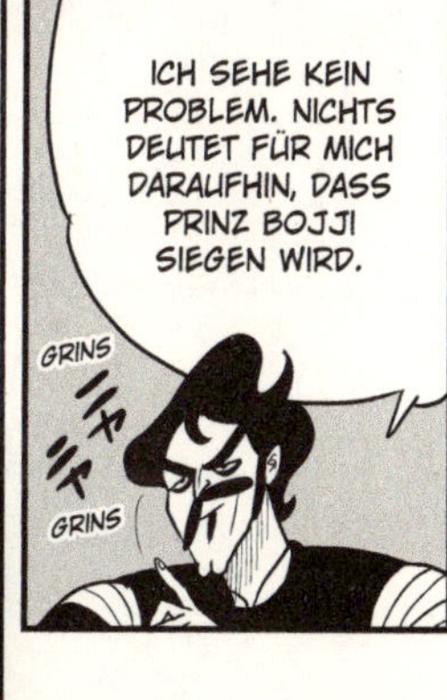

ICH SEHE KEIN PROBLEM. NICHTS DEUTET FÜR MICH DARAUFHIN, DASS PRINZ BOJJI SIEGEN WIRD.
GRINS
GRINS

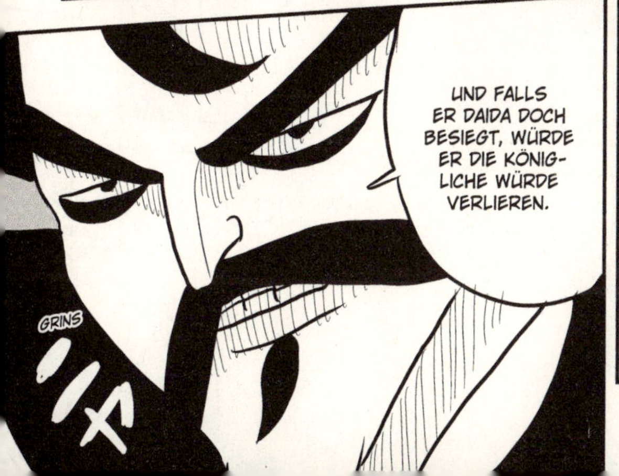

UND FALLS ER DAIDA DOCH BESIEGT, WÜRDE ER DIE KÖNIGLICHE WÜRDE VERLIEREN.
GRINS

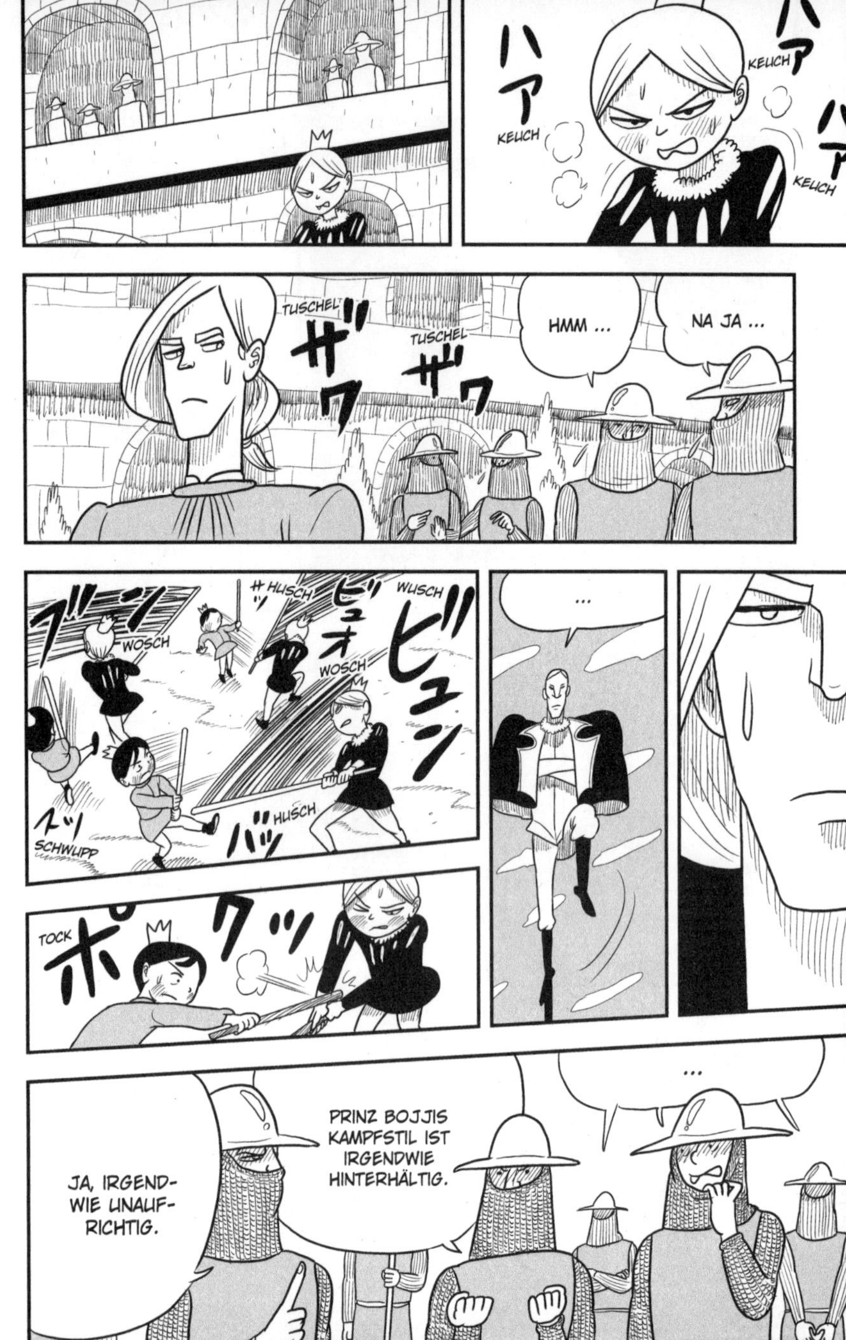

ハア
KEUCH
ハア
KEUCH
ハア
KEUCH
ザワ
TUSCHEL
ザワ
TUSCHEL
HMM ...
NA JA ...
ブン
WOSCH
サッ
HUSCH
ビュオ
WOSCH
ビュン
WUSCH
バッ
HUSCH
スッ
SCHWUPP
...
ポクッ
TOCK
...
PRINZ BOJJIS KAMPFSTIL IST IRGENDWIE HINTERHÄLTIG.
JA, IRGEND-WIE UNAUF-RICHTIG.

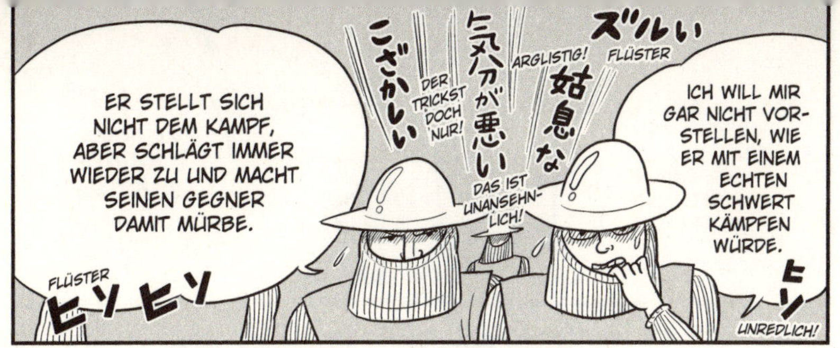
ズルい
FLÜSTER
ICH WILL MIR GAR NICHT VOR-STELLEN, WIE ER MIT EINEM ECHTEN SCHWERT KÄMPFEN WÜRDE.
ヒソ
UNREDLICH!
姑息な
ARGLISTIG!
気分が悪い
DAS IST UNANSEHN-LICH!
こざかしい
DER TRICKST DOCH NUR!
ER STELLT SICH NICHT DEM KAMPF, ABER SCHLÄGT IMMER WIEDER ZU UND MACHT SEINEN GEGNER DAMIT MÜRBE.
FLÜSTER
ヒソヒソ

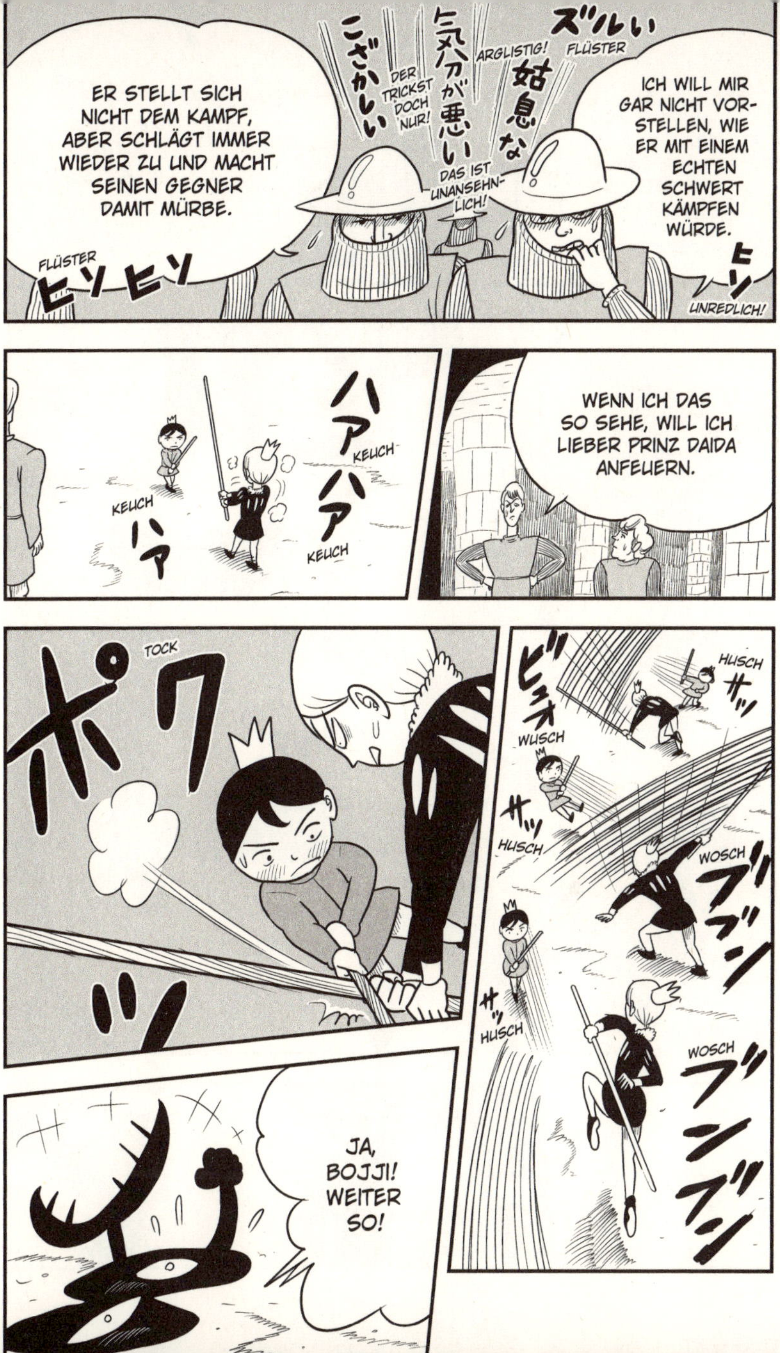

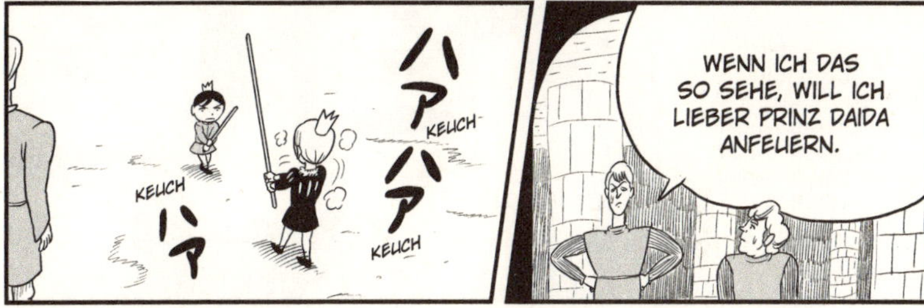
WENN ICH DAS SO SEHE, WILL ICH LIEBER PRINZ DAIDA ANFEUERN.
ハァハァ
KEUCH
KEUCH
ハァ
KEUCH

ビュオ
WUSCH
HUSCH
サッ
サッ
HUSCH
WOSCH
ブンッ
サッ
HUSCH
WOSCH
ブンブンッ
TOCK
ポクッ
JA, BOJJI! WEITER SO!

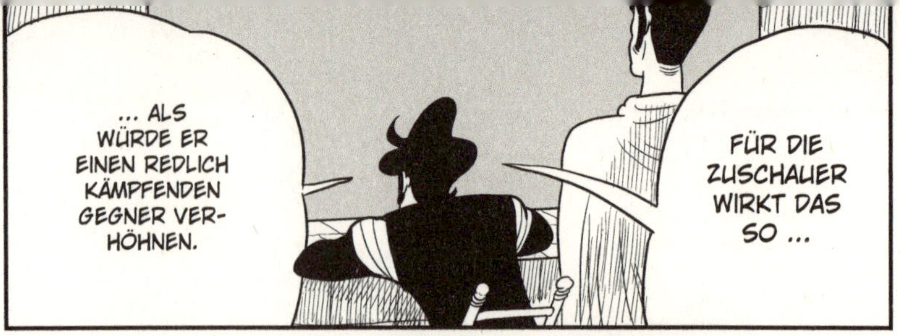
FÜR DIE ZUSCHAUER WIRKT DAS SO ...
... ALS WÜRDE ER EINEN REDLICH KÄMPFENDEN GEGNER VERHÖHNEN.

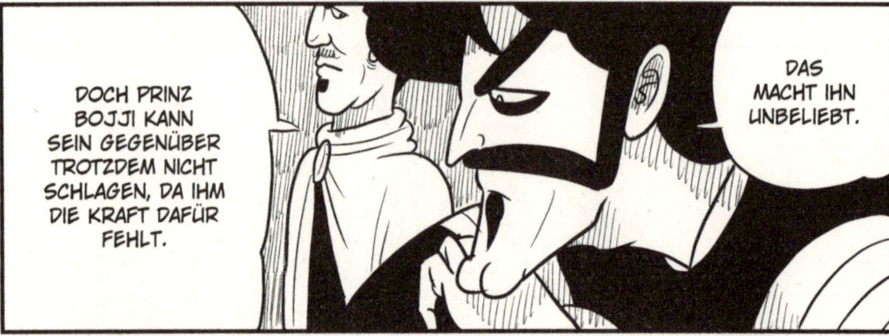
DAS MACHT IHN UNBELIEBT.
DOCH PRINZ BOJJI KANN SEIN GEGENÜBER TROTZDEM NICHT SCHLAGEN, DA IHM DIE KRAFT DAFÜR FEHLT.

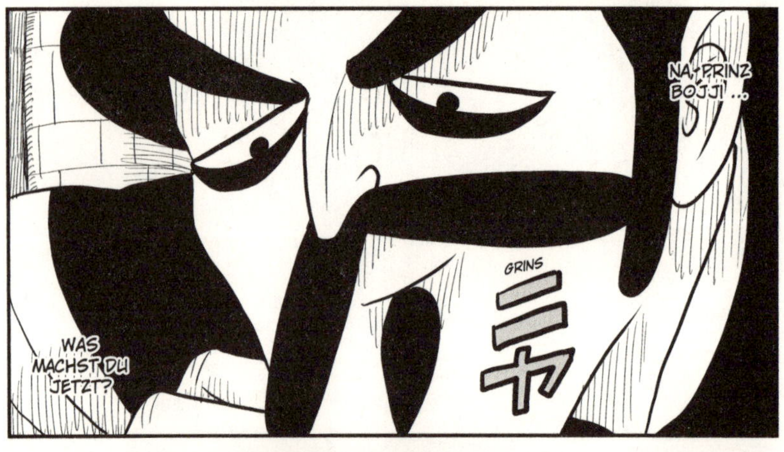
NA, PRINZ BOJJI ...
GRINS
ニヤ
WAS MACHST DU JETZT?

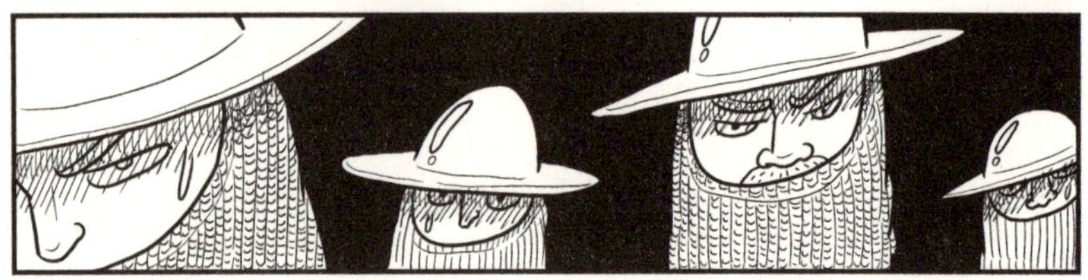

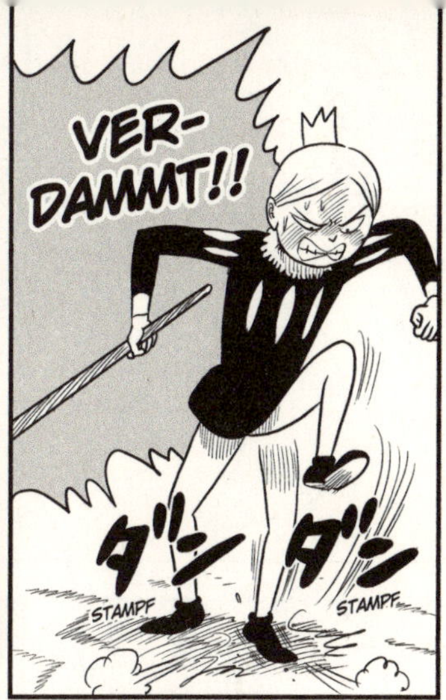
VER-
DAMMT!!
ダン
STAMPF
ダン
STAMPF

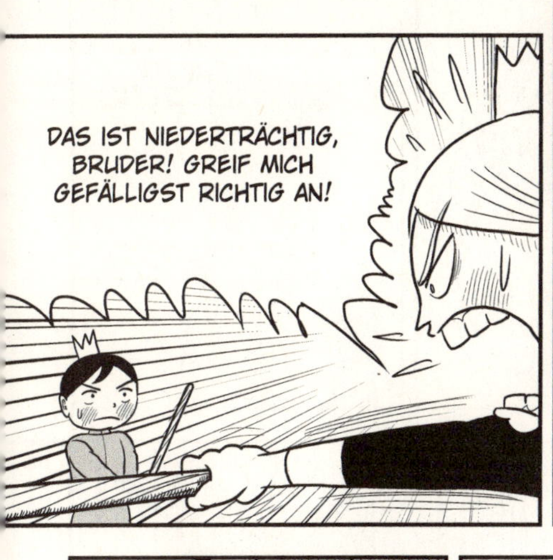
DAS IST NIEDERTRÄCHTIG, BRUDER! GREIF MICH GEFÄLLIGST RICHTIG AN!

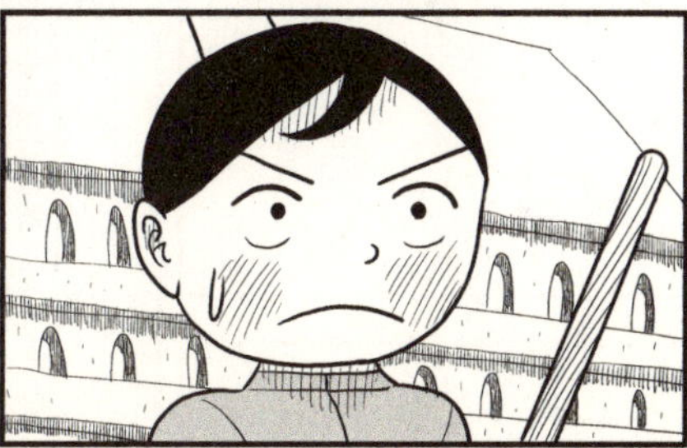

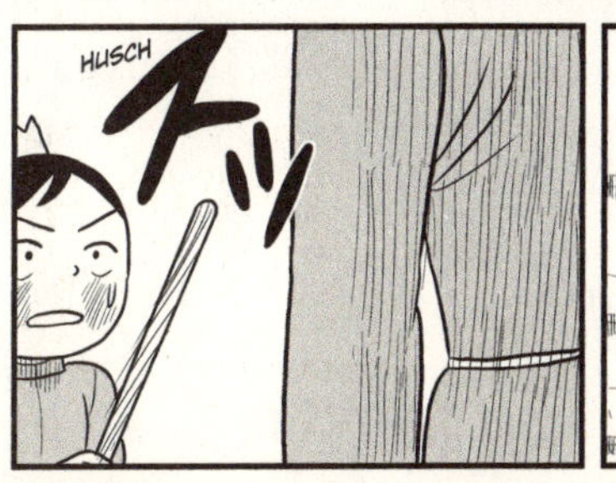
HUSCH

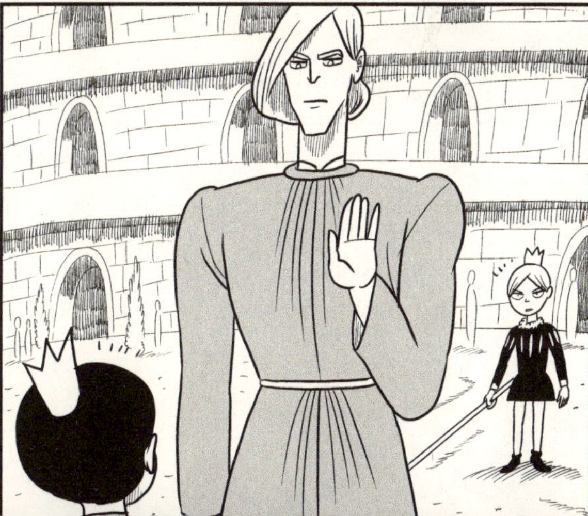

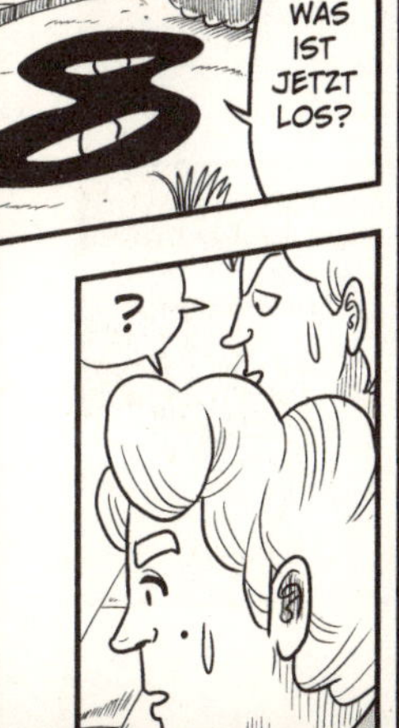
WAS IST JETZT LOS?
?

6. KAPITEL

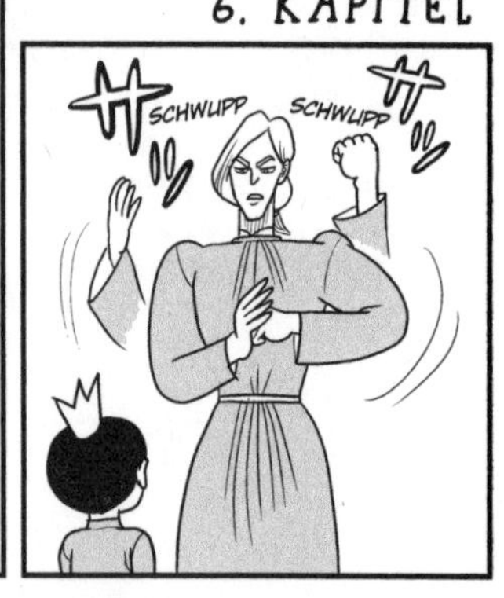
サッ
SCHWUPP
サッ
SCHWUPP

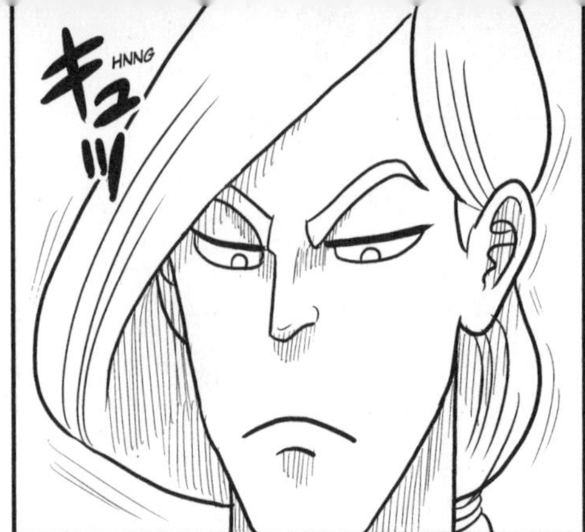
キュッ
HNNG

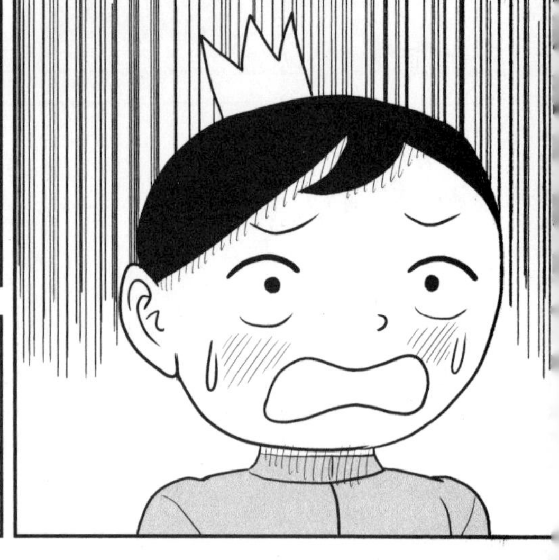

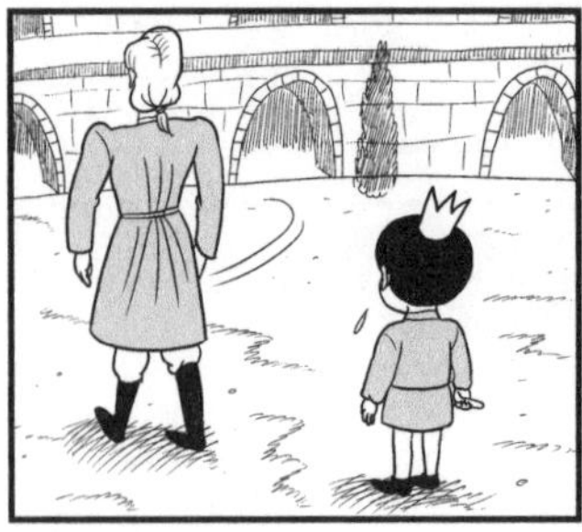

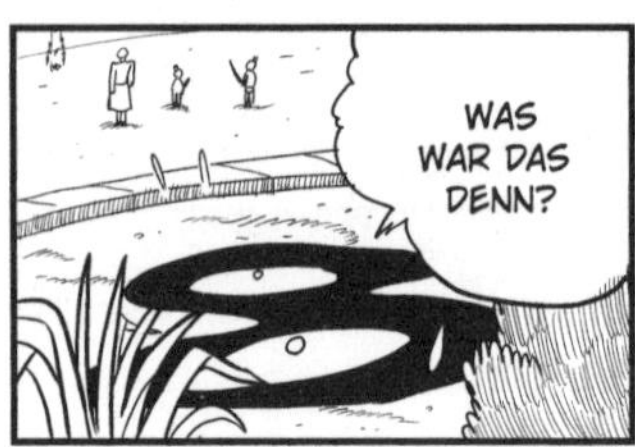
WAS WAR DAS DENN?

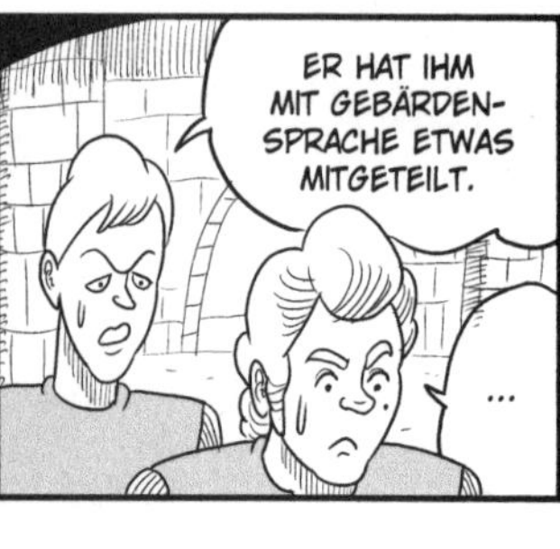
ER HAT IHM MIT GEBÄRDEN-SPRACHE ETWAS MITGETEILT.
...

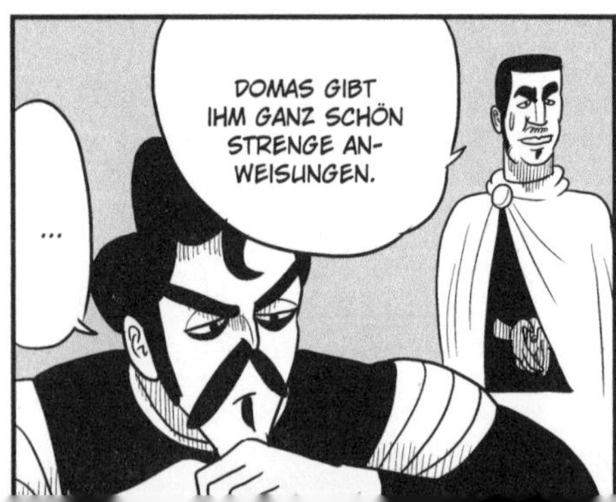
DOMAS GIBT IHM GANZ SCHÖN STRENGE AN-WEISUNGEN.
...

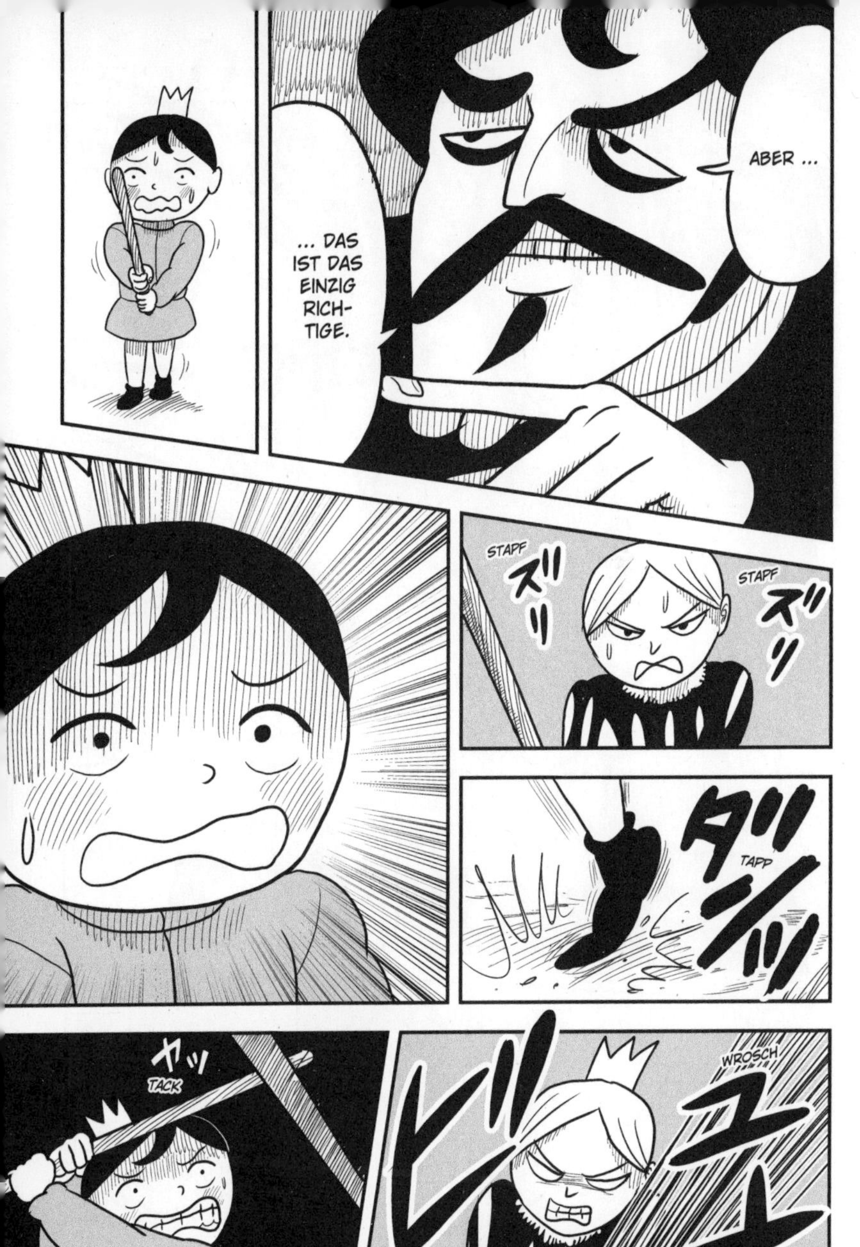
ABER ...
... DAS IST DAS EINZIG RICH-TIGE.
STAPF
ズッ
STAPF
ズッ
ダンッ
TAPP
WROSCH
ヤッ
TACK

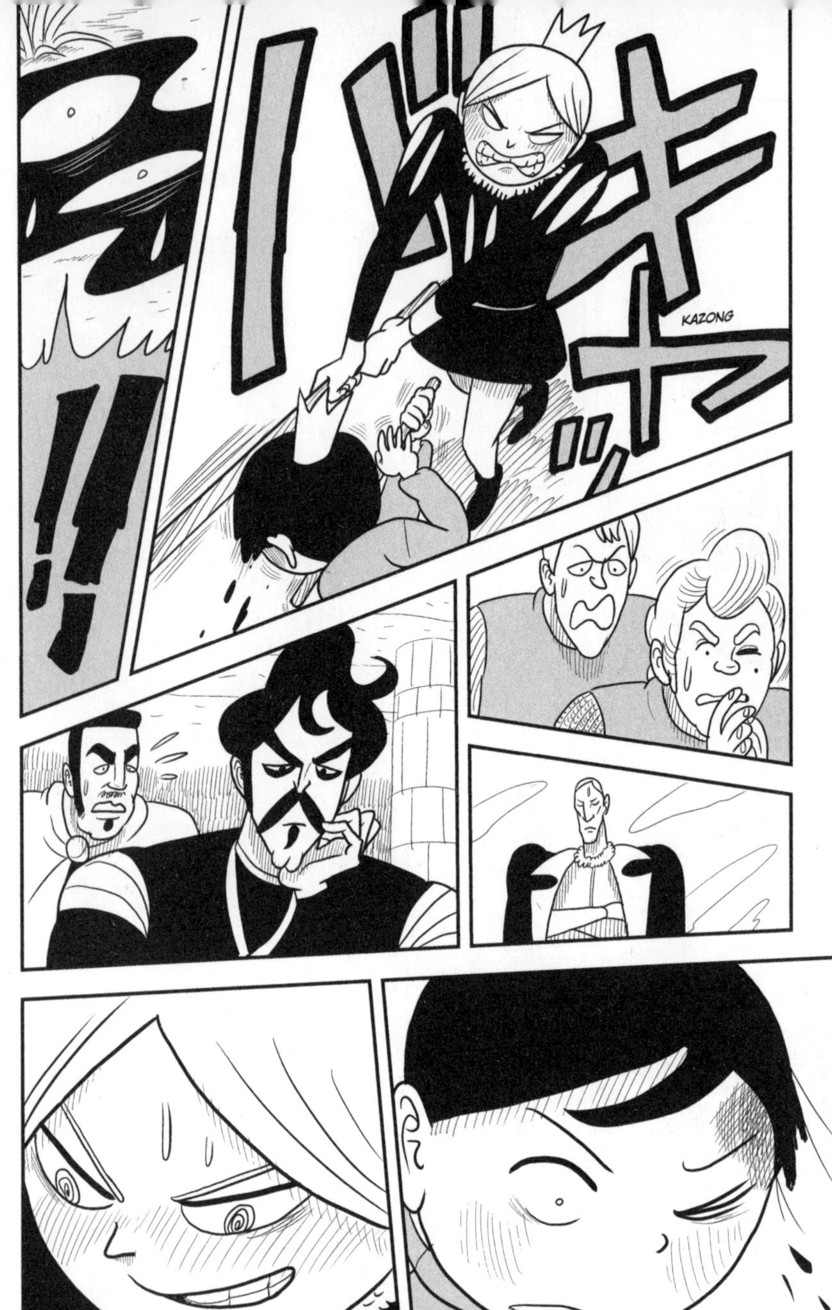
KAZONG

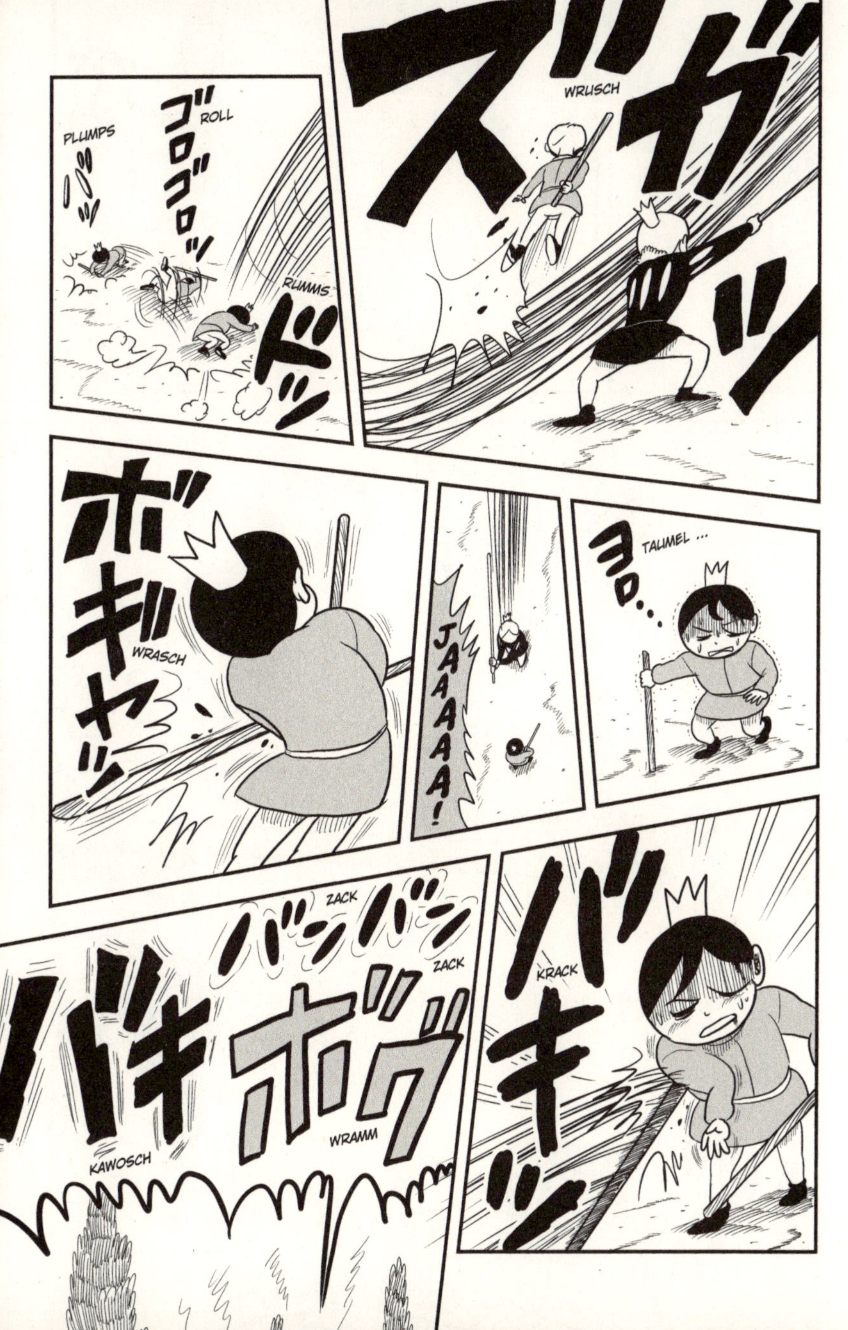

ズガッ
WRUSCH
ドッ
RUMMS
ゴロゴロッ
ROLL
バッ
PLUMPS
ヨロ…
TAUMEL ...
JAAAAAA!
ボキャッ
WRASCH
バキッ
KRACK
バンバン
ZACK
ZACK
ボグ
WRAMM
バキ
KAWOSCH

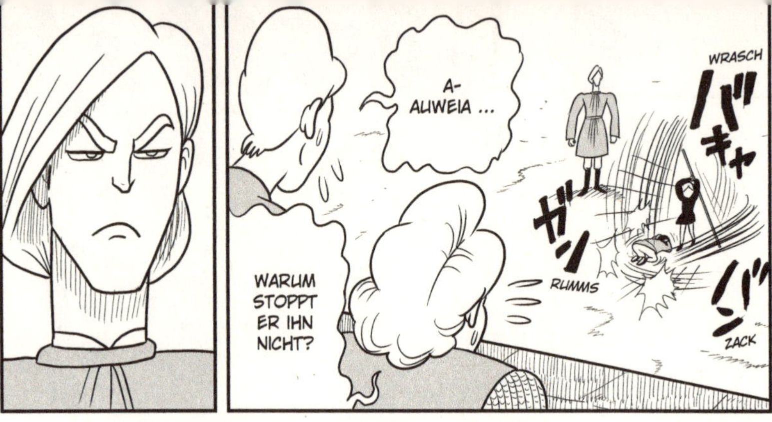
WRASCH
ZACK
RUMMS
A-
AUWEIA ...
WARUM
STOPPT
ER IHN
NICHT?

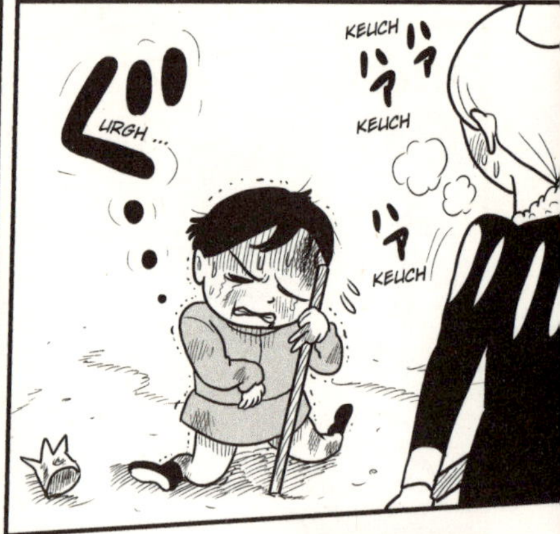
KEUCH
KEUCH
KEUCH
URGH ...

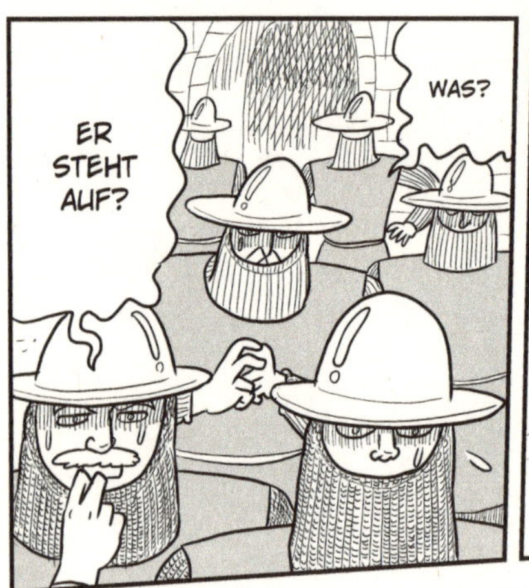
WAS?
ER
STEHT
AUF?

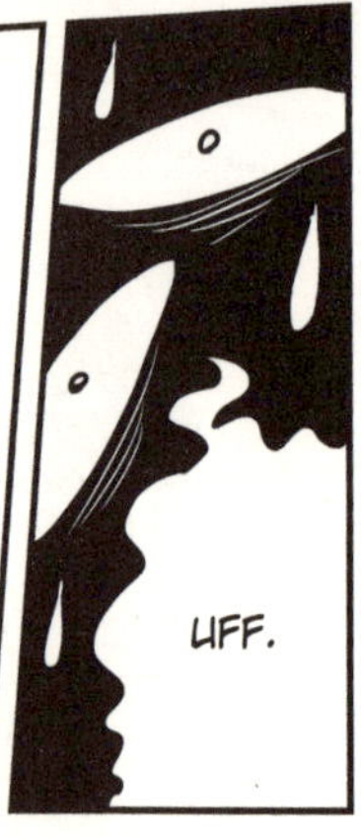
UFF.

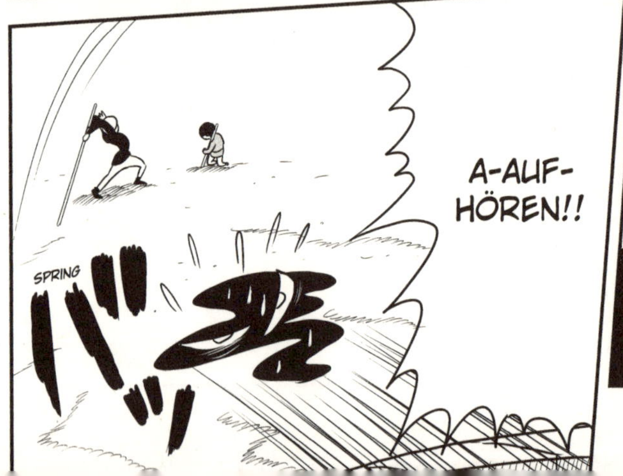
A-AUF-
HÖREN!!
SPRING

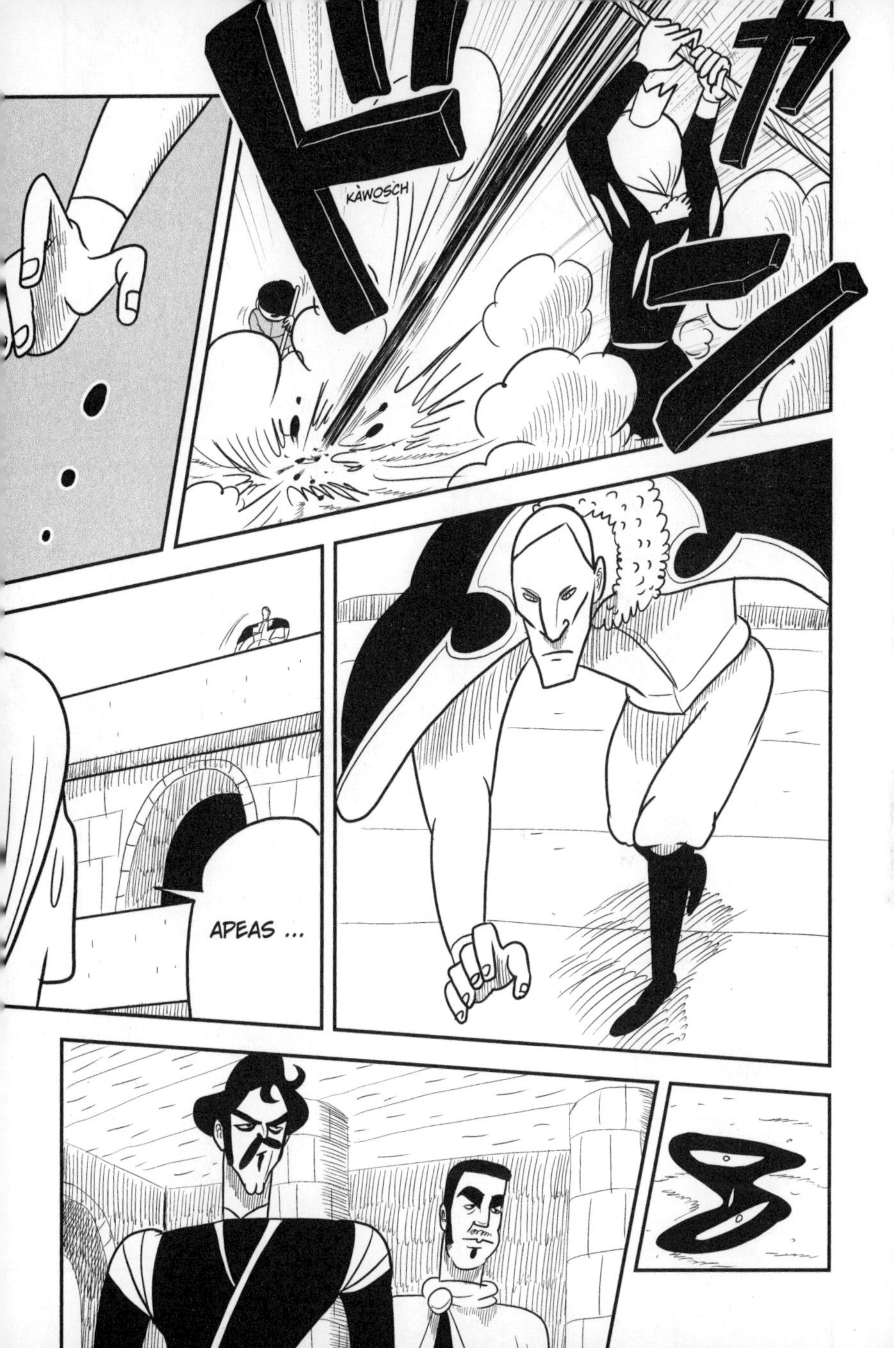
KAWOSCH
APEAS ...

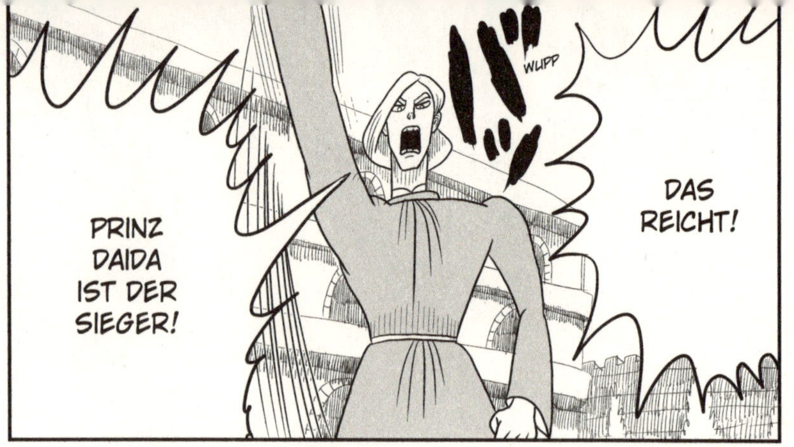
WUPP
DAS REICHT!
PRINZ DAIDA IST DER SIEGER!

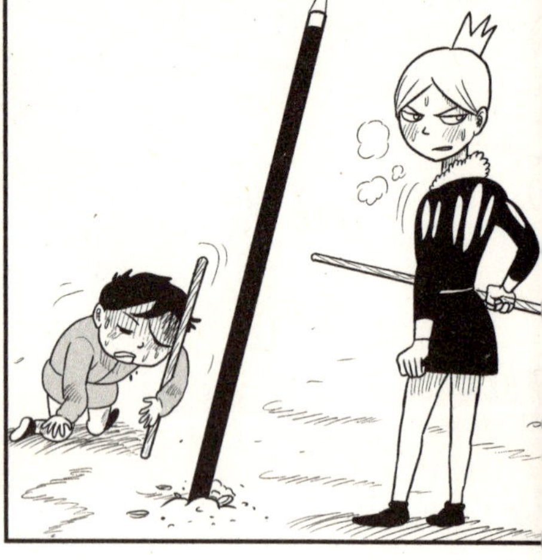

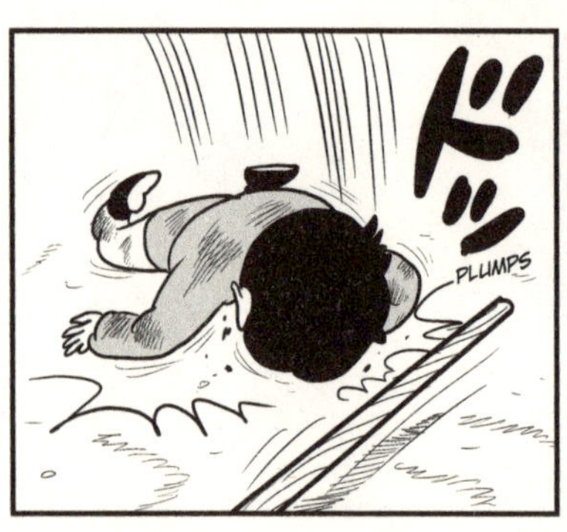
PLUMPS

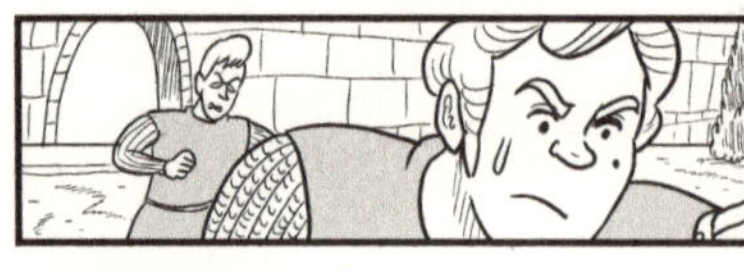

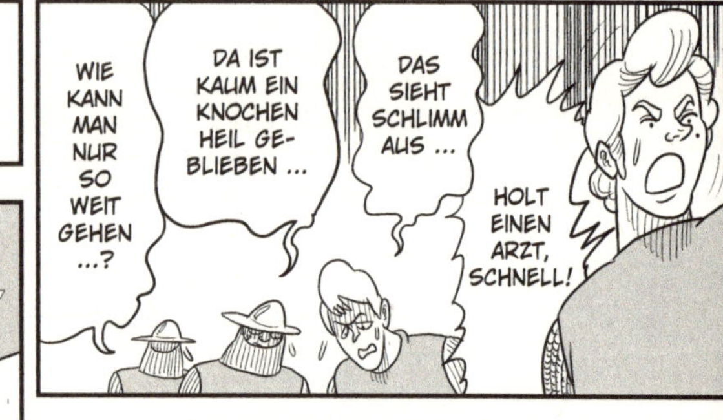
HOLT EINEN ARZT, SCHNELL!
DAS SIEHT SCHLIMM AUS …
DA IST KAUM EIN KNOCHEN HEIL GE-BLIEBEN …
WIE KANN MAN NUR SO WEIT GEHEN …?

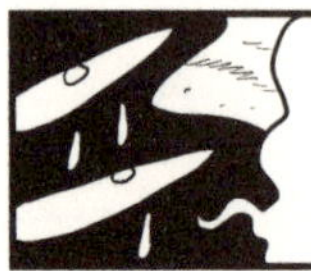
OJE … BOJJI …

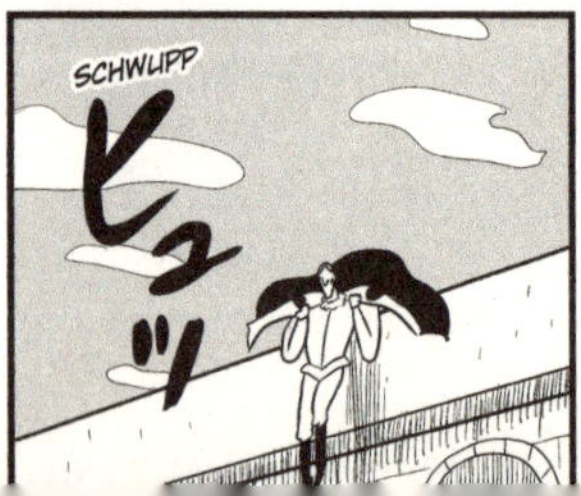
SCHWUPP

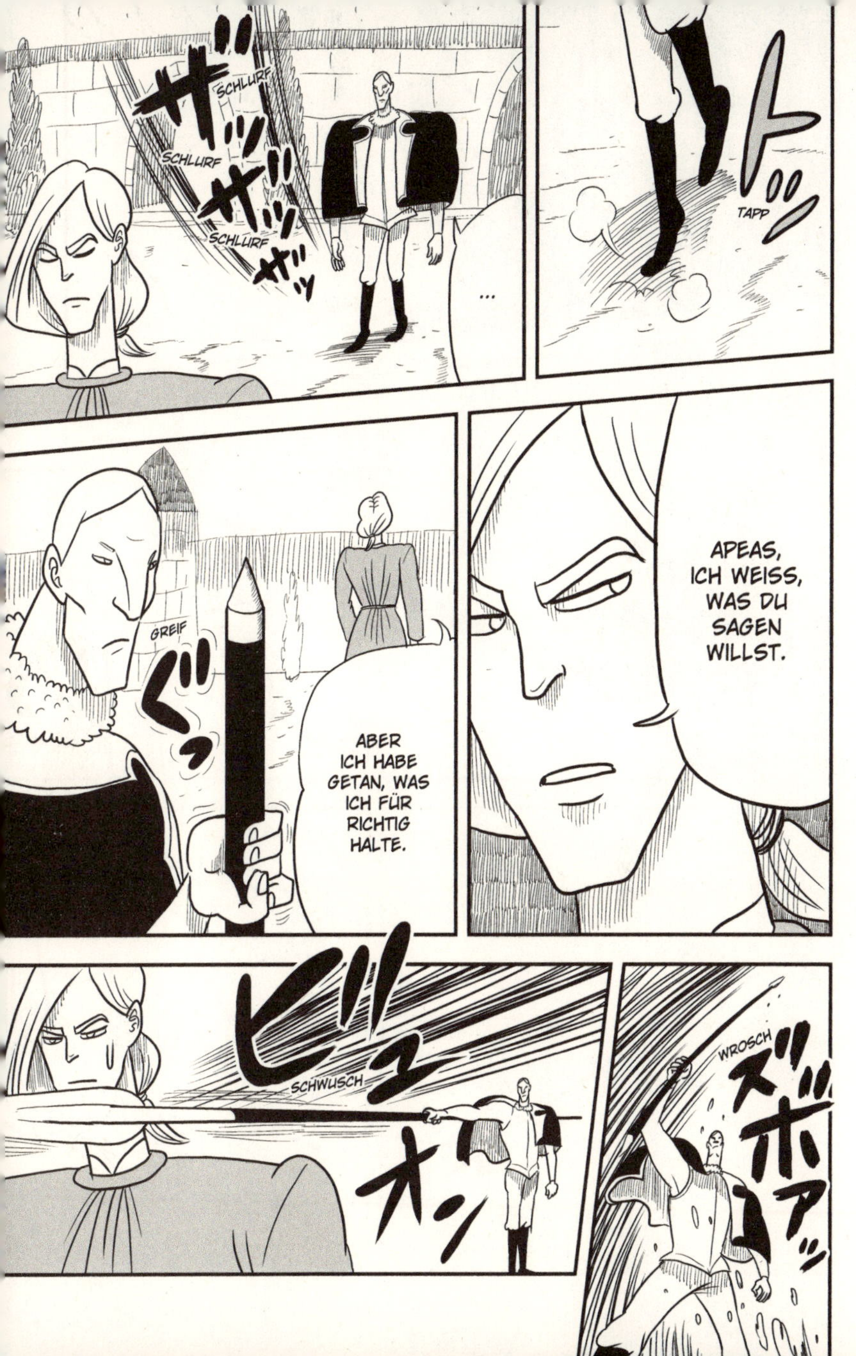
TAPP
...
SCHLURF
SCHLURF
SCHLURF
APEAS, ICH WEISS, WAS DU SAGEN WILLST.
GREIF
ABER ICH HABE GETAN, WAS ICH FÜR RICHTIG HALTE.
WROSCH
SCHWUSCH

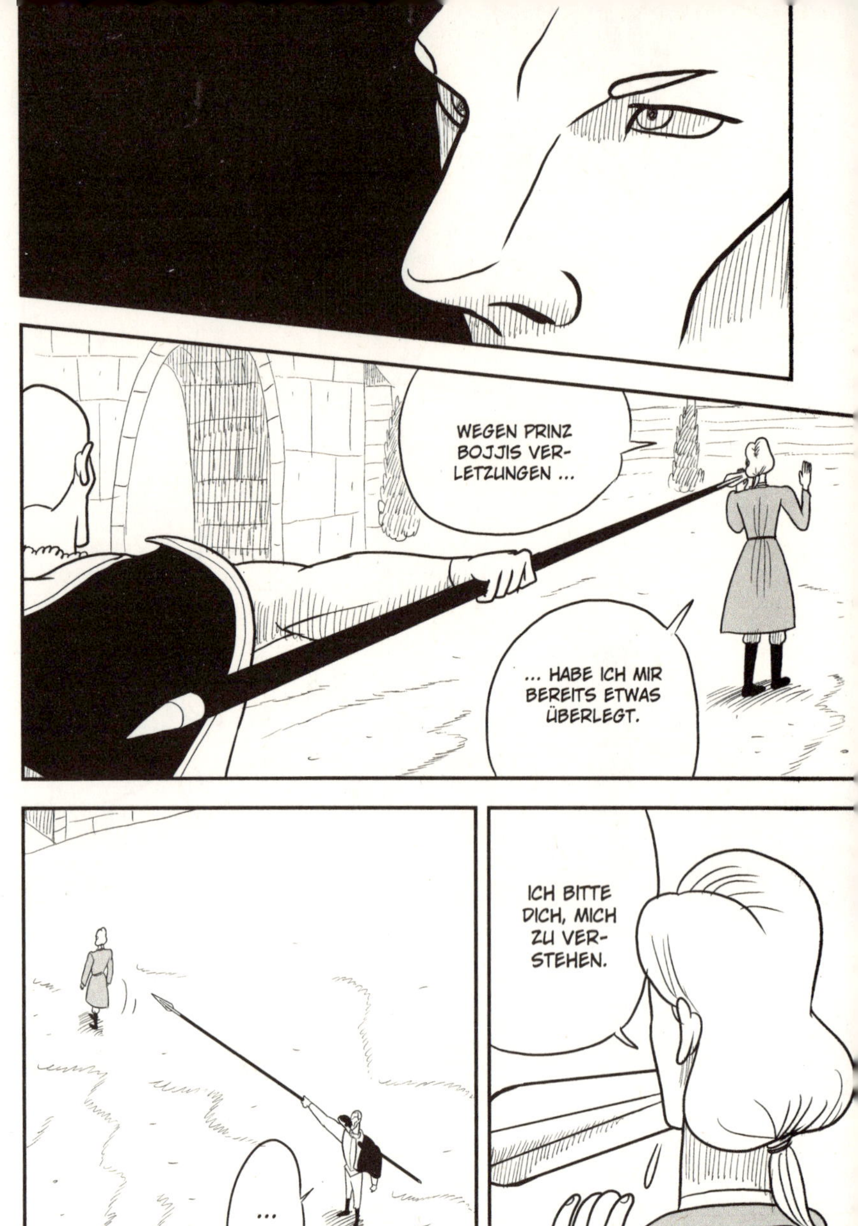
WEGEN PRINZ BOJJIS VERLETZUNGEN ...
... HABE ICH MIR BEREITS ETWAS ÜBERLEGT.
ICH BITTE DICH, MICH ZU VERSTEHEN.
...

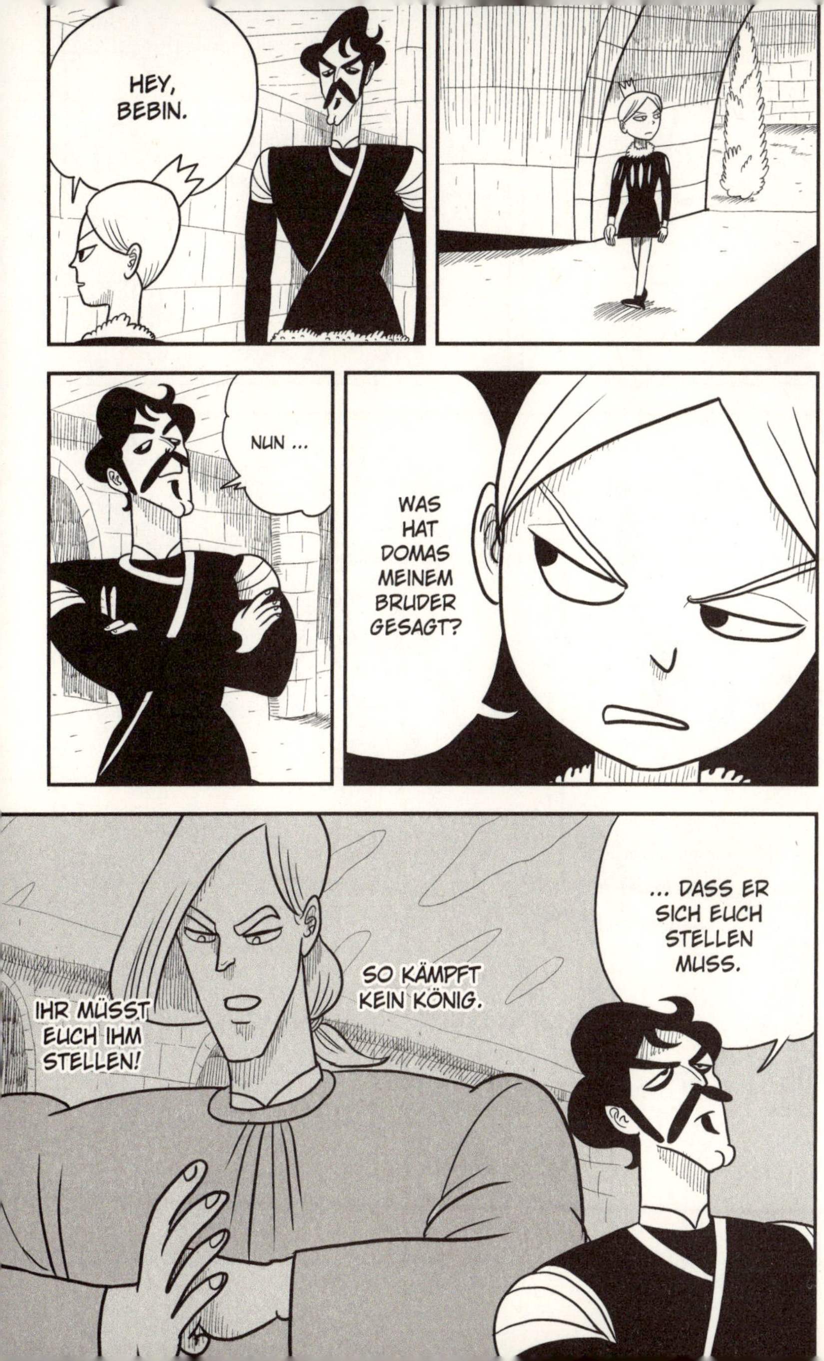

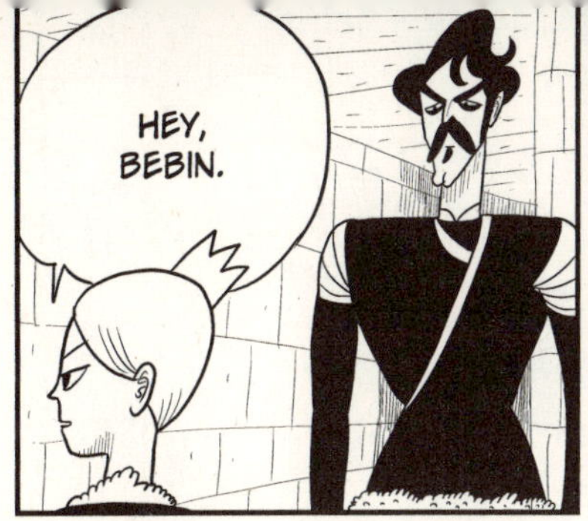
HEY,
BEBIN.
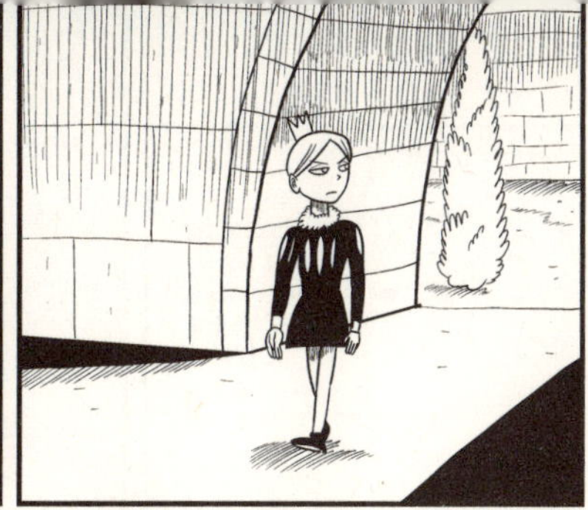
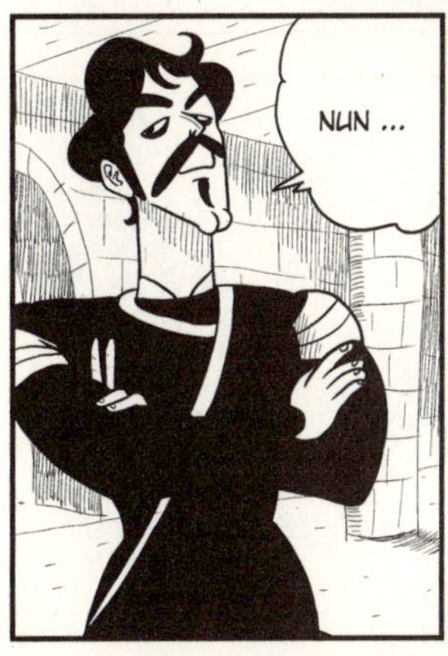
NUN ...
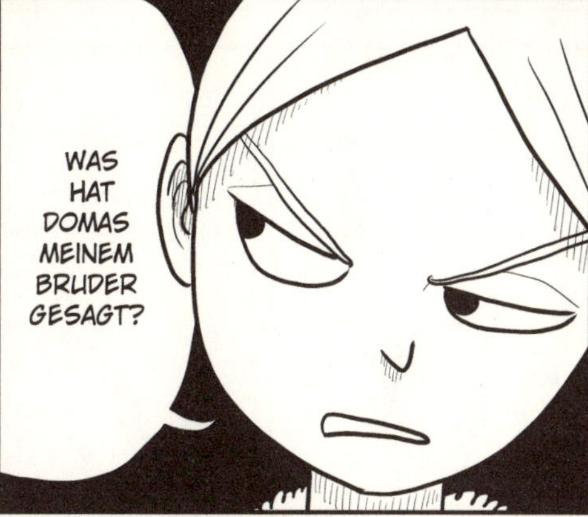
WAS HAT DOMAS MEINEM BRUDER GESAGT?

... DASS ER SICH EUCH STELLEN MUSS.
SO KÄMPFT KEIN KÖNIG.
IHR MÜSST EUCH IHM STELLEN!

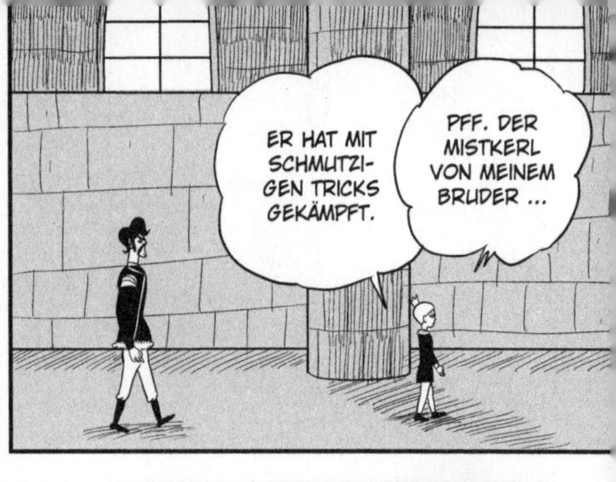
PFF. DER MISTKERL VON MEINEM BRUDER ...
ER HAT MIT SCHMUTZIGEN TRICKS GEKÄMPFT.

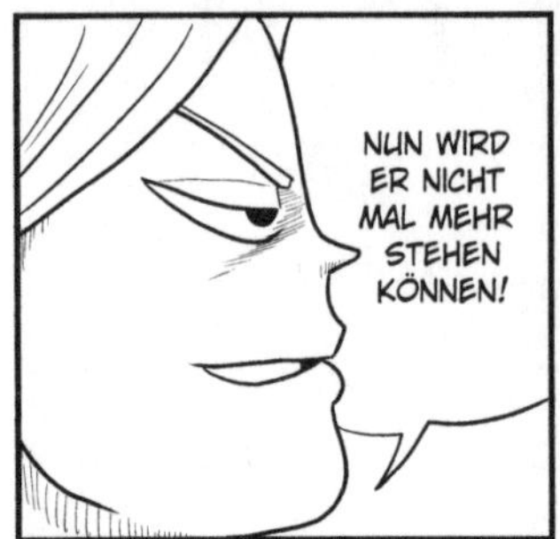
NUN WIRD ER NICHT MAL MEHR STEHEN KÖNNEN!

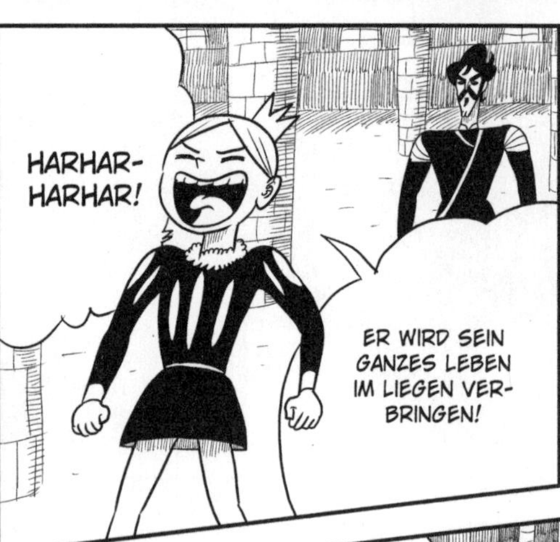
HARHAR-HARHAR!
ER WIRD SEIN GANZES LEBEN IM LIEGEN VERBRINGEN!

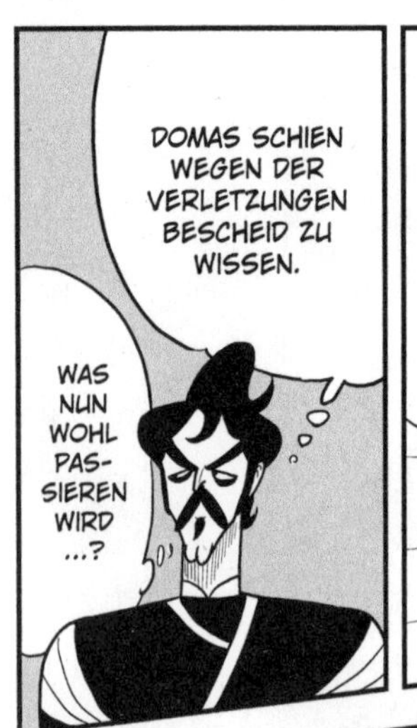
DOMAS SCHIEN WEGEN DER VERLETZUNGEN BESCHEID ZU WISSEN.
WAS NUN WOHL PASSIEREN WIRD ...?

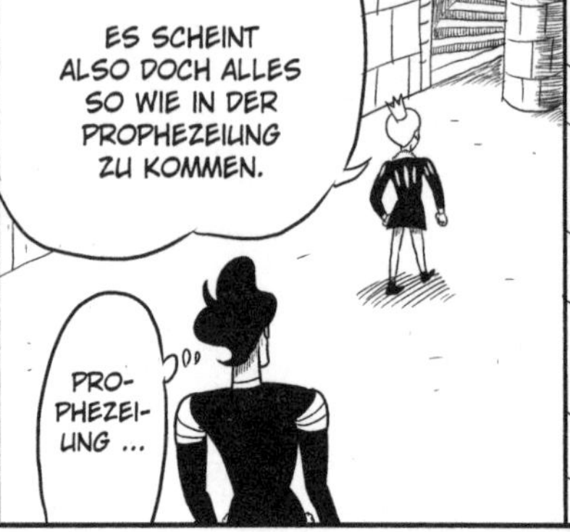
ES SCHEINT ALSO DOCH ALLES SO WIE IN DER PROPHEZEIUNG ZU KOMMEN.
PROPHEZEIUNG ...
ER REDET VON DEM MAGISCHEN SPIEGEL ... DEN MÖCHTE ICH AUCH MAL SEHEN.

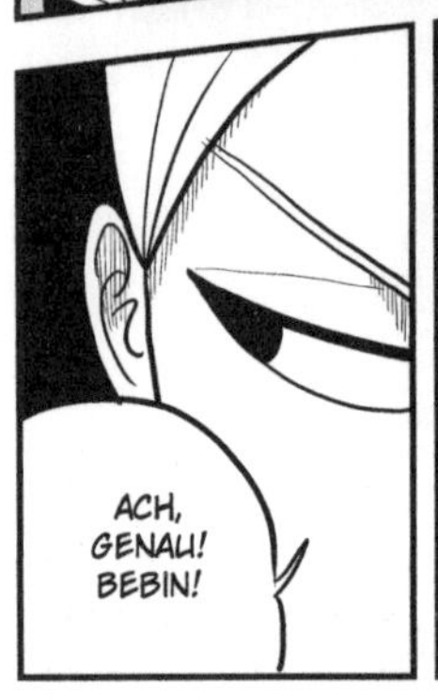
ACH, GENAU! BEBIN!

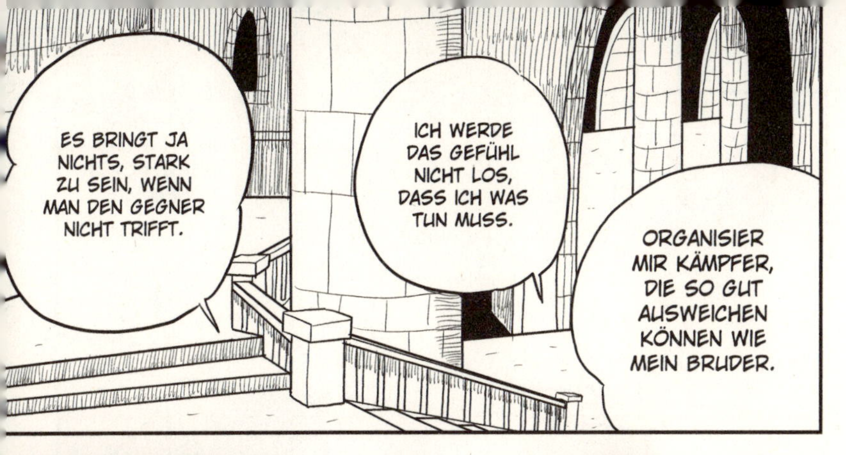
ES BRINGT JA NICHTS, STARK ZU SEIN, WENN MAN DEN GEGNER NICHT TRIFFT.
ICH WERDE DAS GEFÜHL NICHT LOS, DASS ICH WAS TUN MUSS.
ORGANISIER MIR KÄMPFER, DIE SO GUT AUSWEICHEN KÖNNEN WIE MEIN BRUDER.
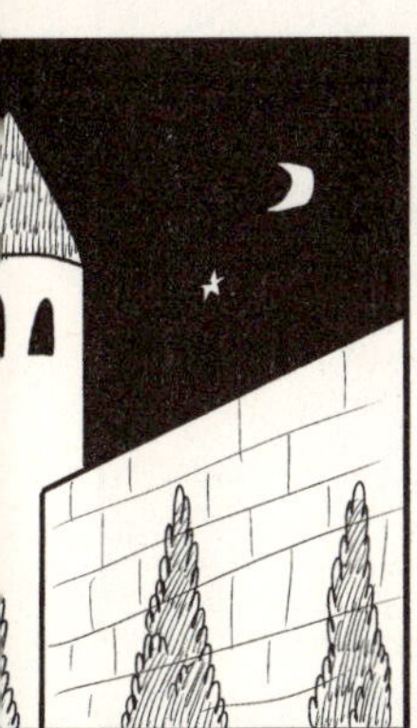
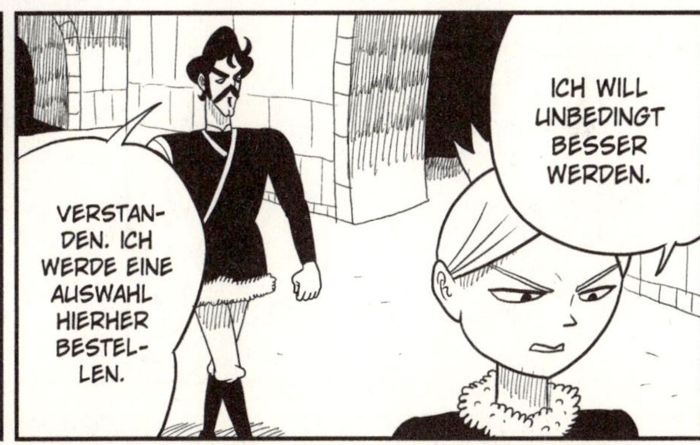
ICH WILL UNBEDINGT BESSER WERDEN.
VERSTAN-DEN. ICH WERDE EINE AUSWAHL HIERHER BESTEL-LEN.
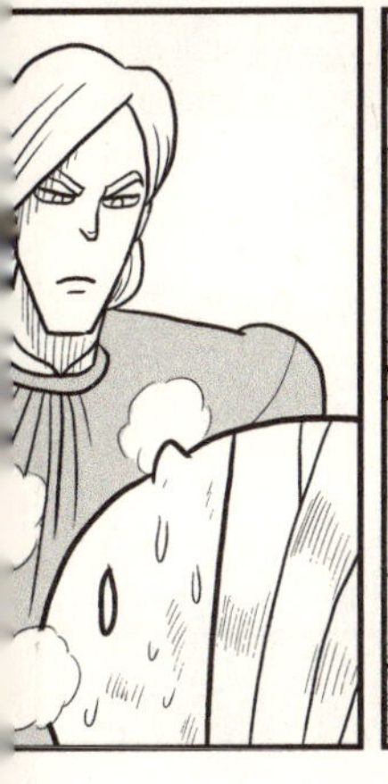
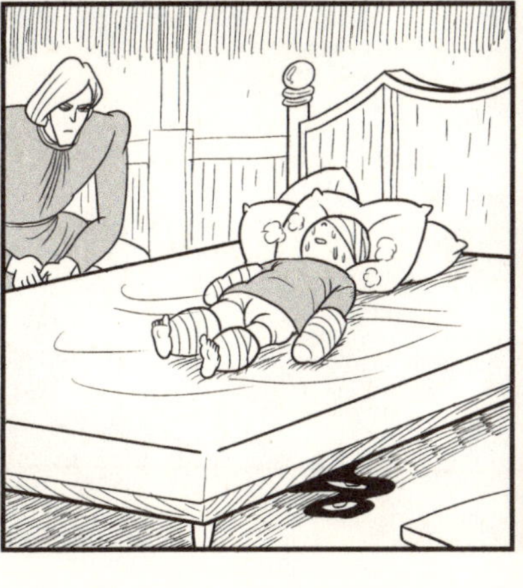
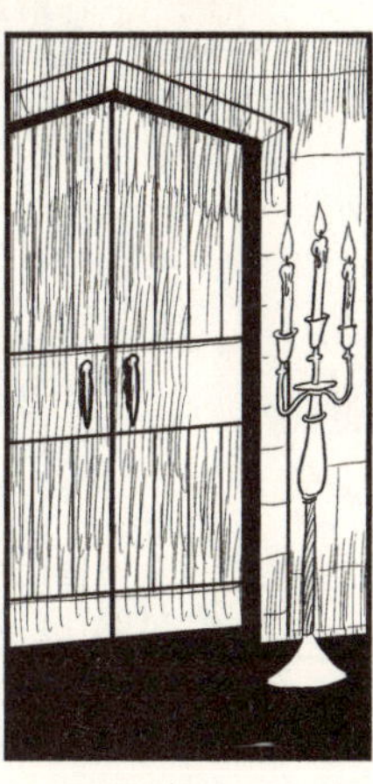

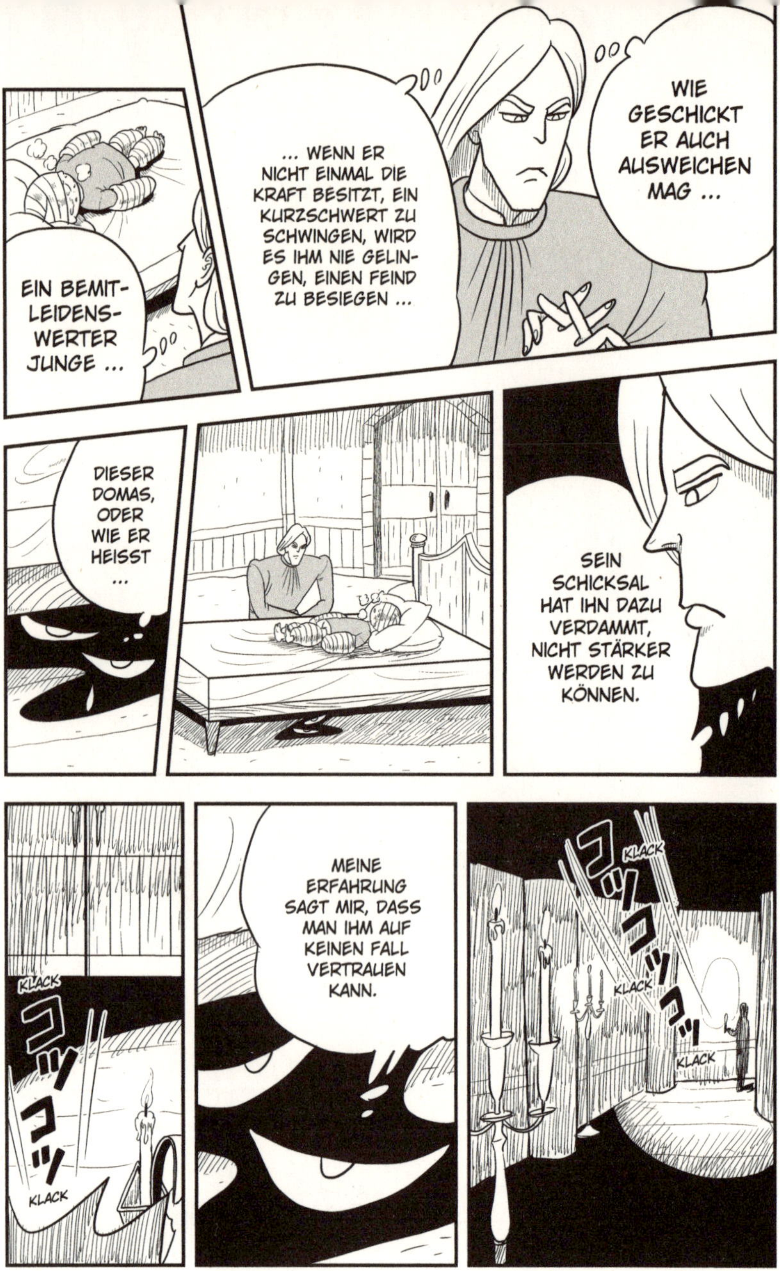

WIE GESCHICKT ER AUCH AUSWEICHEN MAG ...

... WENN ER NICHT EINMAL DIE KRAFT BESITZT, EIN KURZSCHWERT ZU SCHWINGEN, WIRD ES IHM NIE GELINGEN, EINEN FEIND ZU BESIEGEN ...

EIN BEMITLEIDENSWERTER JUNGE ...

SEIN SCHICKSAL HAT IHN DAZU VERDAMMT, NICHT STÄRKER WERDEN ZU KÖNNEN.

DIESER DOMAS, ODER WIE ER HEISST ...

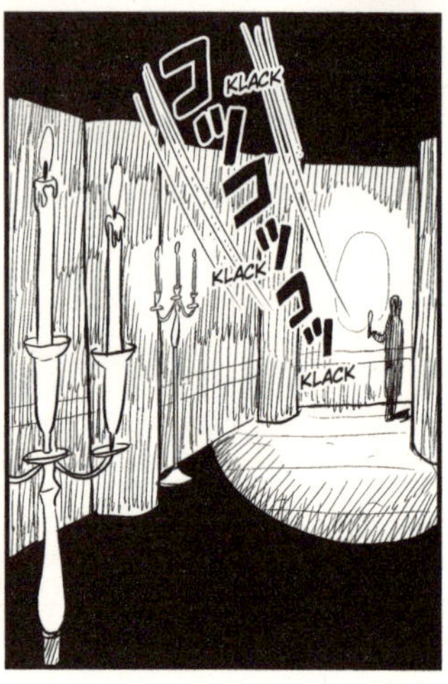

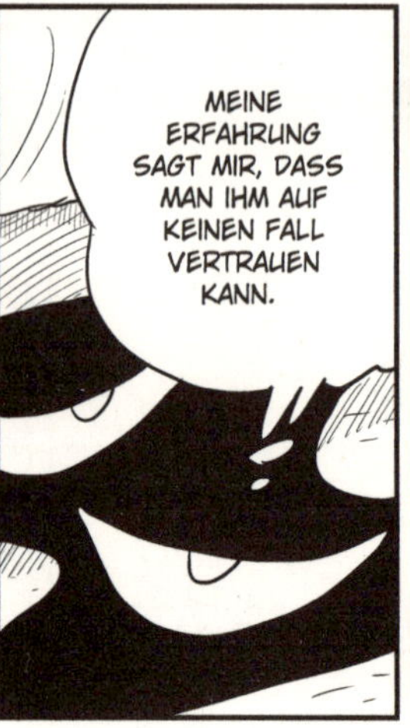

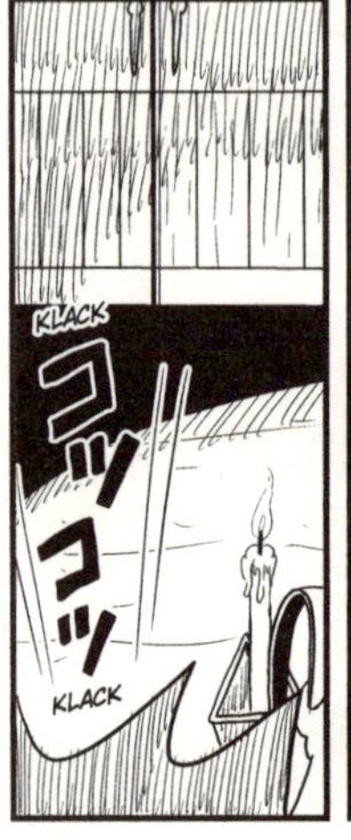

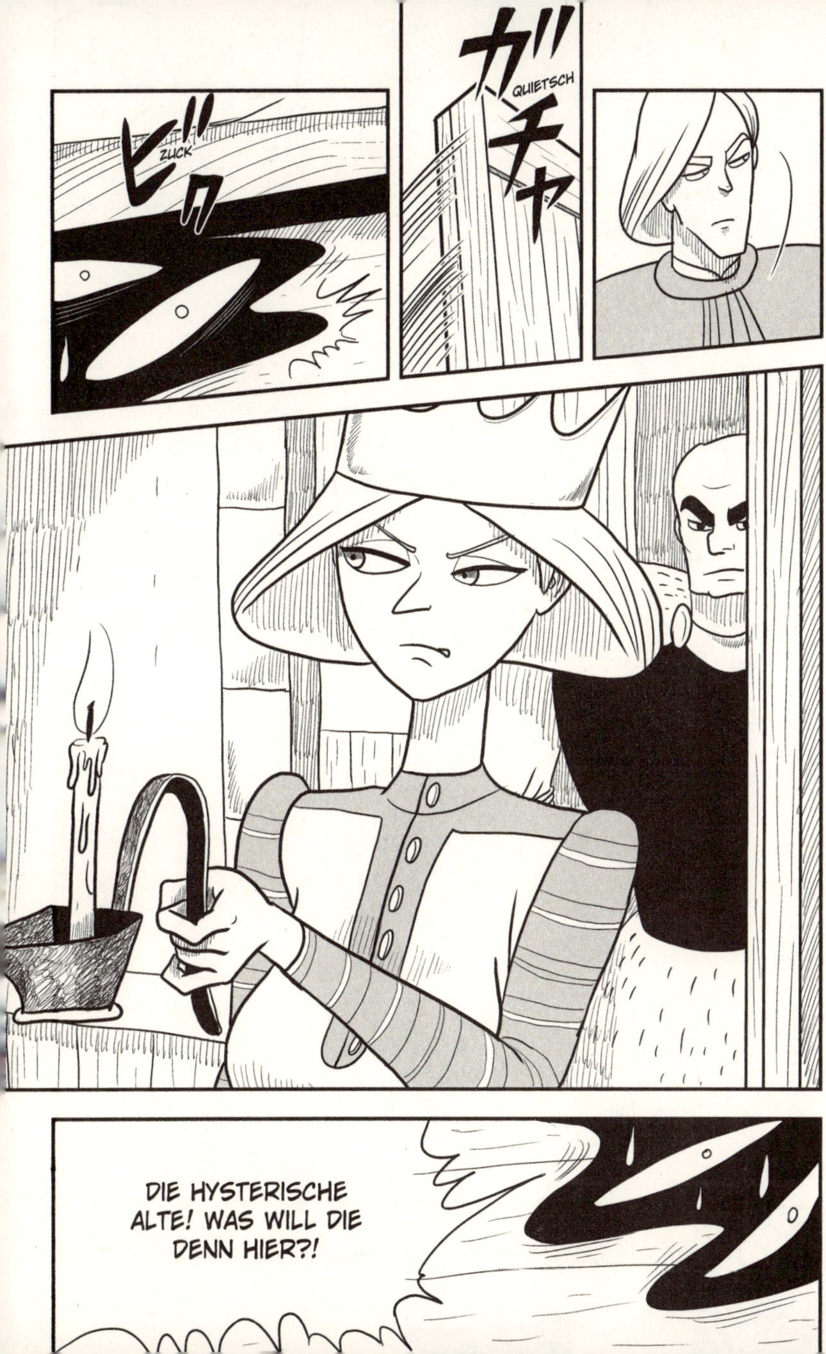

ビク
ZUCK
ガチャ
QUIETSCH

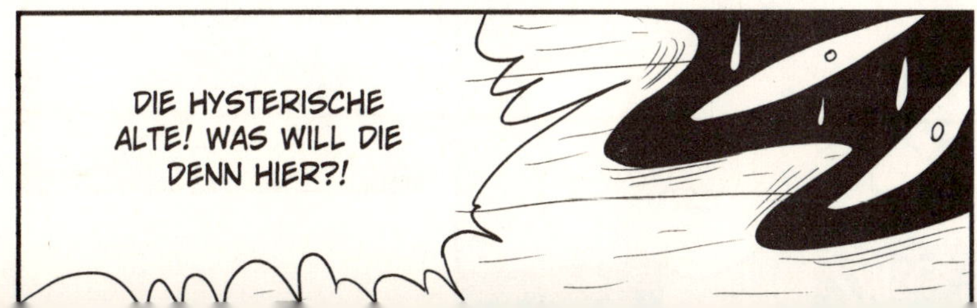

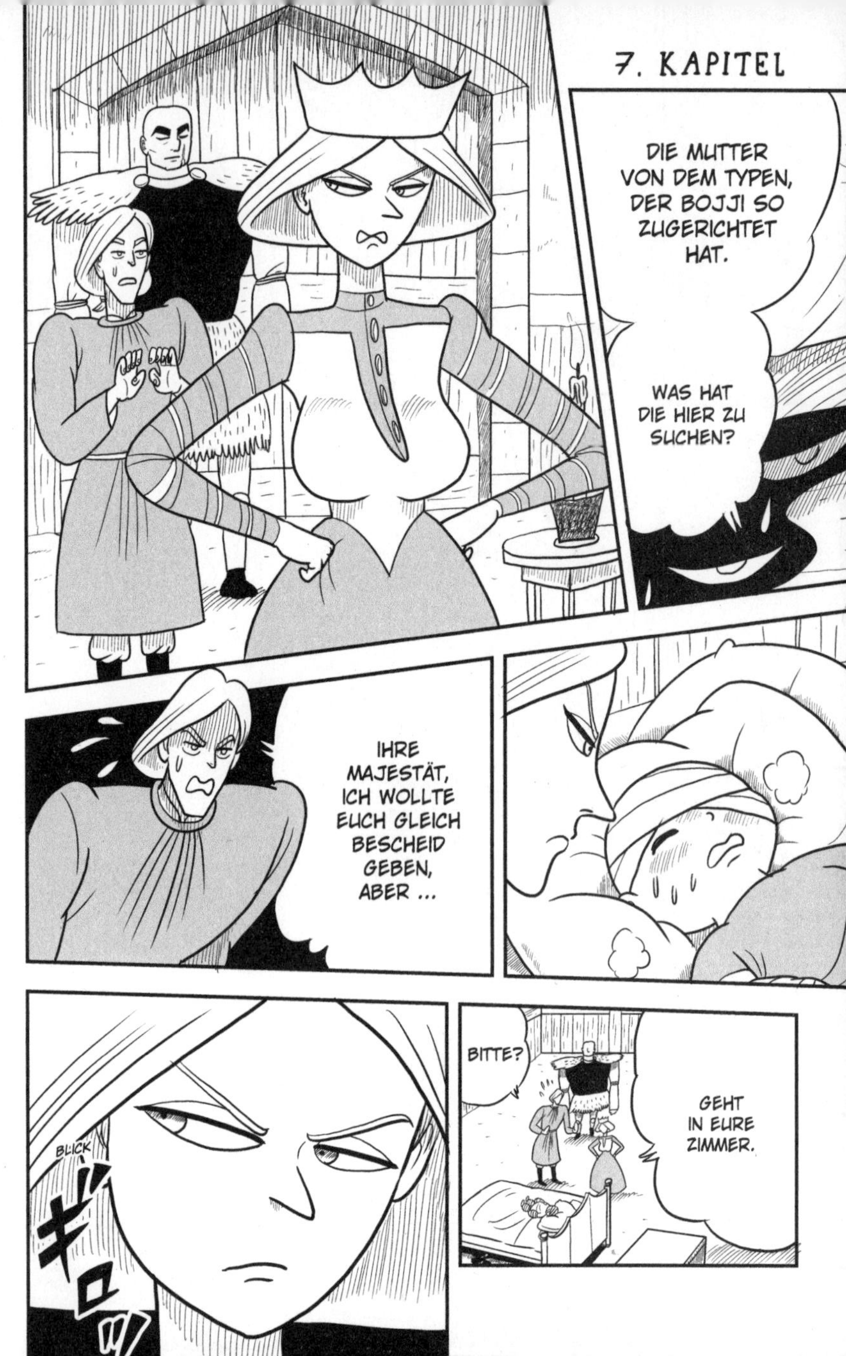
7. KAPITEL
DIE MUTTER VON DEM TYPEN, DER BOJJI SO ZUGERICHTET HAT.
WAS HAT DIE HIER ZU SUCHEN?
IHRE MAJESTÄT, ICH WOLLTE EUCH GLEICH BESCHEID GEBEN, ABER ...
BLICK
ギロ
BITTE?
GEHT IN EURE ZIMMER.

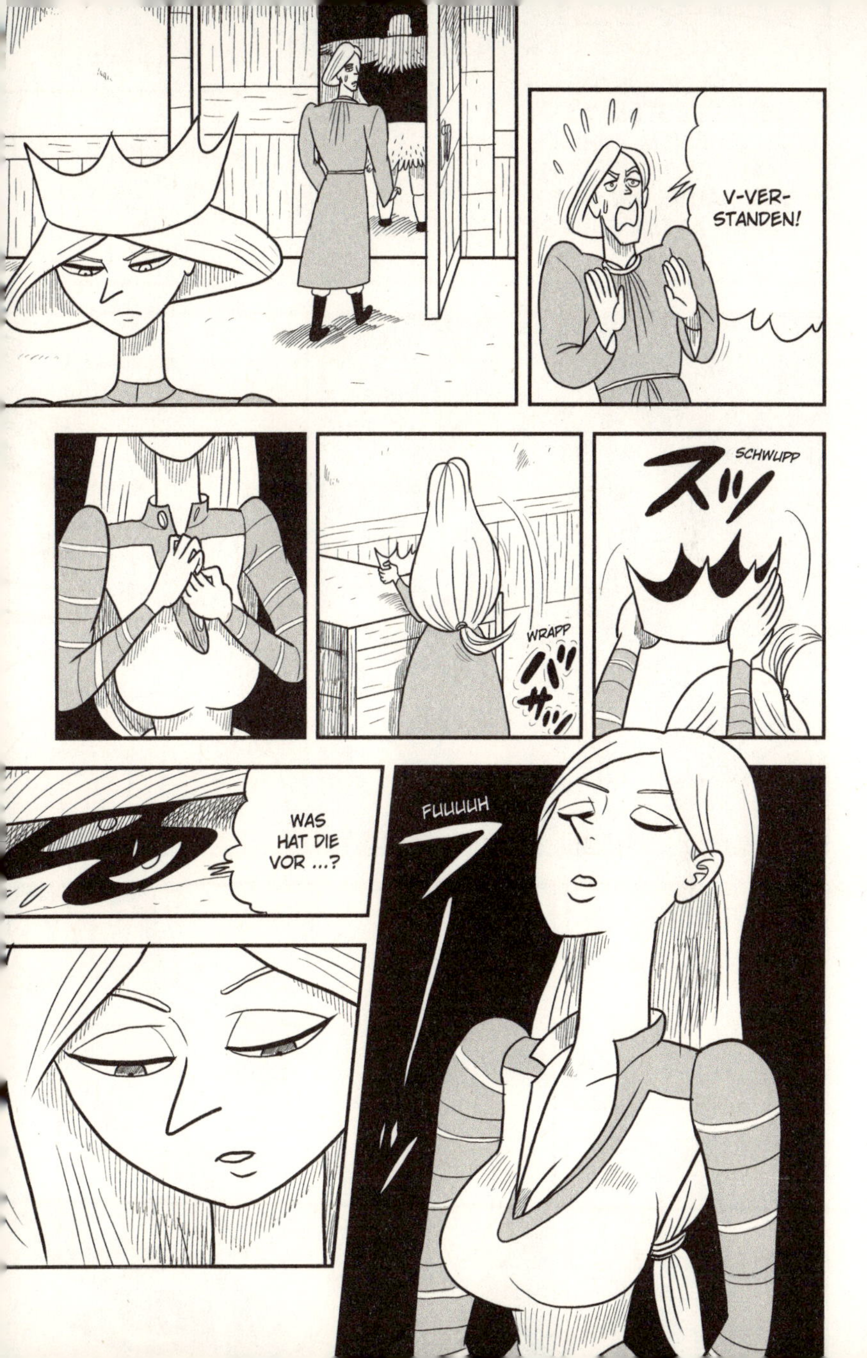
V-VER-
STANDEN!
SCHWUPP
WRAPP
WAS
HAT DIE
VOR ...?
FUUUUH

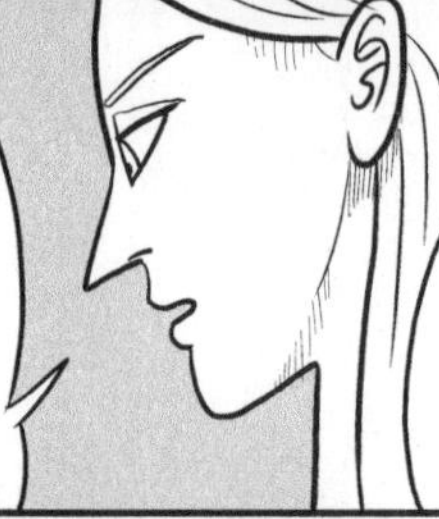
BOJJI, DU BIST NICHT FÜR DEN THRON GEEIGNET.
FÜR DICH WÄRE ES AM BESTEN, WENN DU AN EINEM RUHIGEN ORT, UMGEBEN VON DER NATUR, EIN FRIEDLICHES LEBEN FÜHRST.

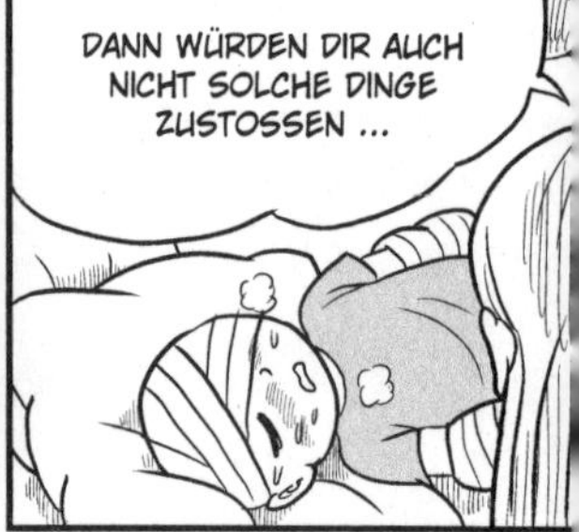
DANN WÜRDEN DIR AUCH NICHT SOLCHE DINGE ZUSTOSSEN ...

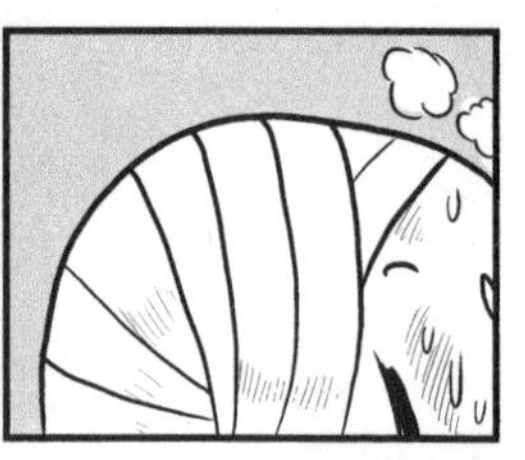

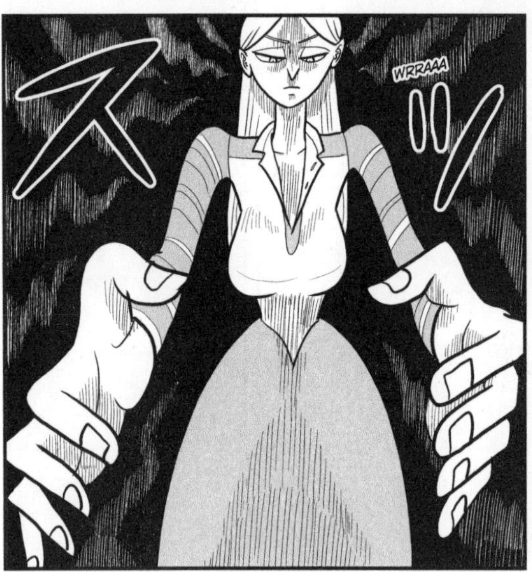
WRRAAA

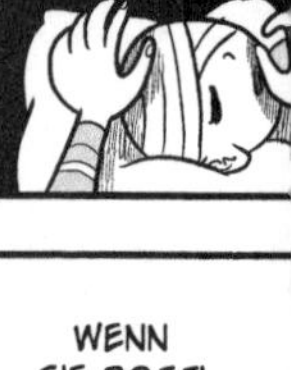

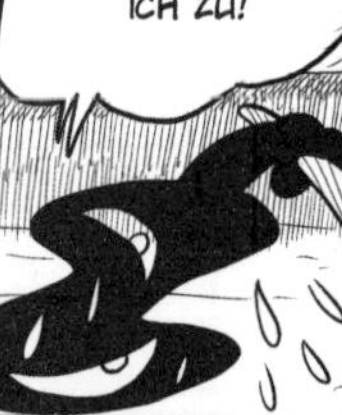
WENN SIE BOJJI ETWAS ANTUT, SCHLAGE ICH ZU!

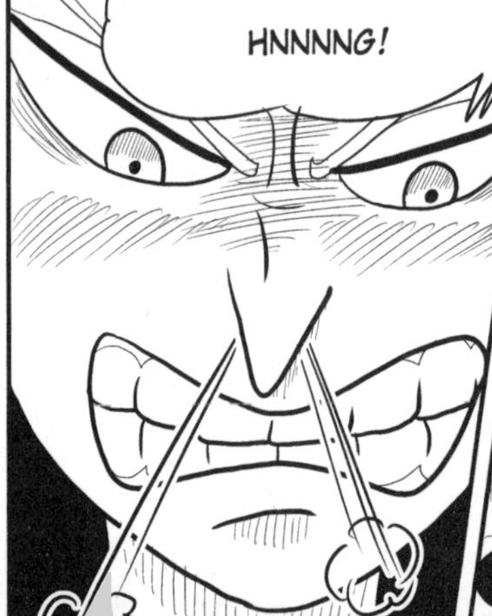
HNNNNG!

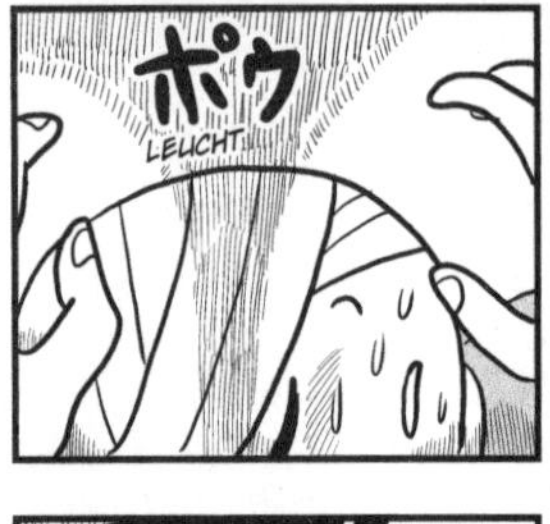
ポウ
LEUCHT

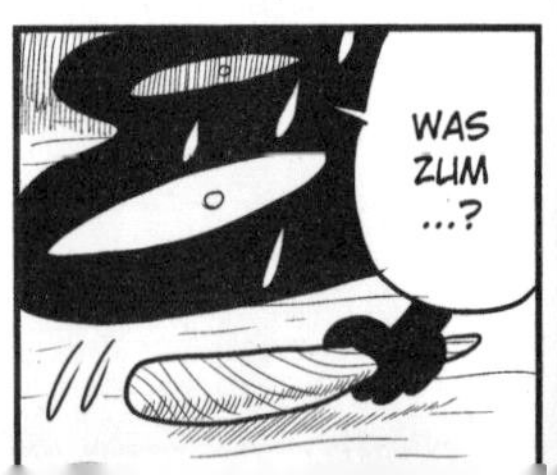
WAS ZUM ...?

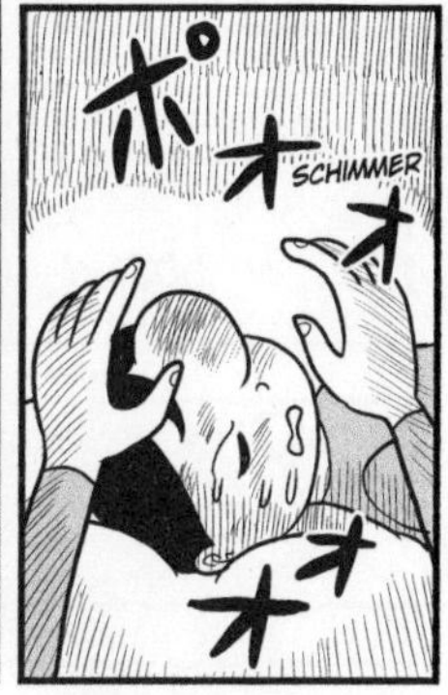
ポオオオ
SCHIMMER

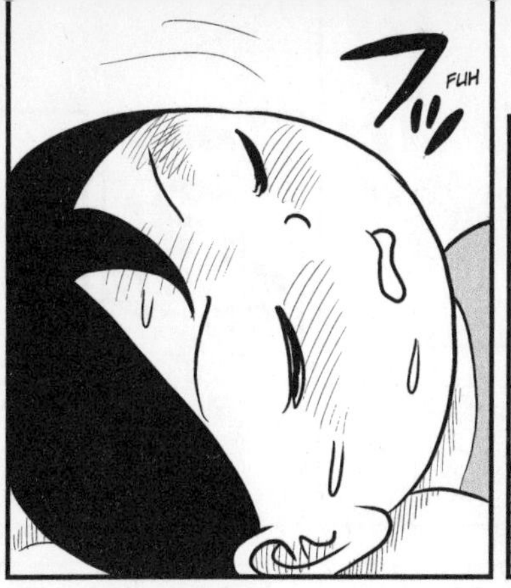
フッ
FUH

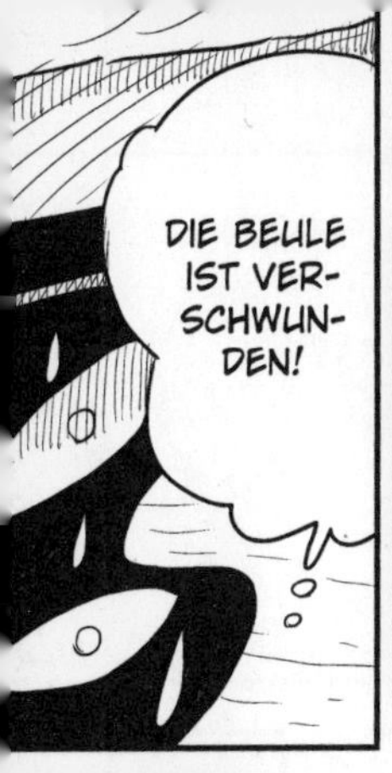
DIE BEULE IST VER-SCHWUN-DEN!

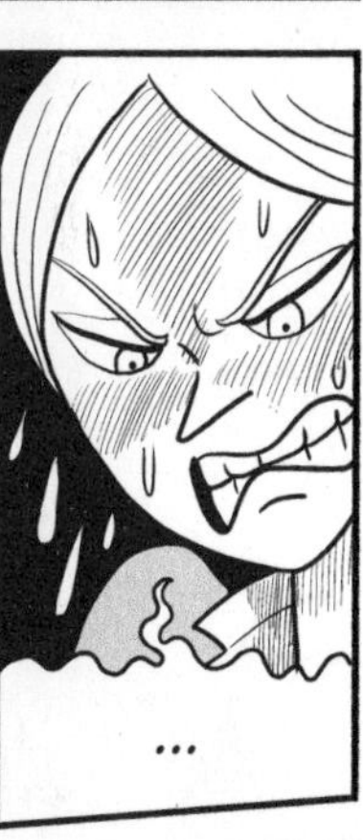
...

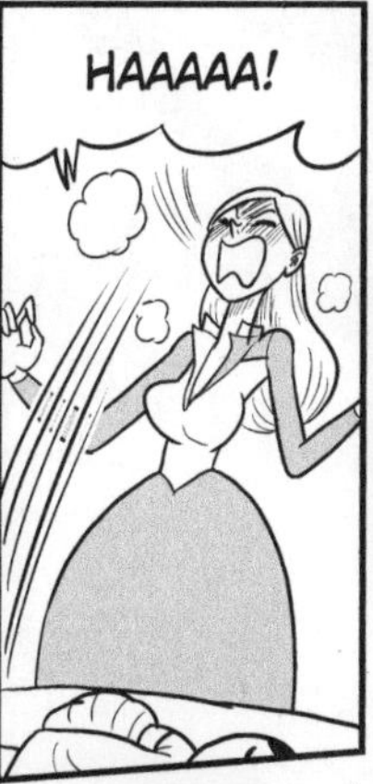
HAAAAA!

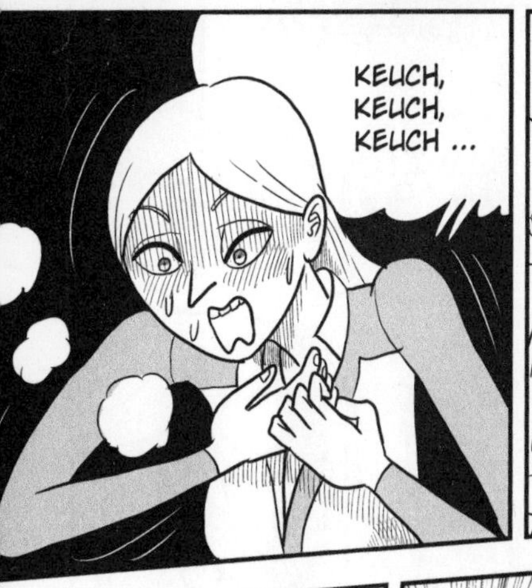
KEUCH, KEUCH, KEUCH ...

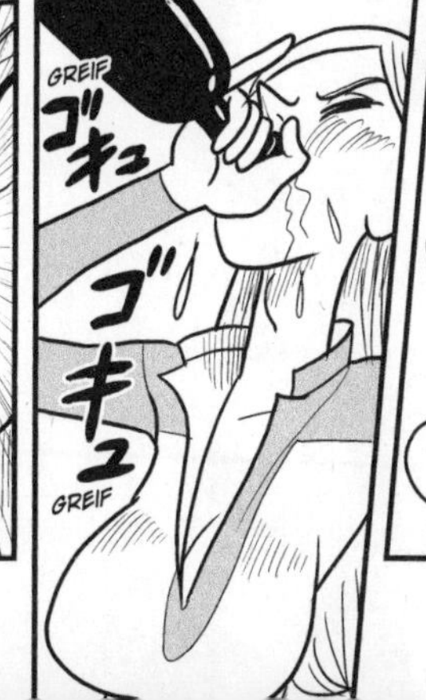
ZAUBER-TRANK
GREIF
ゴキュ
ゴキュ
GREIF

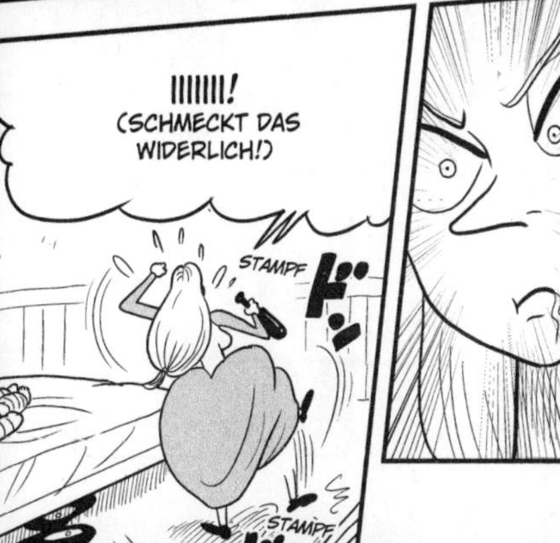
!!!!!!!!
(SCHMECKT DAS WIDERLICH!)
STAMPF
ドン
STAMPF
ドン

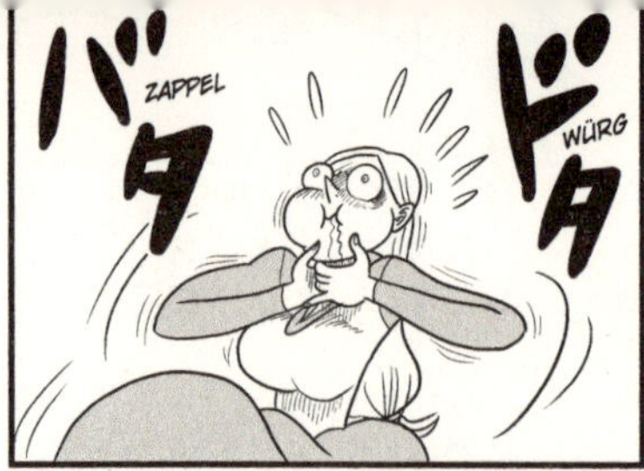

バタ
ZAPPEL
ドタ
WÜRG

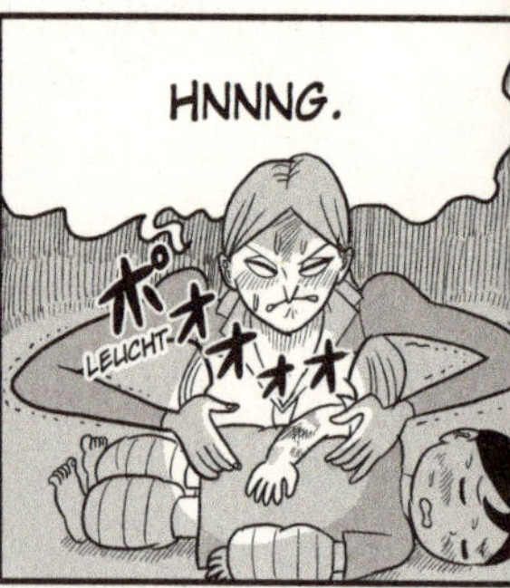

HNNNG.
ポォォォォ
LEUCHT

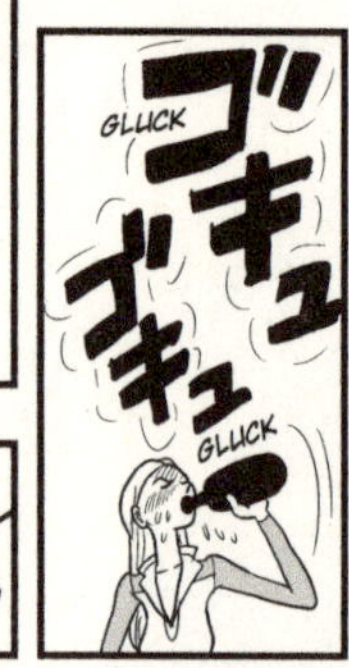

ゴキュ
GLUCK
ゴキュ
GLUCK

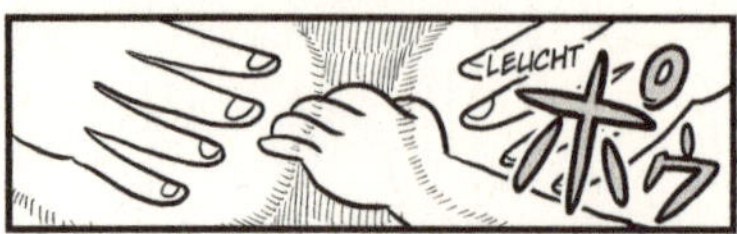

LEUCHT
ポウ

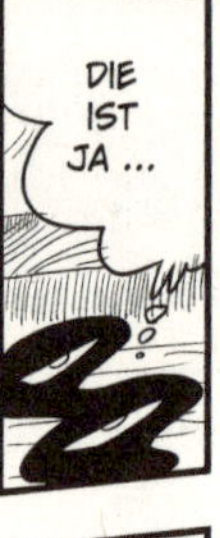

DIE IST JA ...

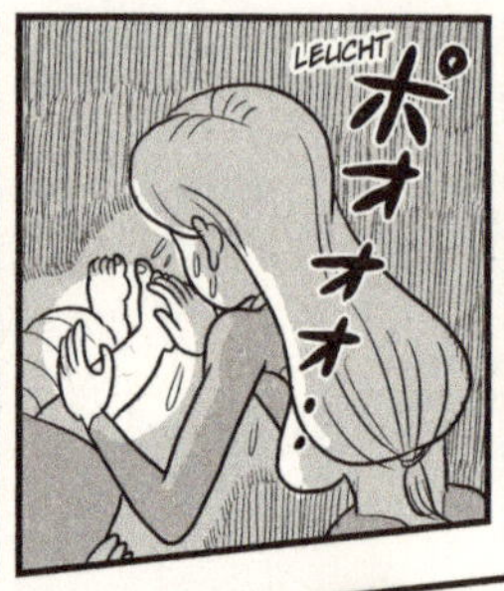

LEUCHT
ポォォォ

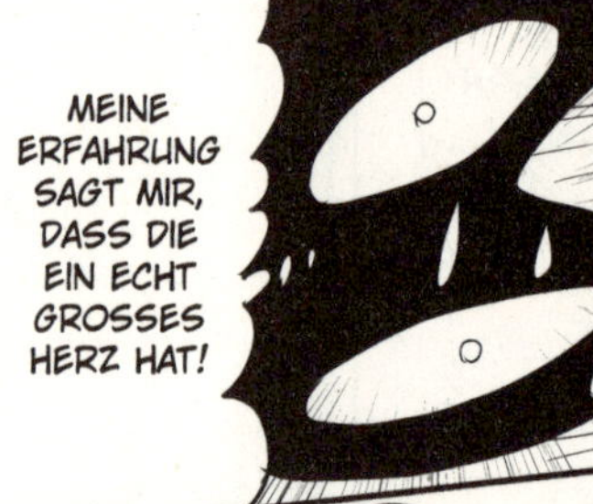

MEINE ERFAHRUNG SAGT MIR, DASS DIE EIN ECHT GROSSES HERZ HAT!

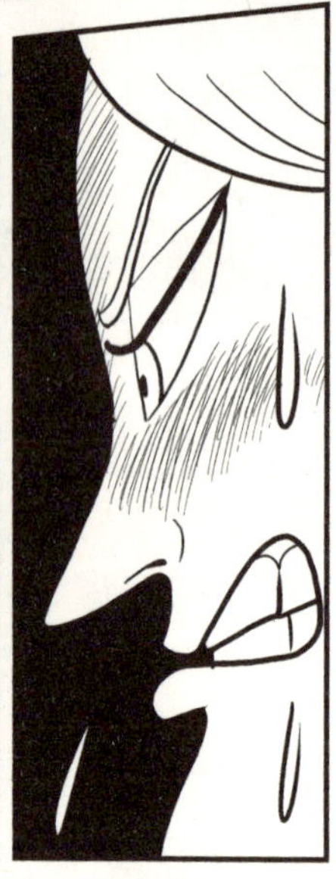

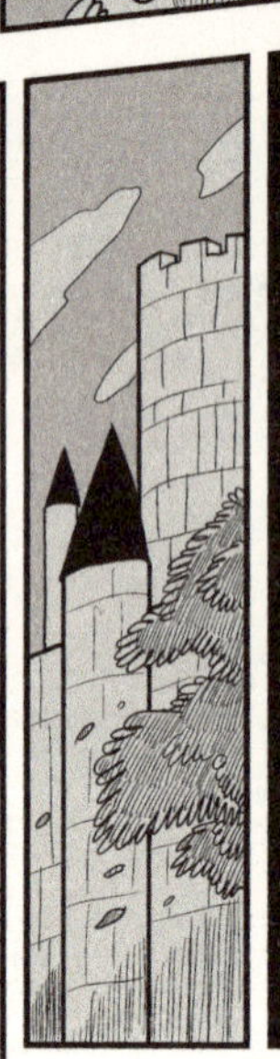

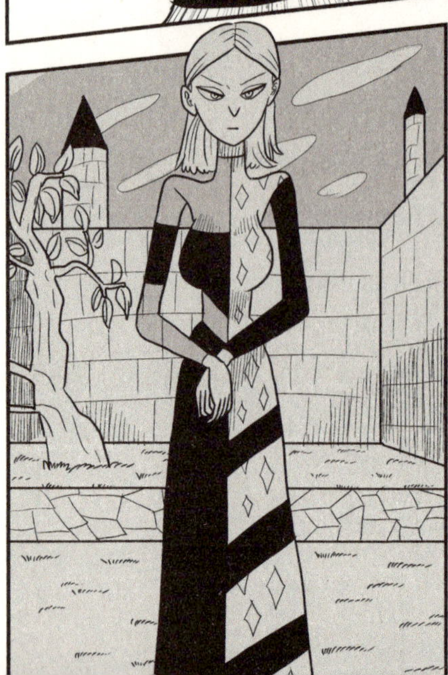

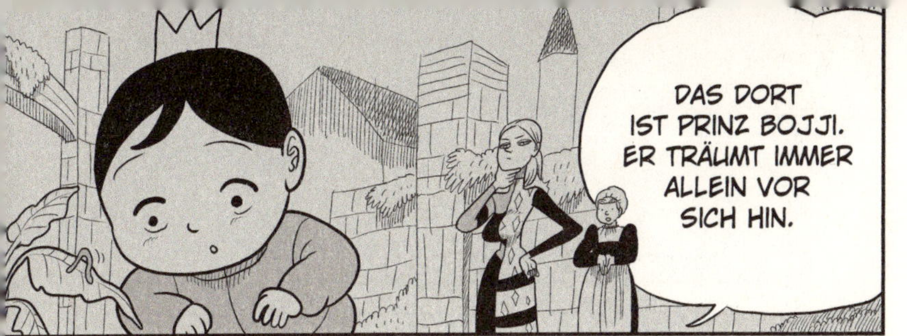
DAS DORT IST PRINZ BOJJI. ER TRÄUMT IMMER ALLEIN VOR SICH HIN.

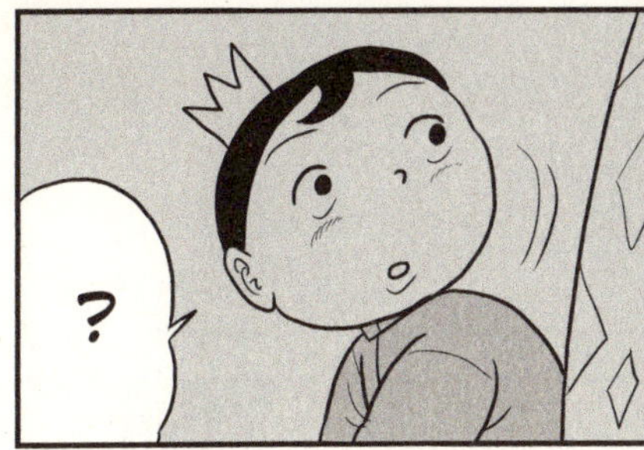
?

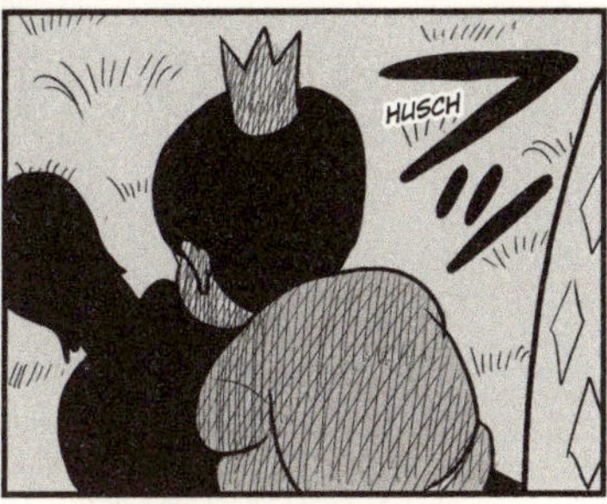
HUSCH

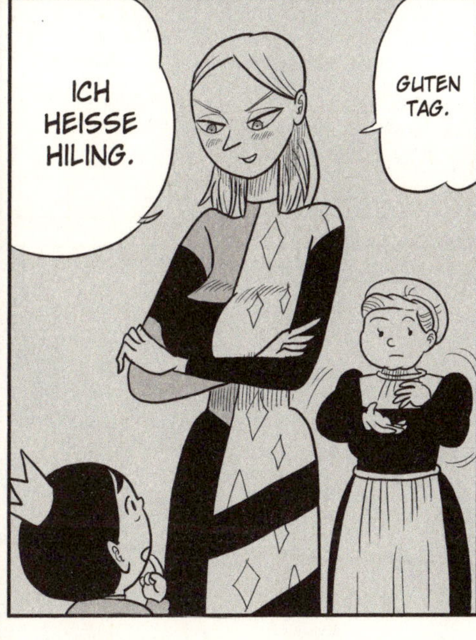
GUTEN TAG.
ICH HEISSE HILING.

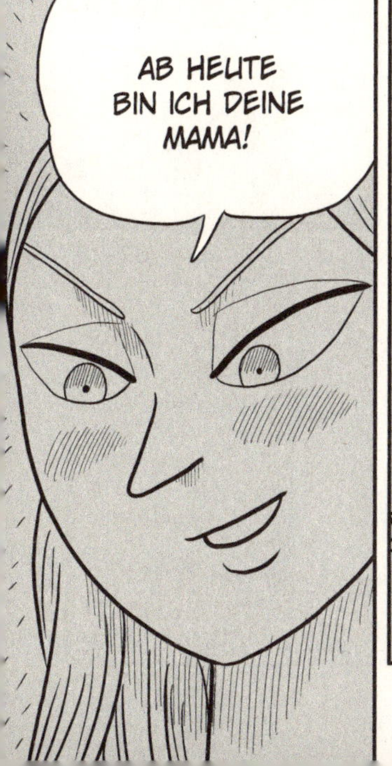
AB HEUTE BIN ICH DEINE MAMA!

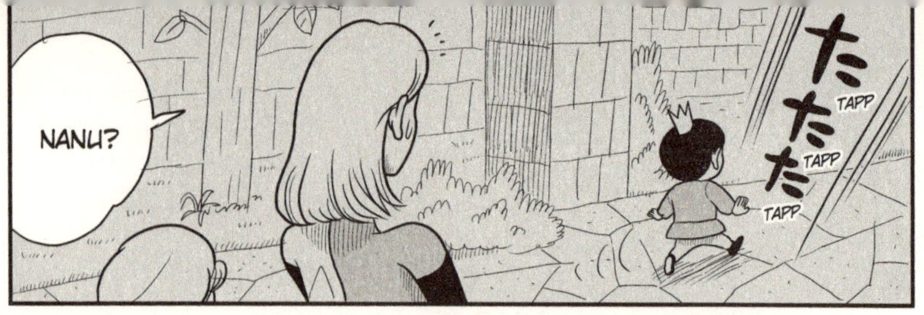

たたた
TAPP
TAPP
TAPP
NANU?

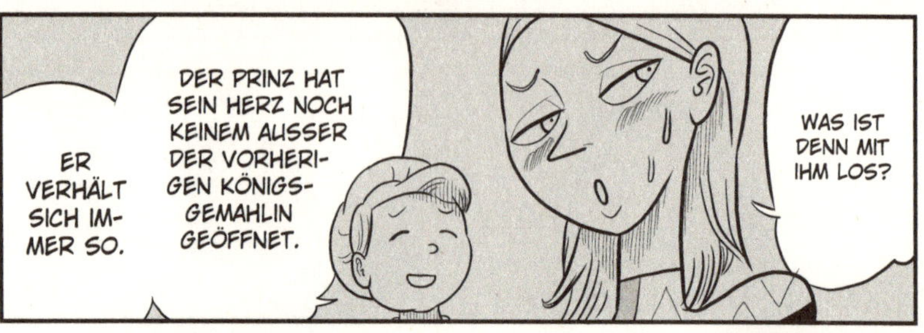

WAS IST DENN MIT IHM LOS?
DER PRINZ HAT SEIN HERZ NOCH KEINEM AUSSER DER VORHERIGEN KÖNIGSGEMAHLIN GEÖFFNET.
ER VERHÄLT SICH IMMER SO.

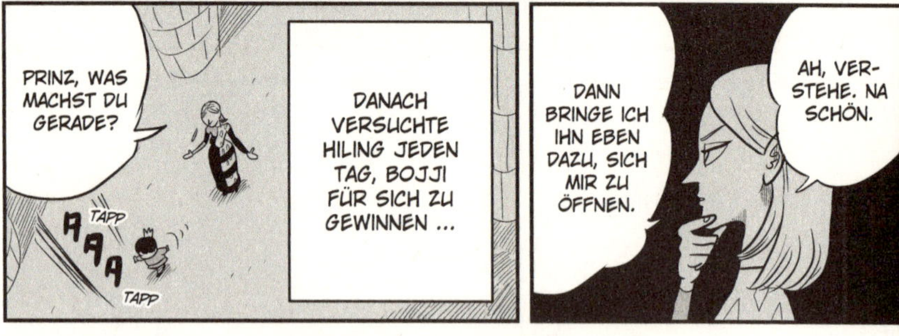

AH, VERSTEHE. NA SCHÖN.
DANN BRINGE ICH IHN EBEN DAZU, SICH MIR ZU ÖFFNEN.
DANACH VERSUCHTE HILING JEDEN TAG, BOJJI FÜR SICH ZU GEWINNEN ...
PRINZ, WAS MACHST DU GERADE?
TAPP
TAPP

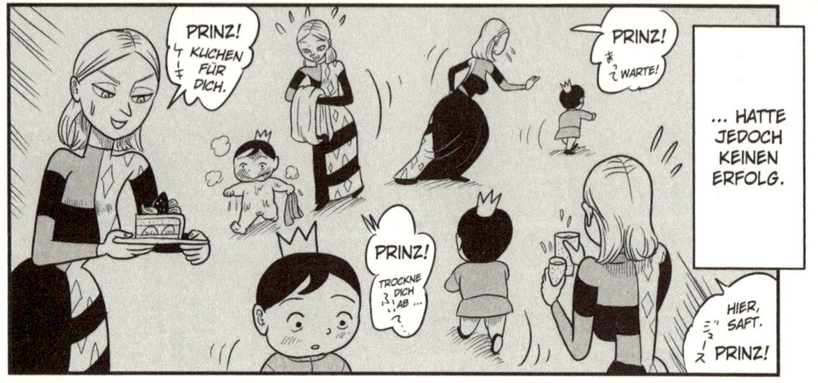

... HATTE JEDOCH KEINEN ERFOLG.
PRINZ! まって WARTE!
HIER, SAFT. ジュース PRINZ!
PRINZ! ふいて TROCKNE DICH AB ...
PRINZ! ケーキ KUCHEN FÜR DICH.

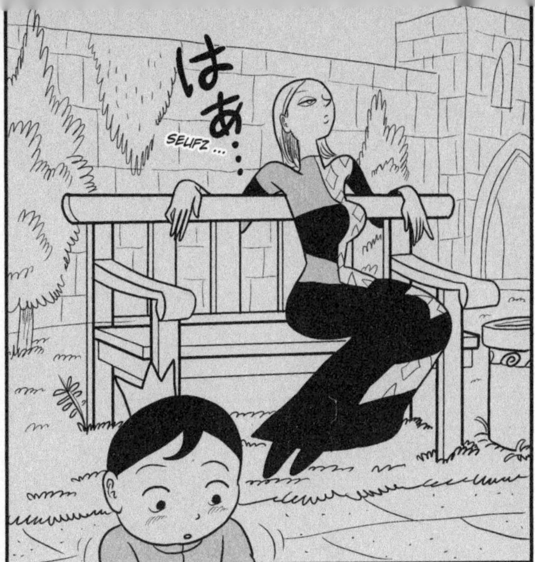
はあ…
SEUFZ …

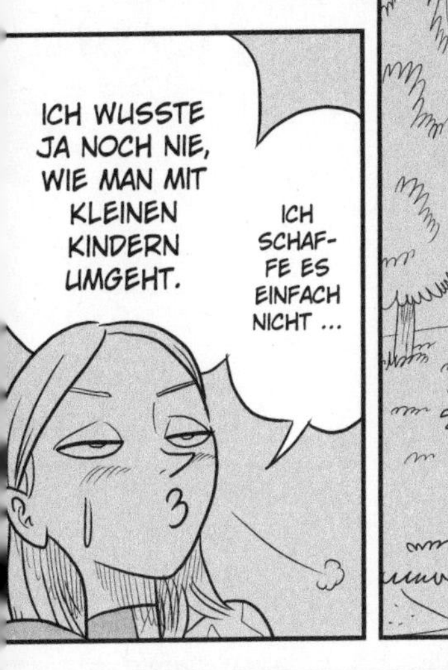
ICH WUSSTE JA NOCH NIE, WIE MAN MIT KLEINEN KINDERN UMGEHT.
ICH SCHAF-FE ES EINFACH NICHT …

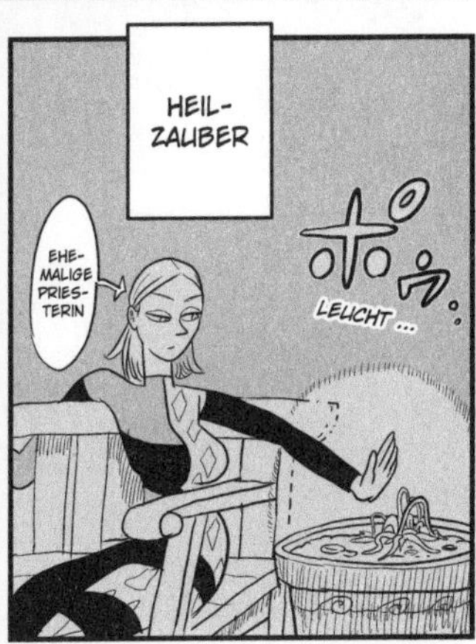
HEIL-ZAUBER
EHE-MALIGE PRIES-TERIN
ポゥ
LEUCHT …

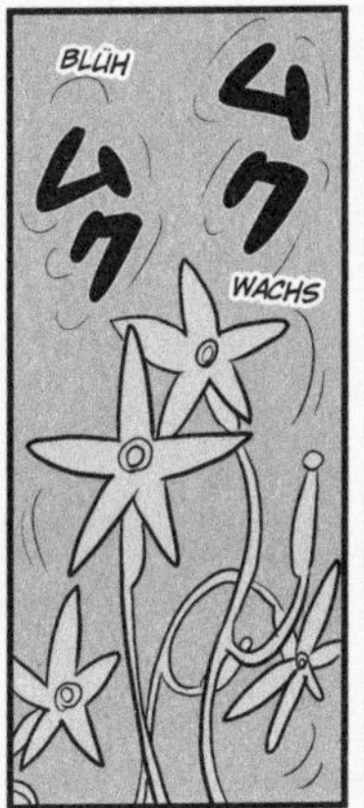
ムク
ムク
BLÜH
WACHS

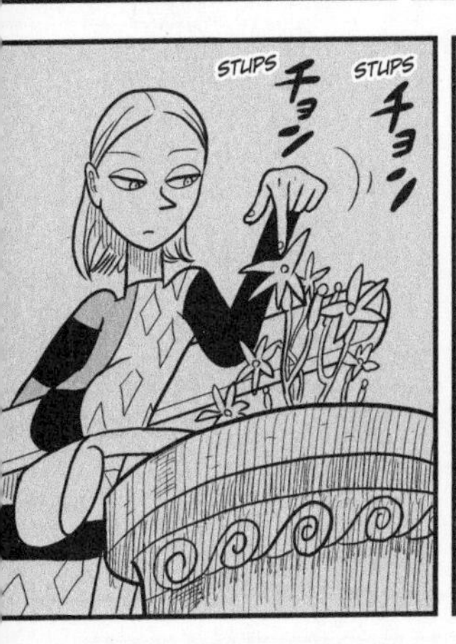
チョン
STUPS
チョン
STUPS

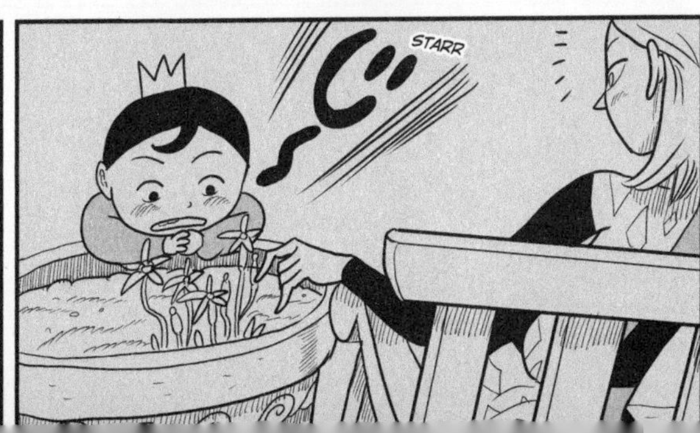
じ～
STARR

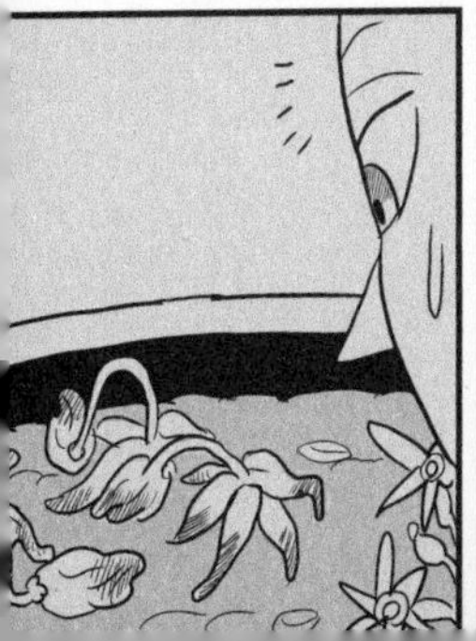

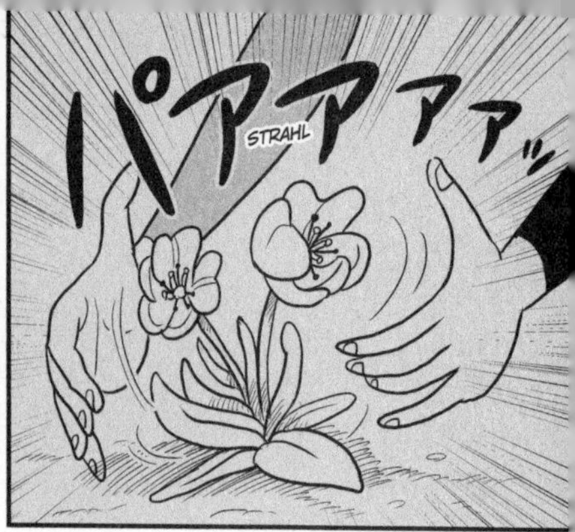
パアアアァッ
STRAHL

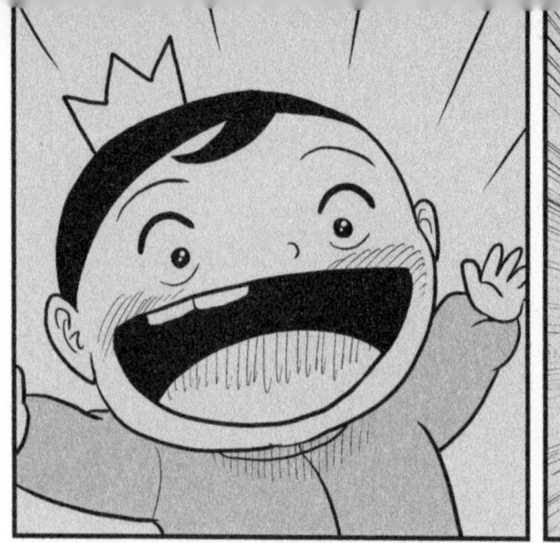

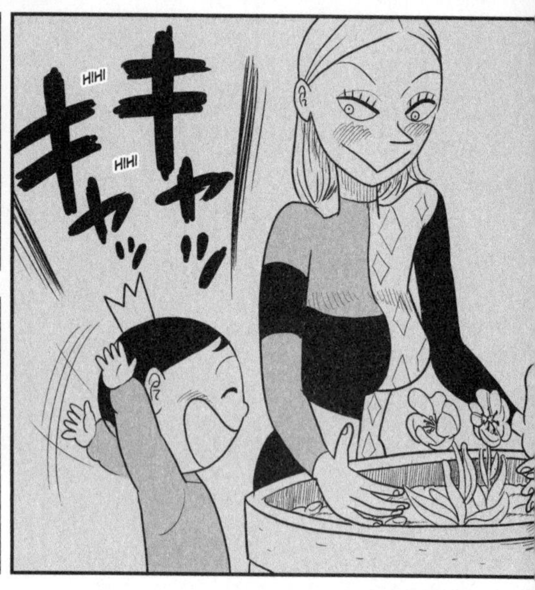
キャッキャッ
HIHI
HIHI

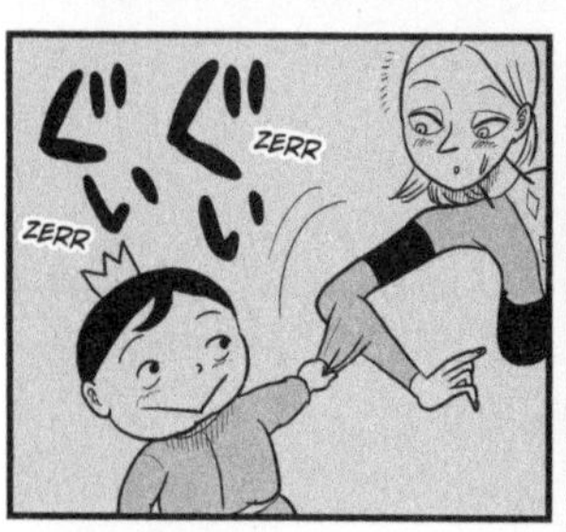
ぐいぐい
ZERR
ZERR

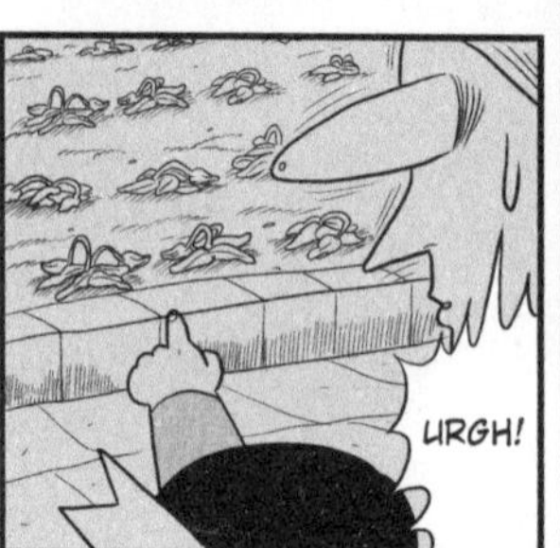
URGH!

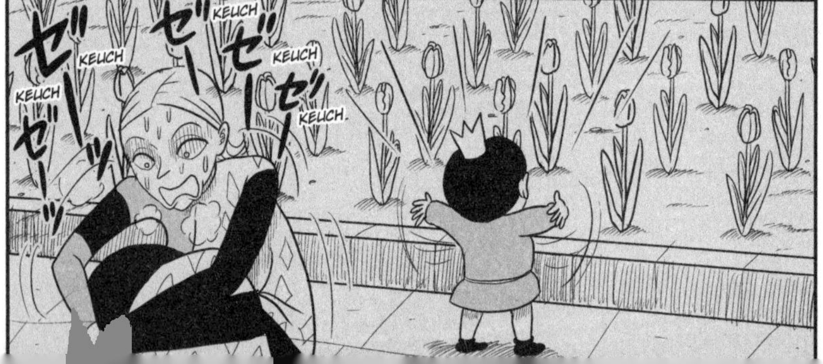
ゼーゼーゼーゼーッ
KEUCH
KEUCH
KEUCH
KEUCH
KEUCH.

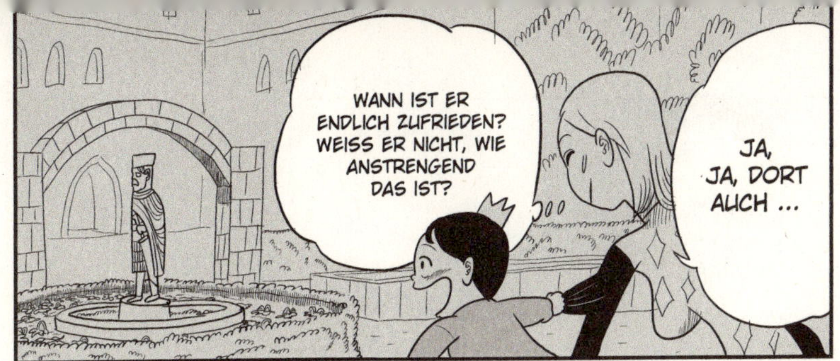
JA,
JA, DORT
AUCH …
WANN IST ER
ENDLICH ZUFRIEDEN?
WEISS ER NICHT, WIE
ANSTRENGEND
DAS IST?

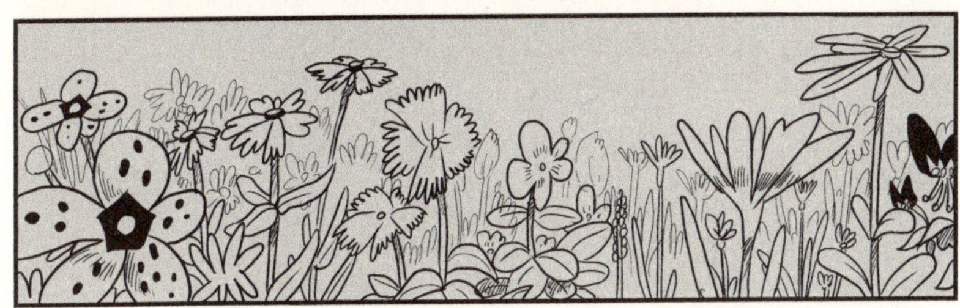

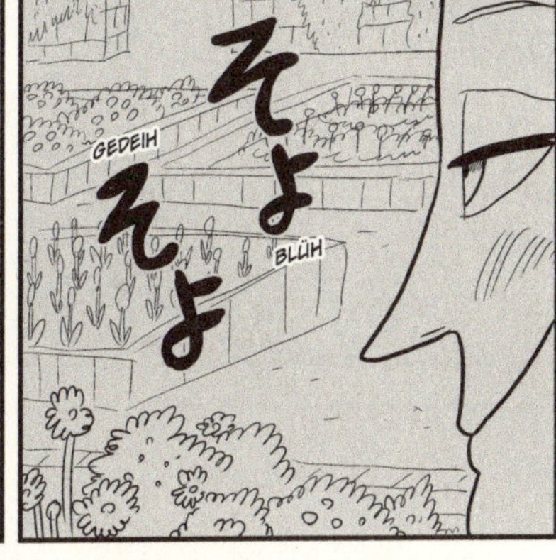
そよ
GEDEIH
そよ
BLÜH

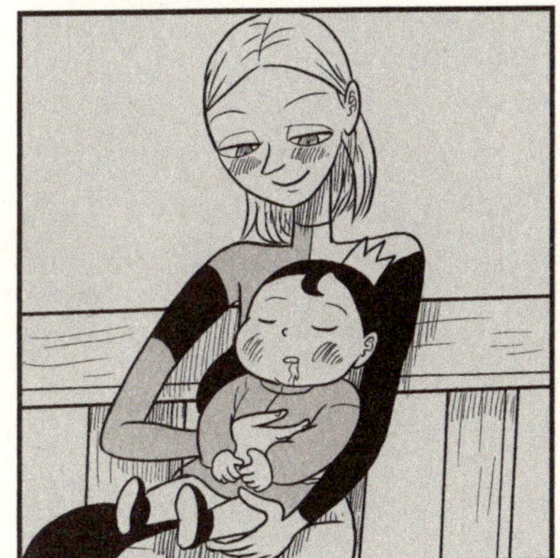

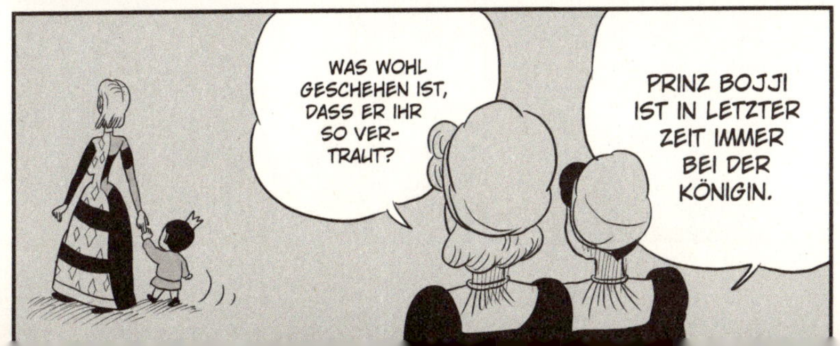
PRINZ BOJJI
IST IN LETZTER
ZEIT IMMER
BEI DER
KÖNIGIN.
WAS WOHL
GESCHEHEN IST,
DASS ER IHR
SO VER-
TRAUT?

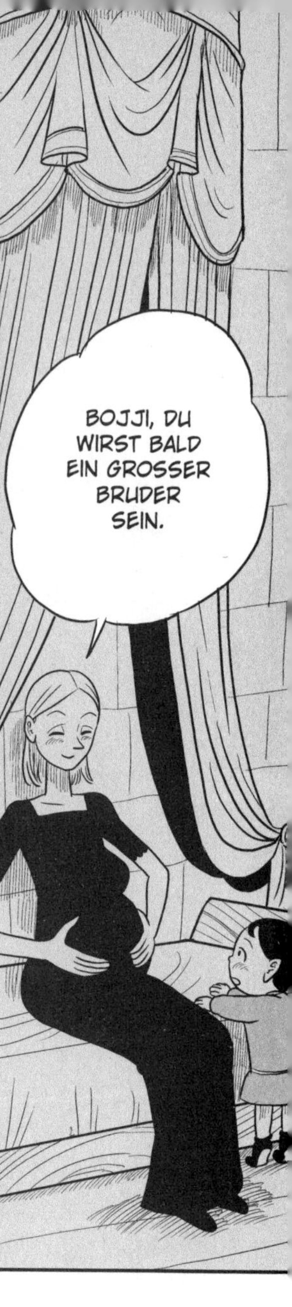
BOJJI, DU WIRST BALD EIN GROSSER BRUDER SEIN.

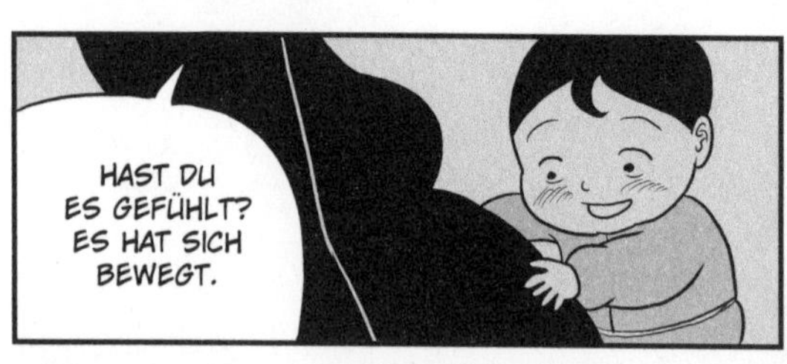
HAST DU ES GEFÜHLT? ES HAT SICH BEWEGT.

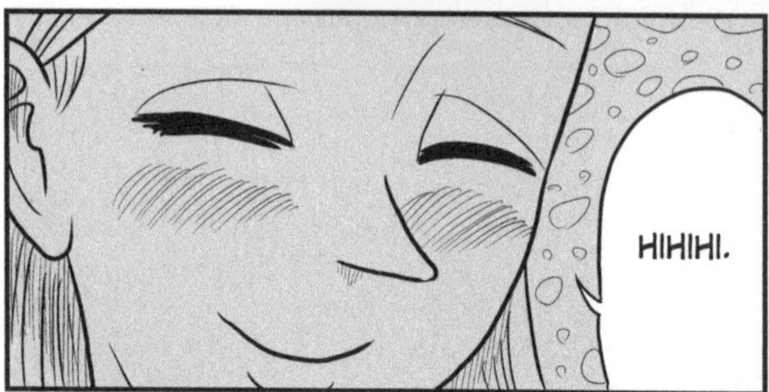
HIHIHI.

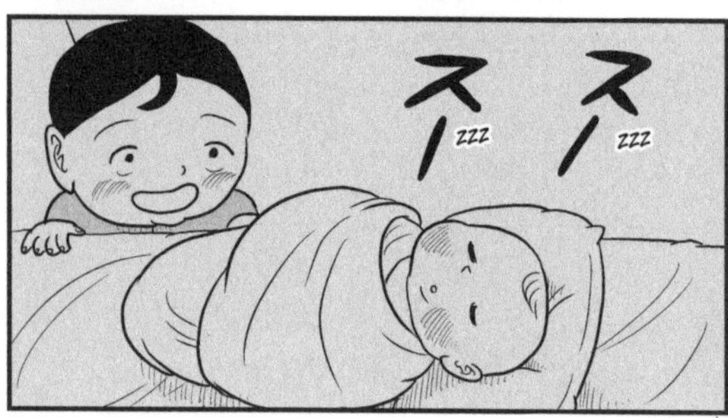
スー ZZZ
スー ZZZ

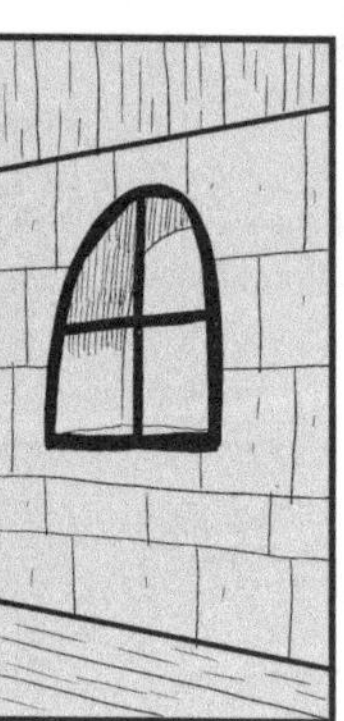

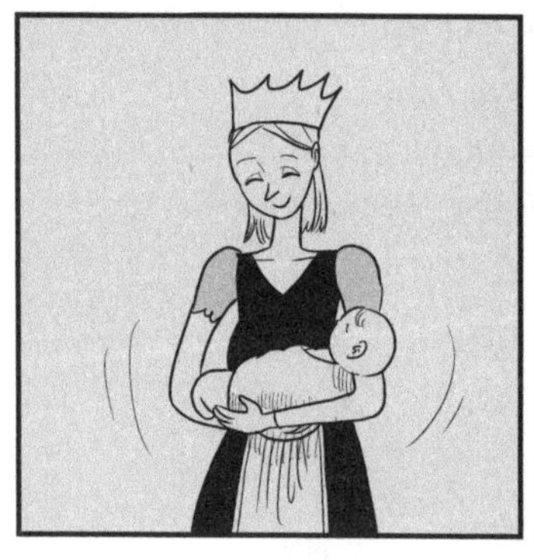

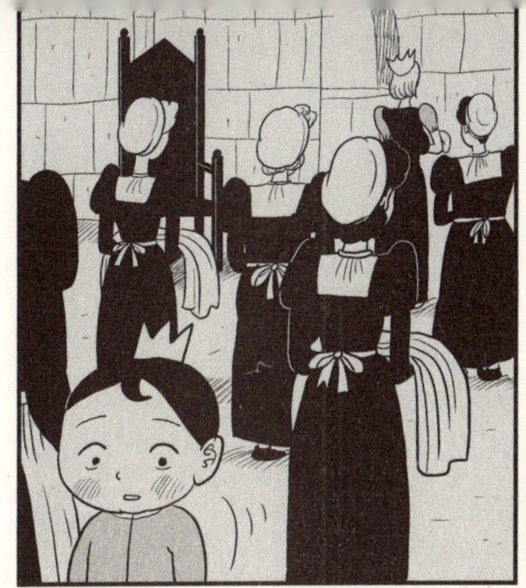
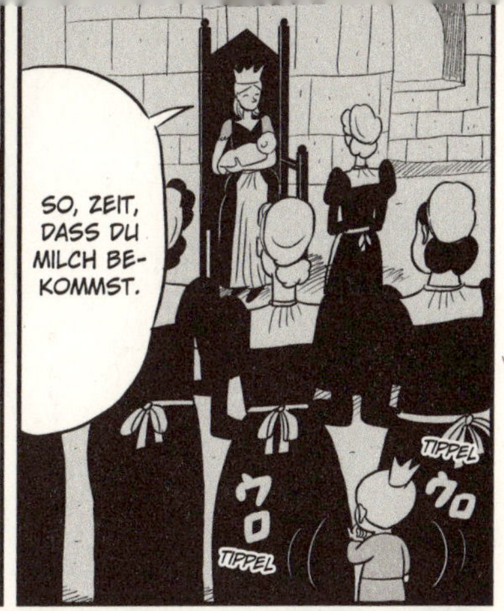
SO, ZEIT, DASS DU MILCH BE-KOMMST.
TIPPEL
ウロ
TIPPEL
ウロ
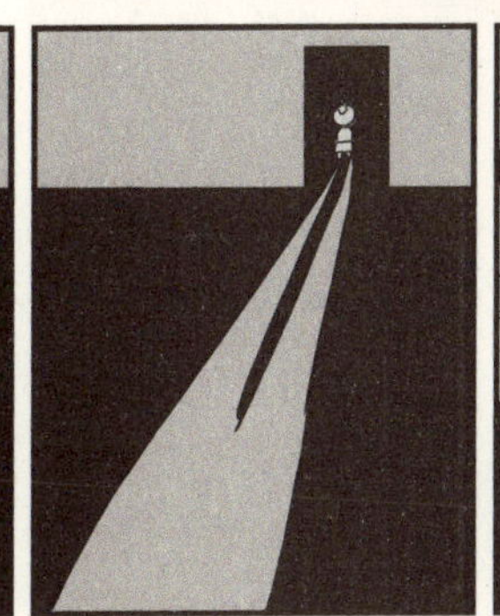
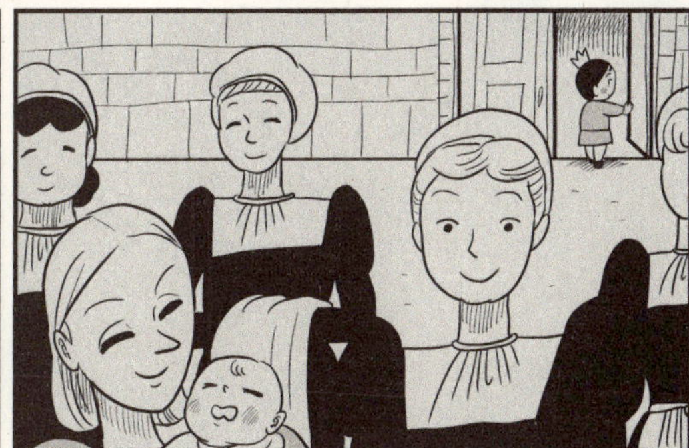
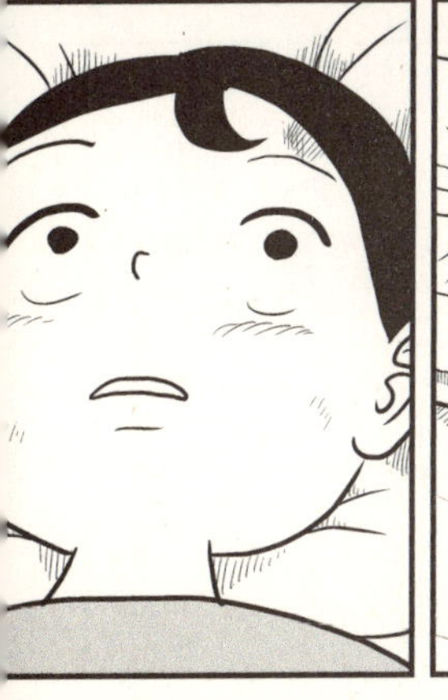
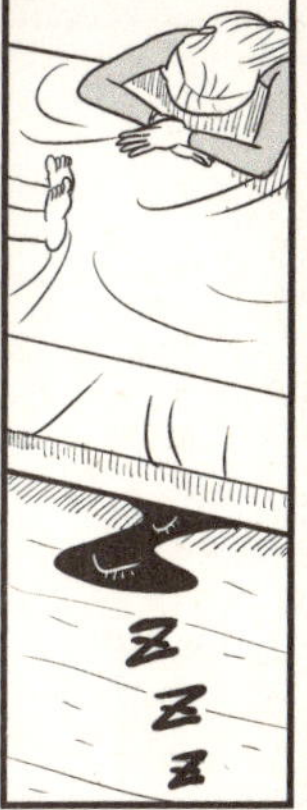
Z
Z
Z
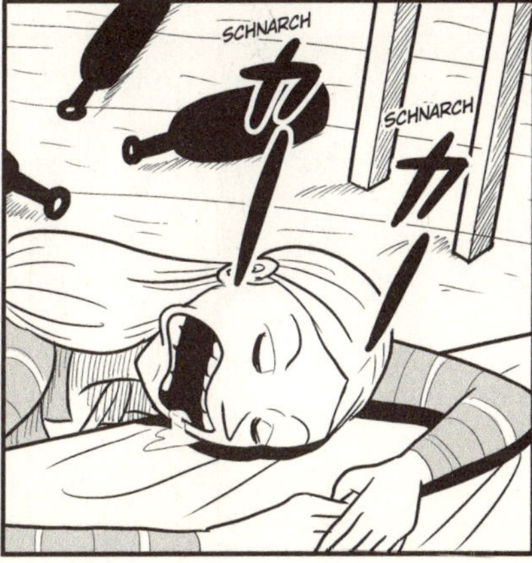
SCHNARCH
SCHNARCH

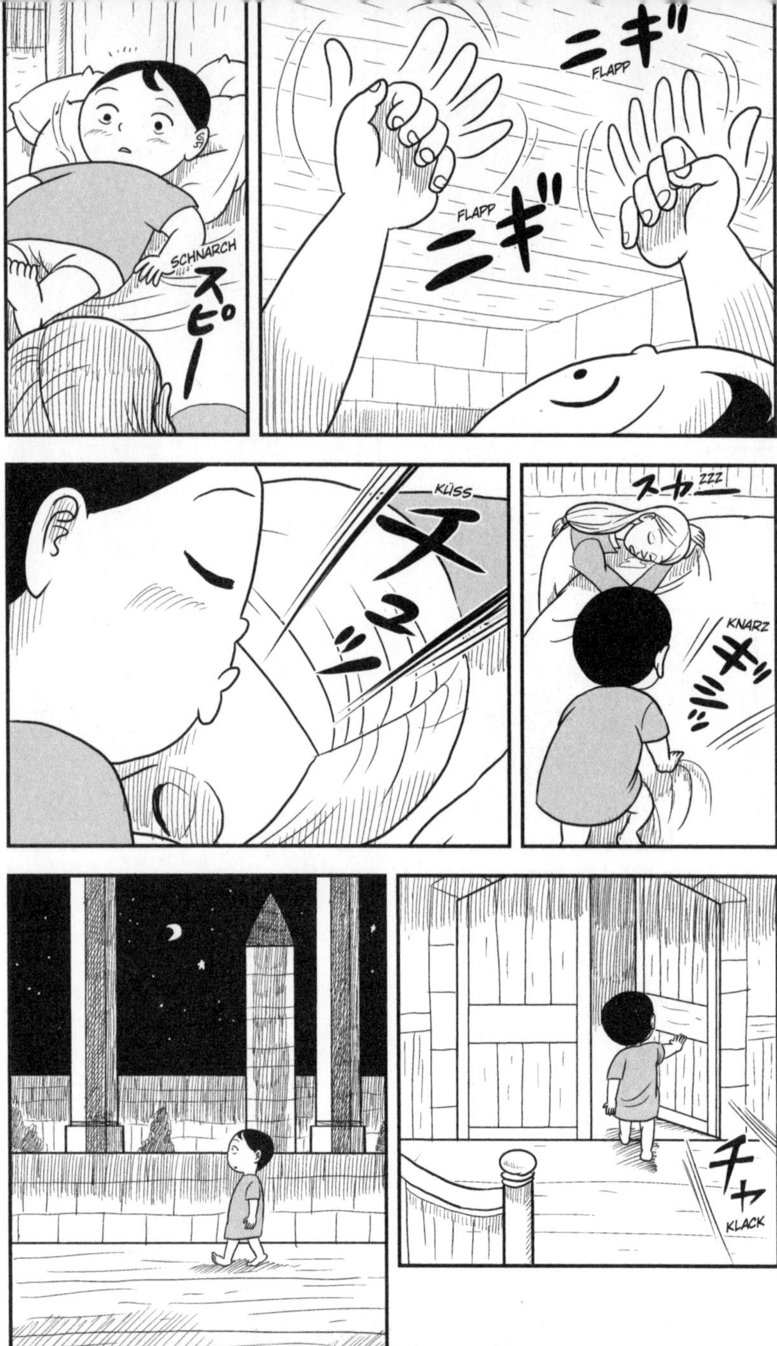

ニギ
FLAPP
FLAPP
ニギ
SCHNARCH
スピー
スカ
ZZZ
KÜSS
ヌュッ
KNARZ
キシシ
チャ
KLACK

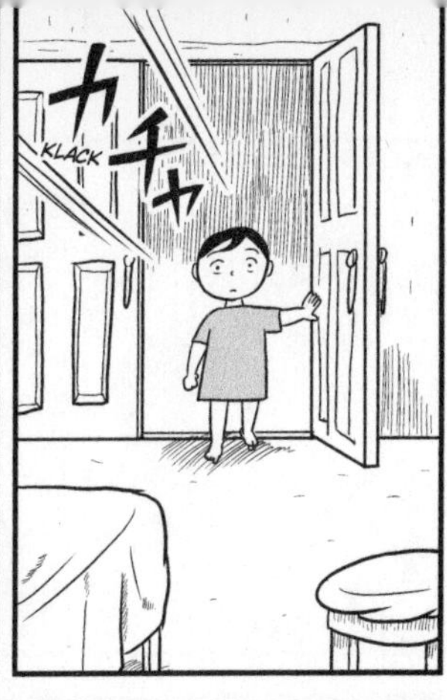
カチャ
KLACK

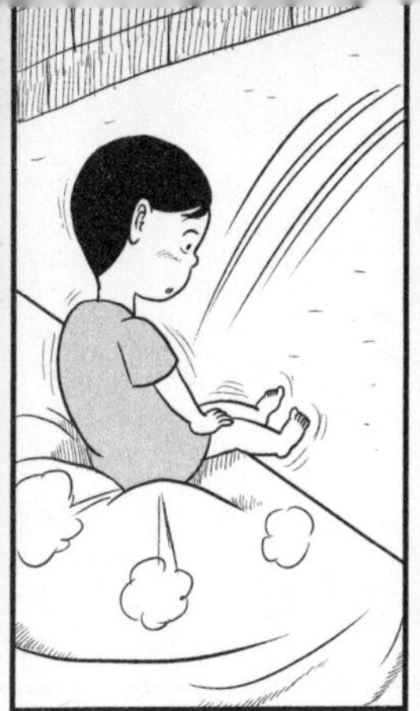

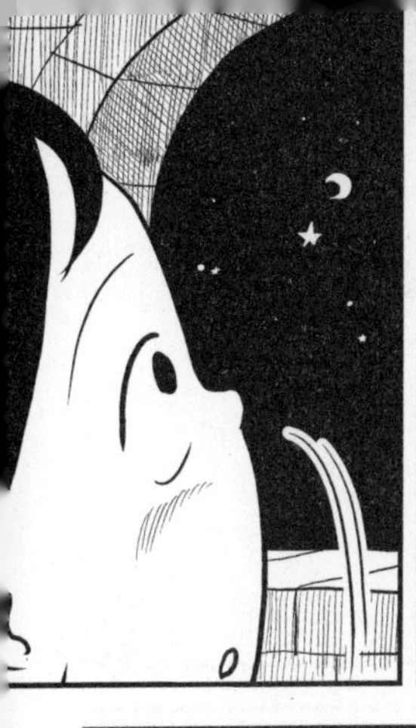

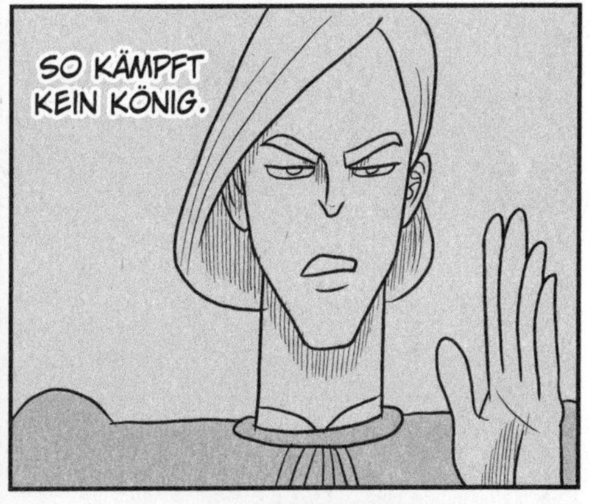
SO KÄMPFT
KEIN KÖNIG.

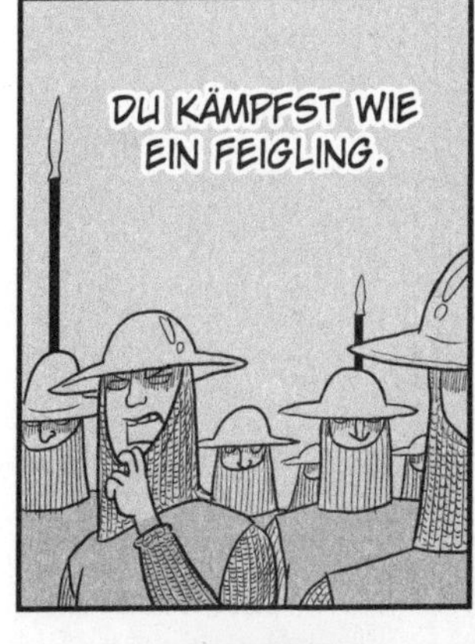
DU KÄMPFST WIE
EIN FEIGLING.

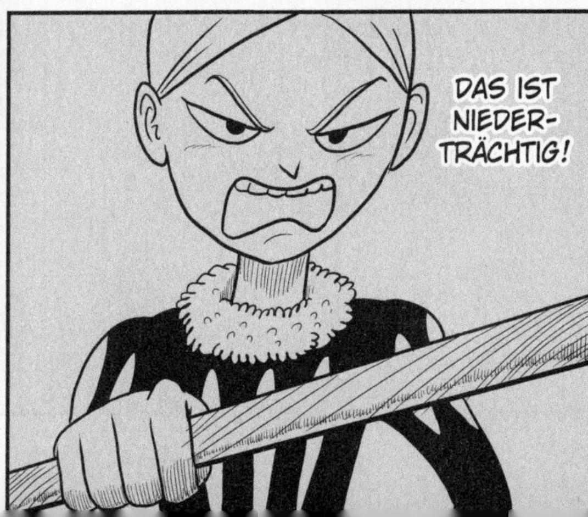
DAS IST
NIEDER-
TRÄCHTIG!

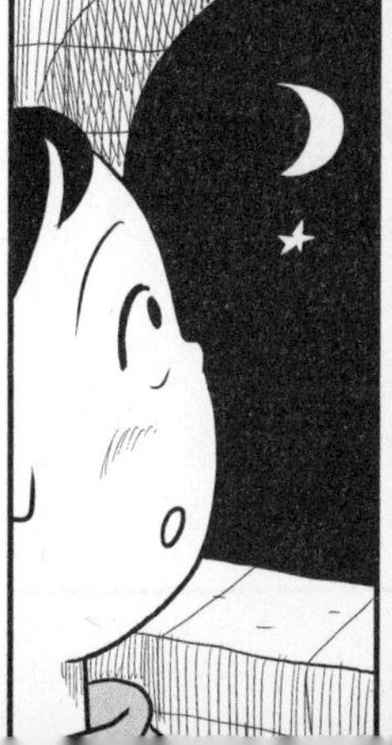

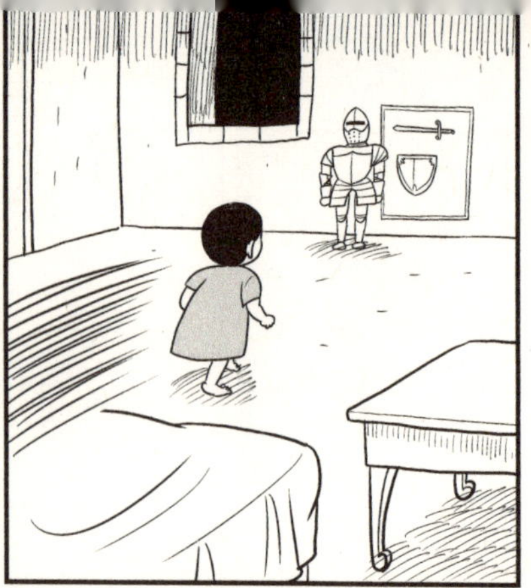
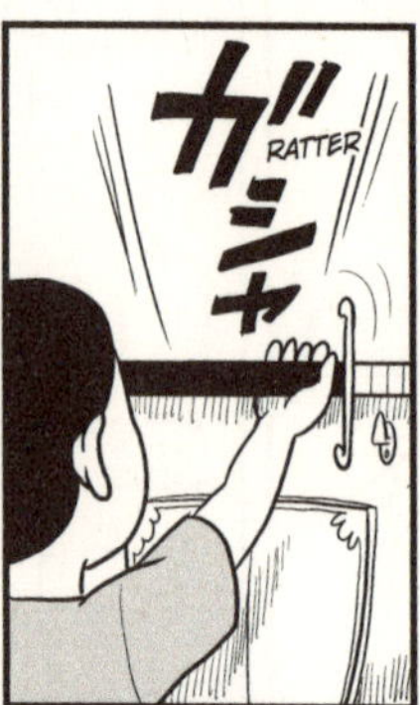
ガシャ
RATTER
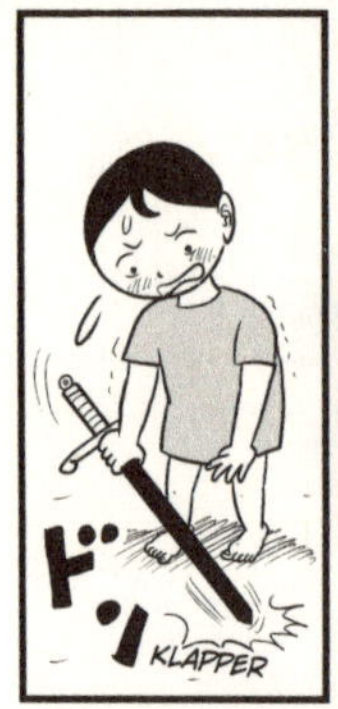
ドン
KLAPPER
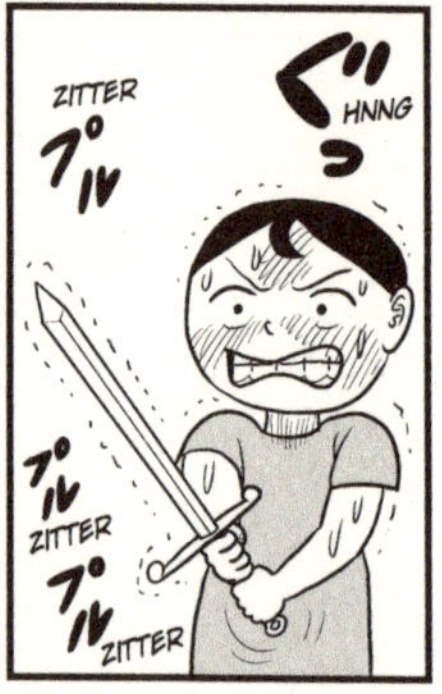
ぐっ
HNNG
プル
ZITTER
プル
ZITTER
プル
ZITTER
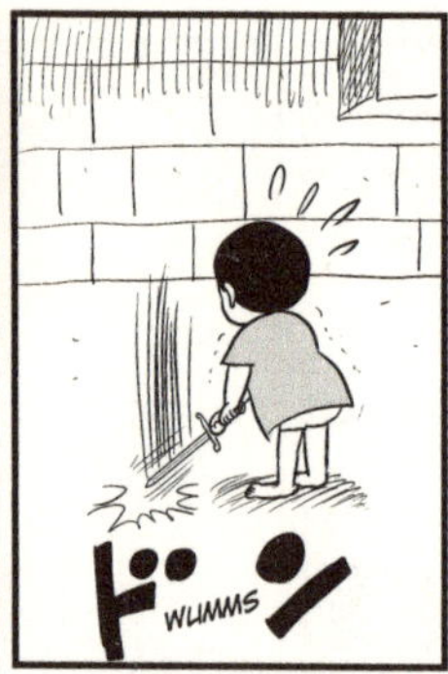
ドーン
WUMMS
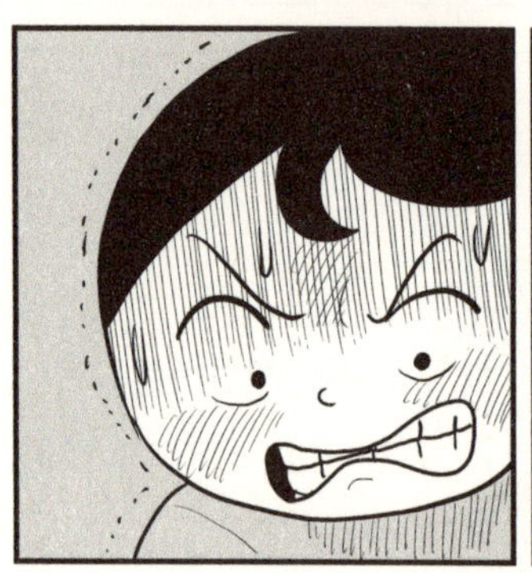
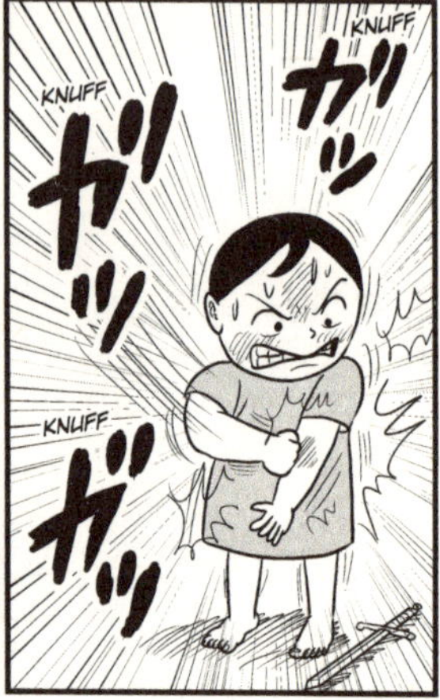
ガッ
KNUFF
ガッ
KNUFF
ガッ
KNUFF
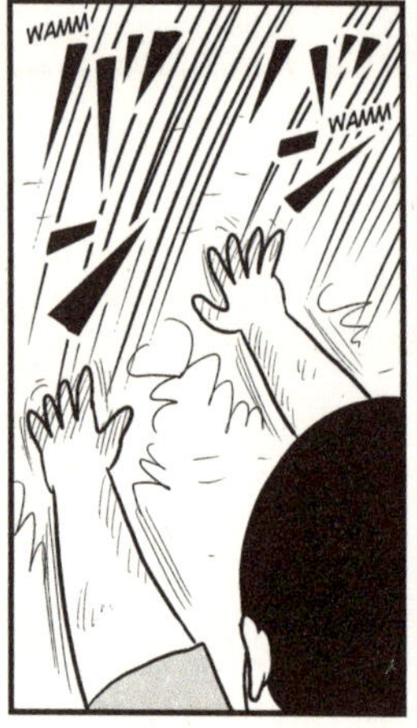
バン
WAMM
バン
WAMM
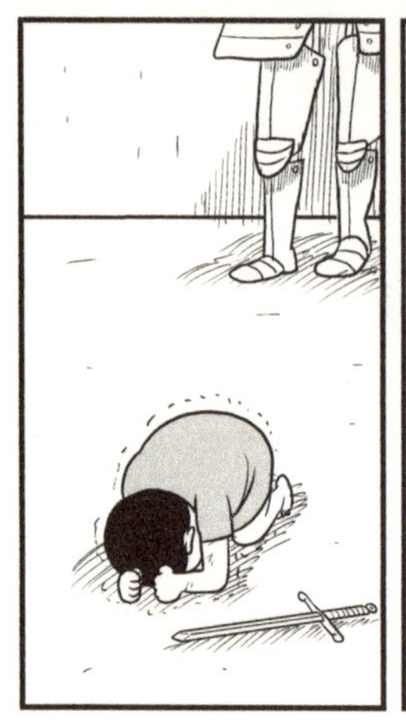

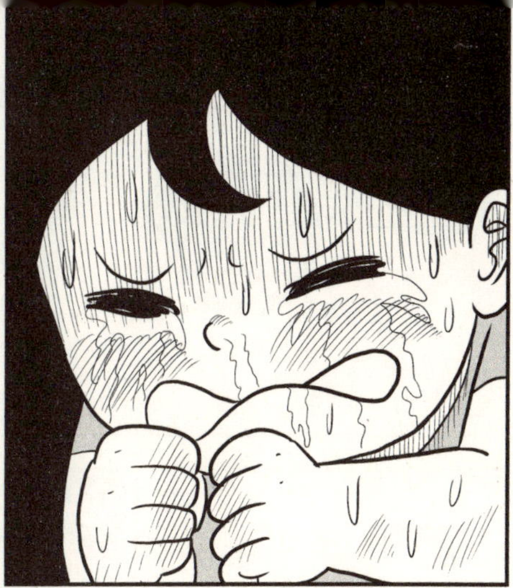
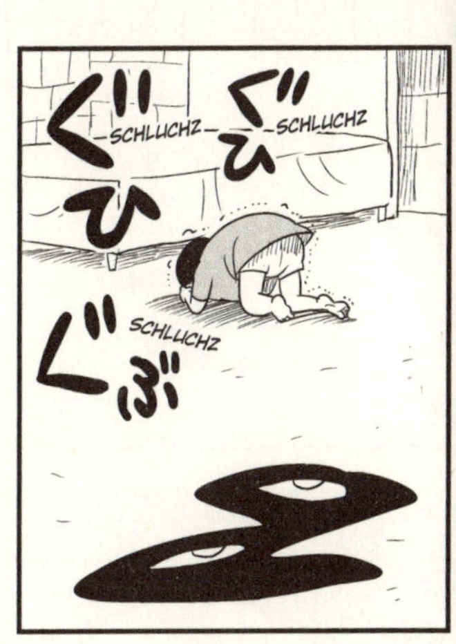
ぐひ
SCHLUCHZ
ぐひ
SCHLUCHZ
ぐぶ
SCHLUCHZ
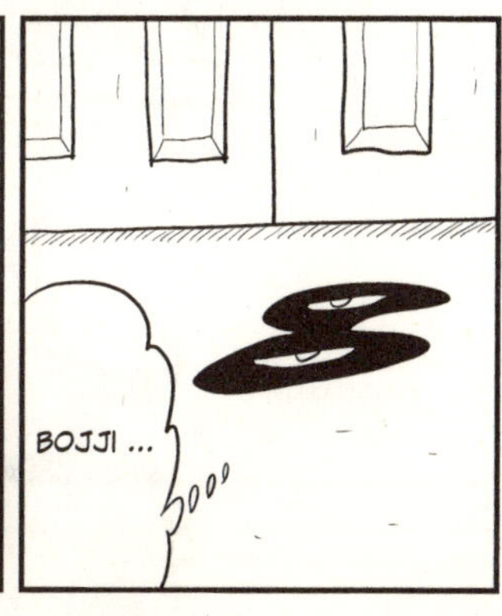
BOJJI ...
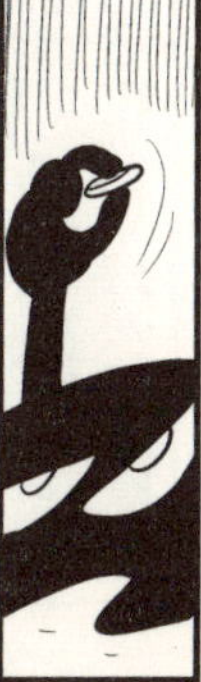
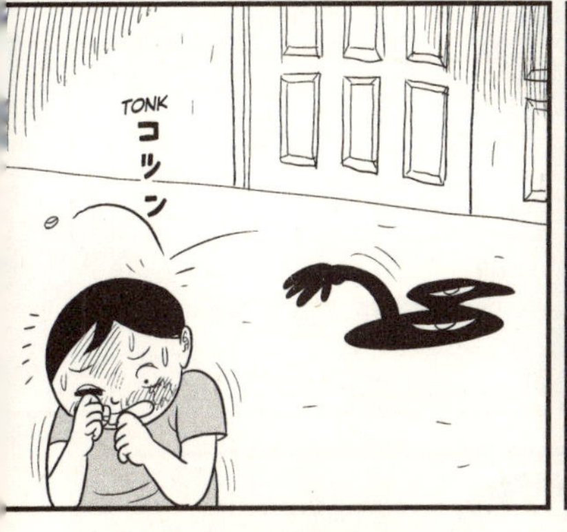
TONK
コツン
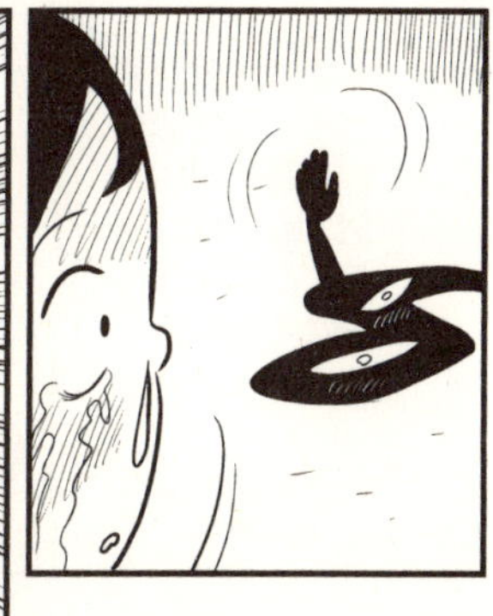
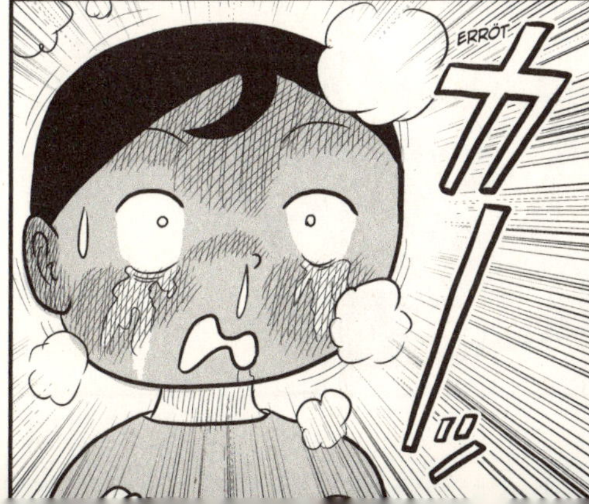
ERRÖT
カー

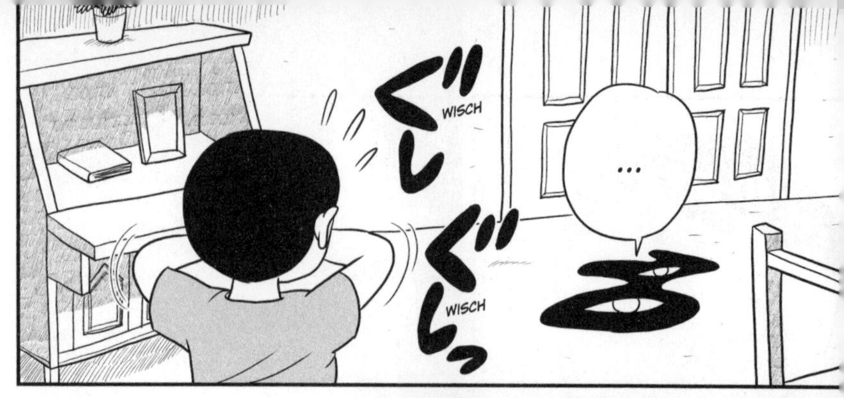
...
ぐし
WISCH
ぐしっ
WISCH

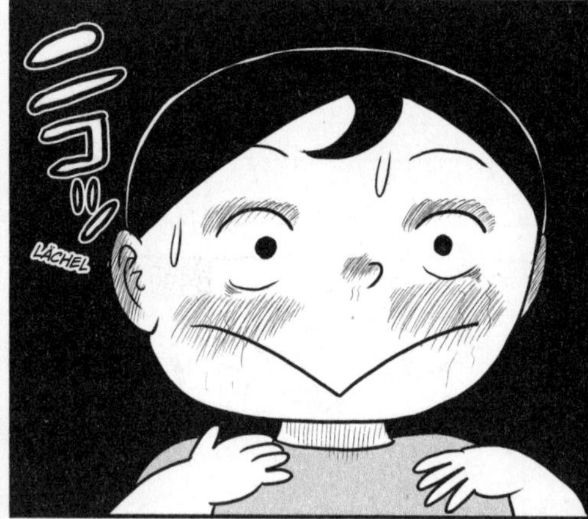
ニコッ
LÄCHEL

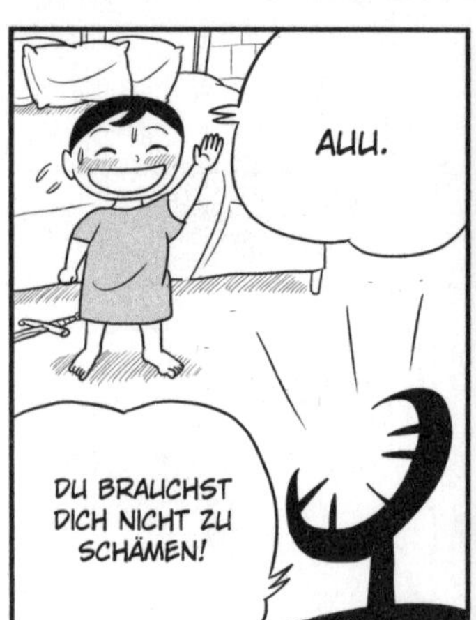
AUU.
DU BRAUCHST DICH NICHT ZU SCHÄMEN!

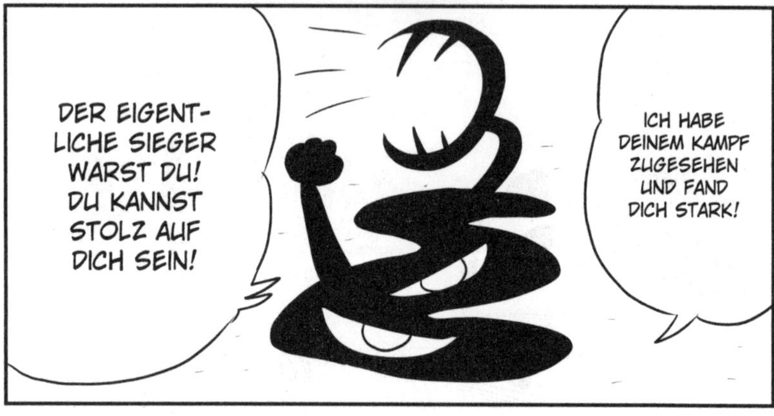
ICH HABE DEINEM KAMPF ZUGESEHEN UND FAND DICH STARK!
DER EIGENT-LICHE SIEGER WARST DU! DU KANNST STOLZ AUF DICH SEIN!

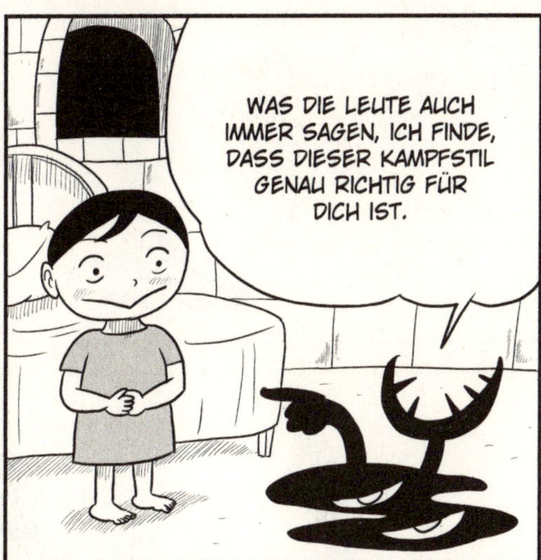
WAS DIE LEUTE AUCH IMMER SAGEN, ICH FINDE, DASS DIESER KAMPFSTIL GENAU RICHTIG FÜR DICH IST.

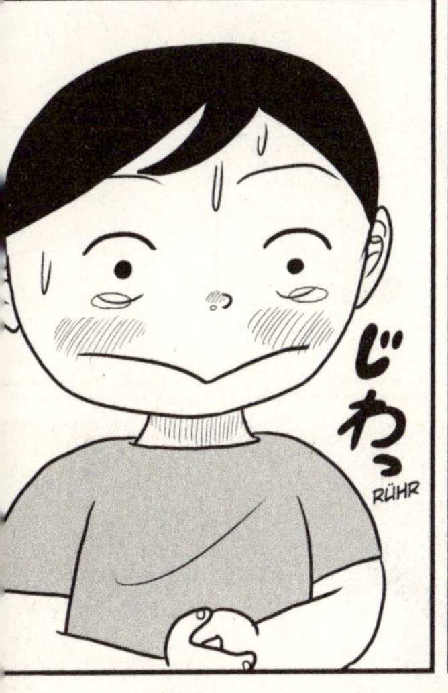
じわっ
RÜHR

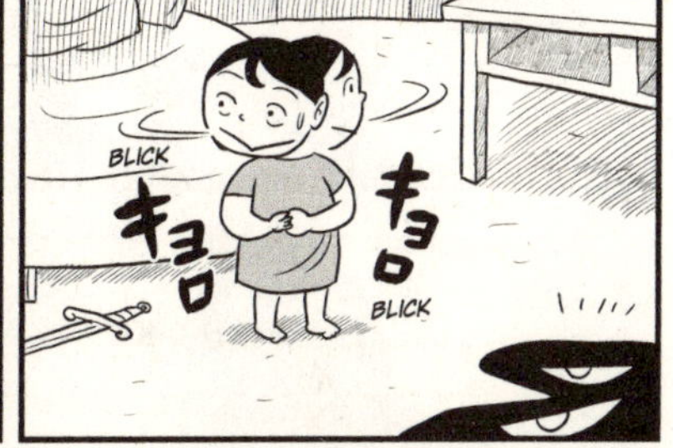
キョ
BLICK
キョロ
BLICK

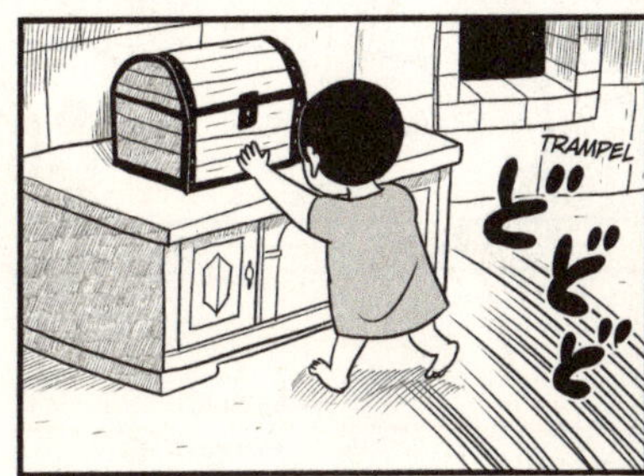
TRAMPEL
どどどど

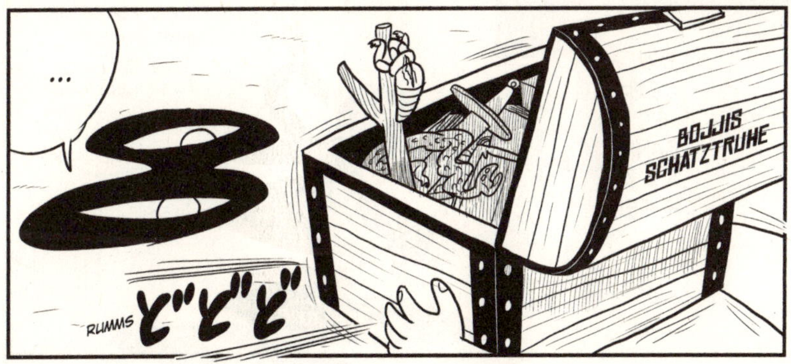
BOJJIS SCHATZTRUHE
...
どどど
RUMMS

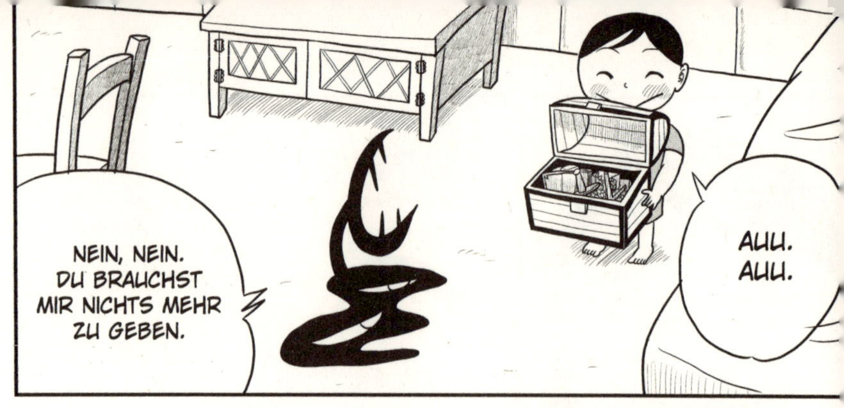

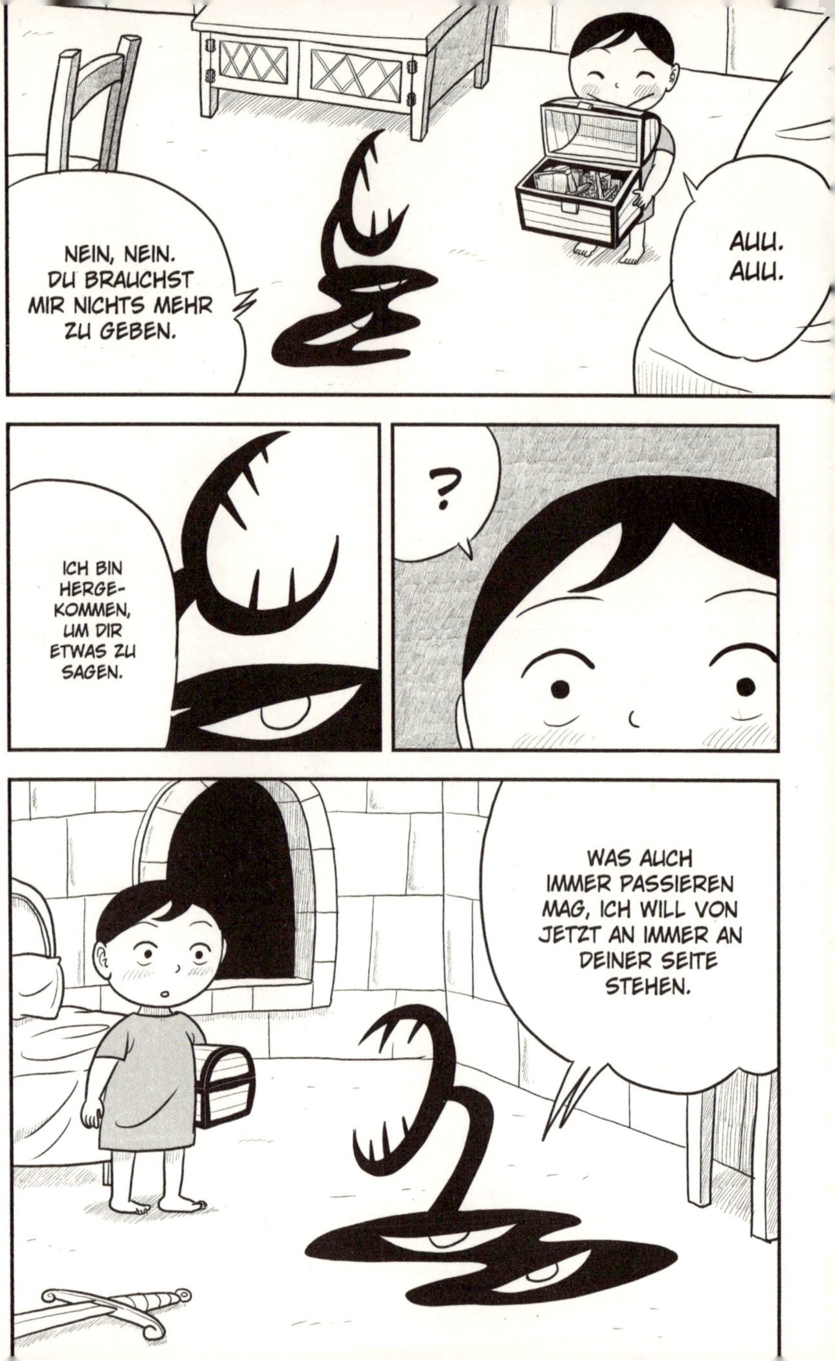

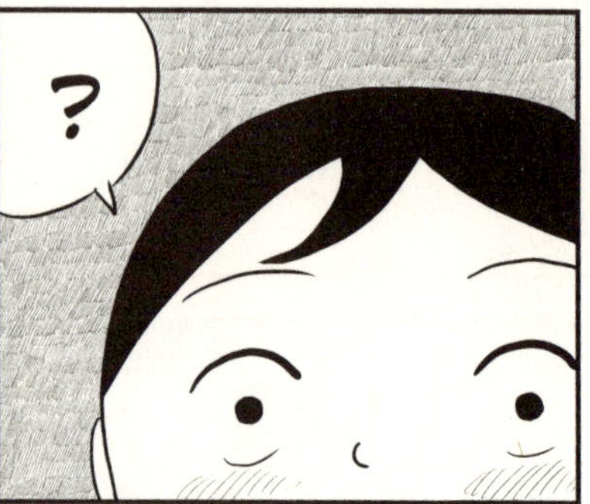

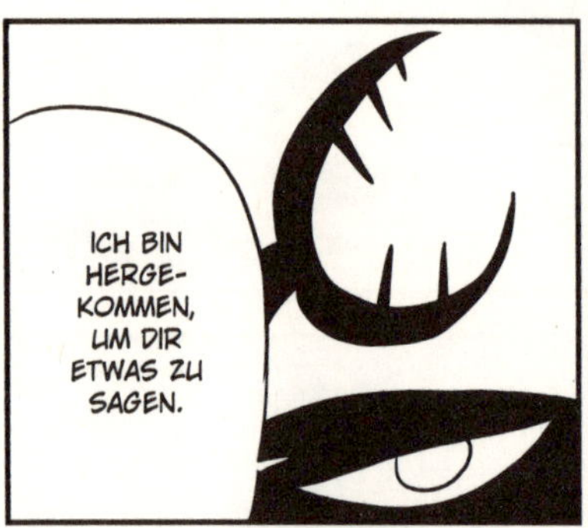

WAS AUCH IMMER PASSIEREN MAG, ICH WILL VON JETZT AN IMMER AN DEINER SEITE STEHEN.

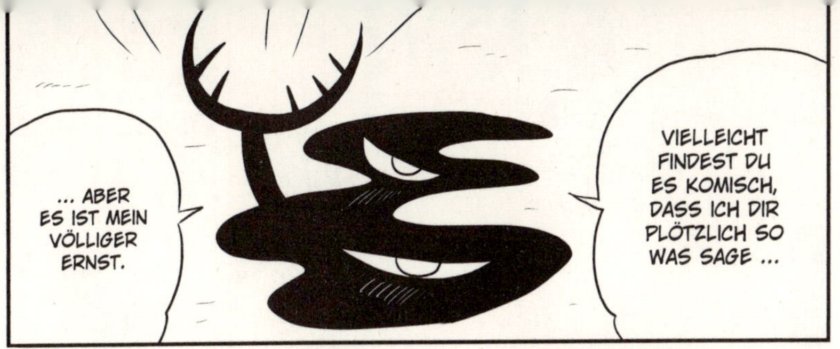
VIELLEICHT FINDEST DU ES KOMISCH, DASS ICH DIR PLÖTZLICH SO WAS SAGE ...
... ABER ES IST MEIN VÖLLIGER ERNST.

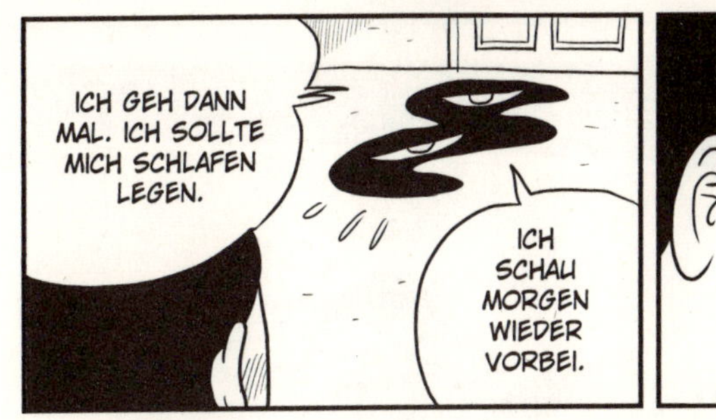
ICH GEH DANN MAL. ICH SOLLTE MICH SCHLAFEN LEGEN.
ICH SCHAU MORGEN WIEDER VORBEI.

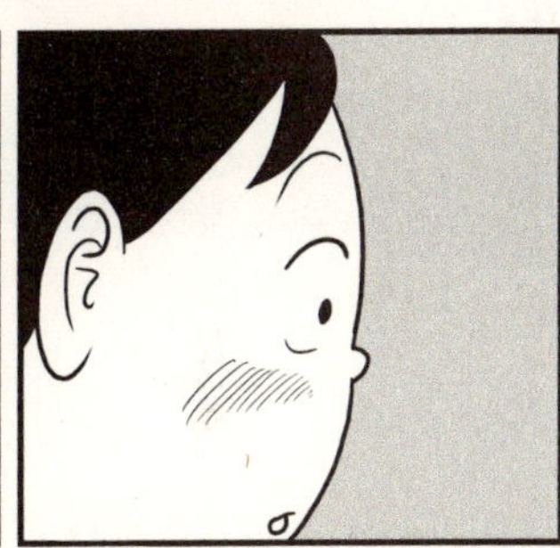

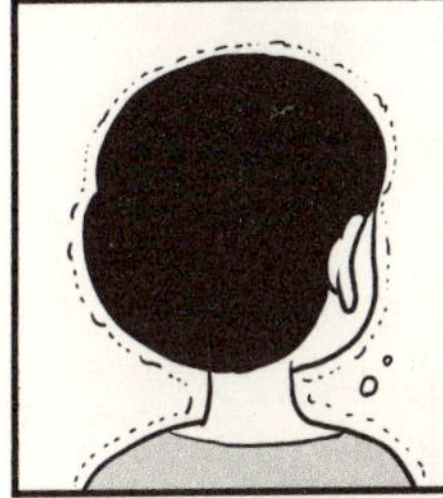

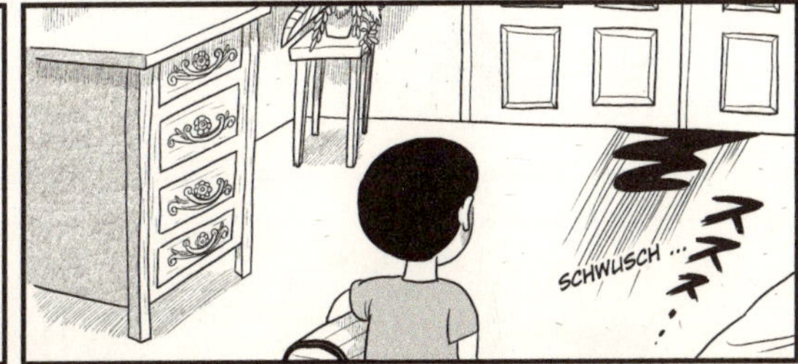
SCHWUSCH ...

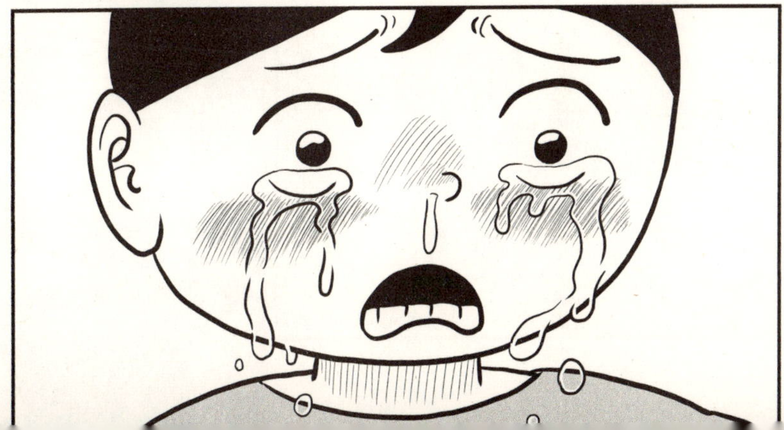

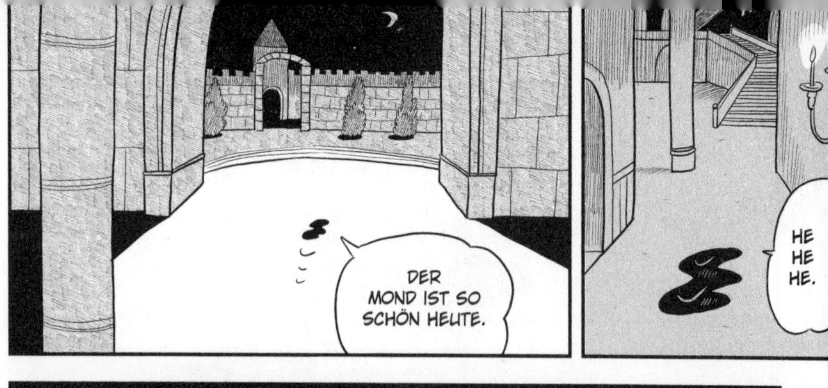
HE HE HE.
DER MOND IST SO SCHÖN HEUTE.

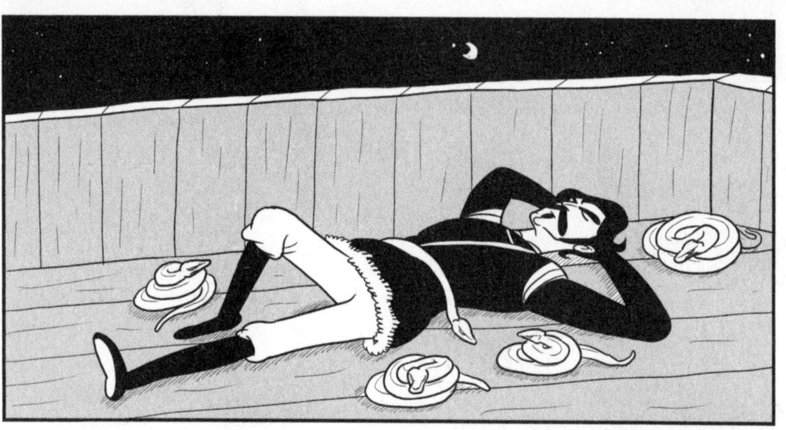

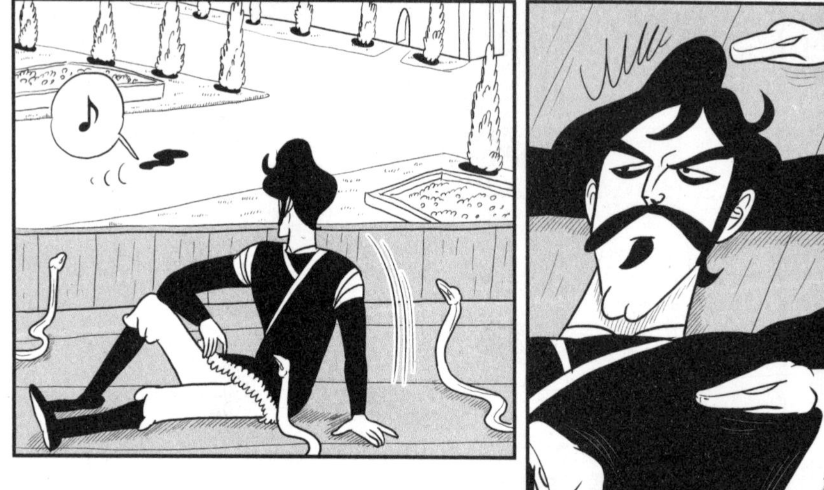
♪

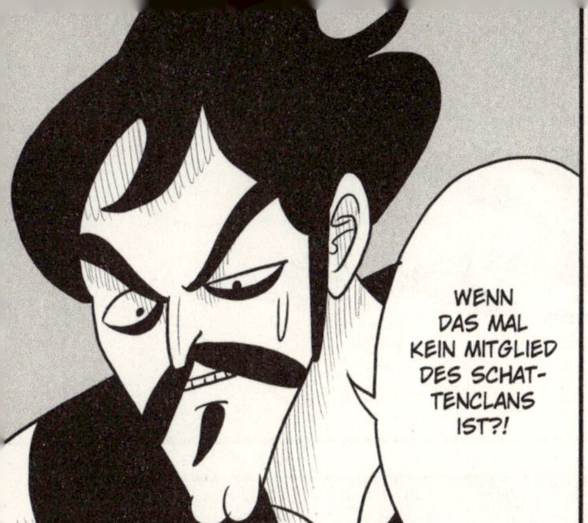
WENN DAS MAL KEIN MITGLIED DES SCHATTENCLANS IST?!

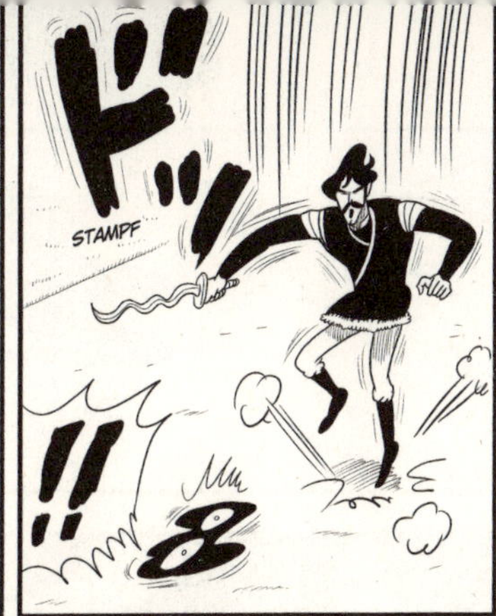
STAMPF
!!

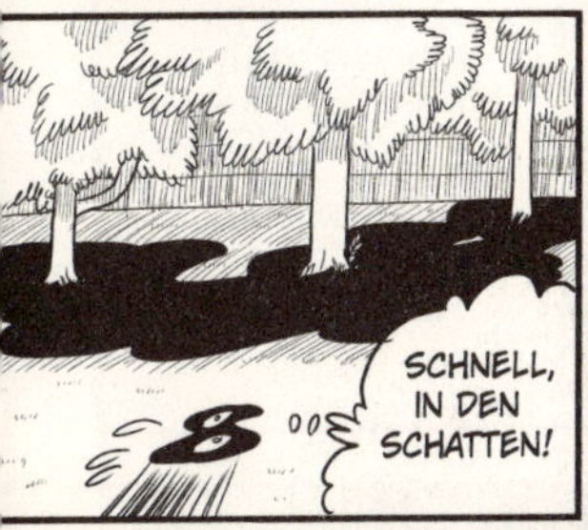
SCHNELL, IN DEN SCHATTEN!

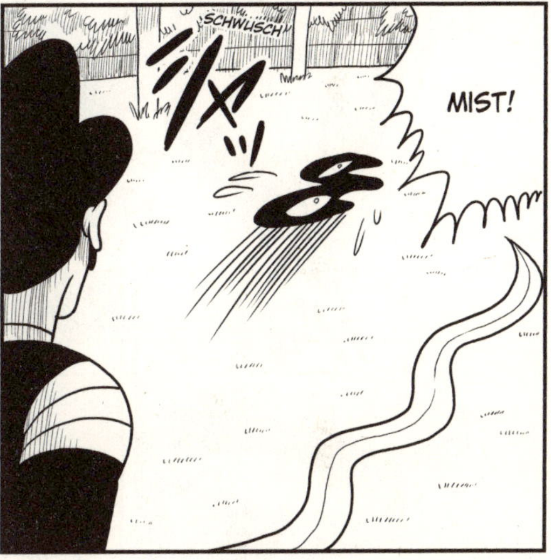
SCHWUSCH
MIST!

!

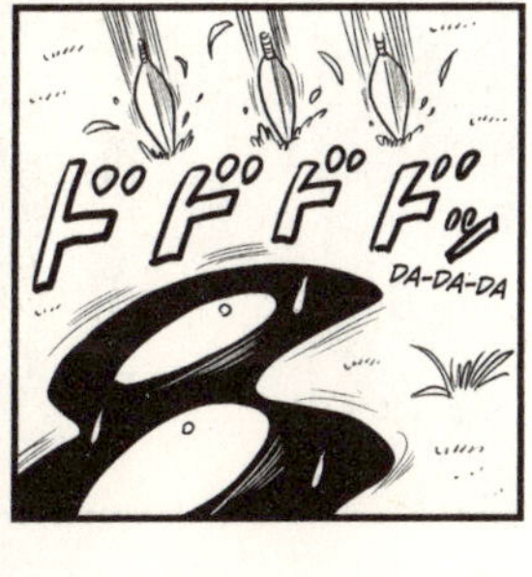
DA-DA-DA

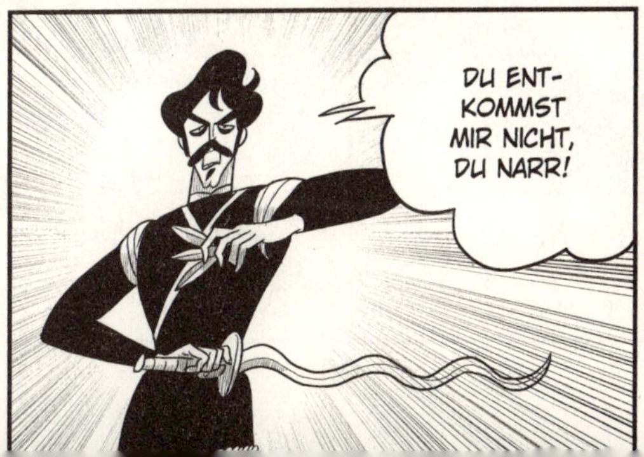
DU ENTKOMMST MIR NICHT, DU NARR!

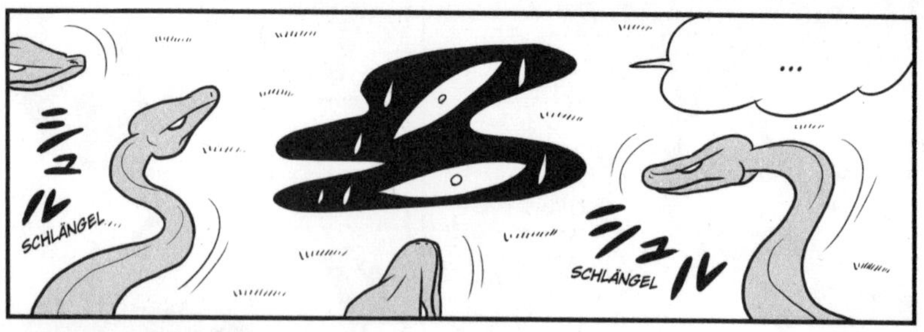
...
シュル
SCHLÄNGEL
シュル
SCHLÄNGEL

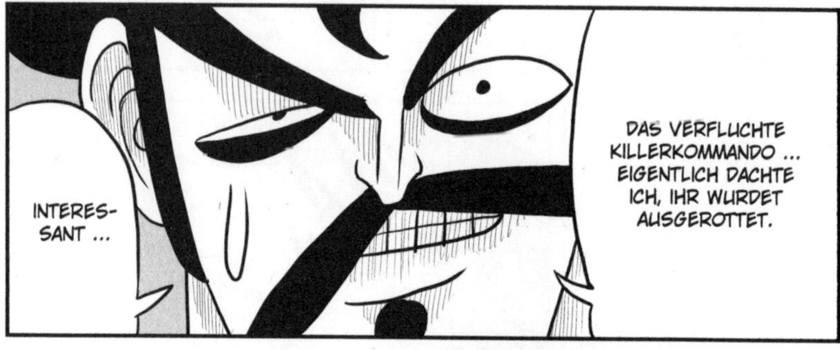
DAS VERFLUCHTE KILLERKOMMANDO ... EIGENTLICH DACHTE ICH, IHR WURDET AUSGEROTTET.
INTERES-SANT ...

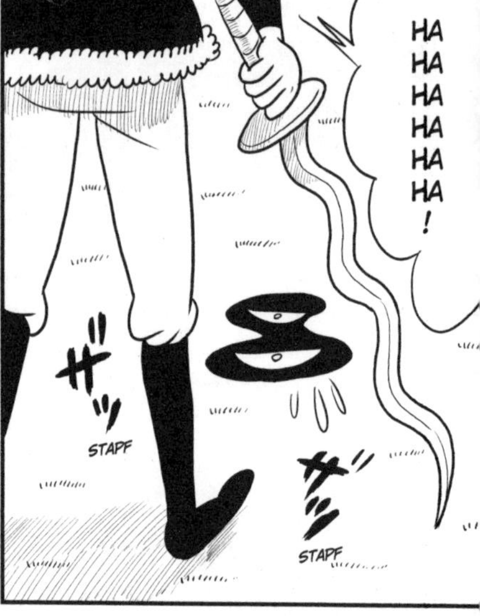
HA HA HA HA HA HA !
ザッ
STAPF
ザッ
STAPF

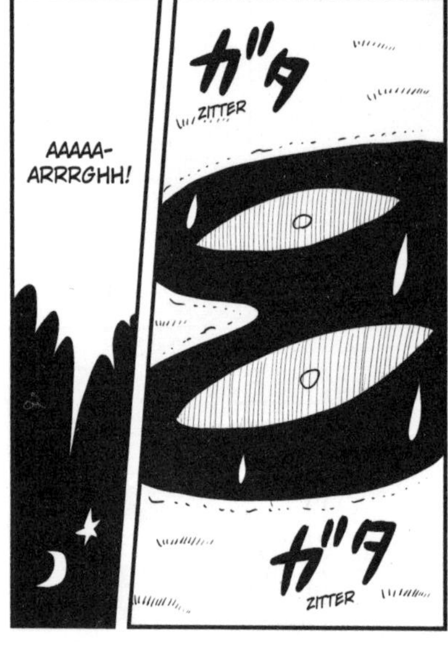
ガタ
ZITTER
ガタ
ZITTER
AAAAA-ARRRGHH!

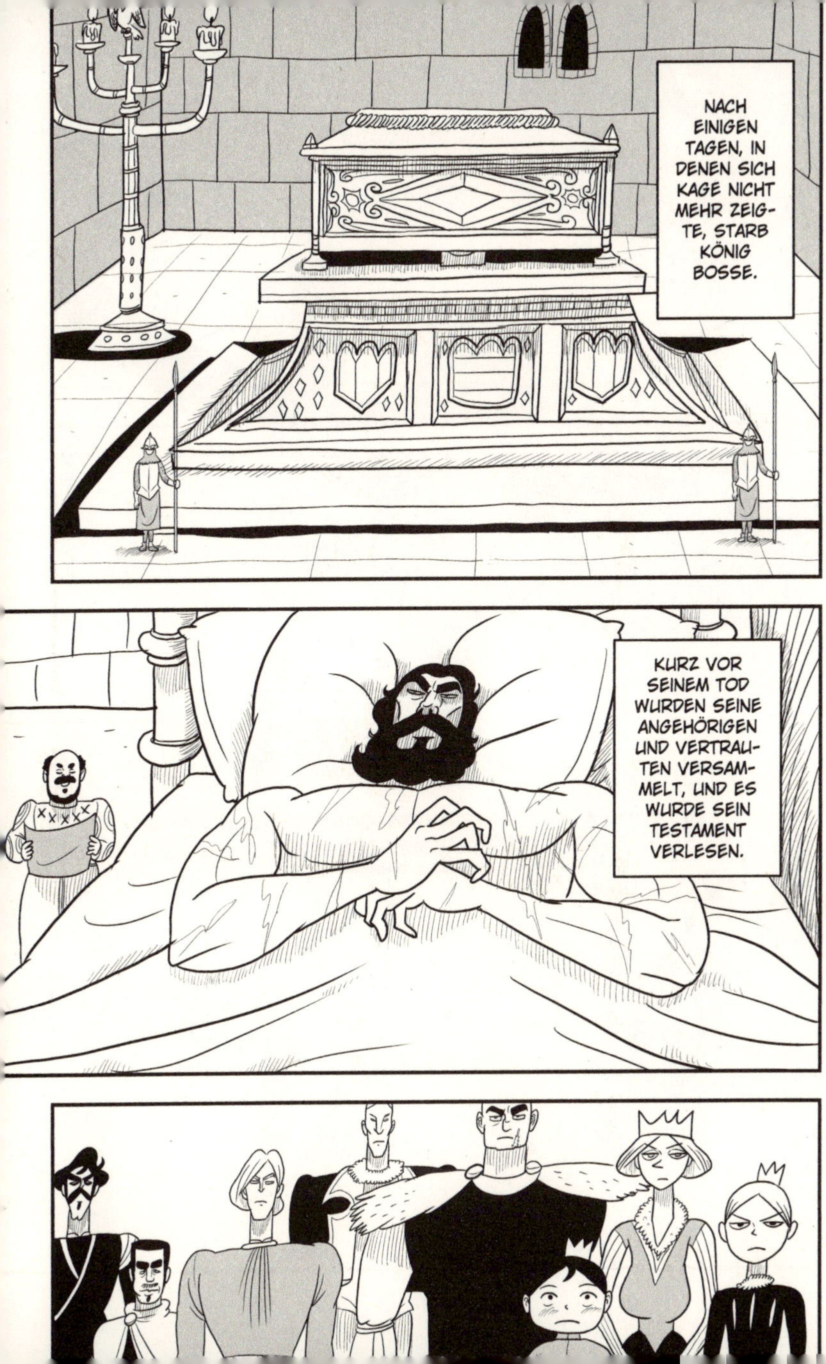

NACH EINIGEN TAGEN, IN DENEN SICH KAGE NICHT MEHR ZEIGTE, STARB KÖNIG BOSSE.

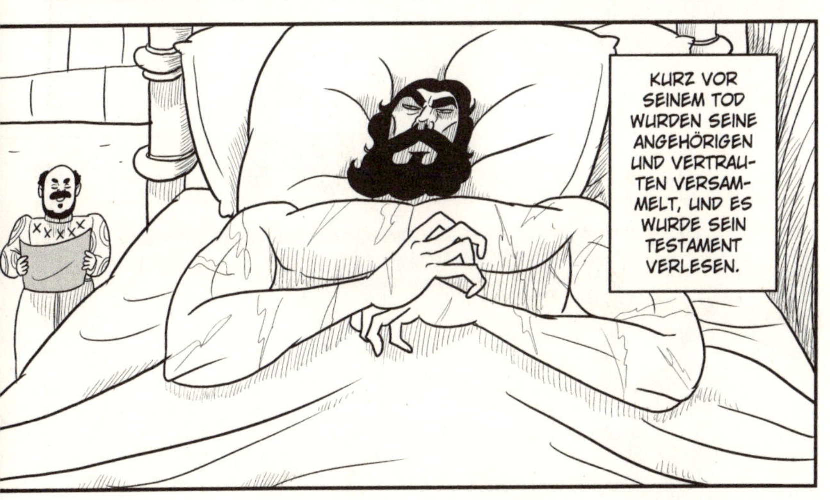

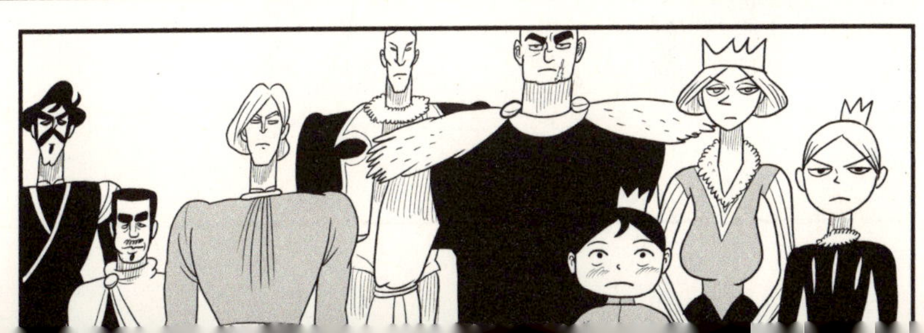

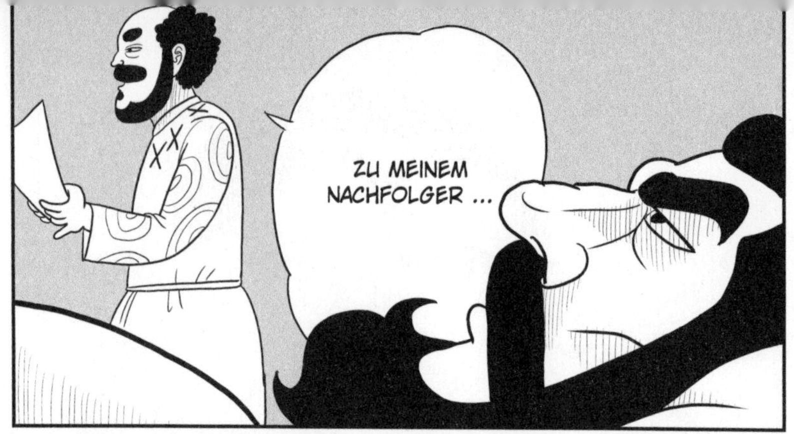
ZU MEINEM
NACHFOLGER ...

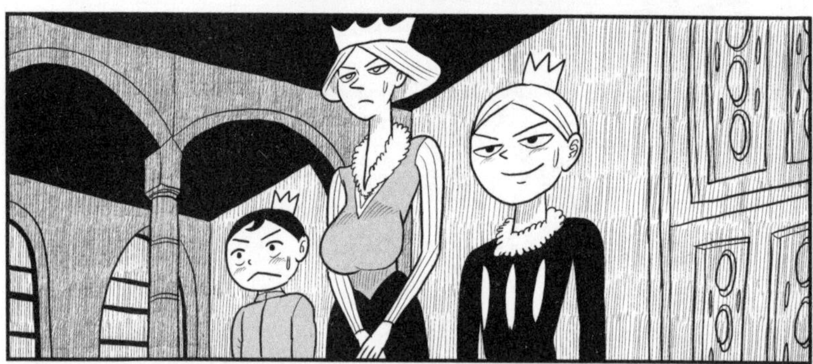

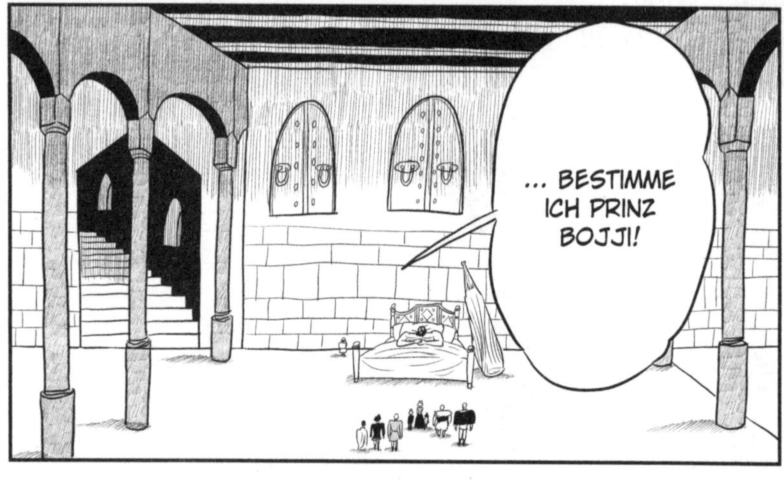
... BESTIMME
ICH PRINZ
BOJJI!

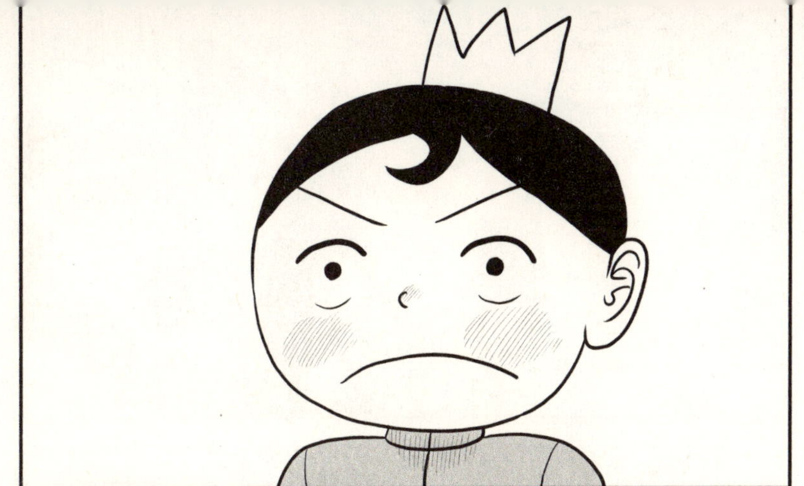

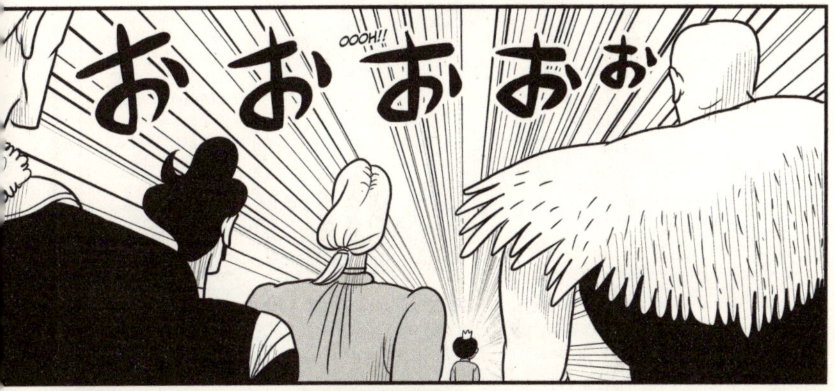
おおおおぉ
OOOH!!

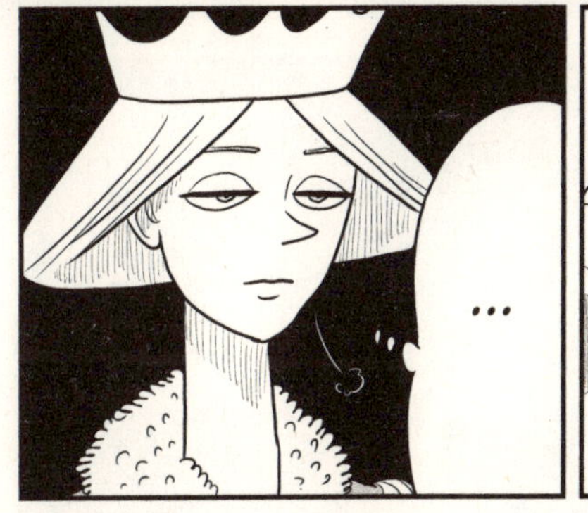
...

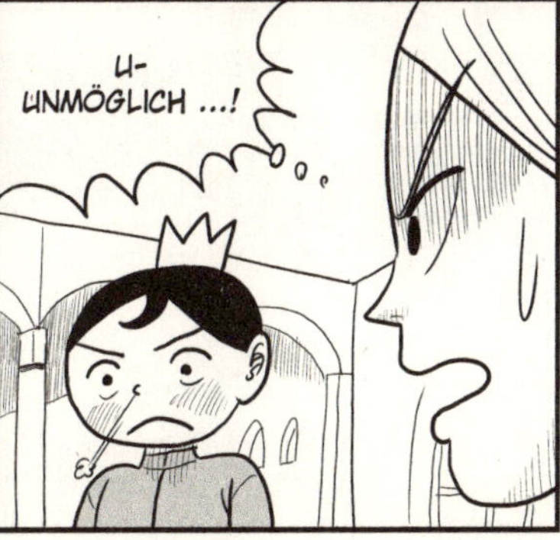
U-
UNMÖGLICH ...!

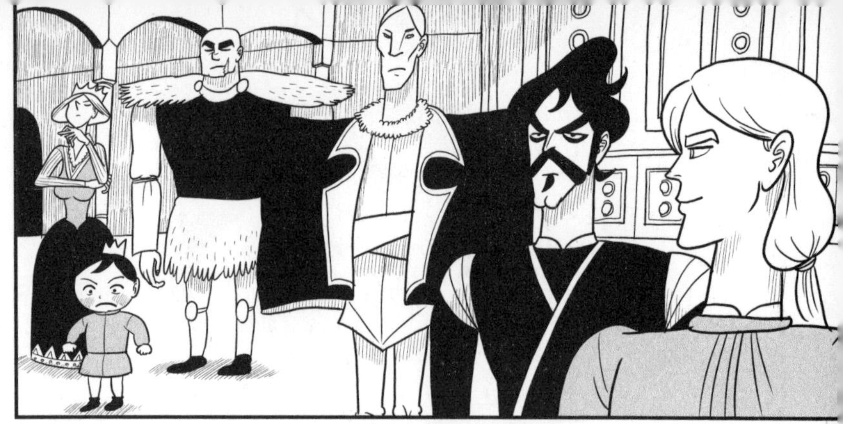

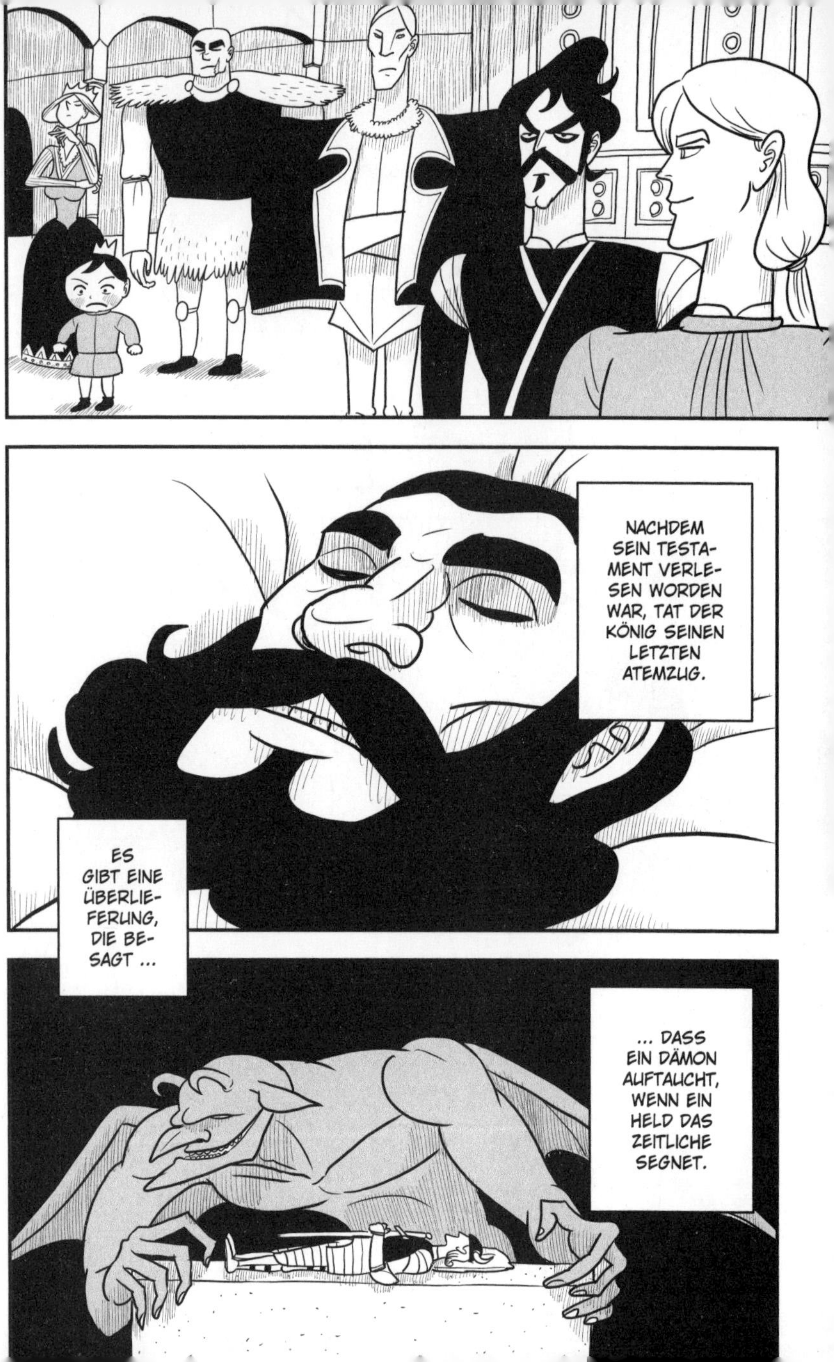

NACHDEM SEIN TESTAMENT VERLESEN WORDEN WAR, TAT DER KÖNIG SEINEN LETZTEN ATEMZUG.

ES GIBT EINE ÜBERLIEFERUNG, DIE BESAGT …

… DASS EIN DÄMON AUFTAUCHT, WENN EIN HELD DAS ZEITLICHE SEGNET.

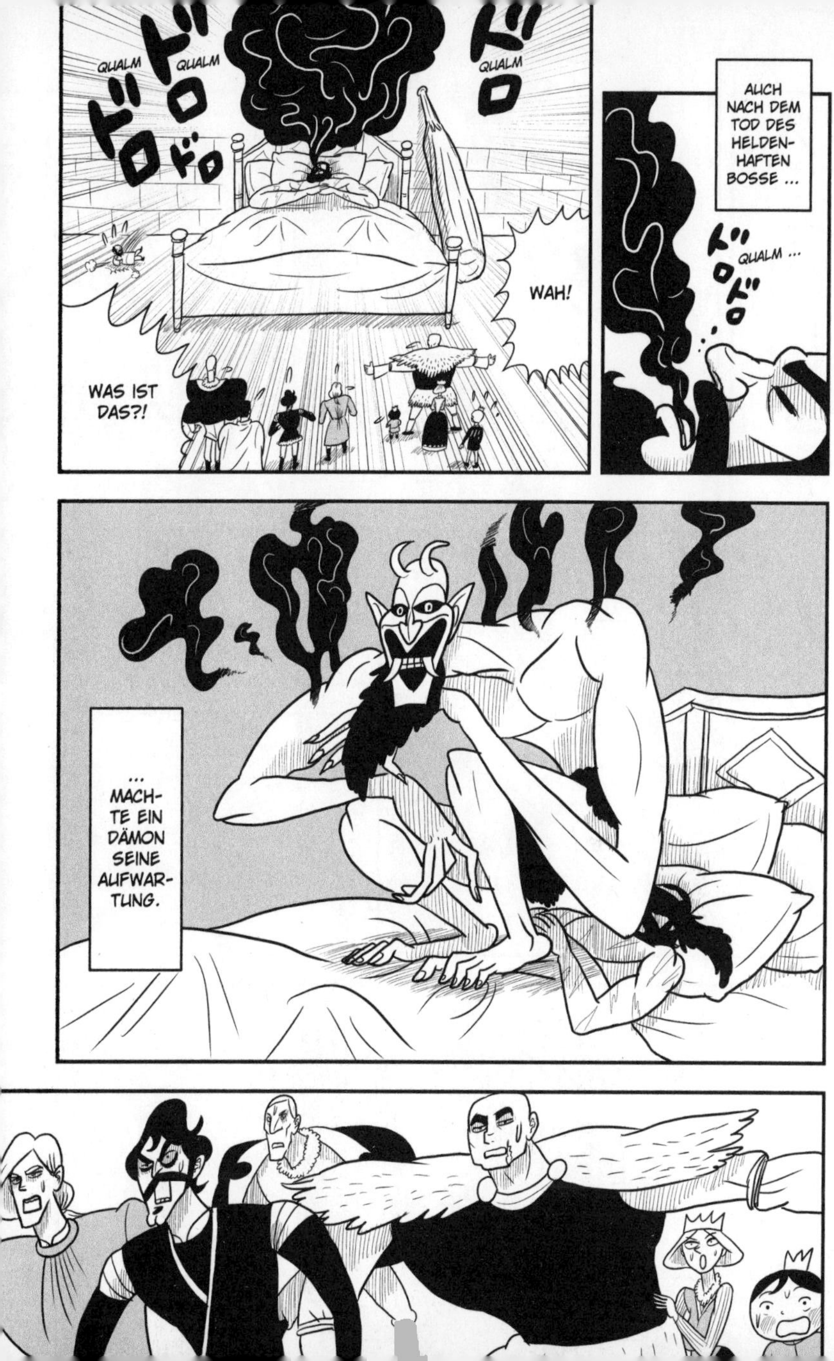

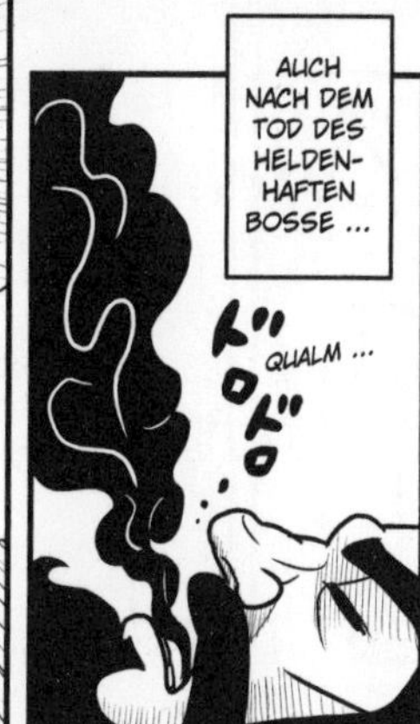

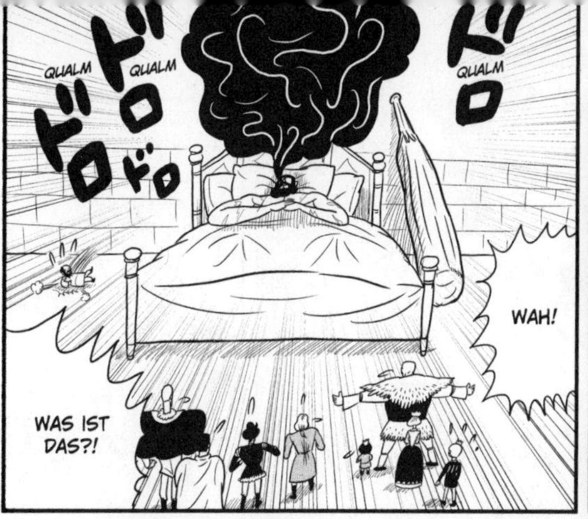

... MACHTE EIN DÄMON SEINE AUFWARTUNG.

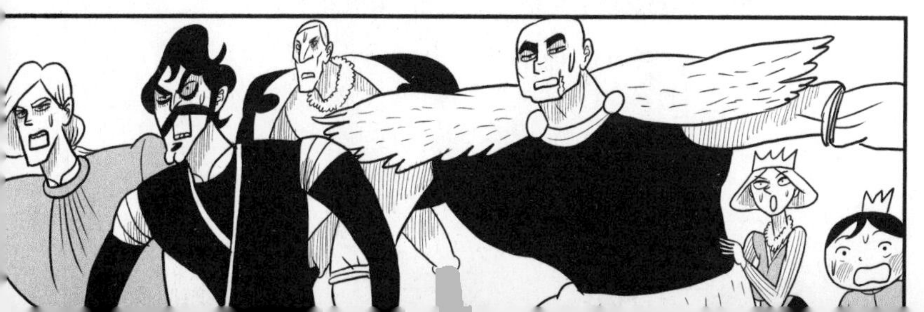

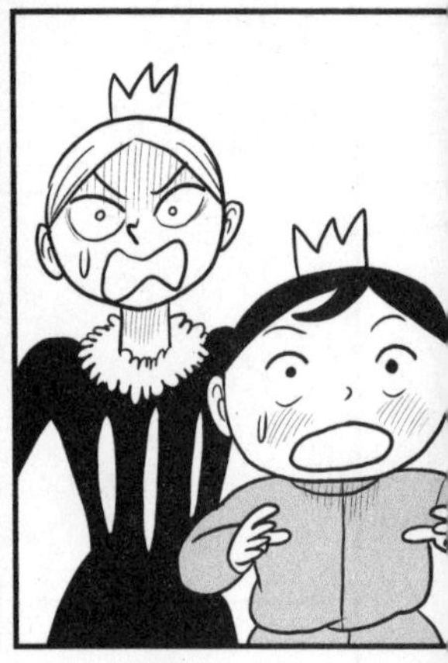

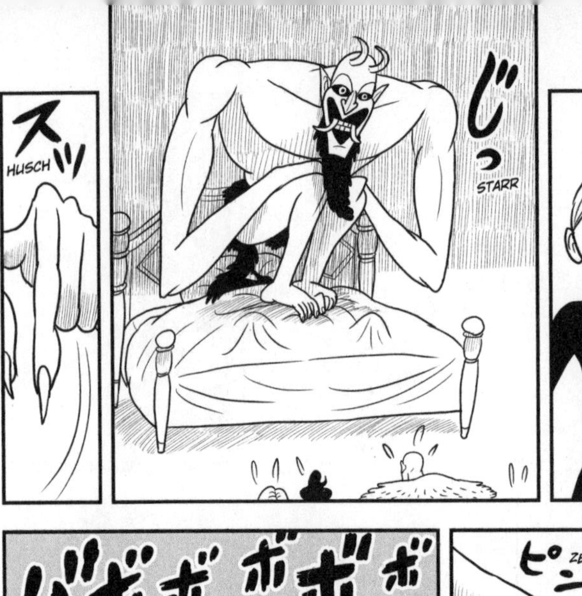
じっ
STARR
スッ
HUSCH

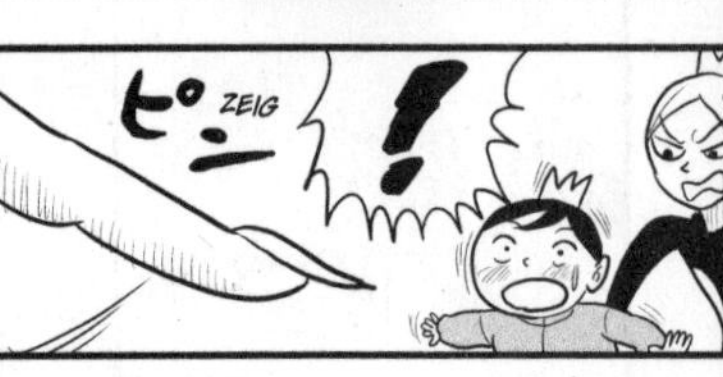
ピン
ZEIG
!

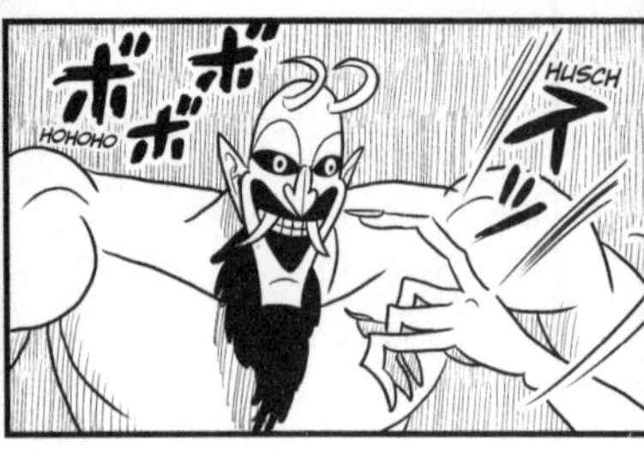
ボボボ
HOHOHO
HUSCH

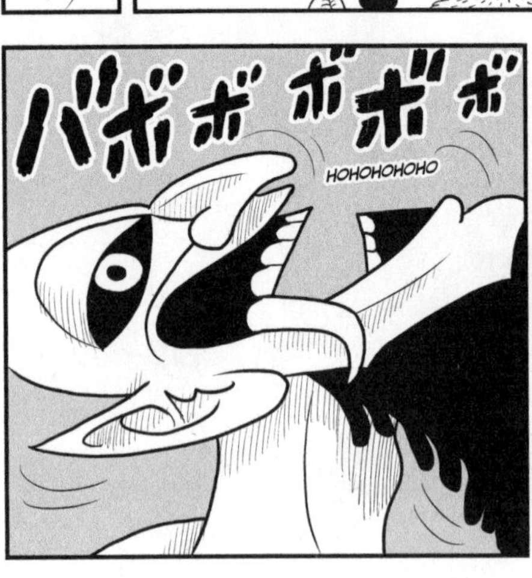
バボボ ボボボ
HOHOHOHOHO

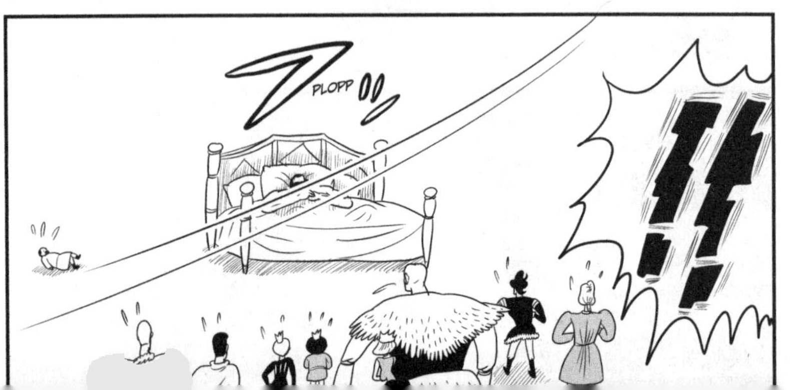
PLOPP
!!

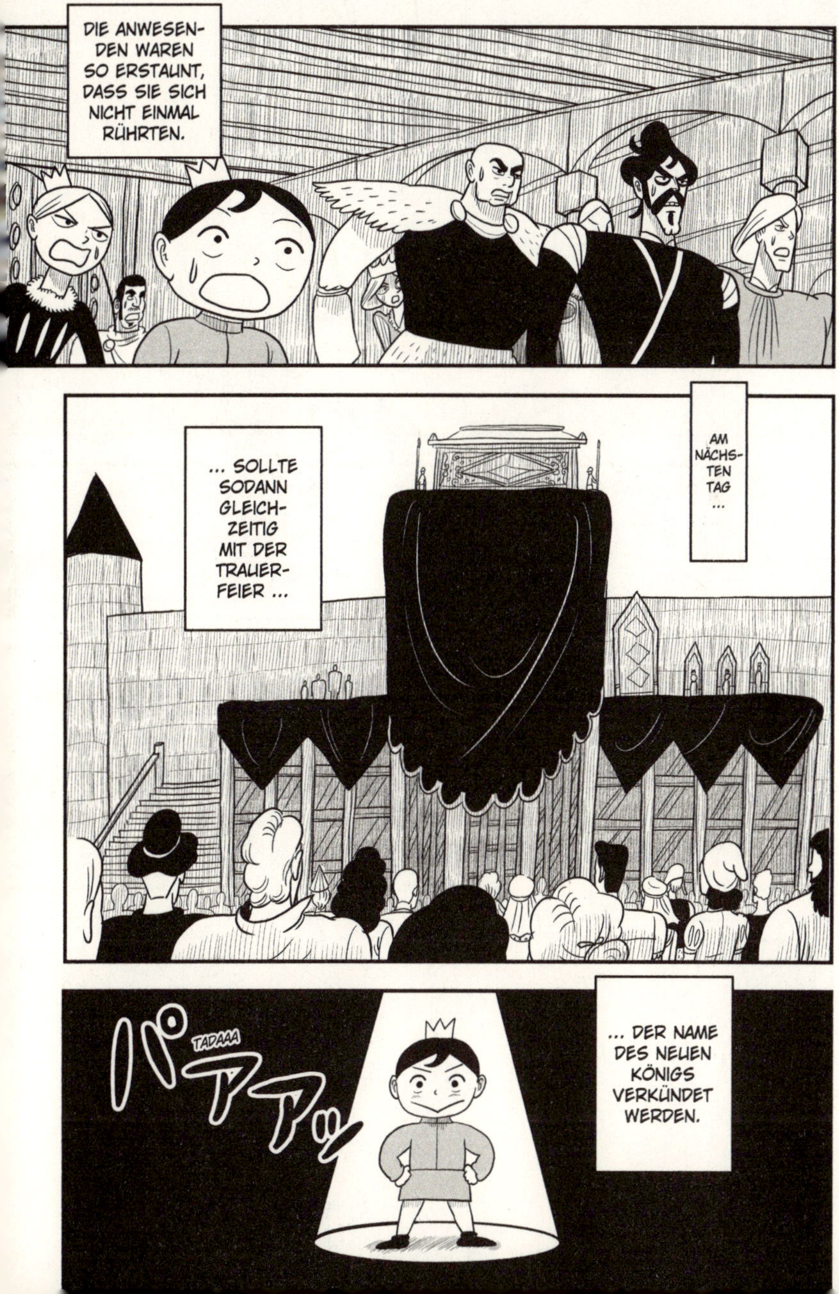

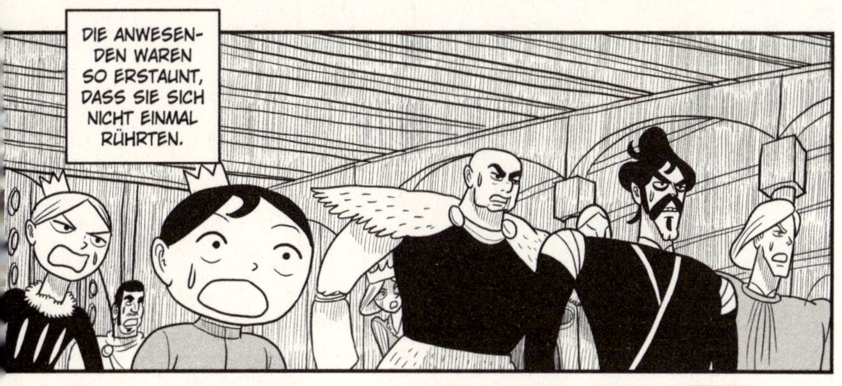

AM NÄCHSTEN TAG ...

... SOLLTE SODANN GLEICHZEITIG MIT DER TRAUERFEIER ...

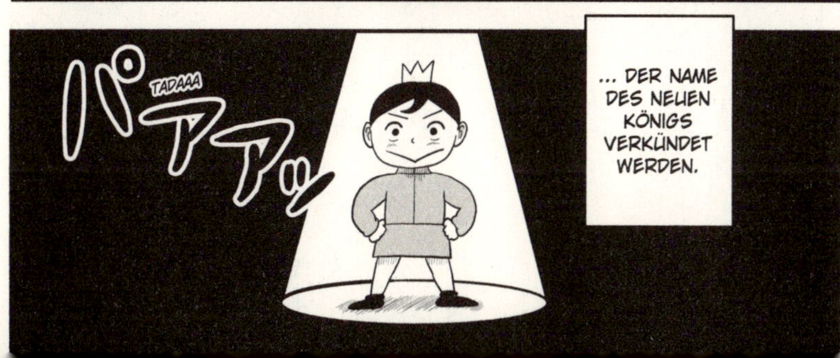

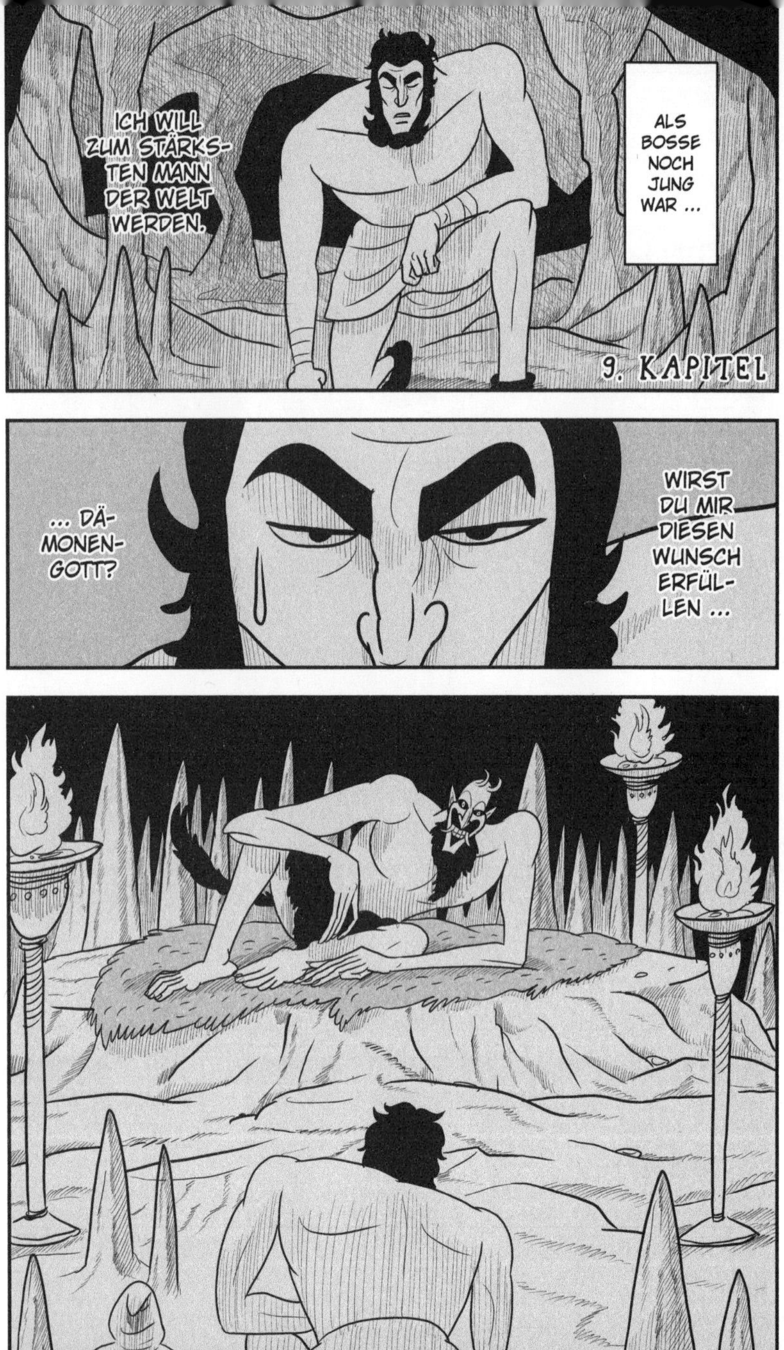

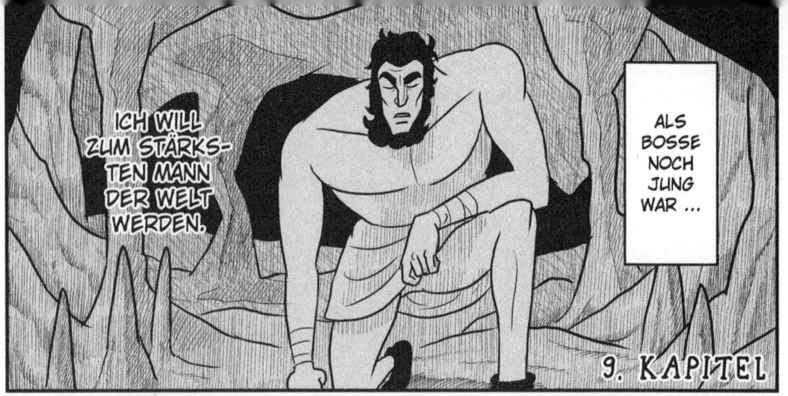
ALS BOSSE NOCH JUNG WAR ...
ICH WILL ZUM STÄRKSTEN MANN DER WELT WERDEN.
9. KAPITEL

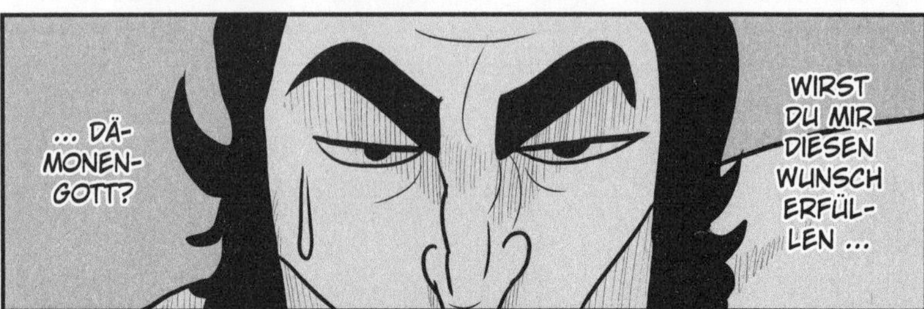
WIRST DU MIR DIESEN WUNSCH ERFÜLLEN ...
... DÄMONENGOTT?

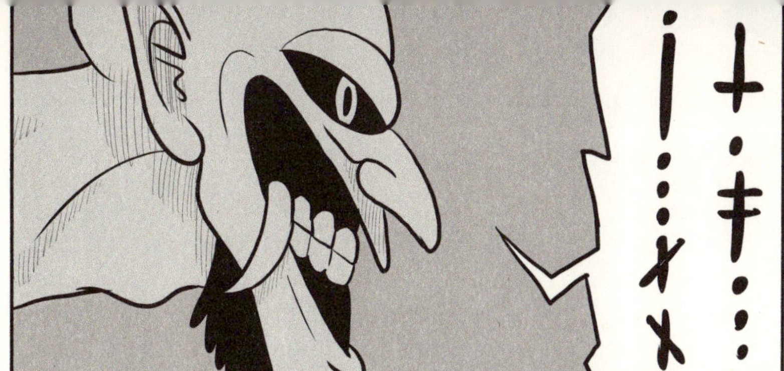

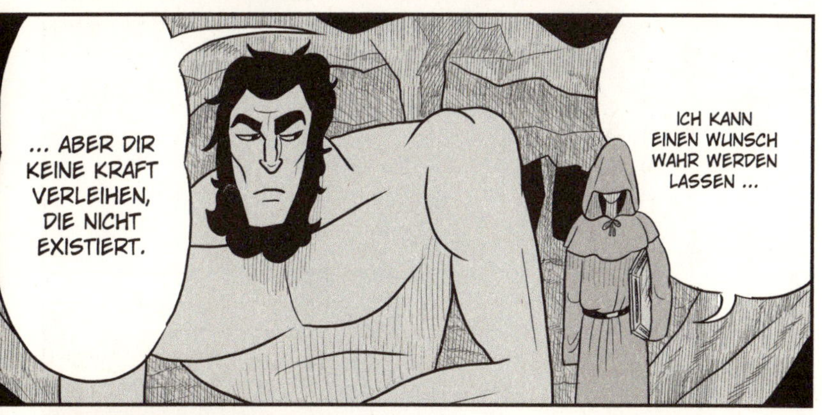
ICH KANN EINEN WUNSCH WAHR WERDEN LASSEN ...
... ABER DIR KEINE KRAFT VERLEIHEN, DIE NICHT EXISTIERT.

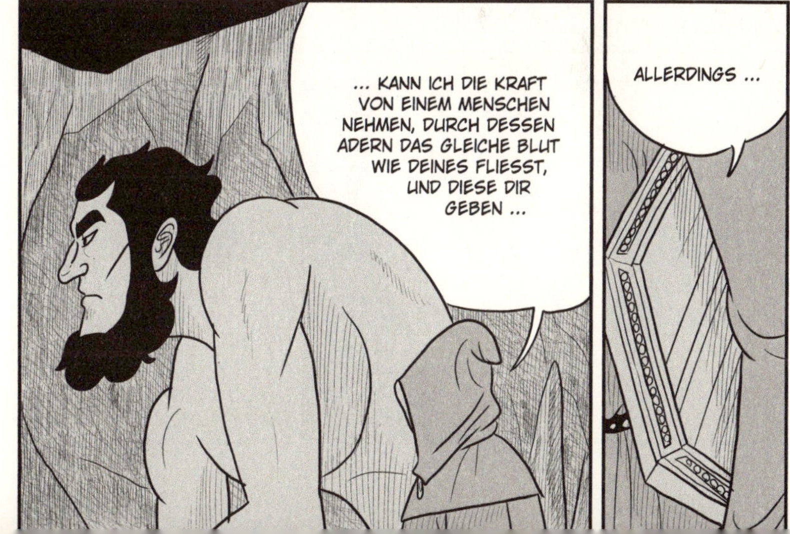
ALLERDINGS ...
... KANN ICH DIE KRAFT VON EINEM MENSCHEN NEHMEN, DURCH DESSEN ADERN DAS GLEICHE BLUT WIE DEINES FLIESST, UND DIESE DIR GEBEN ...

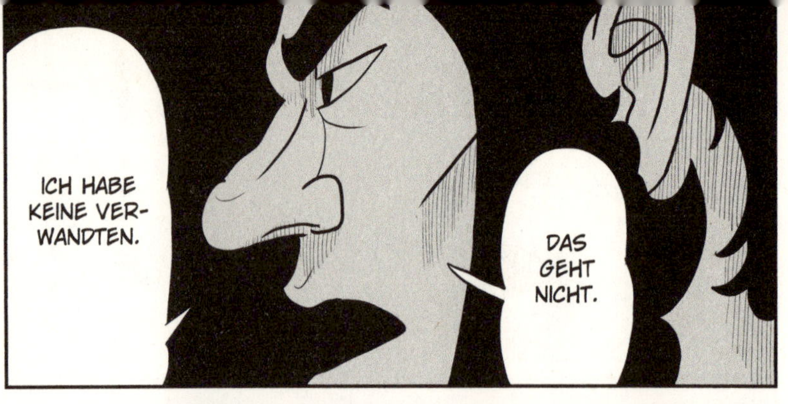
DAS GEHT NICHT.
ICH HABE KEINE VER-WANDTEN.

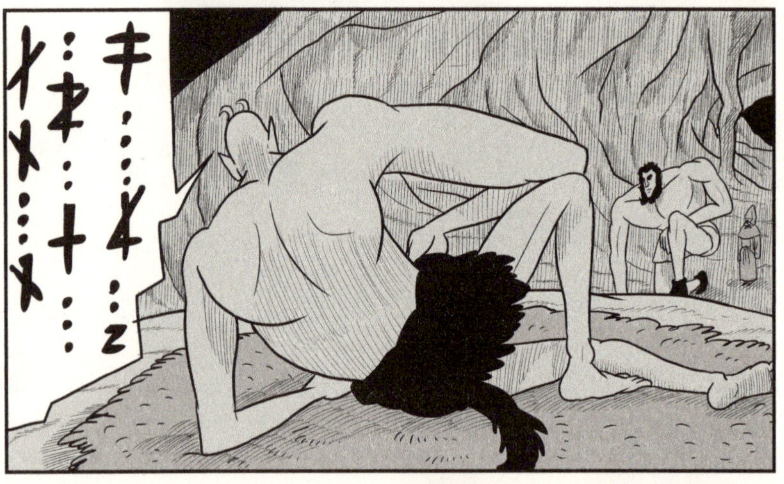

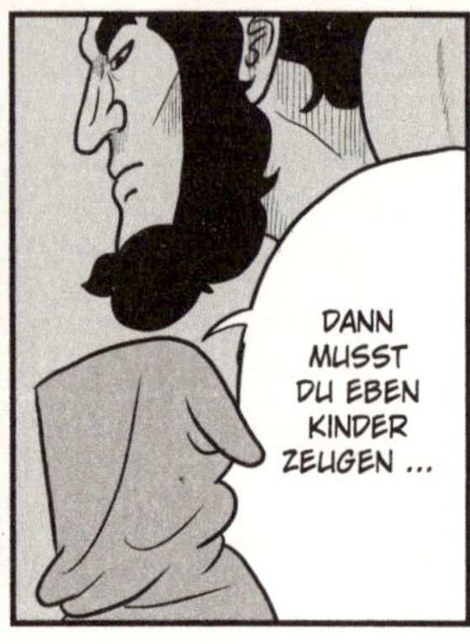
DANN MUSST DU EBEN KINDER ZEUGEN ...

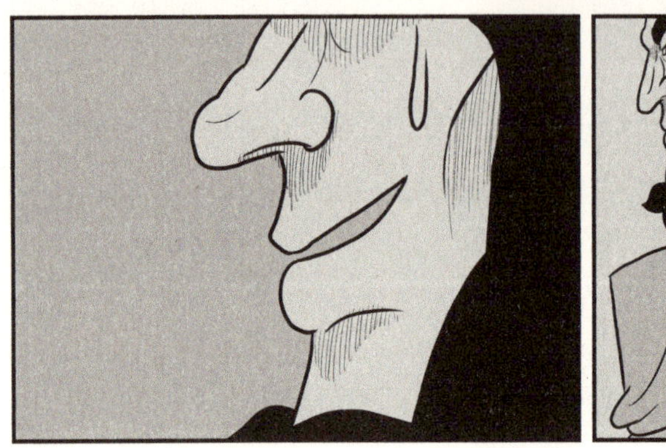

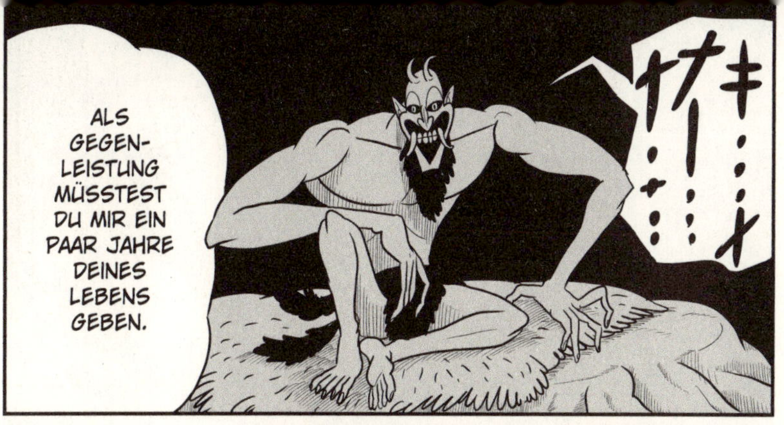
ALS GEGENLEISTUNG MÜSSTEST DU MIR EIN PAAR JAHRE DEINES LEBENS GEBEN.

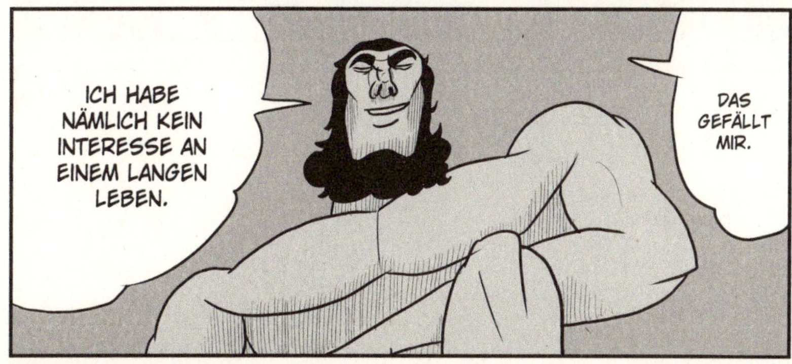
DAS GEFÄLLT MIR.
ICH HABE NÄMLICH KEIN INTERESSE AN EINEM LANGEN LEBEN.

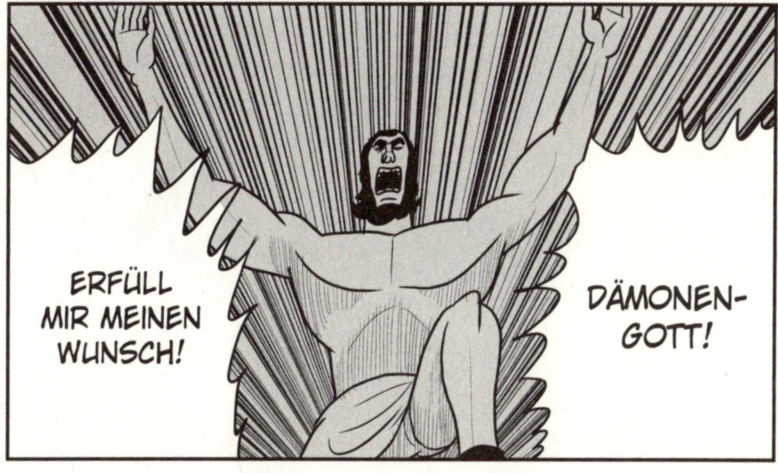
DÄMONENGOTT!
ERFÜLL MIR MEINEN WUNSCH!

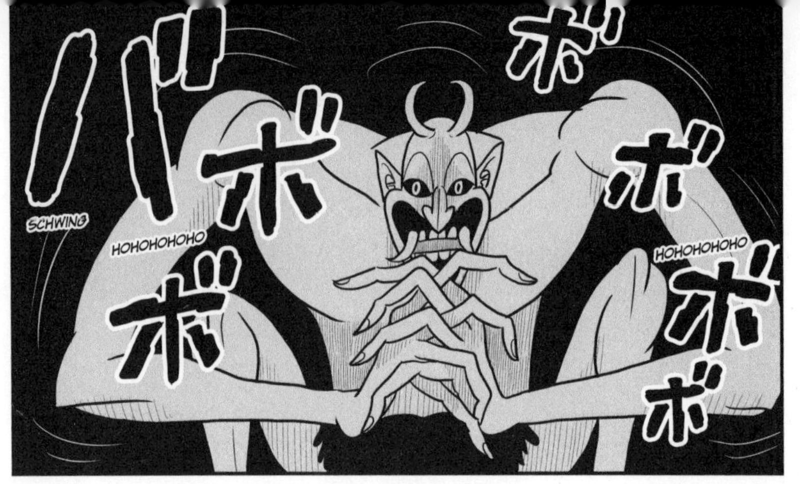
ボボボボ
HOHOHOHOHO
バボボ
HOHOHOHOHO
SCHWING

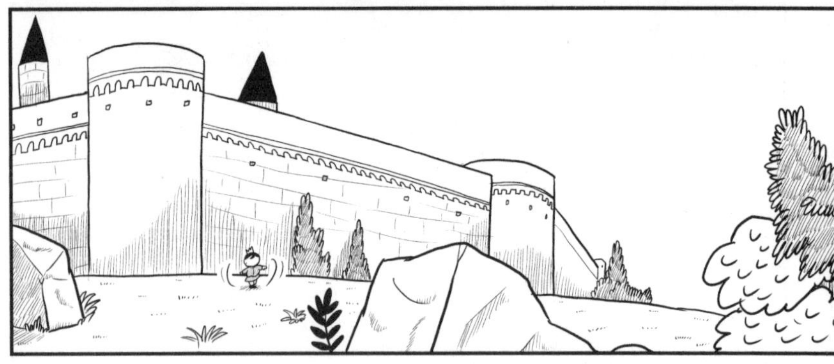

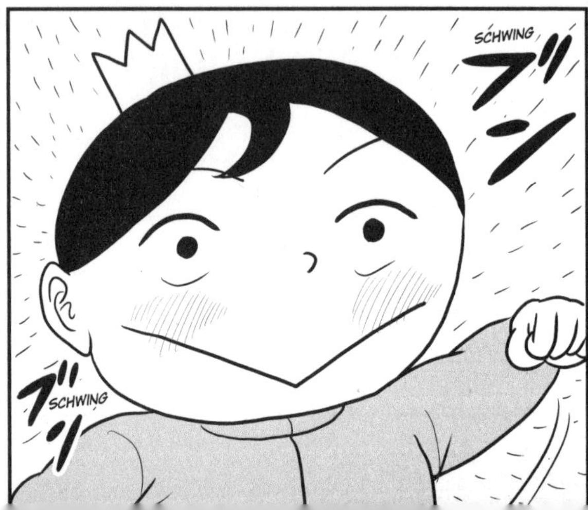
SCHWING
ブン
SCHWING
ブン

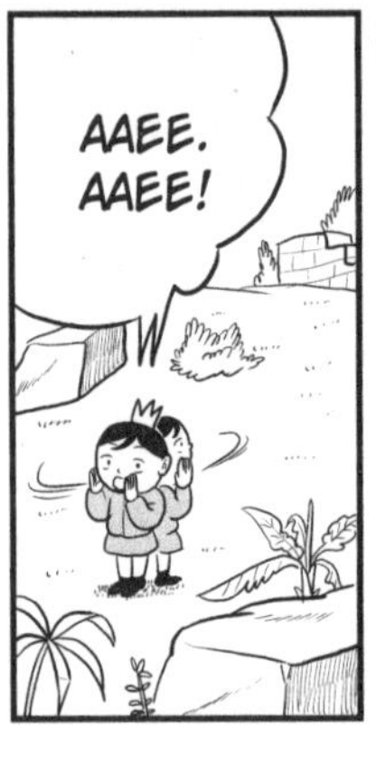
AAEE.
AAEE!

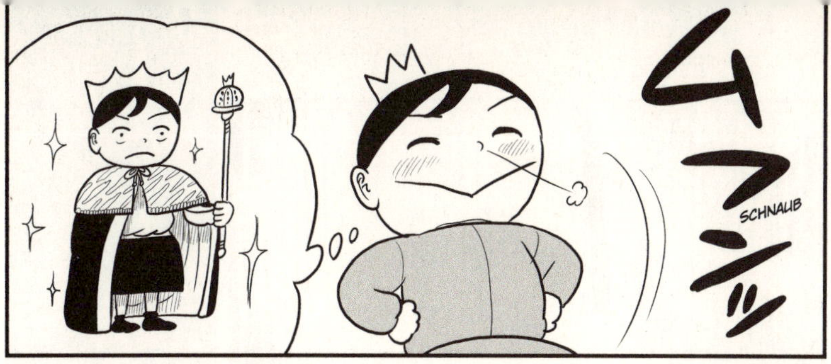
ムフンッ
SCHNAUB

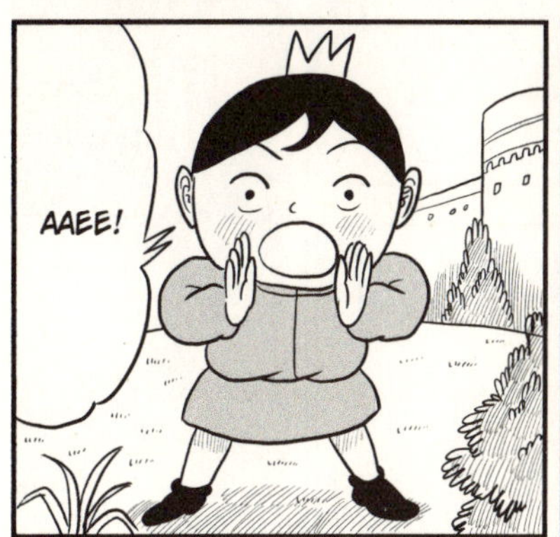
AAEE!

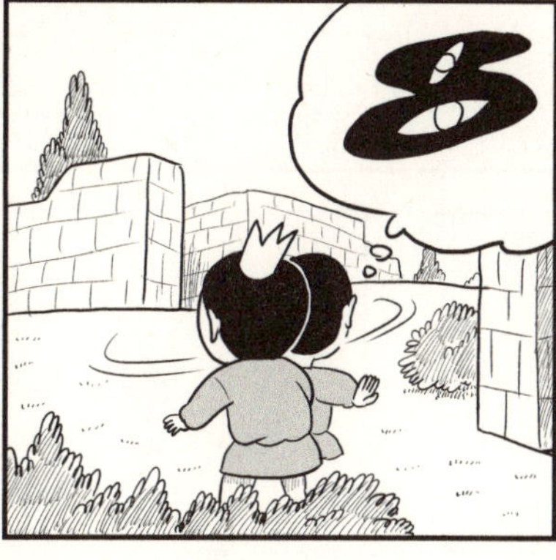

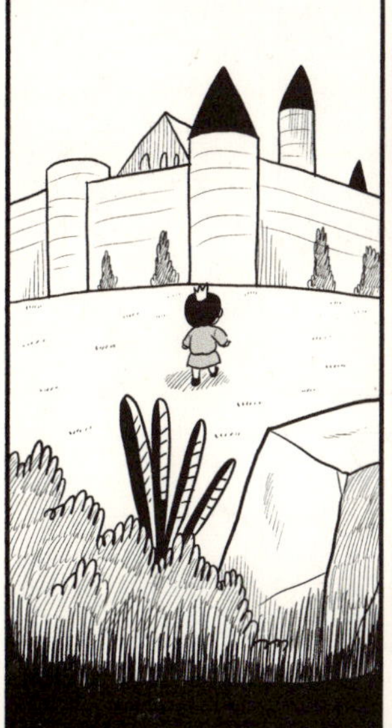

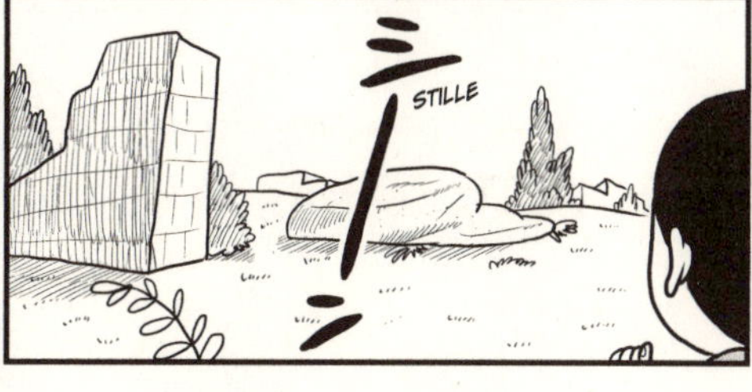
シーン
STILLE

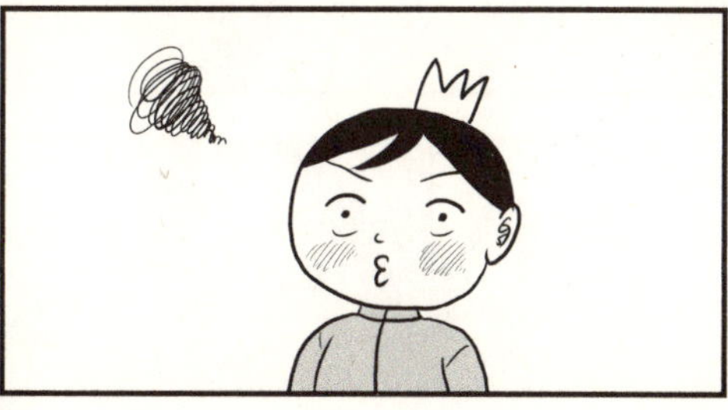

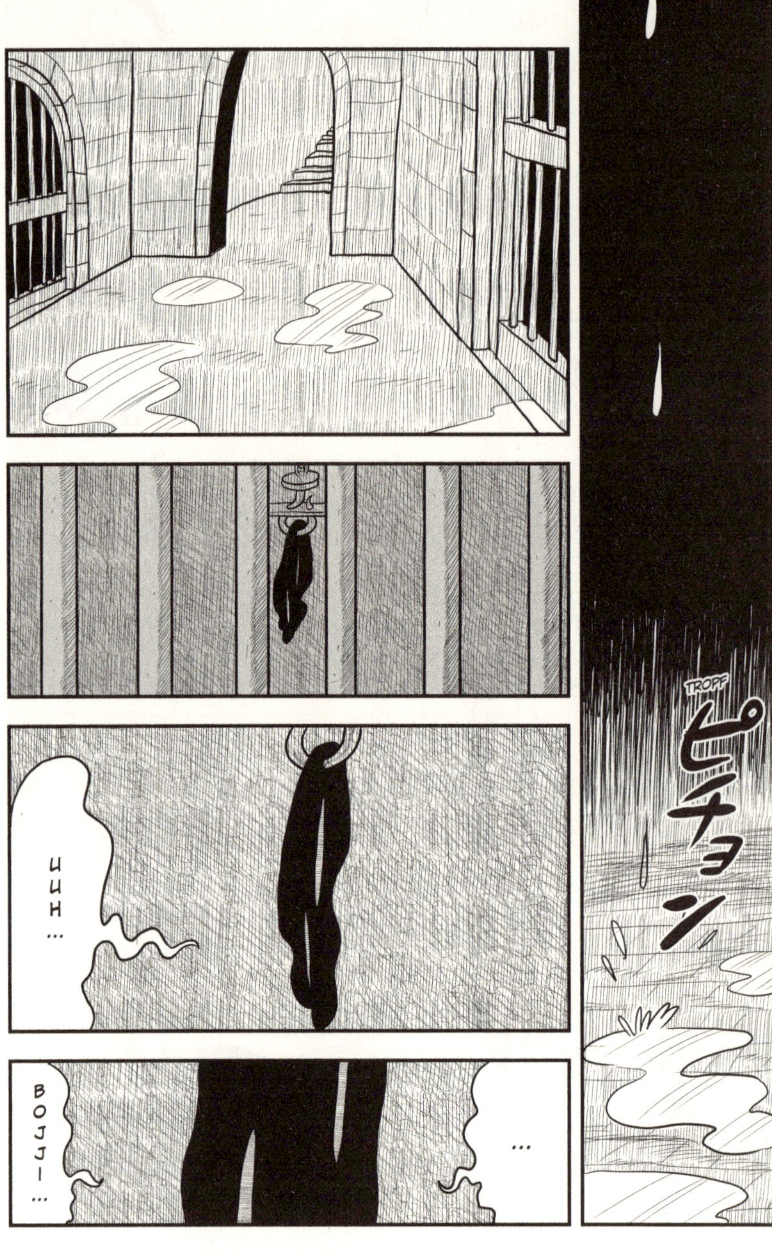
TROPF
ピチョン
UUH ...
...
BOJJI ...

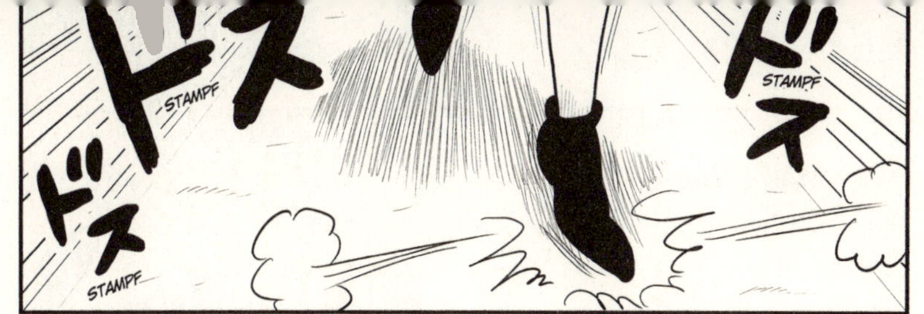
ドス
STAMPF
ドス
STAMPF
ドス
STAMPF

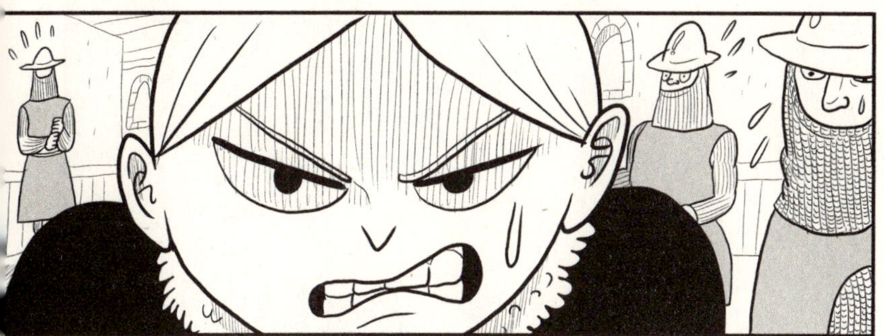

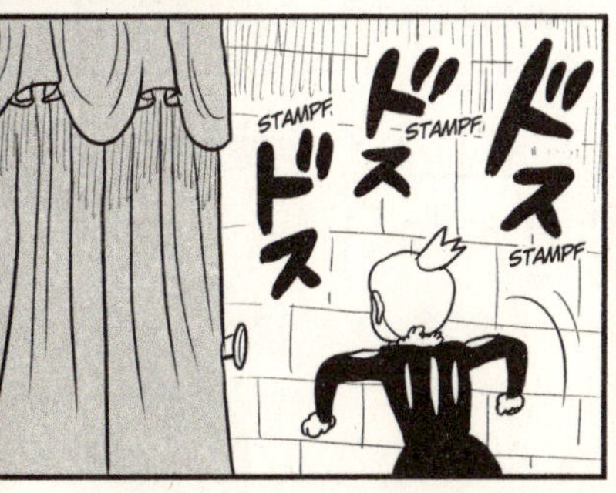
ドス
STAMPF
ドス
STAMPF
ドス
STAMPF

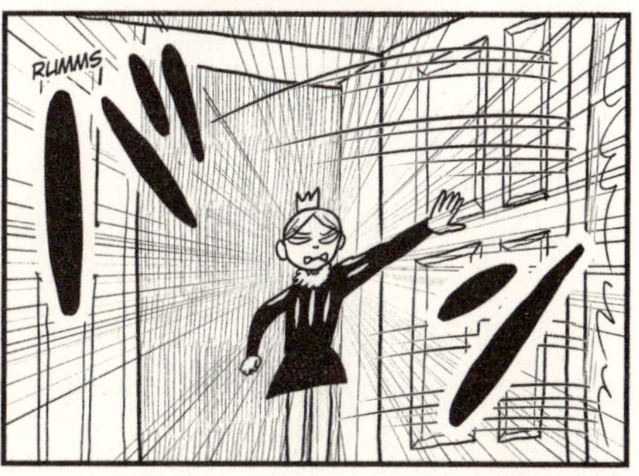
RUMMS
バン

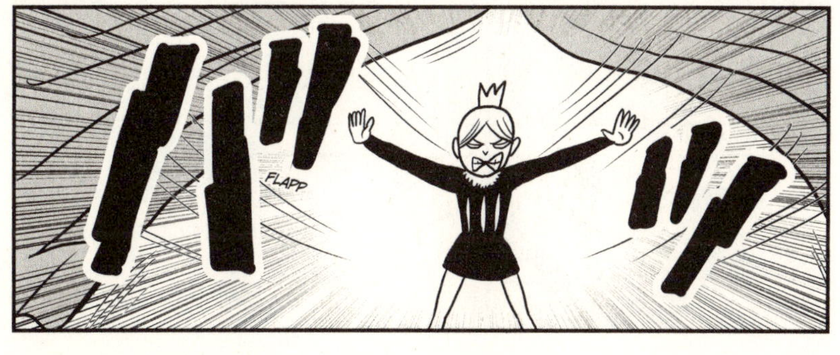
バッ
FLAPP

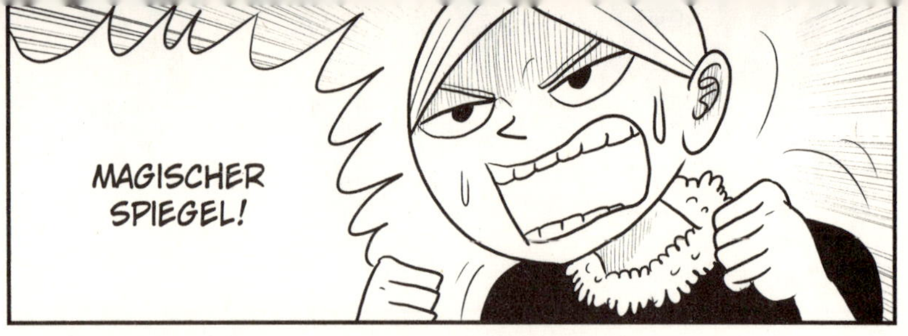
MAGISCHER SPIEGEL!

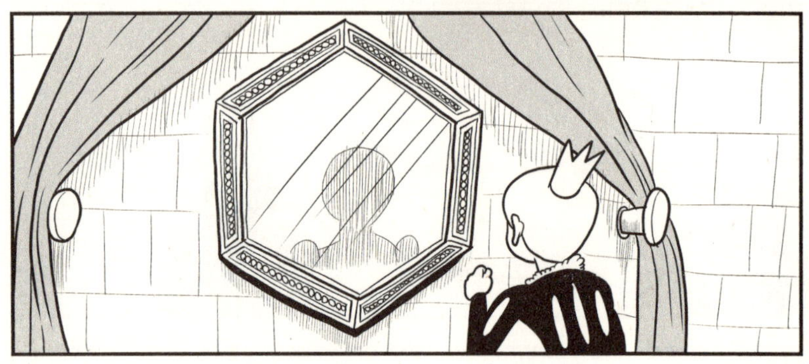

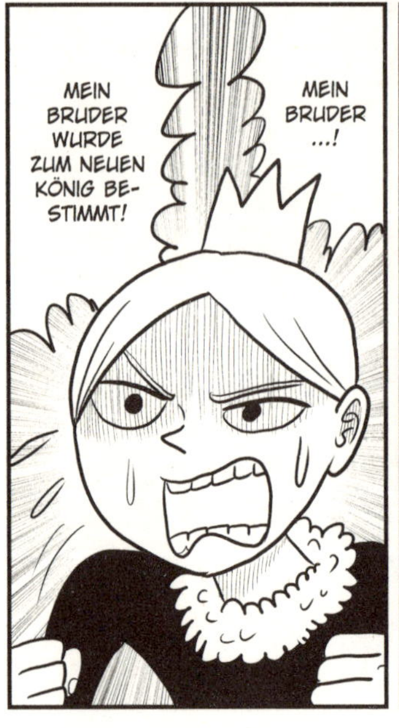
MEIN BRUDER ...!
MEIN BRUDER WURDE ZUM NEUEN KÖNIG BE-STIMMT!

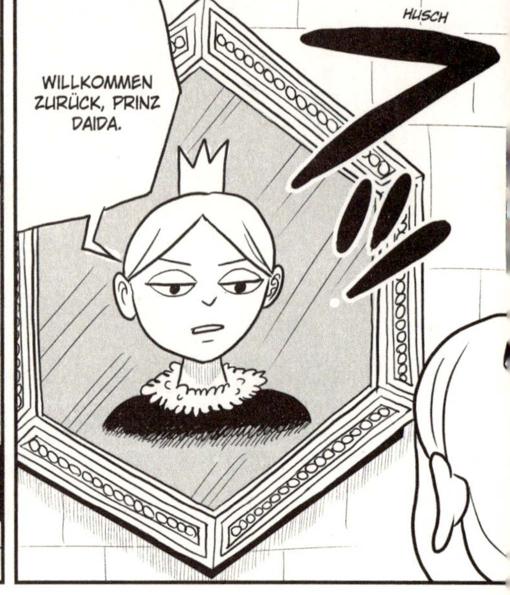
HUSCH
WILLKOMMEN ZURÜCK, PRINZ DAIDA.

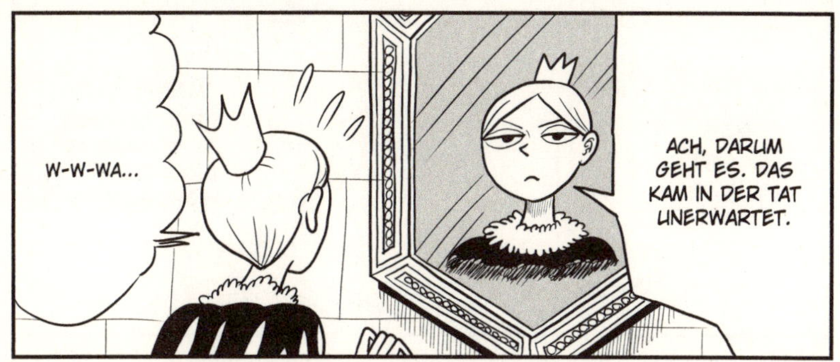
W-W-WA...
ACH, DARUM GEHT ES. DAS KAM IN DER TAT UNERWARTET.

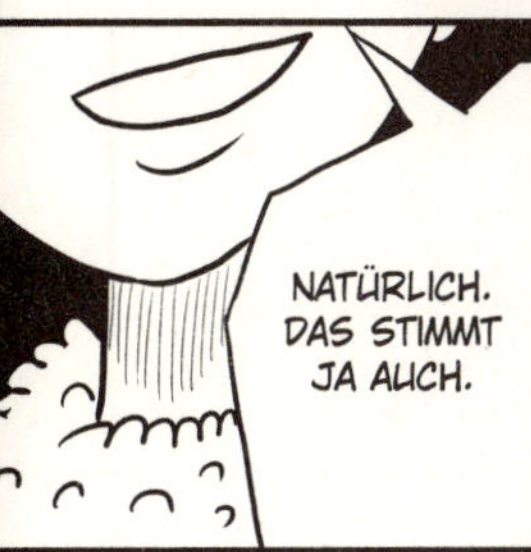
NATÜRLICH. DAS STIMMT JA AUCH.

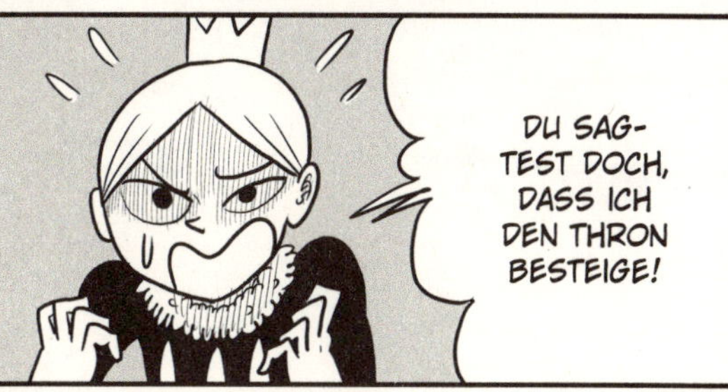
DU SAGTEST DOCH, DASS ICH DEN THRON BESTEIGE!

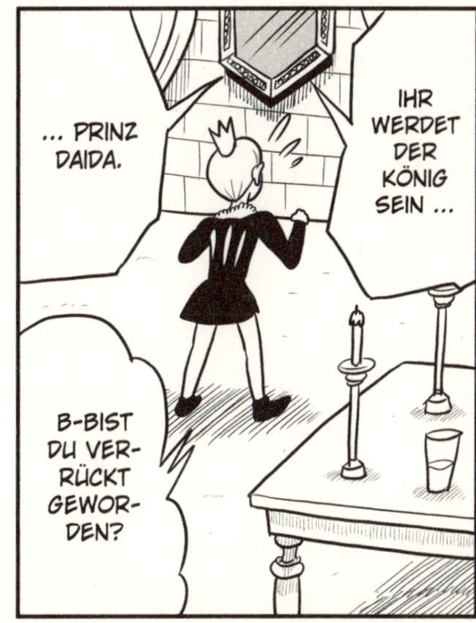
... PRINZ DAIDA.
IHR WERDET DER KÖNIG SEIN ...
B-BIST DU VERRÜCKT GEWORDEN?

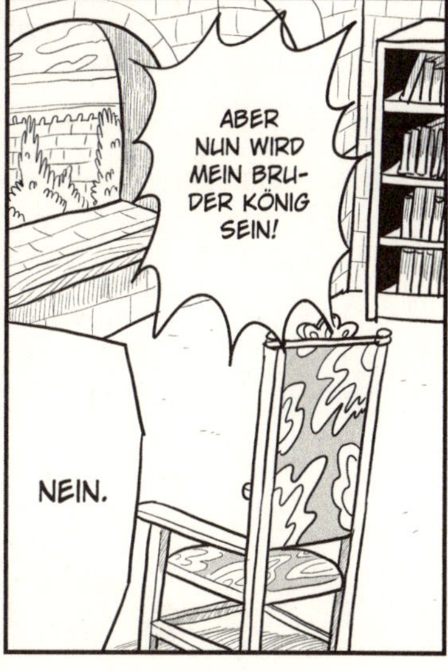
NEIN.
ABER NUN WIRD MEIN BRUDER KÖNIG SEIN!

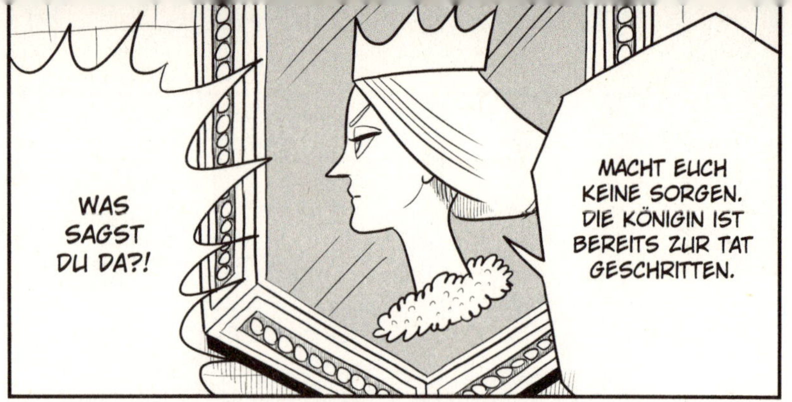
MACHT EUCH KEINE SORGEN. DIE KÖNIGIN IST BEREITS ZUR TAT GESCHRITTEN.
WAS SAGST DU DA?!

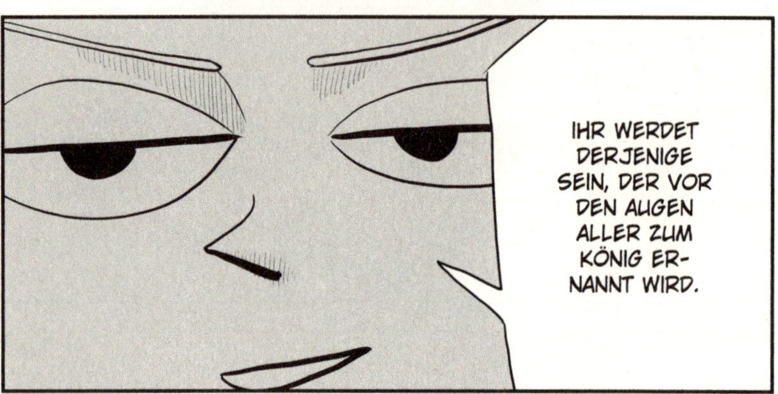
IHR WERDET DERJENIGE SEIN, DER VOR DEN AUGEN ALLER ZUM KÖNIG ER-NANNT WIRD.

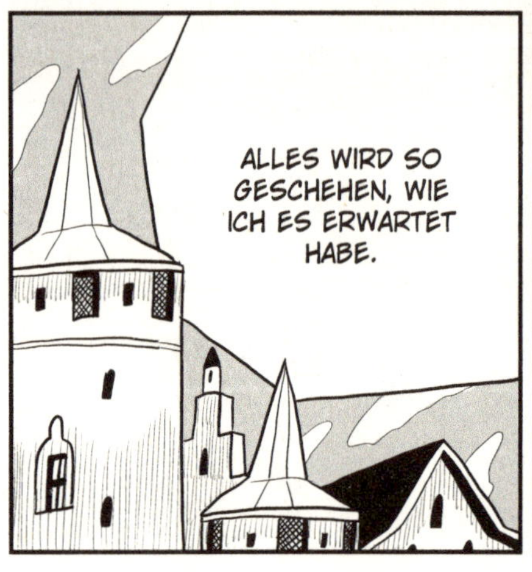
ALLES WIRD SO GESCHEHEN, WIE ICH ES ERWARTET HABE.

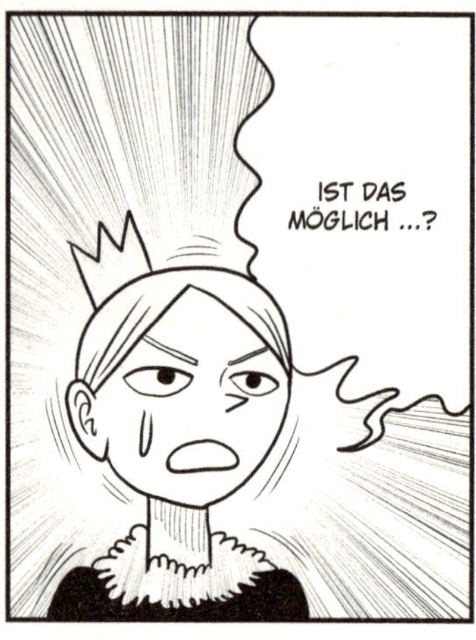
IST DAS MÖGLICH ...?

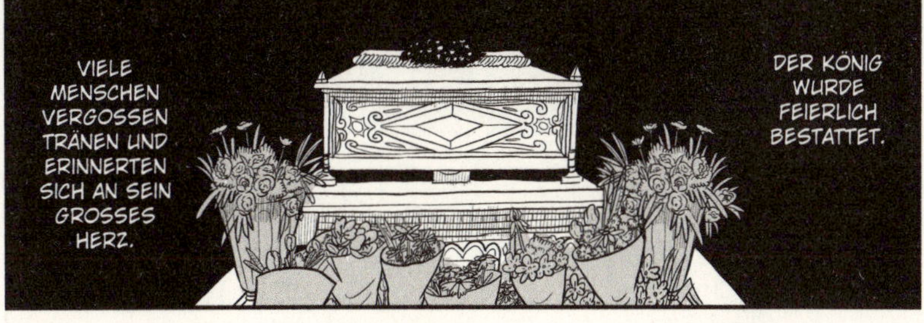
DER KÖNIG WURDE FEIERLICH BESTATTET.
VIELE MENSCHEN VERGOSSEN TRÄNEN UND ERINNERTEN SICH AN SEIN GROSSES HERZ.

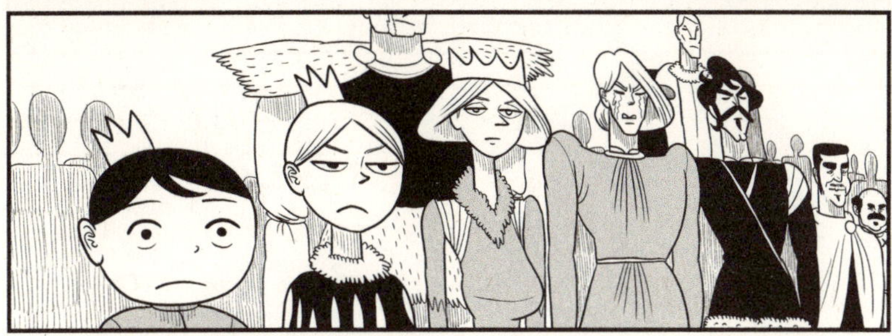

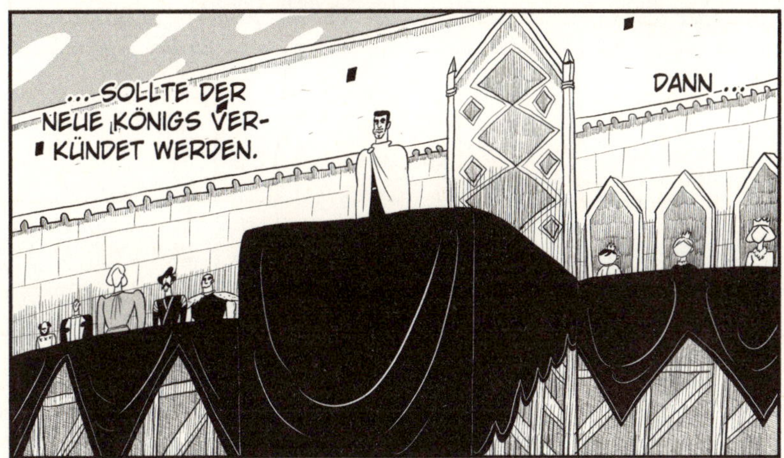
DANN ...
... SOLLTE DER NEUE KÖNIGS VERKÜNDET WERDEN.

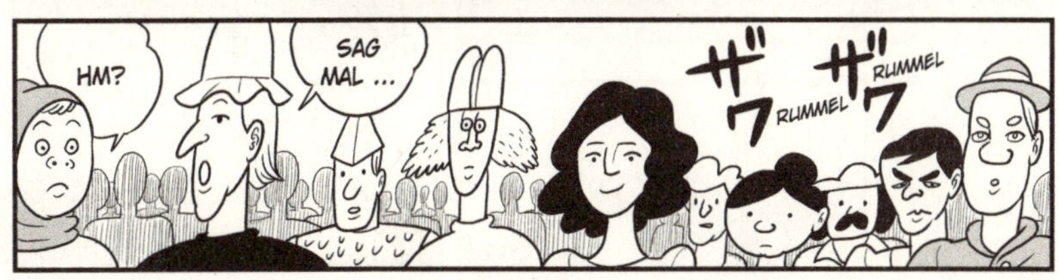
RUMMEL
RUMMEL
SAG MAL ...
HM?

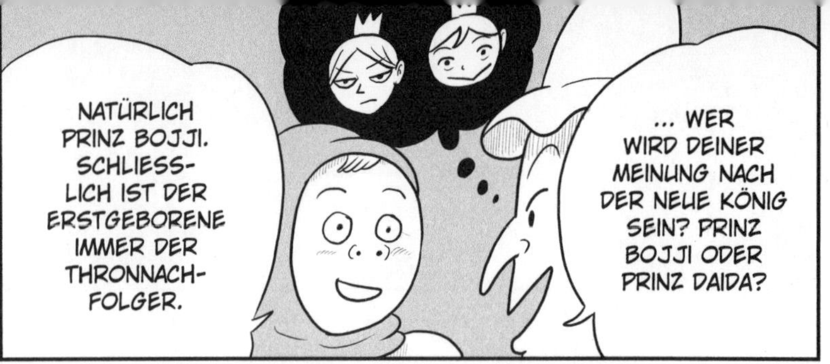
... WER WIRD DEINER MEINUNG NACH DER NEUE KÖNIG SEIN? PRINZ BOJJI ODER PRINZ DAIDA?
NATÜRLICH PRINZ BOJJI. SCHLIESSLICH IST DER ERSTGEBORENE IMMER DER THRONNACHFOLGER.

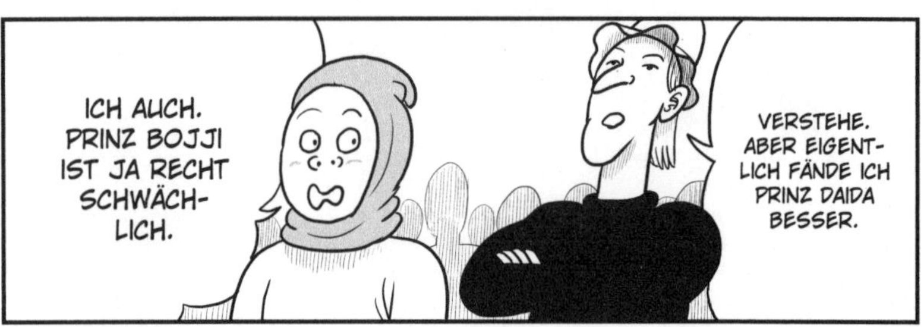
VERSTEHE. ABER EIGENTLICH FÄNDE ICH PRINZ DAIDA BESSER.
ICH AUCH. PRINZ BOJJI IST JA RECHT SCHWÄCHLICH.

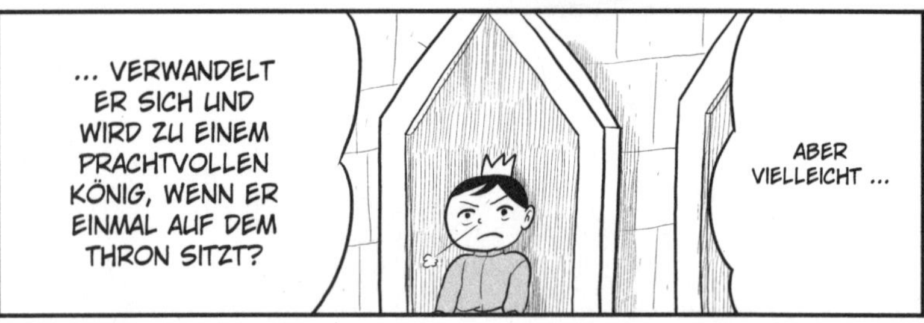
ABER VIELLEICHT ...
... VERWANDELT ER SICH UND WIRD ZU EINEM PRACHTVOLLEN KÖNIG, WENN ER EINMAL AUF DEM THRON SITZT?

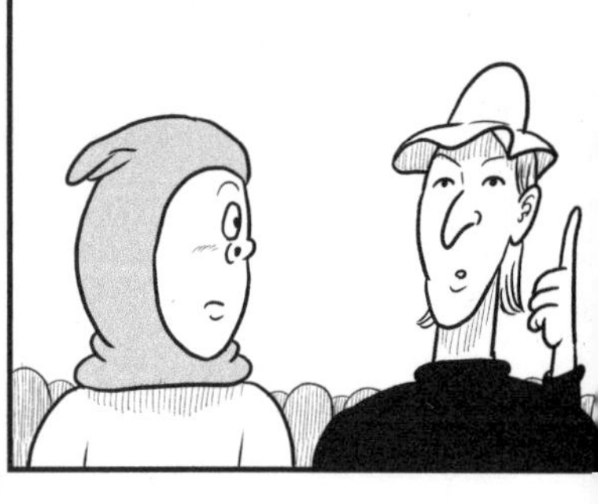

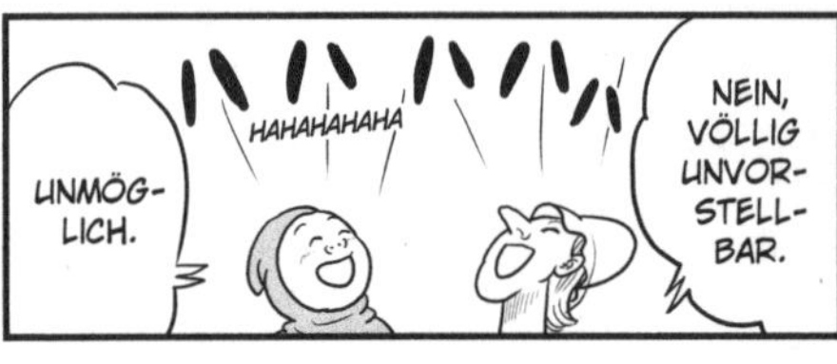
NEIN, VÖLLIG UNVORSTELLBAR.
HAHAHAHAHA
UNMÖGLICH.

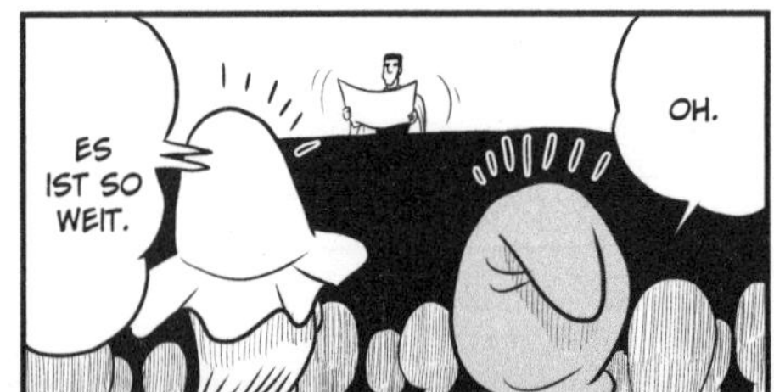
OH.
ES IST SO WEIT.

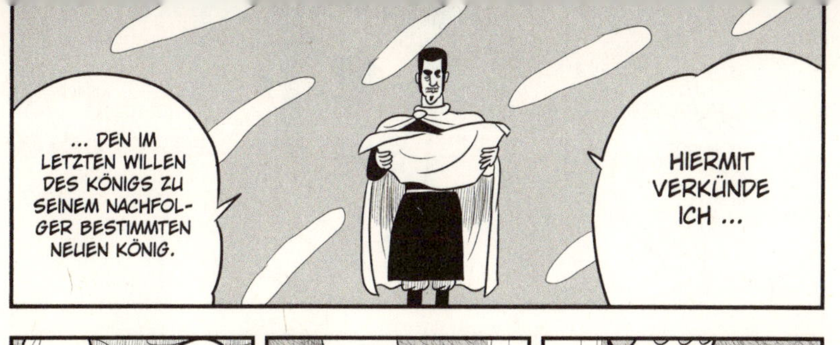
HIERMIT VERKÜNDE ICH ...
... DEN IM LETZTEN WILLEN DES KÖNIGS ZU SEINEM NACHFOLGER BESTIMMTEN NEUEN KÖNIG.

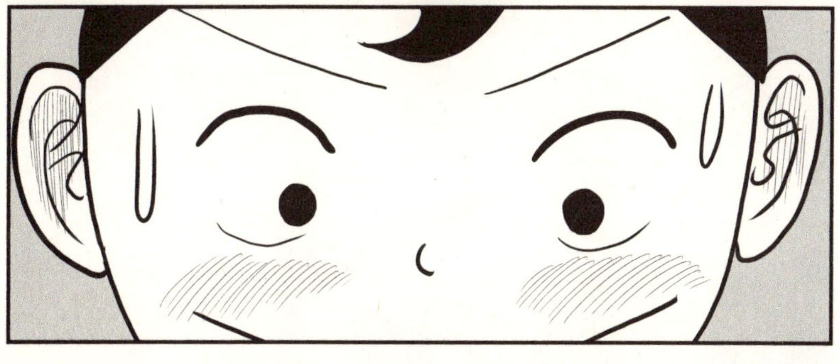

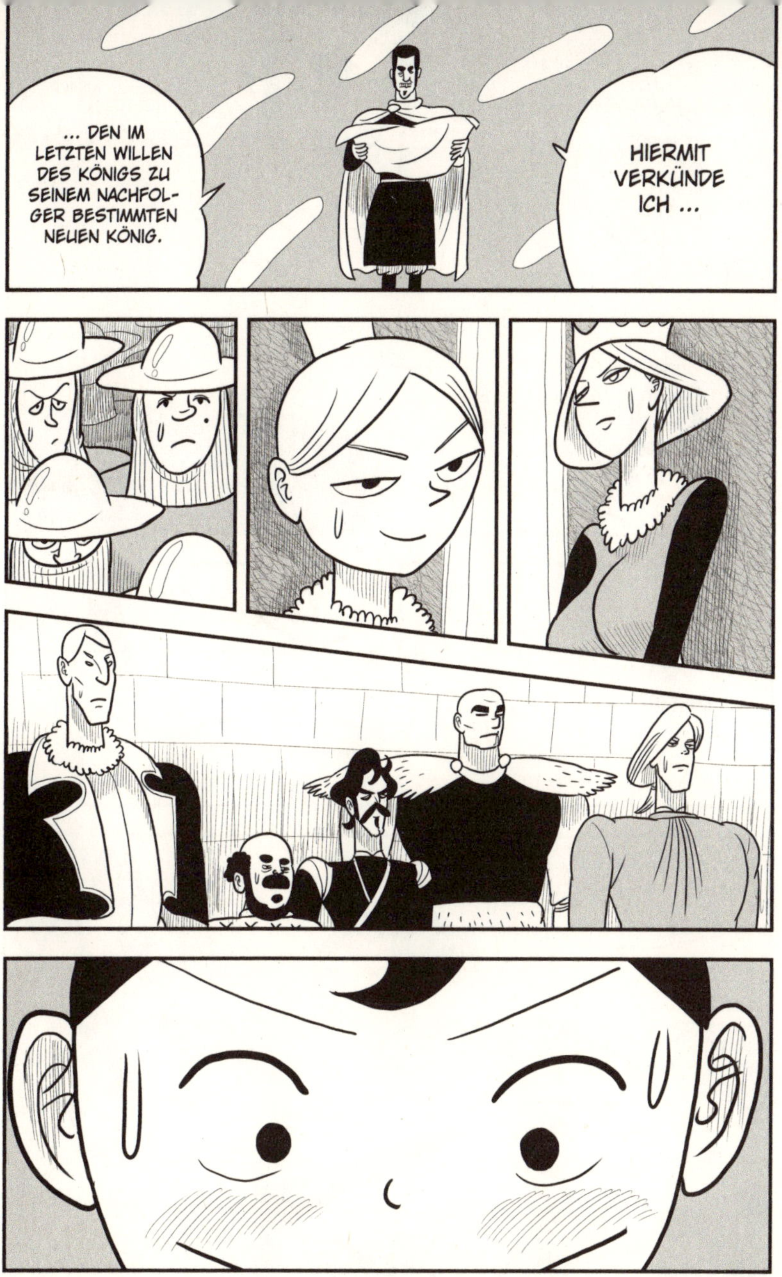

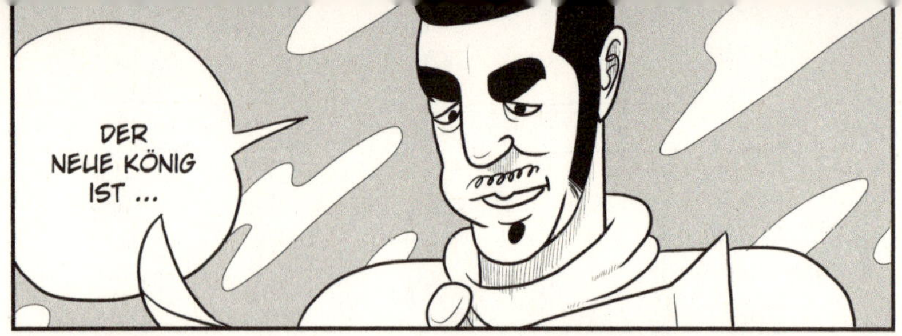
DER NEUE KÖNIG IST ...

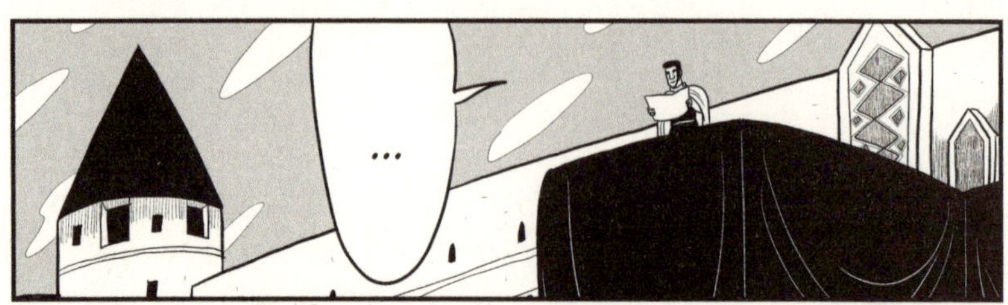
...

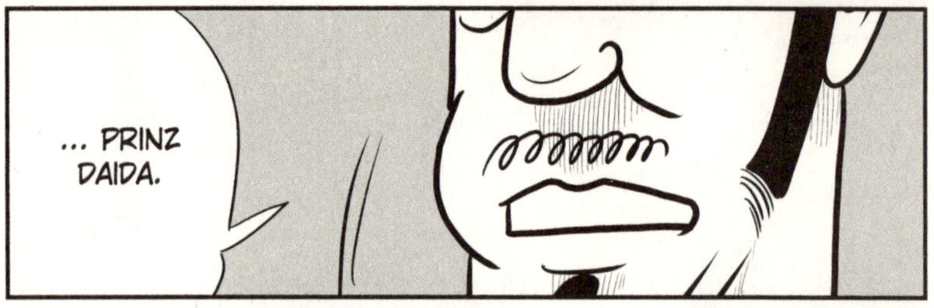
... PRINZ DAIDA.

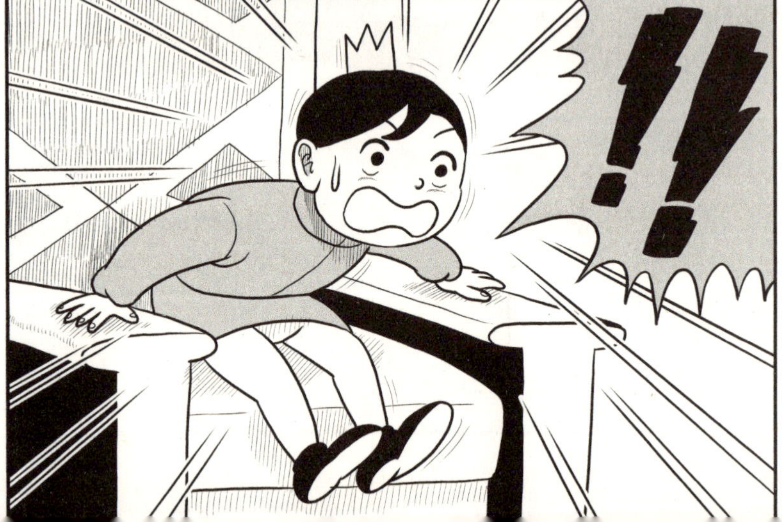
!!

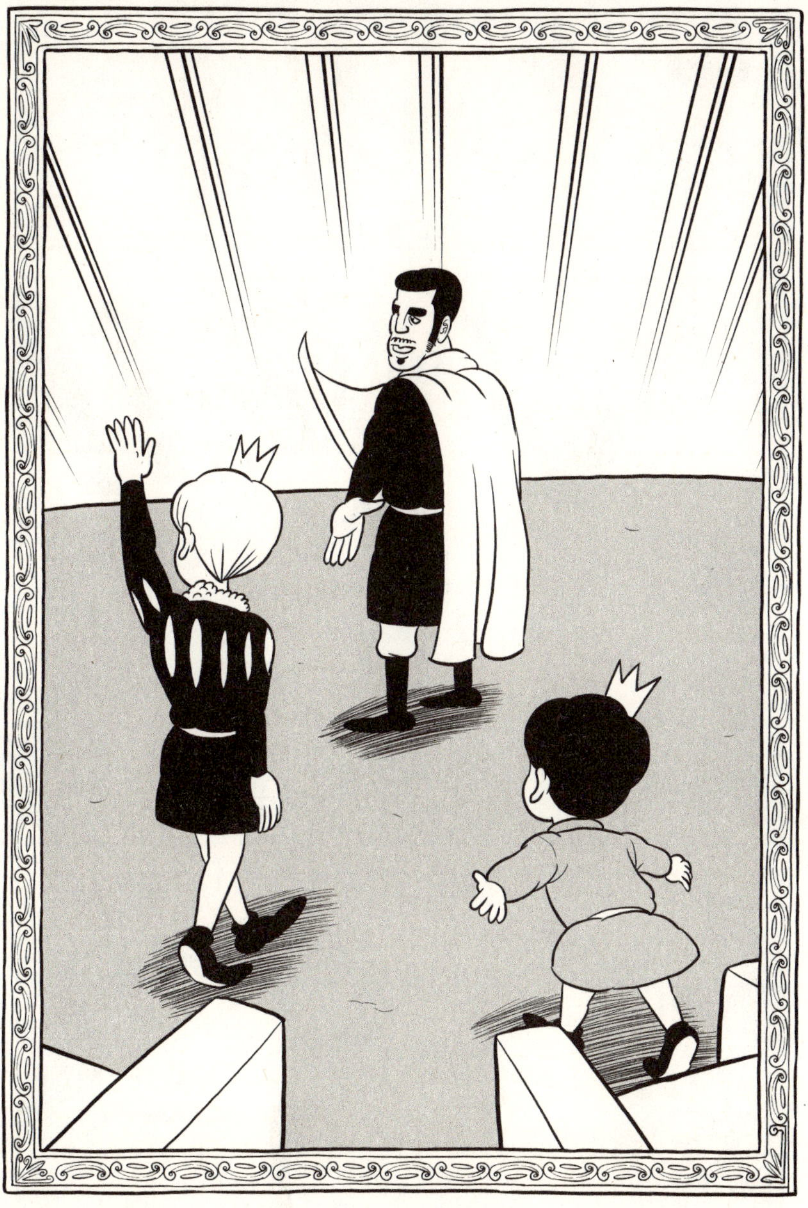

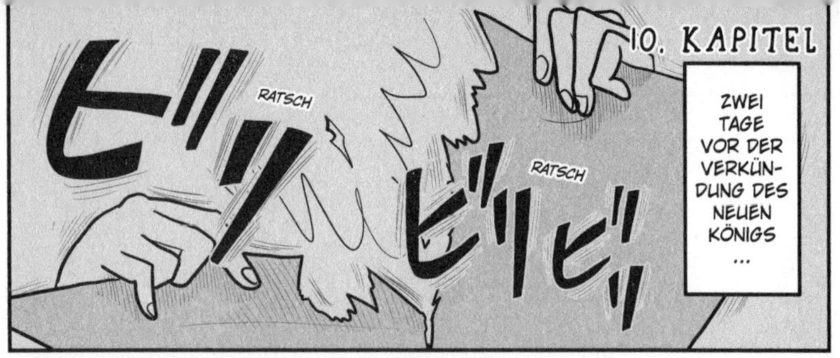
10. KAPITEL
ZWEI TAGE VOR DER VERKÜNDUNG DES NEUEN KÖNIGS ...
RATSCH
RATSCH

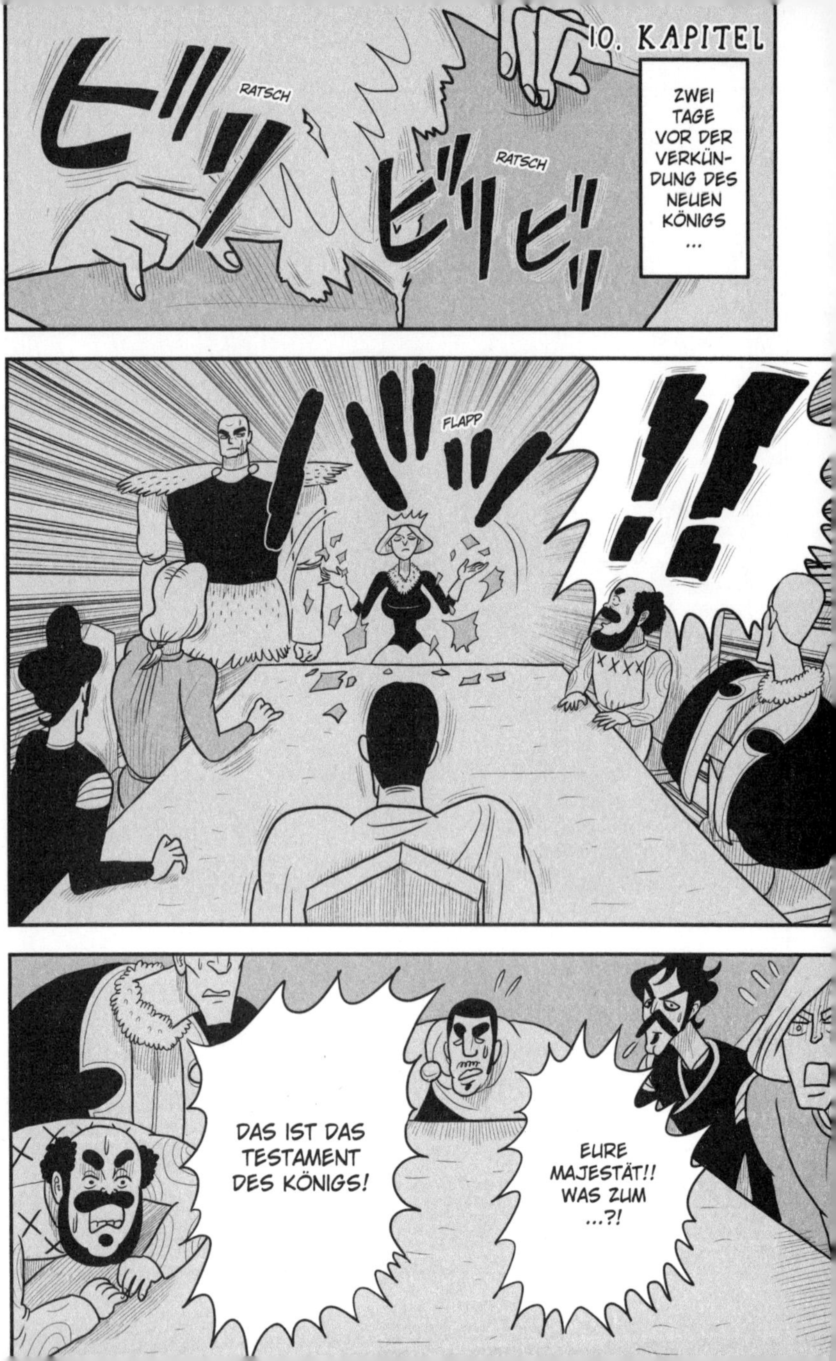

FLAPP

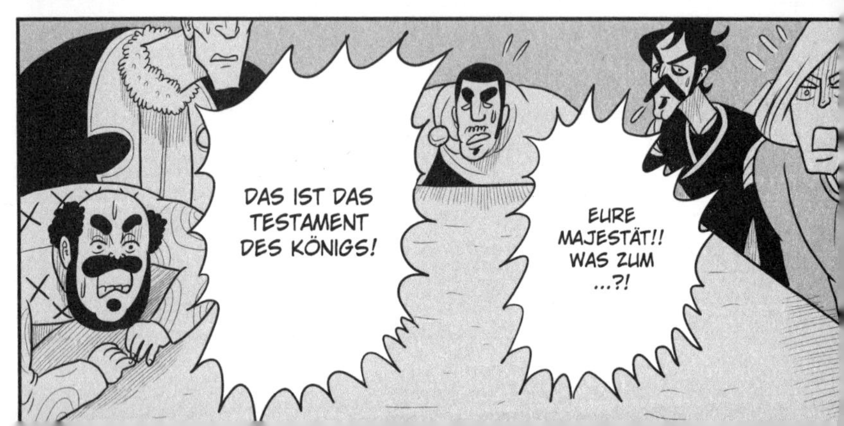
EURE MAJESTÄT!! WAS ZUM ...?!
DAS IST DAS TESTAMENT DES KÖNIGS!

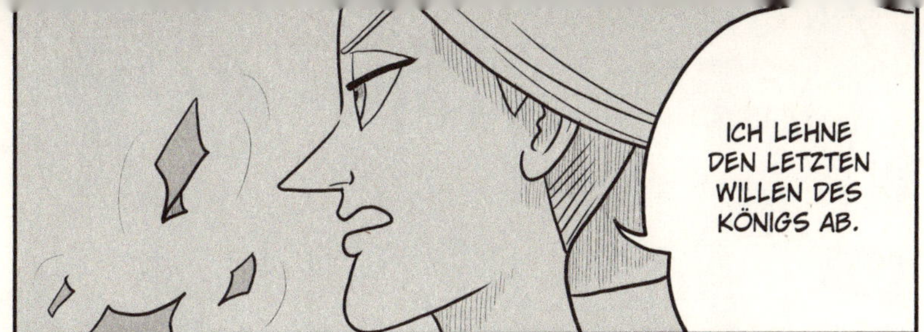
ICH LEHNE DEN LETZTEN WILLEN DES KÖNIGS AB.

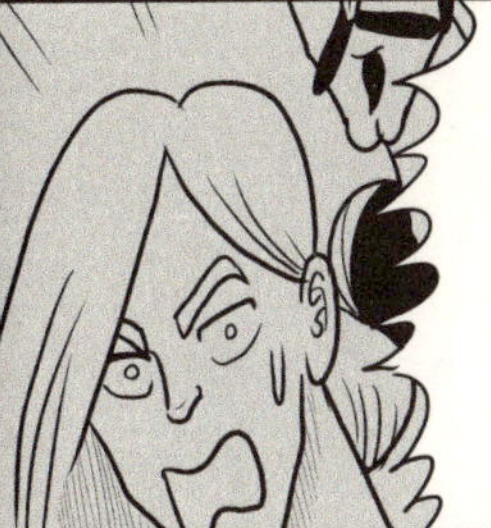
WOLLT IHR VERHIN-DERN, DASS PRINZ BOJJI ZUM KÖNIG ERNANNT WIRD?!

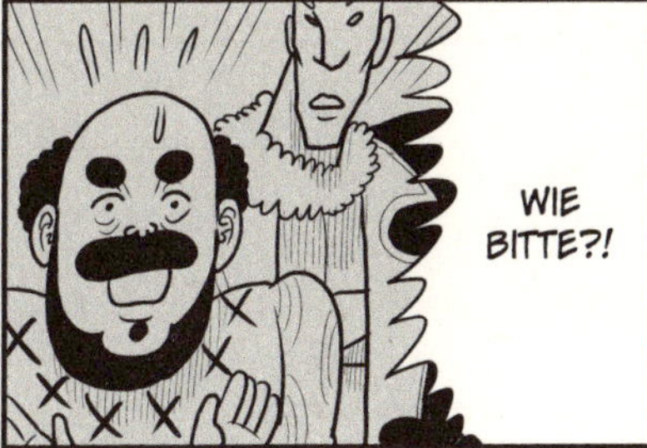
WIE BITTE?!

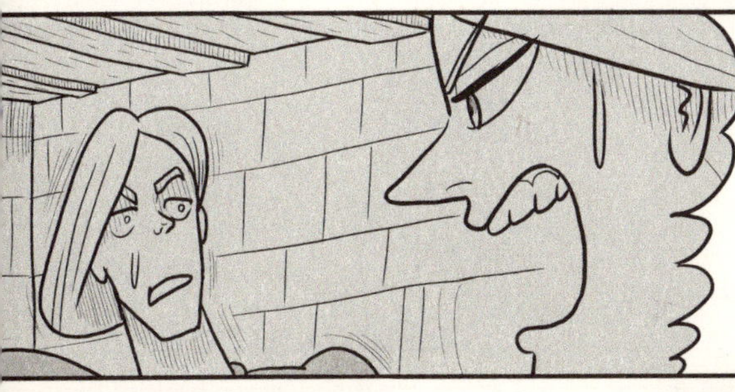
GLAUBST DU ALLEN ERNSTES, BOJJI KÖNNE DIE AUFGABEN EINES KÖNIGS ER-FÜLLEN?!

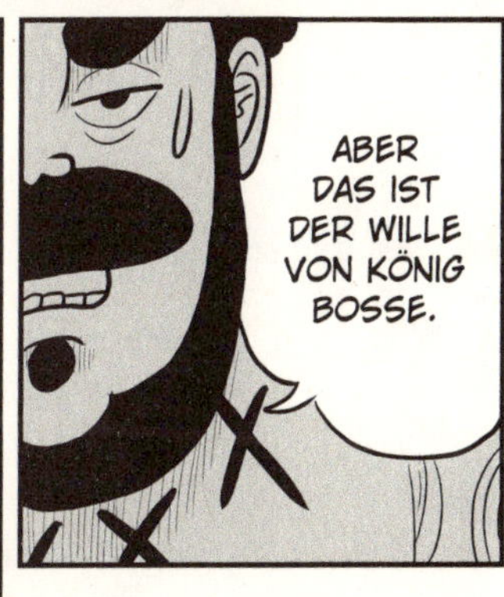
ABER DAS IST DER WILLE VON KÖNIG BOSSE.

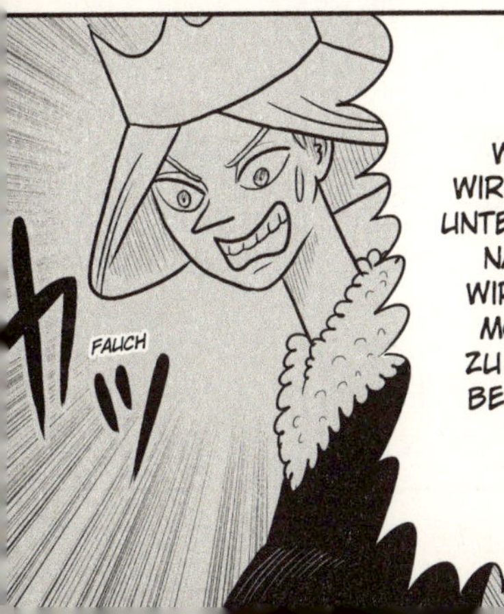
WOLLEN WIR UNS DEM UNTERWERFEN, NACHDEM WIR DIESES MONSTER ZU GESICHT BEKAMEN?!
FAUCH

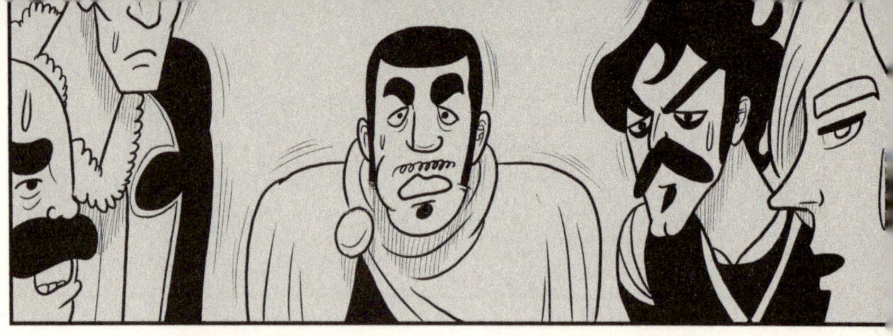

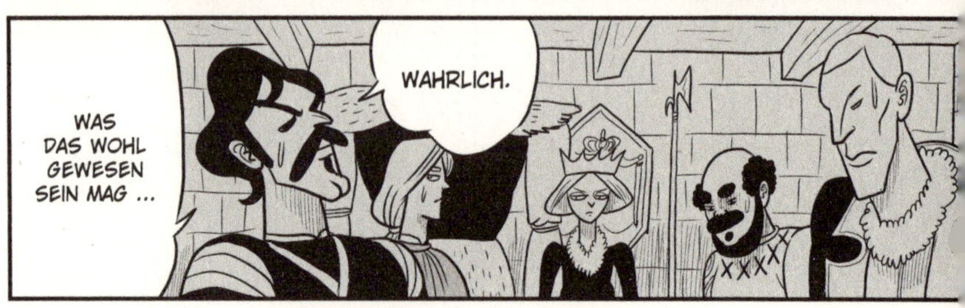

WAS DAS WOHL GEWESEN SEIN MAG ...
WAHRLICH.

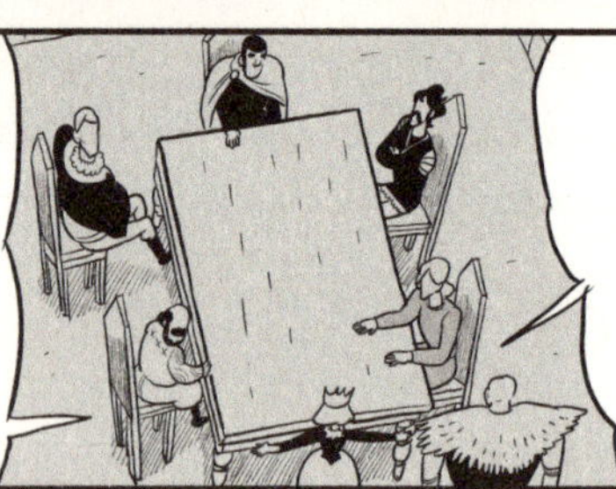

WIR SIEBEN, DIE HIER VER-SAMMELT SIND ...
... STIMMEN IN EINER GERECHTEN WAHL DARÜBER AB, WER DER NEUE KÖNIG SEIN SOLL.

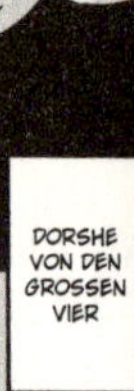

DORSHE VON DEN GROSSEN VIER

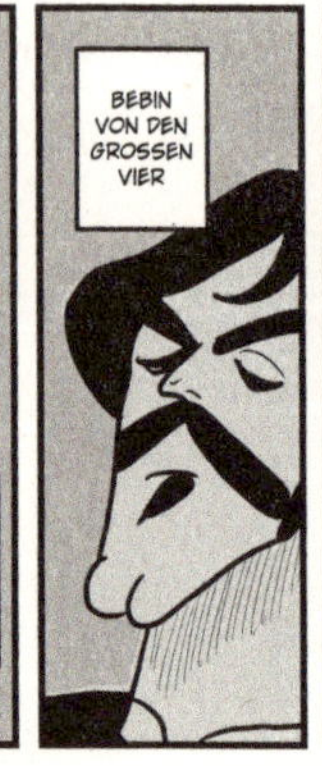

BEBIN VON DEN GROSSEN VIER

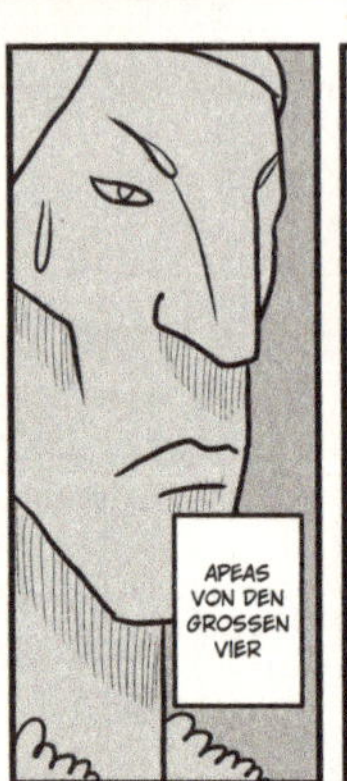

APEAS VON DEN GROSSEN VIER

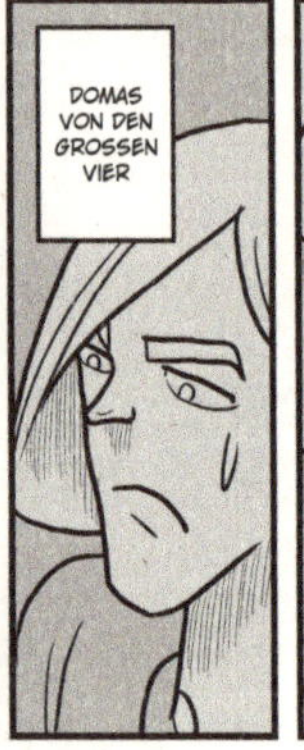

DOMAS VON DEN GROSSEN VIER

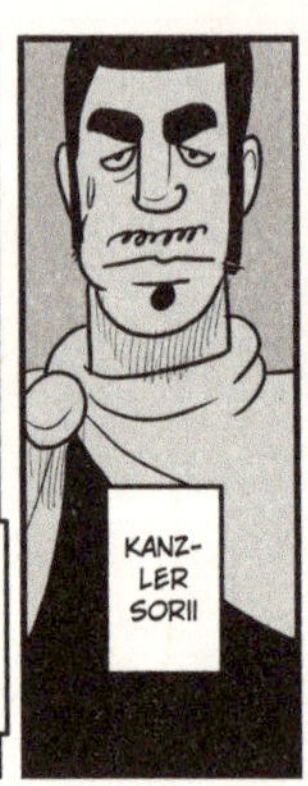

KANZ-LER SORII

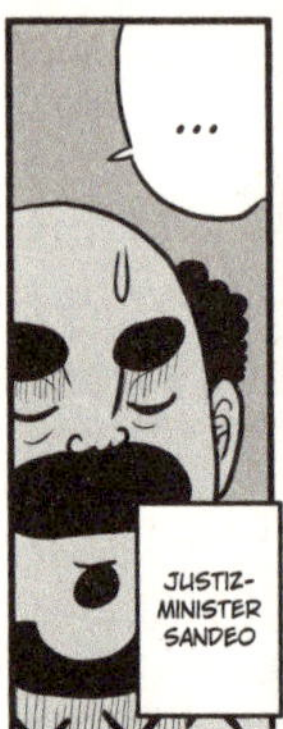

...
JUSTIZ-MINISTER SANDEO

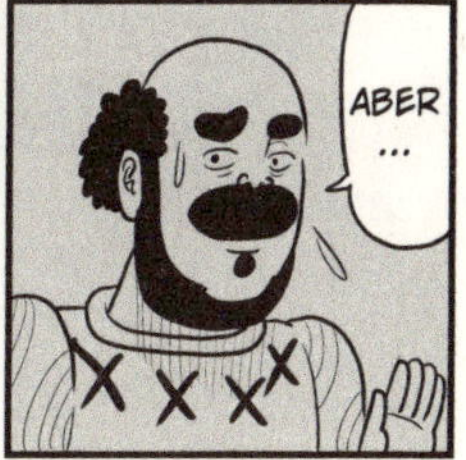
ABER …

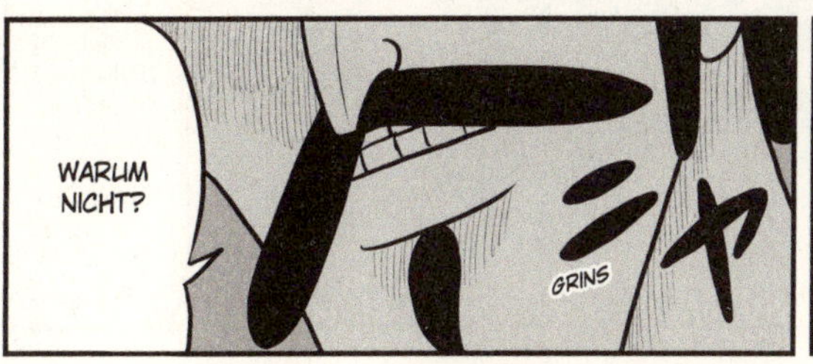
WARUM NICHT?
GRINS

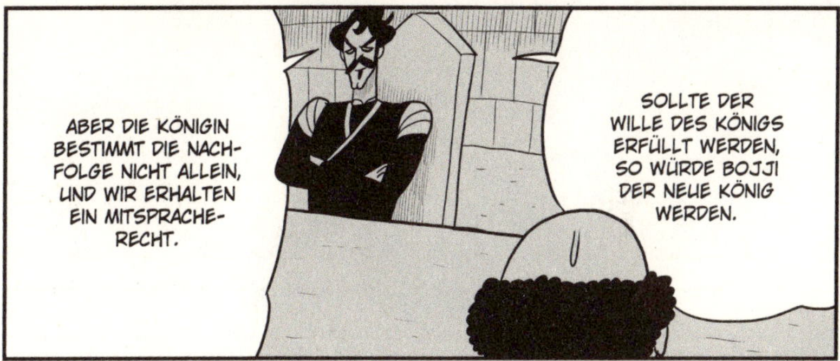
SOLLTE DER WILLE DES KÖNIGS ERFÜLLT WERDEN, SO WÜRDE BOJJI DER NEUE KÖNIG WERDEN.
ABER DIE KÖNIGIN BESTIMMT DIE NACHFOLGE NICHT ALLEIN, UND WIR ERHALTEN EIN MITSPRACHERECHT.

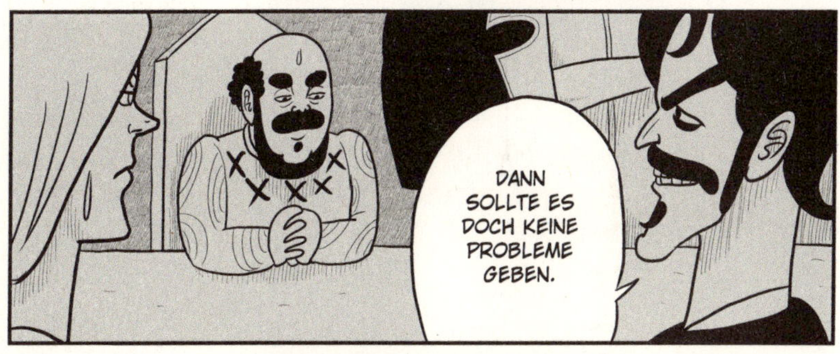
DANN SOLLTE ES DOCH KEINE PROBLEME GEBEN.

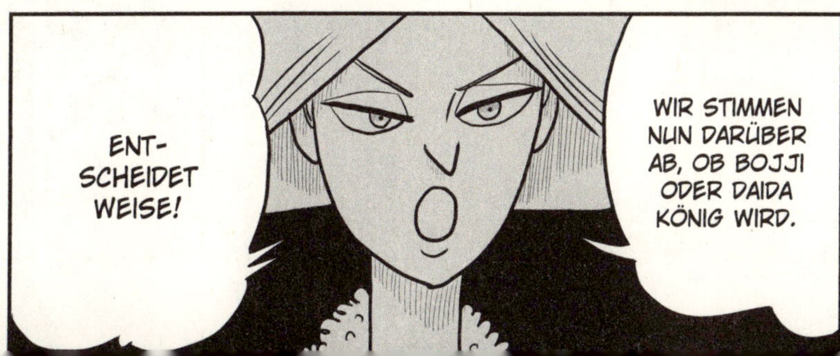
WIR STIMMEN NUN DARÜBER AB, OB BOJJI ODER DAIDA KÖNIG WIRD.
ENTSCHEIDET WEISE!

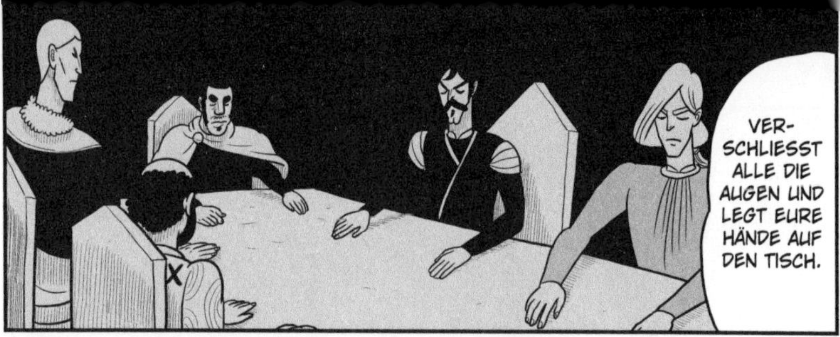
VER-
SCHLIESST
ALLE DIE
AUGEN UND
LEGT EURE
HÄNDE AUF
DEN TISCH.

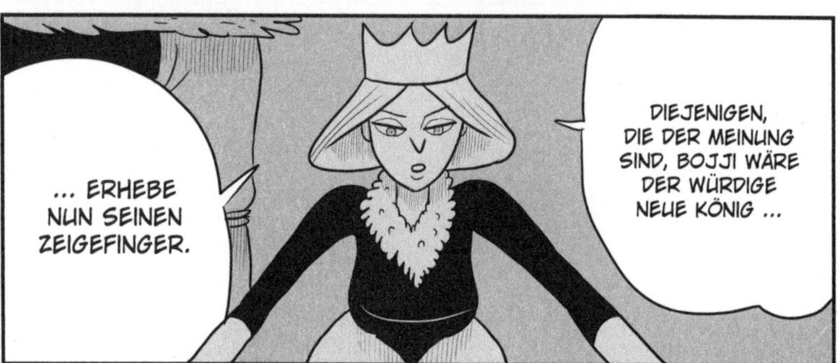
DIEJENIGEN,
DIE DER MEINUNG
SIND, BOJJI WÄRE
DER WÜRDIGE
NEUE KÖNIG ...
... ERHEBE
NUN SEINEN
ZEIGEFINGER.

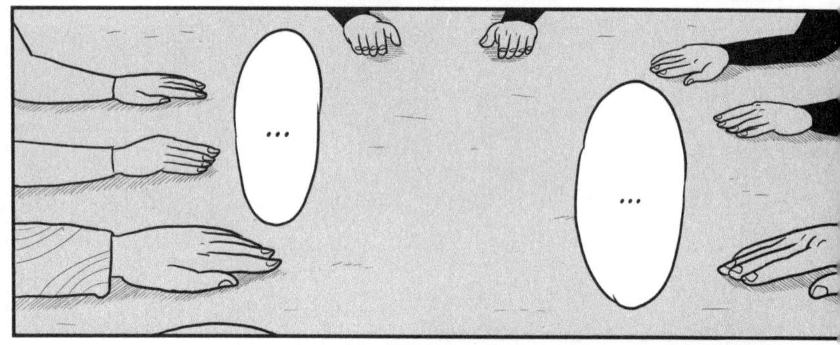
...
...

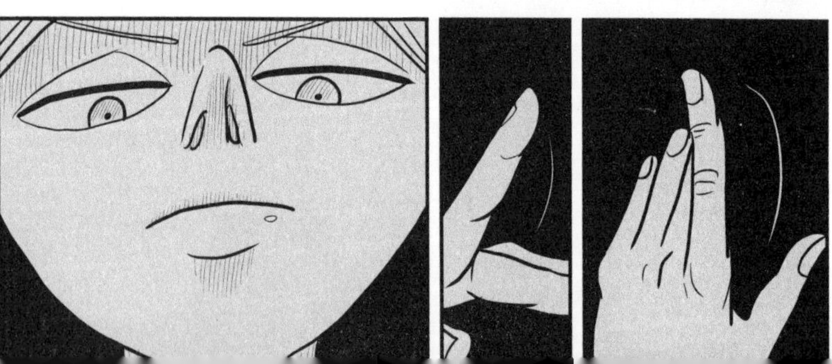

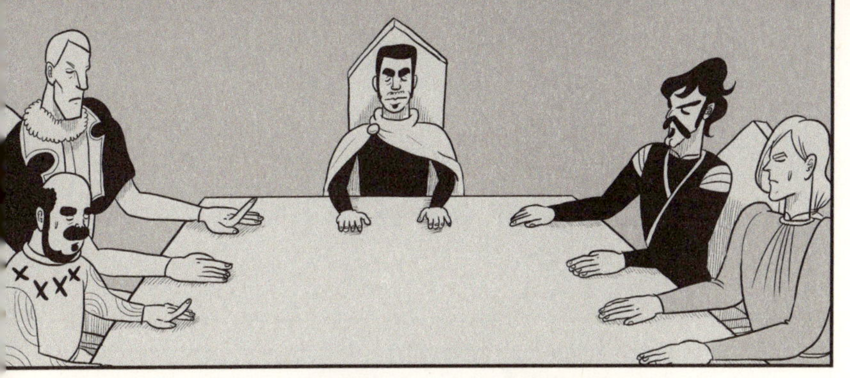

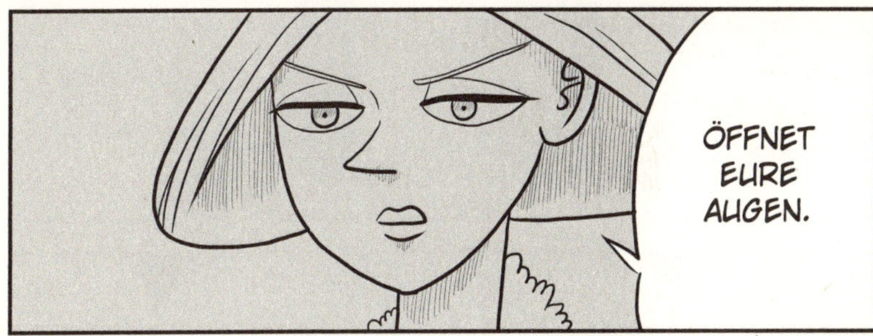
ÖFFNET EURE AUGEN.

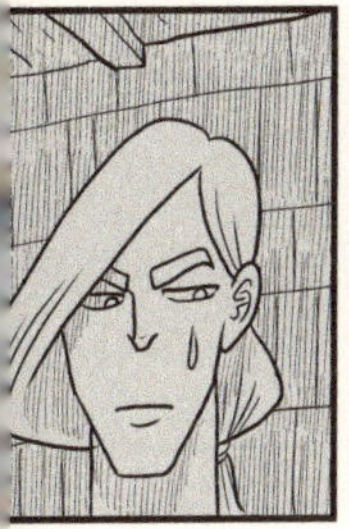

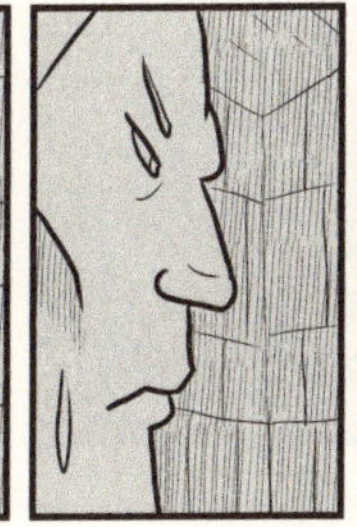

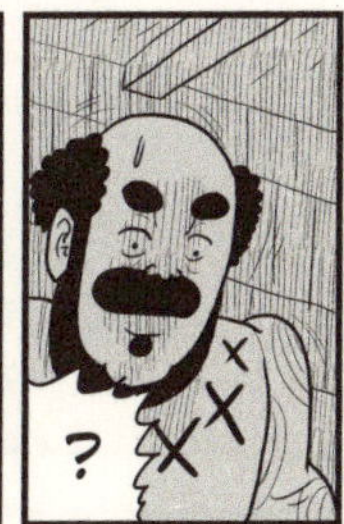
?

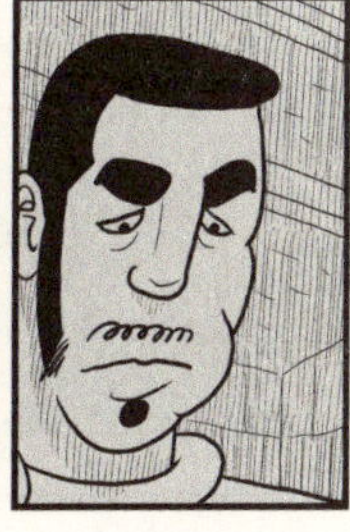

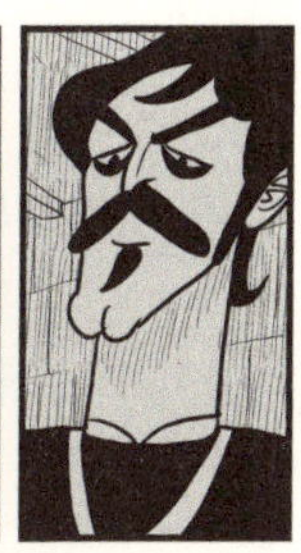

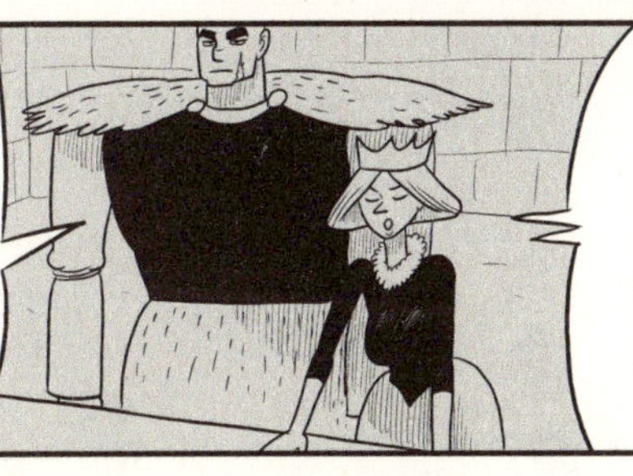
WIR BEIDE STIMMEN FÜR DAIDA.
SOMIT HABEN FÜNF FÜR DAIDA GESTIMMT!

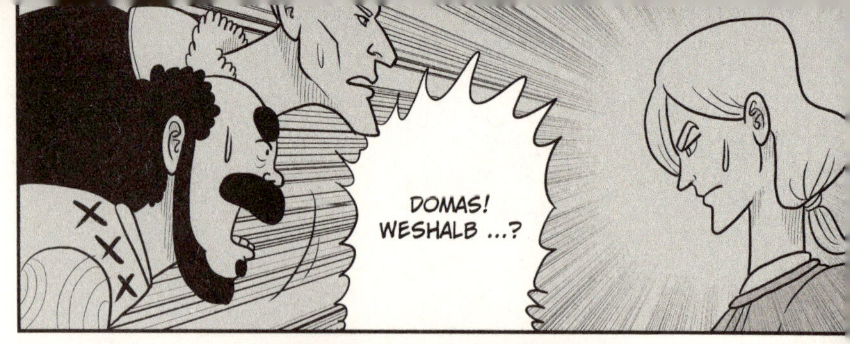
DOMAS! WESHALB ...?

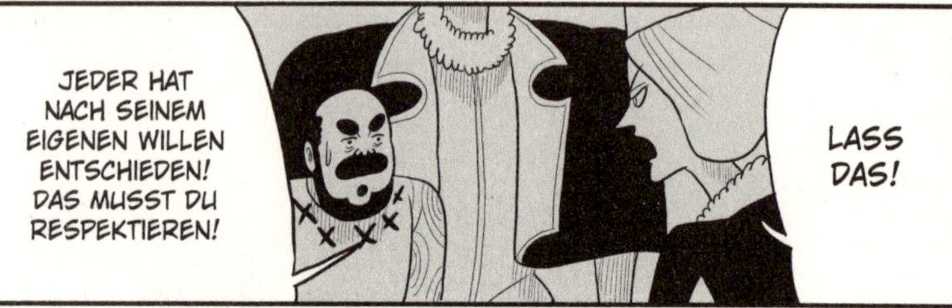
LASS DAS!
JEDER HAT NACH SEINEM EIGENEN WILLEN ENTSCHIEDEN! DAS MUSST DU RESPEKTIEREN!

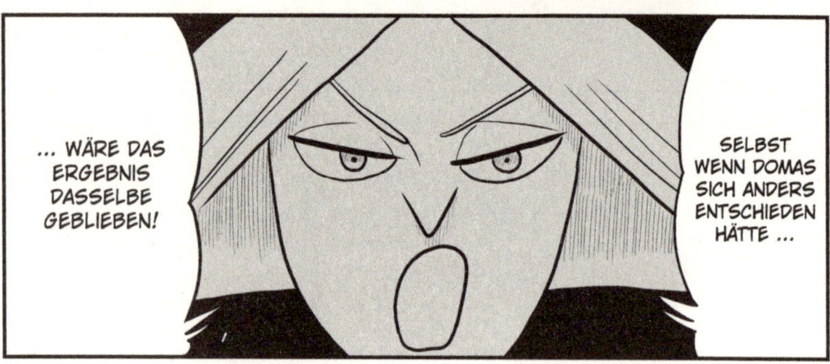
SELBST WENN DOMAS SICH ANDERS ENTSCHIEDEN HÄTTE ...
... WÄRE DAS ERGEBNIS DASSELBE GEBLIEBEN!

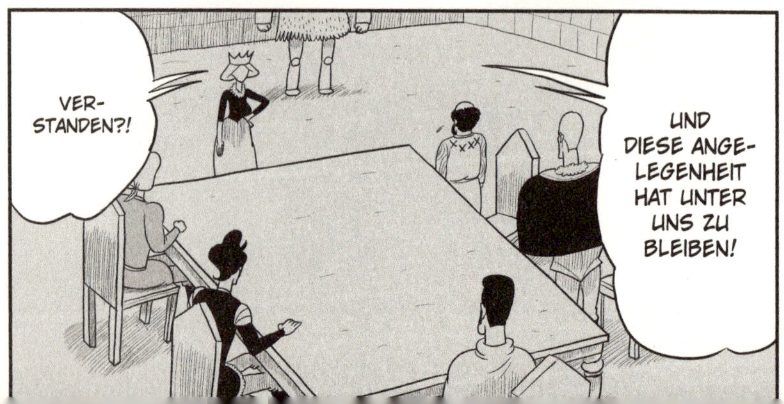
UND DIESE ANGE-LEGENHEIT HAT UNTER UNS ZU BLEIBEN!
VER-STANDEN?!

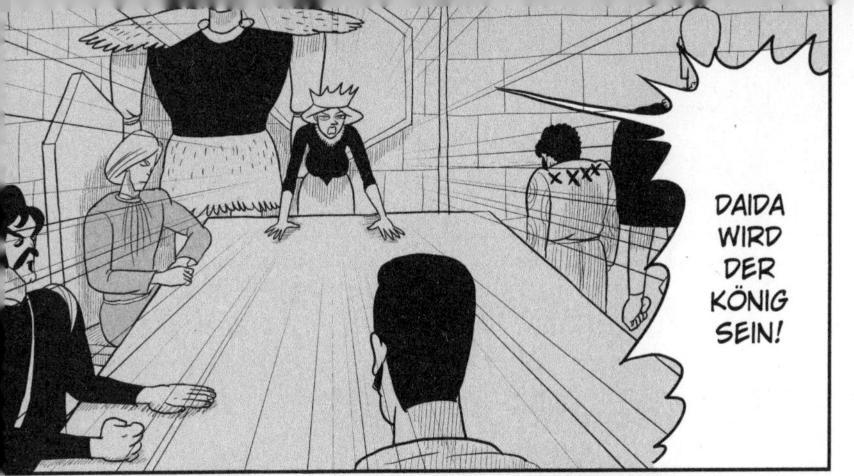
DAIDA
WIRD
DER
KÖNIG
SEIN!

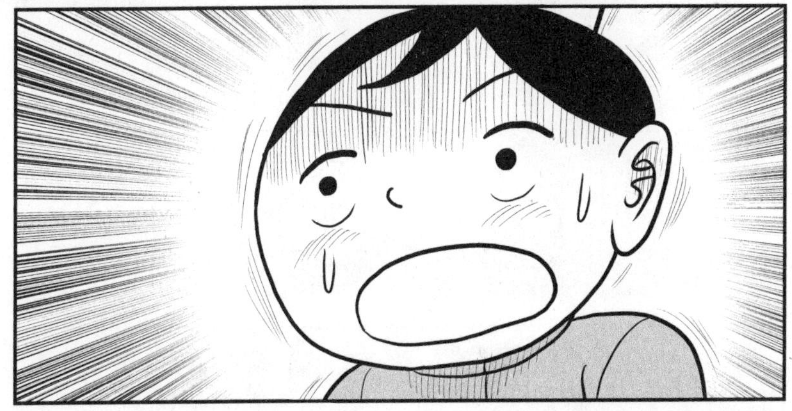

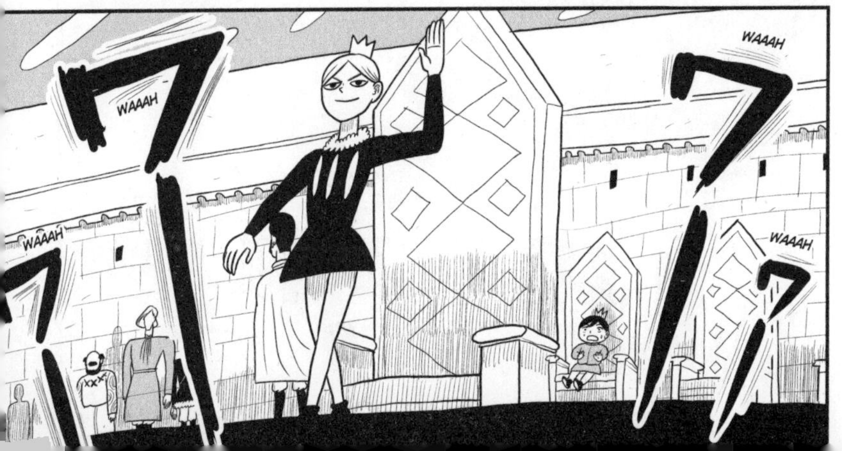
WAAAH
WAAAH
WAAAH
WAAAH

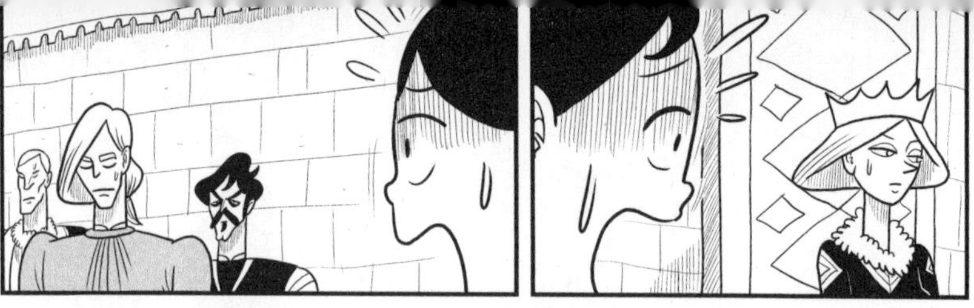

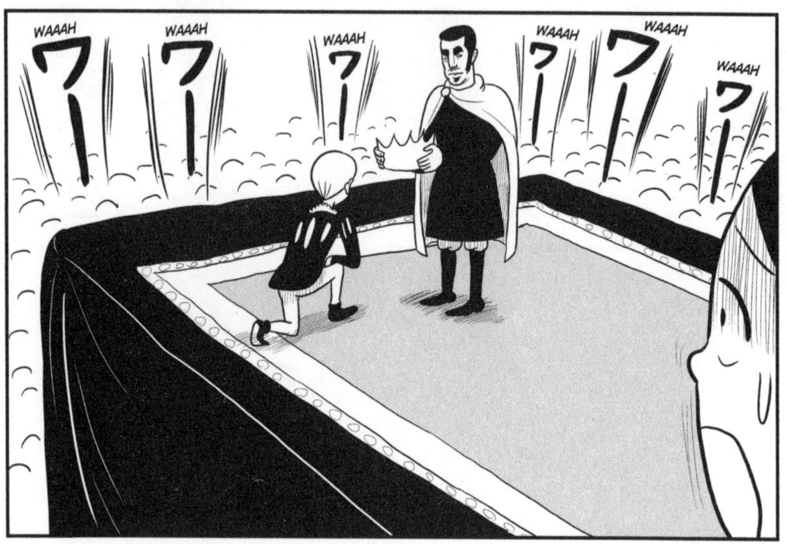
WAAAH
ワー
WAAAH
ワー
WAAAH
ワー
WAAAH
ワー
WAAAH
ワー
WAAAH
ワー

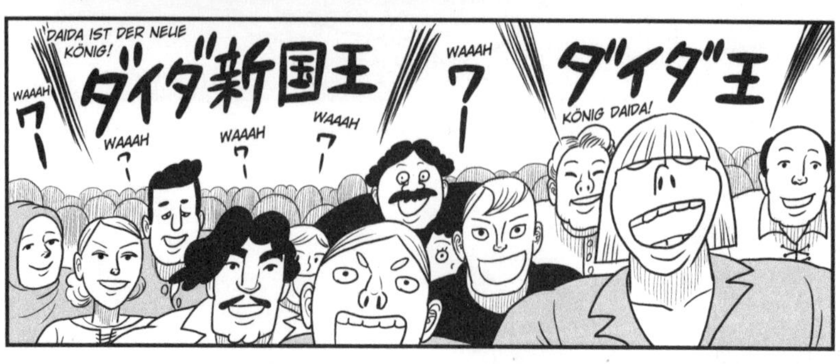
ダイダ王
KÖNIG DAIDA!
WAAAH
ワー
ダイダ新国王
DAIDA IST DER NEUE KÖNIG!
WAAAH
ワー
WAAAH
ワ
WAAAH
ワ
WAAAH
ワ

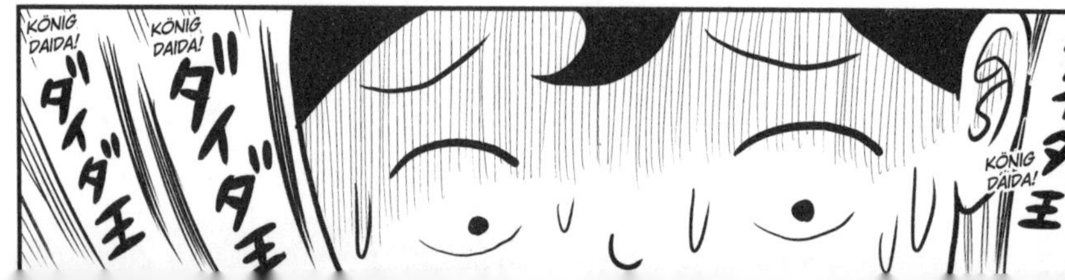
ダイダ王
KÖNIG DAIDA!
ダイダ王
KÖNIG DAIDA!
ダイダ王
KÖNIG DAIDA!

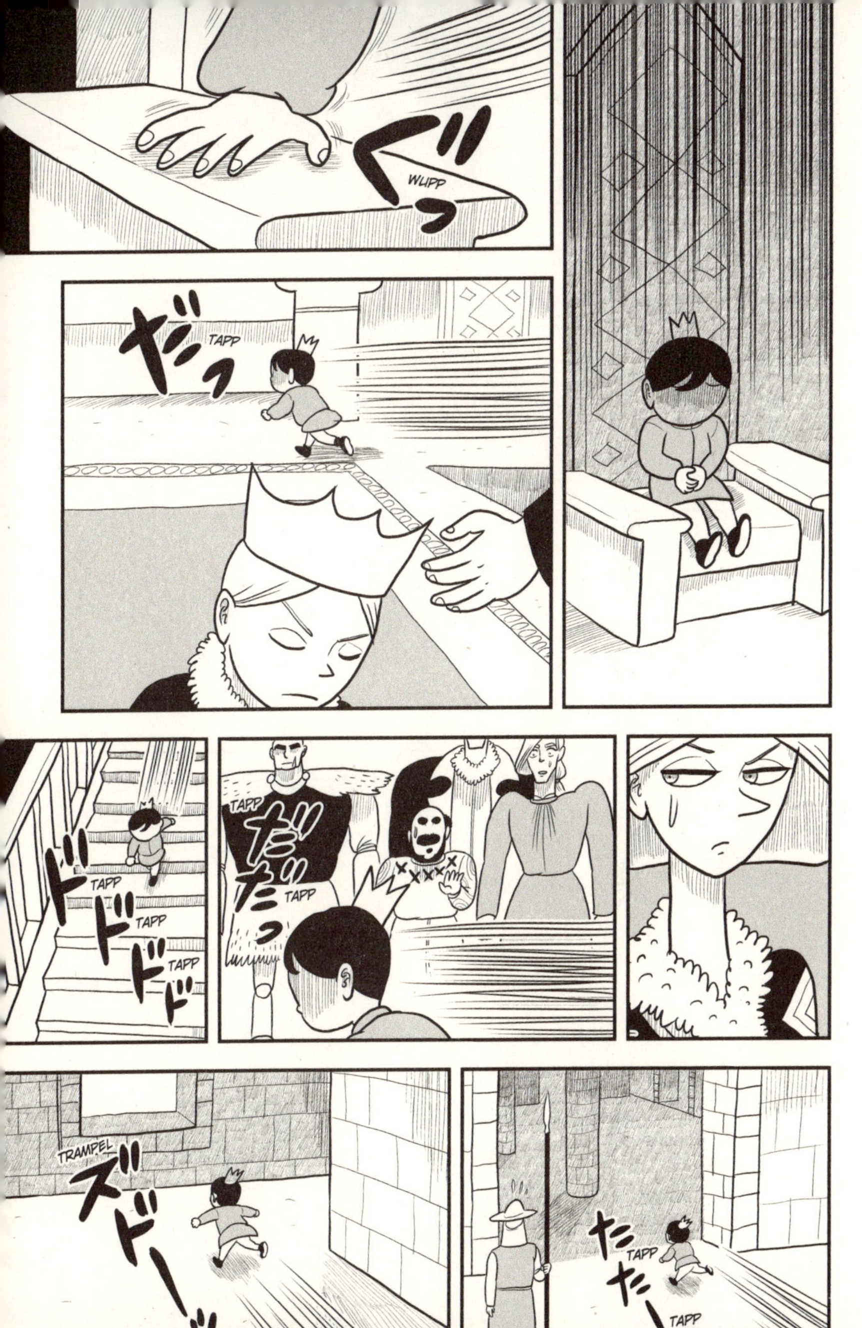

ぐっ
WUPP
ダッ
TAPP
だっ
TAPP
だっ
TAPP
ドドドド
TAPP
TAPP
TAPP
たたーっ
TAPP
TAPP
ズドーッ
TRAMPEL

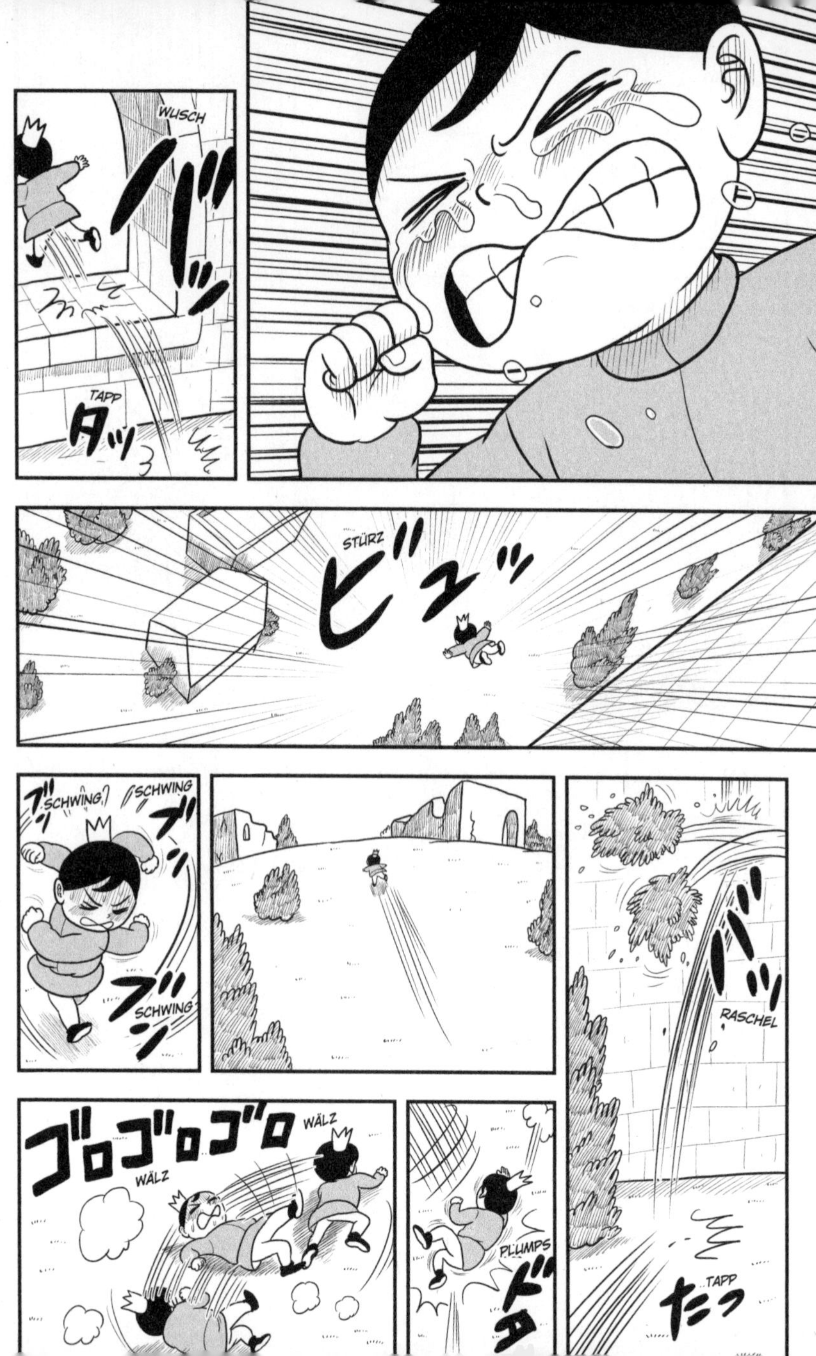
WUSCH
TAPP
ダッ
STÜRZ
ビュッ
RASCHEL
SCHWING
SCHWING
SCHWING
TAPP
たっ
PLUMPS
WÄLZ
ゴロゴロゴロ
WÄLZ

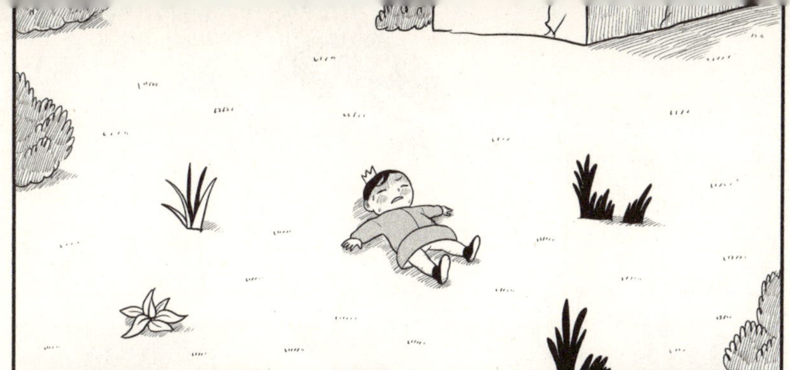

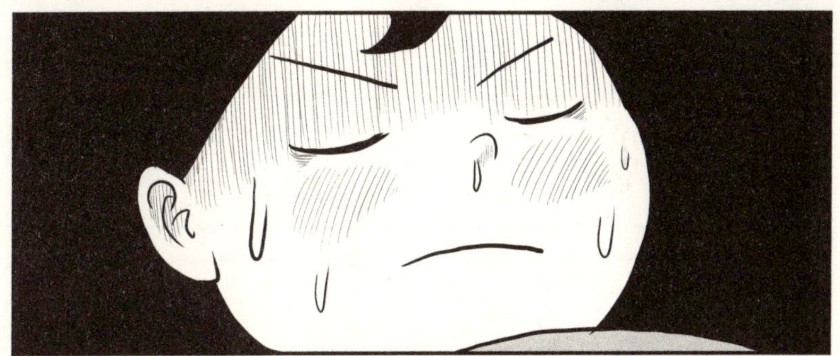

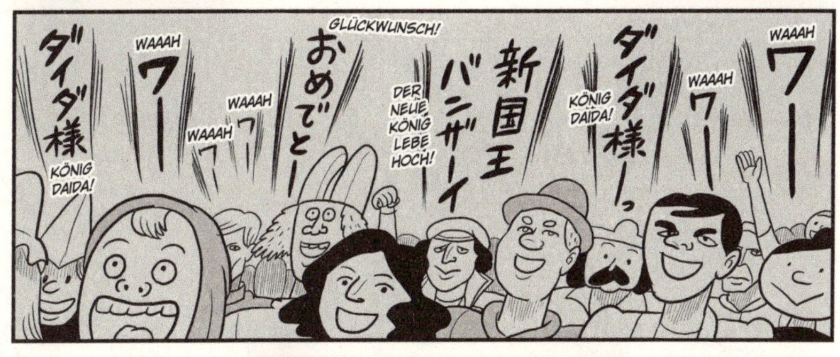

ワーー
WAAAH
ワーー
WAAAH
ダイダ様ーっ
KÖNIG DAIDA!
新国王バンザーイ
DER NEUE KÖNIG LEBE HOCH!
おめでとー
GLÜCKWUNSCH!
ワー
WAAAH
ワ
WAAAH
ワーー
WAAAH
ダイダ様
KÖNIG DAIDA!

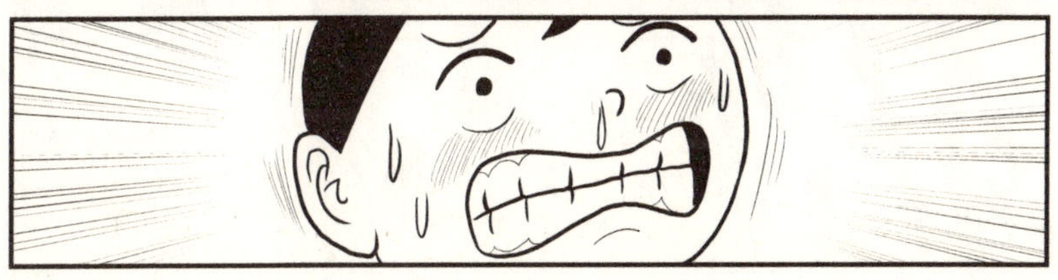

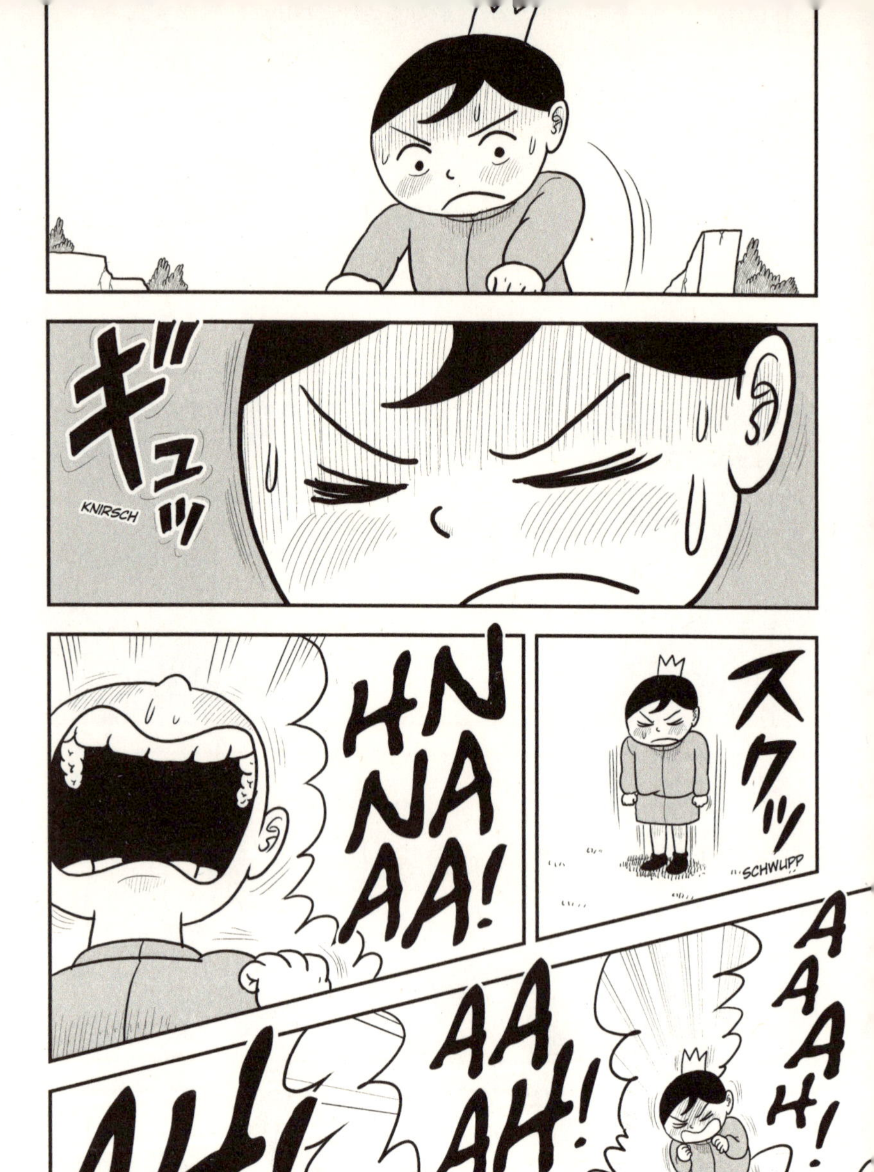
ギュッ
KNIRSCH
スクッ
SCHWUPP
HN
NA
AA!
AAAH!
AA
AH!
AH!

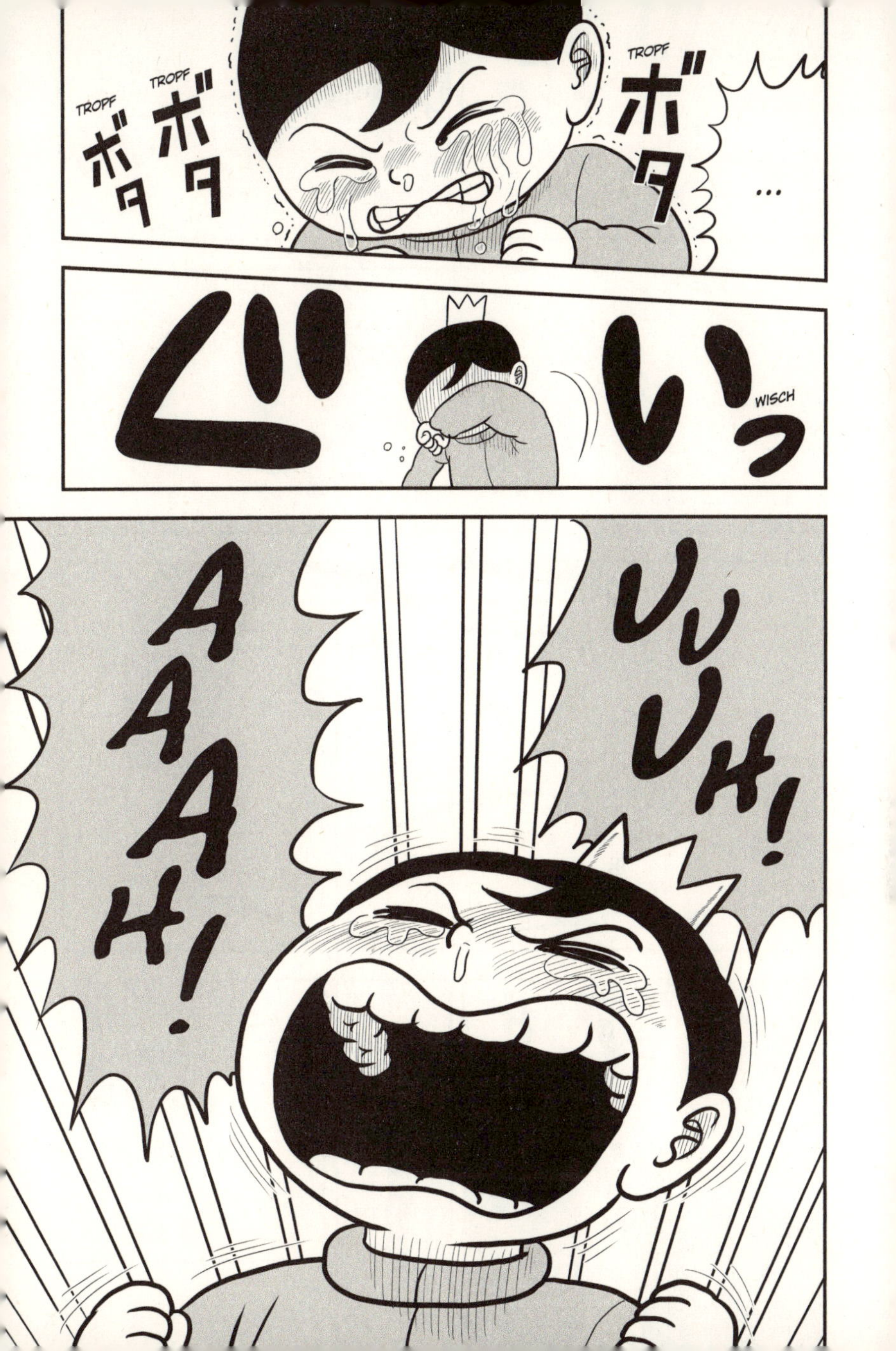

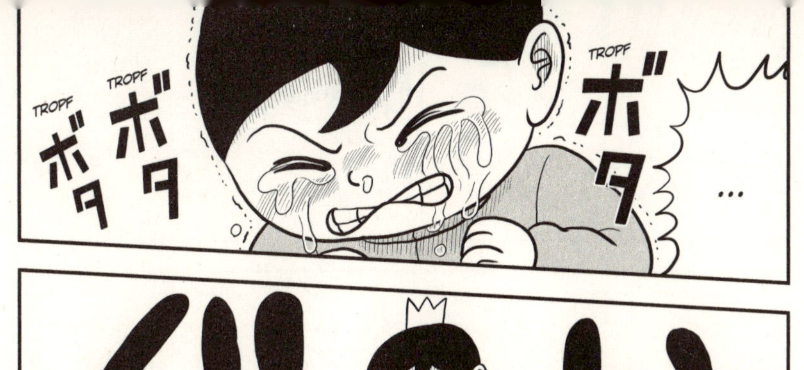

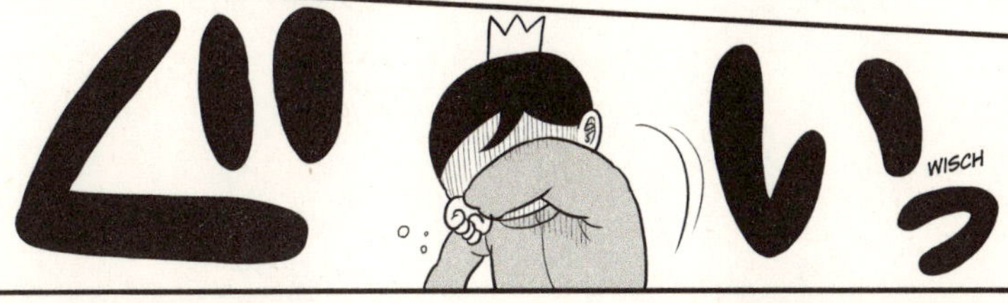

UUUH!

AAAH!

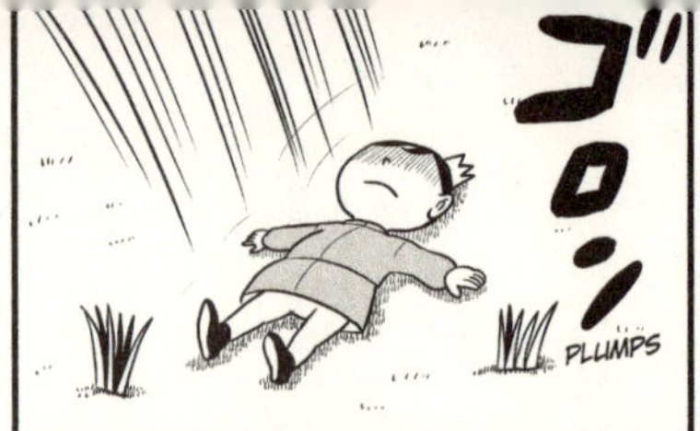
ゴロン
PLUMPS

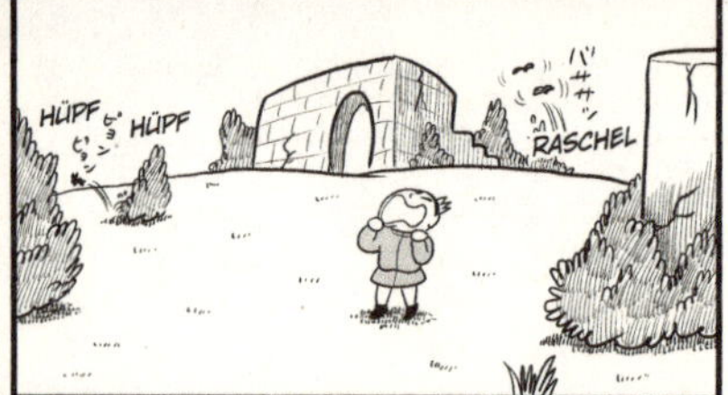
HÜPF
HÜPF
RASCHEL

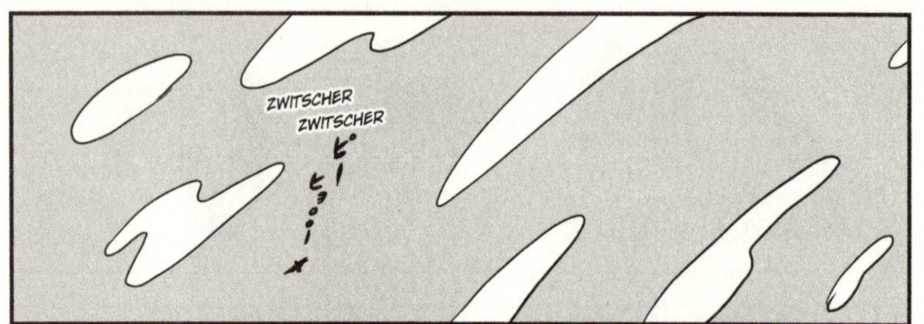
ZWITSCHER
ZWITSCHER

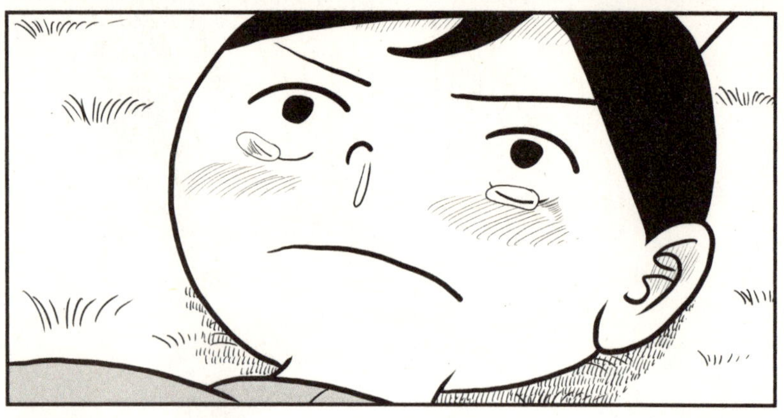

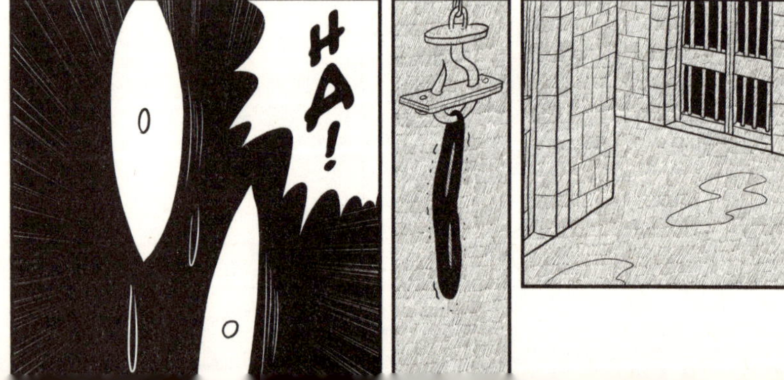
HA!

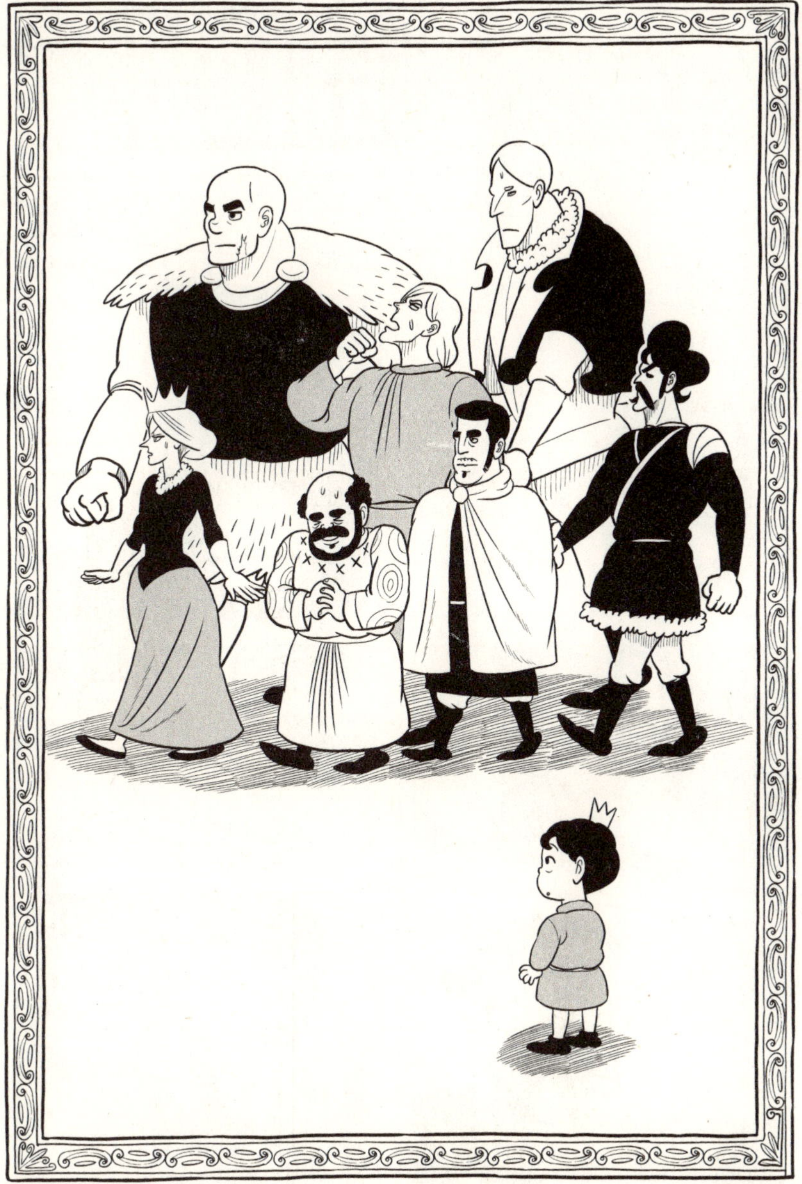

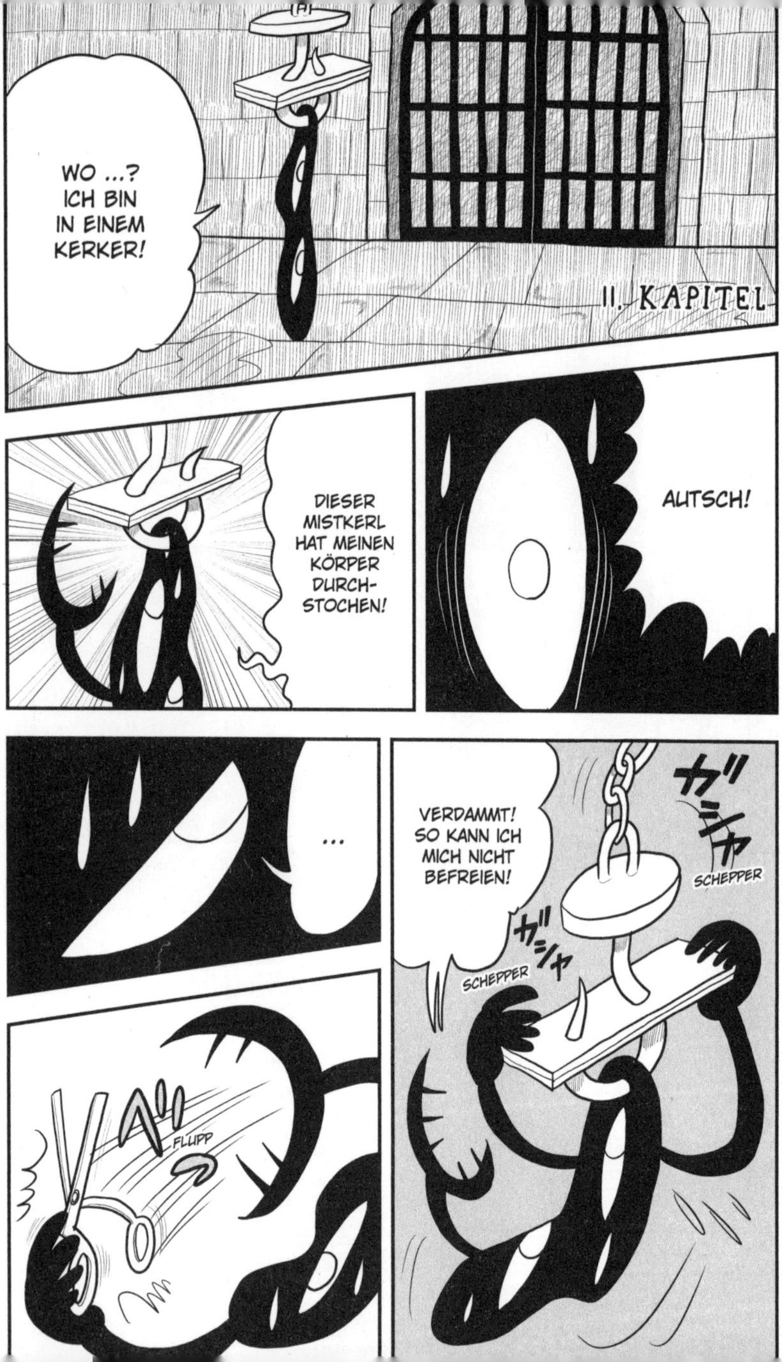

11. KAPITEL

WO ...? ICH BIN IN EINEM KERKER!

DIESER MISTKERL HAT MEINEN KÖRPER DURCH-STOCHEN!

AUTSCH!

...

VERDAMMT! SO KANN ICH MICH NICHT BEFREIEN!

SCHEPPER

SCHEPPER

FLUPP

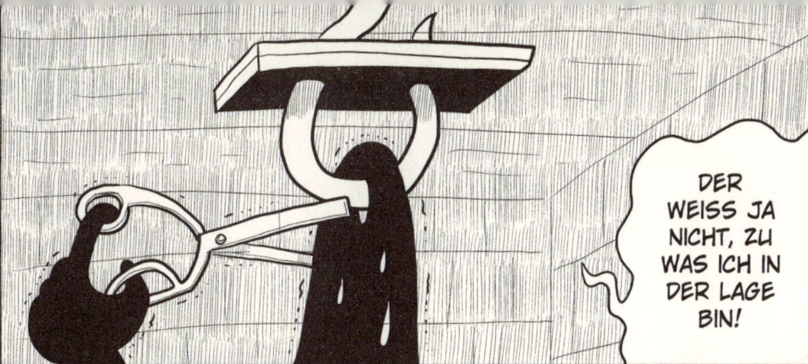
DER WEISS JA NICHT, ZU WAS ICH IN DER LAGE BIN!

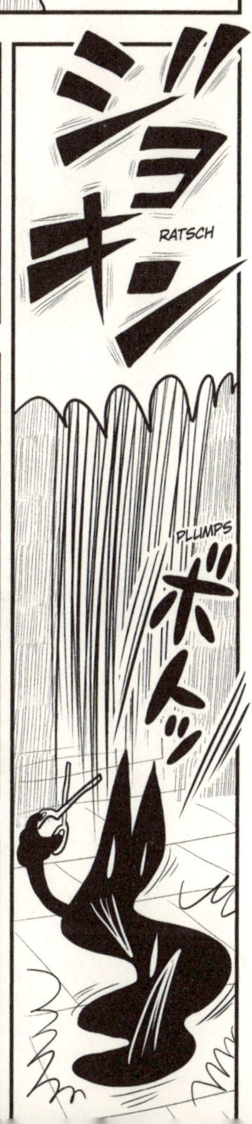
ジョキン
RATSCH
ボトッ
PLUMPS

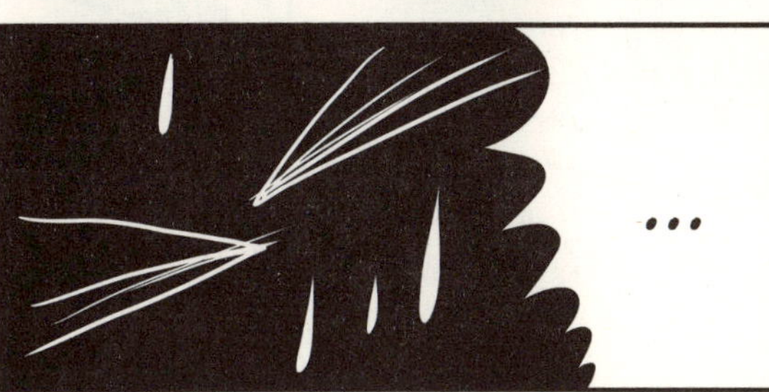
...

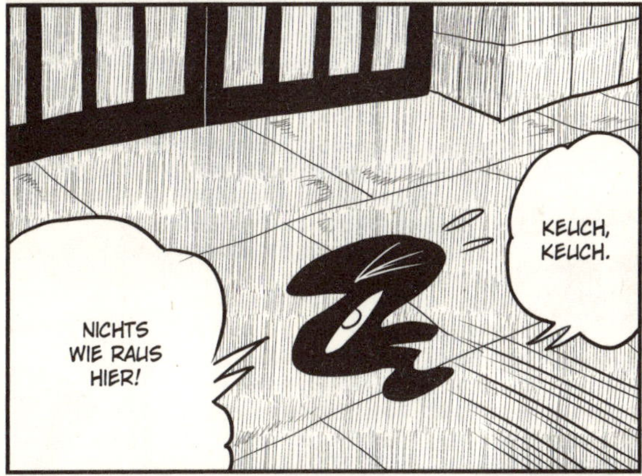
KEUCH, KEUCH.
NICHTS WIE RAUS HIER!

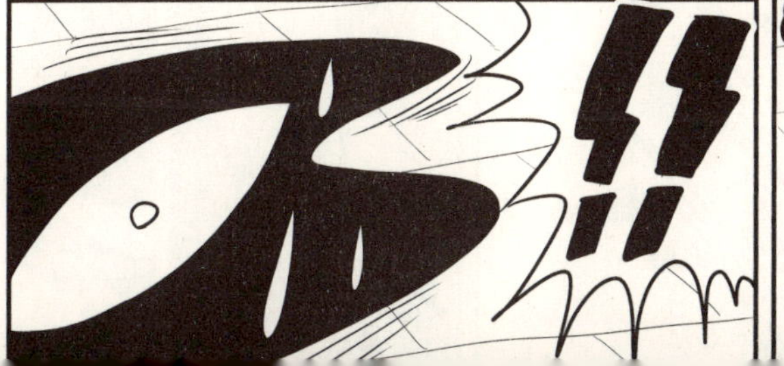
!!

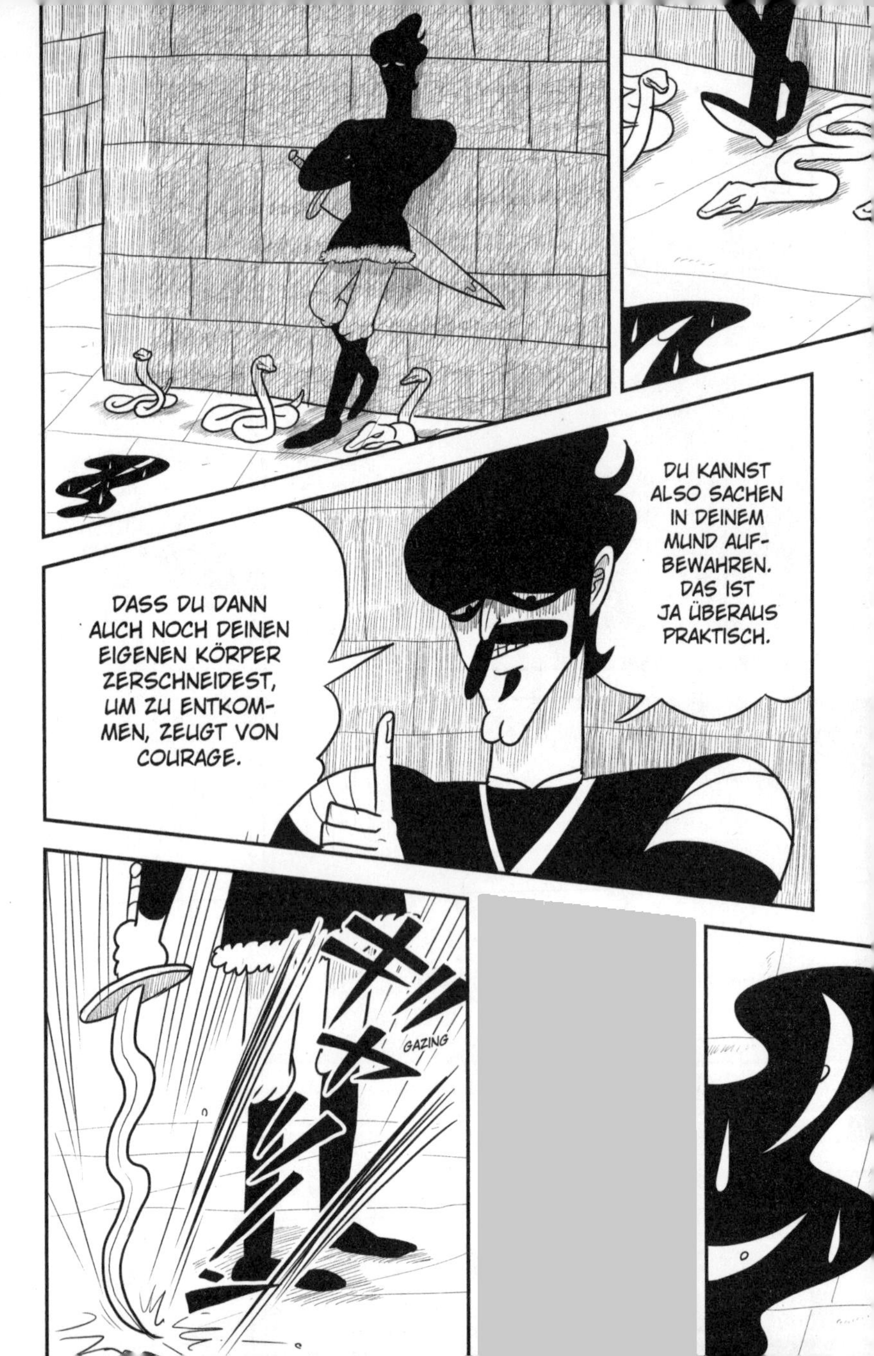
DU KANNST ALSO SACHEN IN DEINEM MUND AUF-BEWAHREN. DAS IST JA ÜBERAUS PRAKTISCH.
DASS DU DANN AUCH NOCH DEINEN EIGENEN KÖRPER ZERSCHNEIDEST, UM ZU ENTKOM-MEN, ZEUGT VON COURAGE.
GAZING

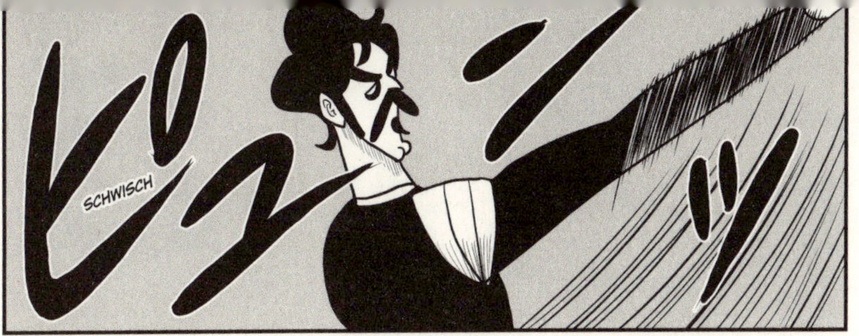
SCHWISCH
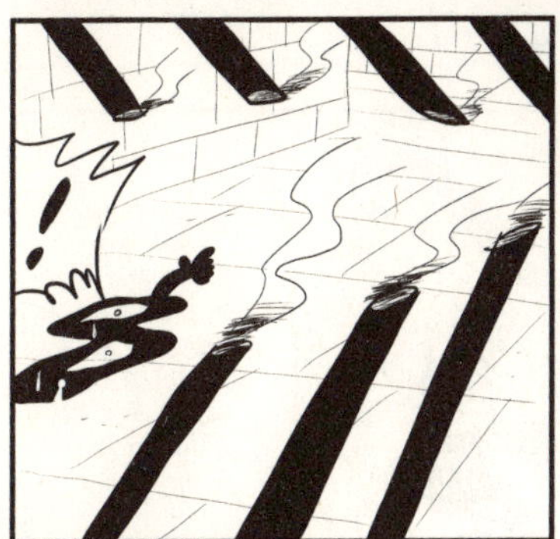
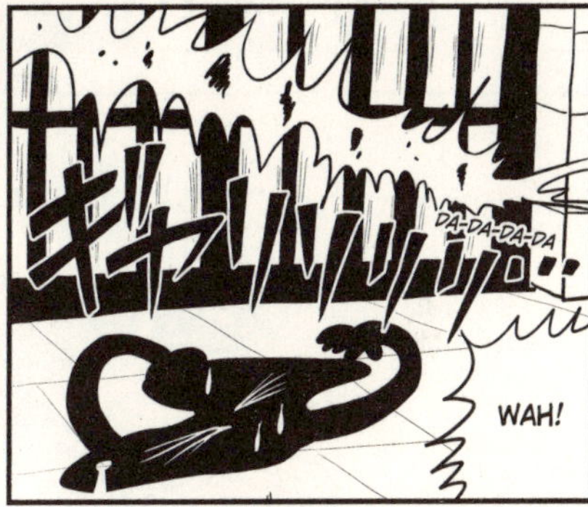
DA-DA-DA-DA
WAH!
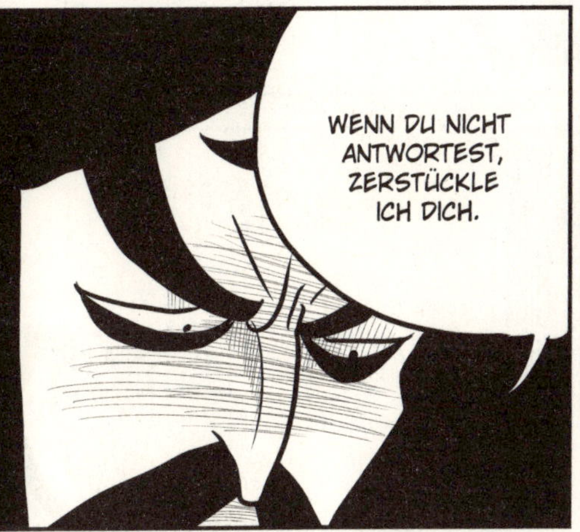
WENN DU NICHT ANTWORTEST, ZERSTÜCKLE ICH DICH.
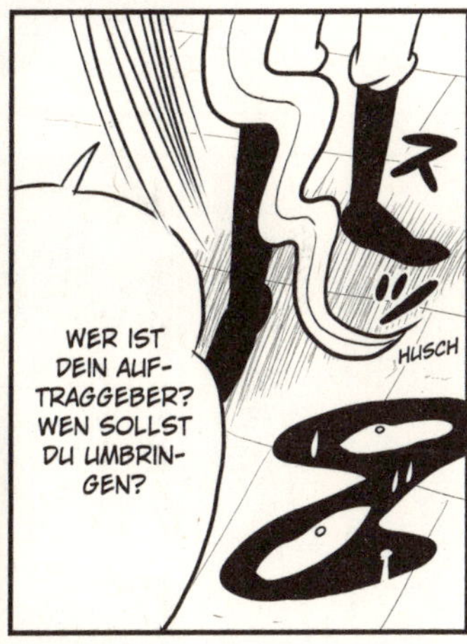
HUSCH
WER IST DEIN AUF-TRAGGEBER? WEN SOLLST DU UMBRIN-GEN?
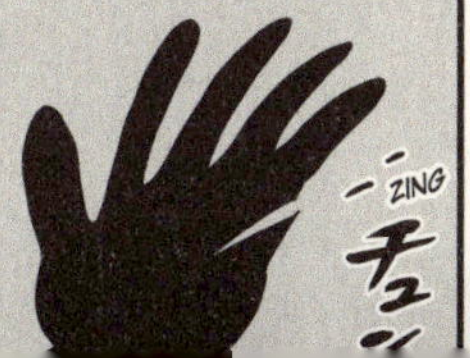
ZING
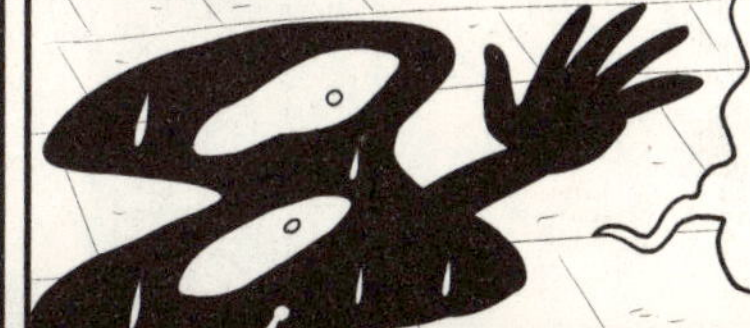
NEIN, NEIN. ICH BIN KEIN AUFTRAGSMÖR-DER ODER SO WAS. AUCH HABE ICH NOCH NIE JEMANDEN UMGEBRA...

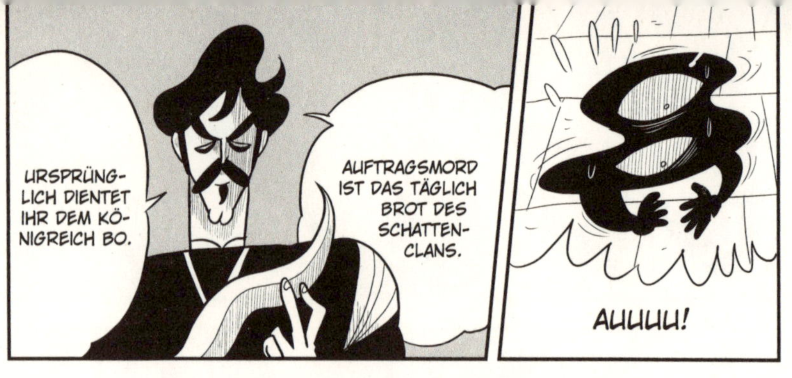

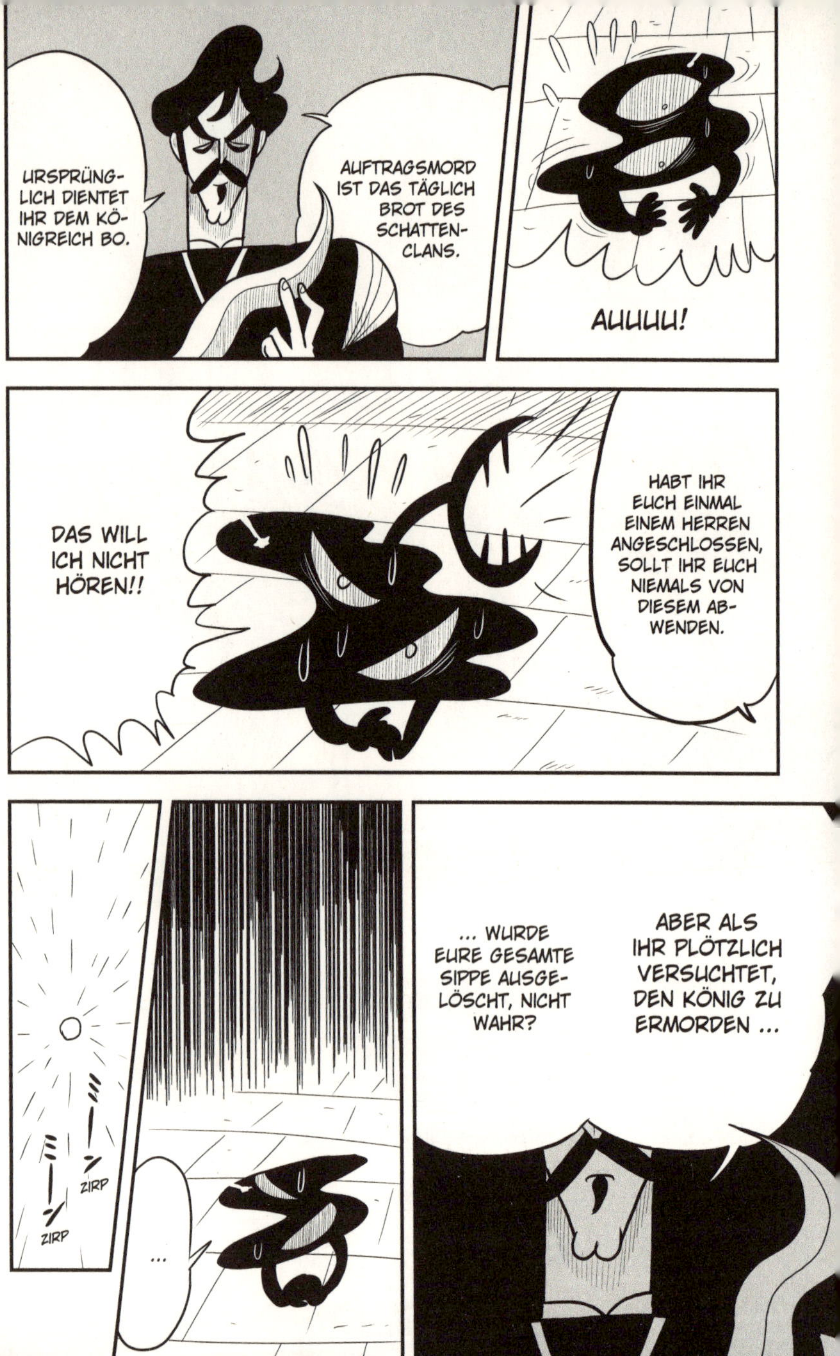

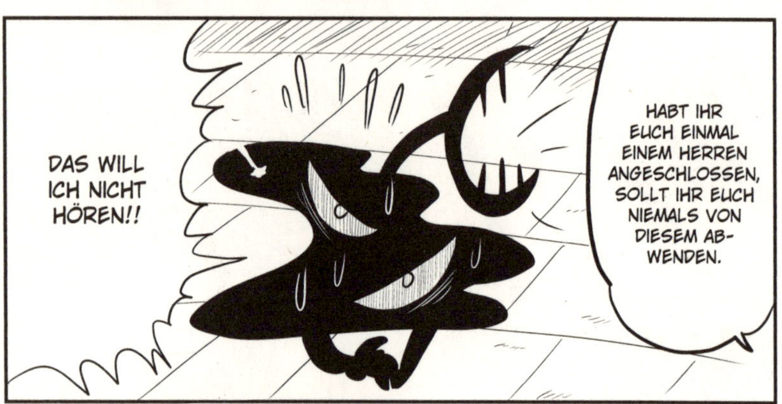

ABER ALS IHR PLÖTZLICH VERSUCHTET, DEN KÖNIG ZU ERMORDEN ...

... WURDE EURE GESAMTE SIPPE AUSGE-LÖSCHT, NICHT WAHR?

...

ZIRP

ZIRP

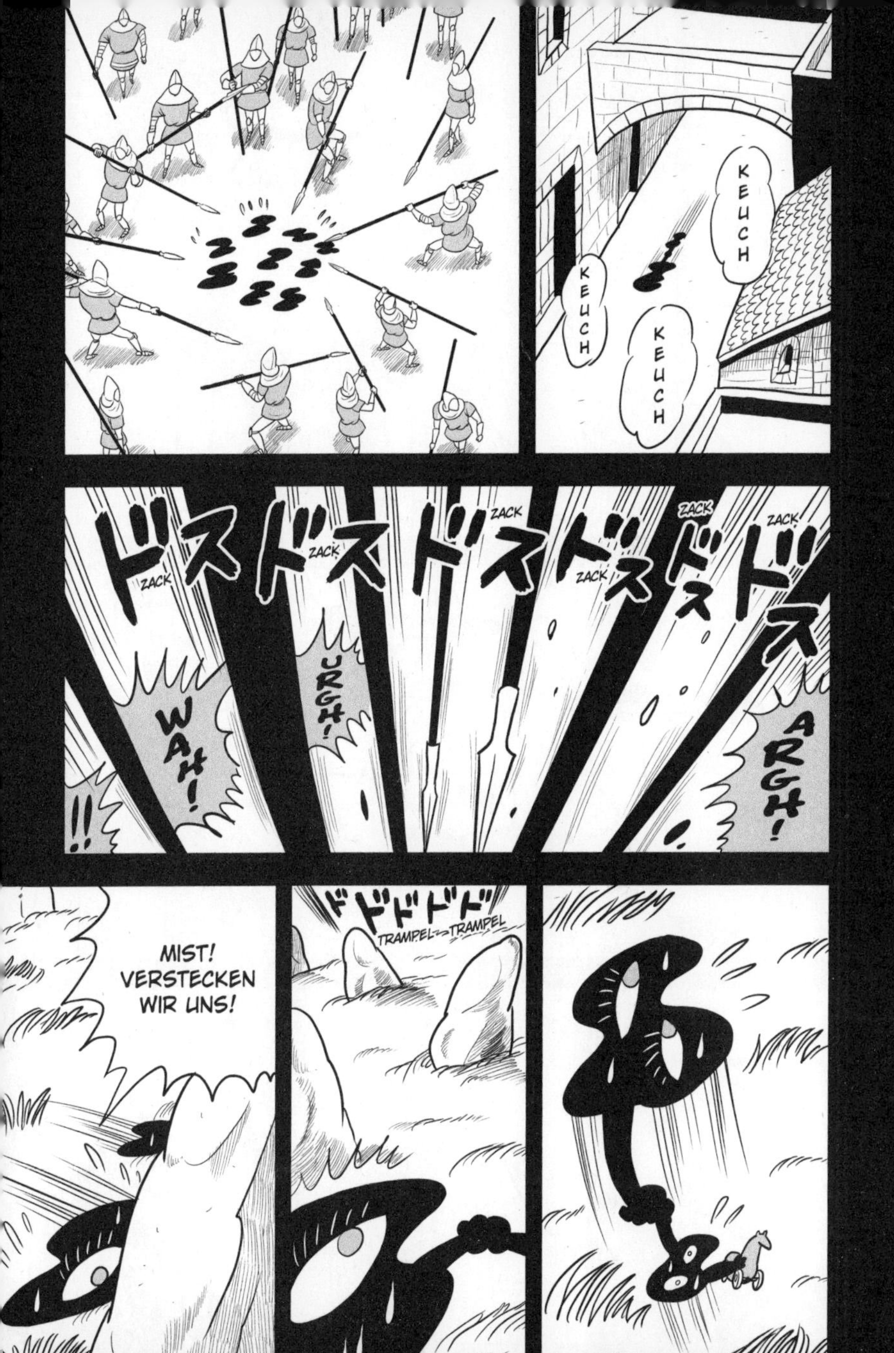

KEUCH
KEUCH
KEUCH

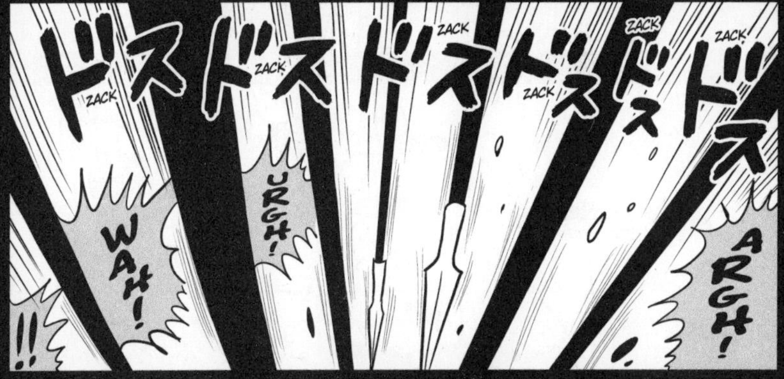

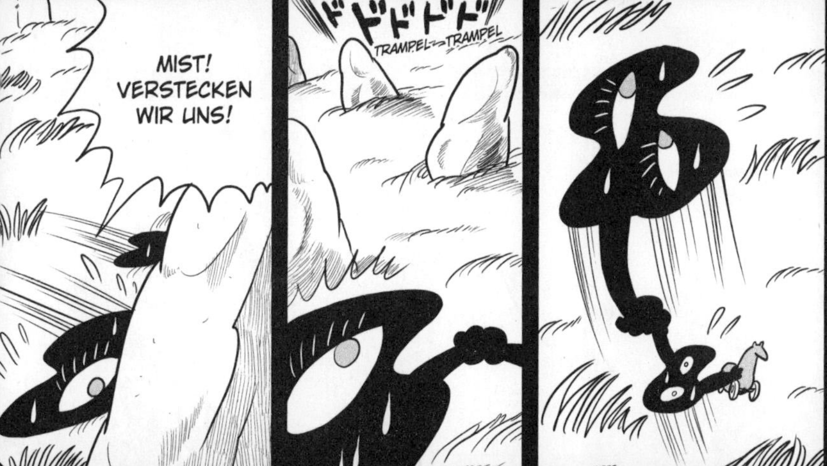

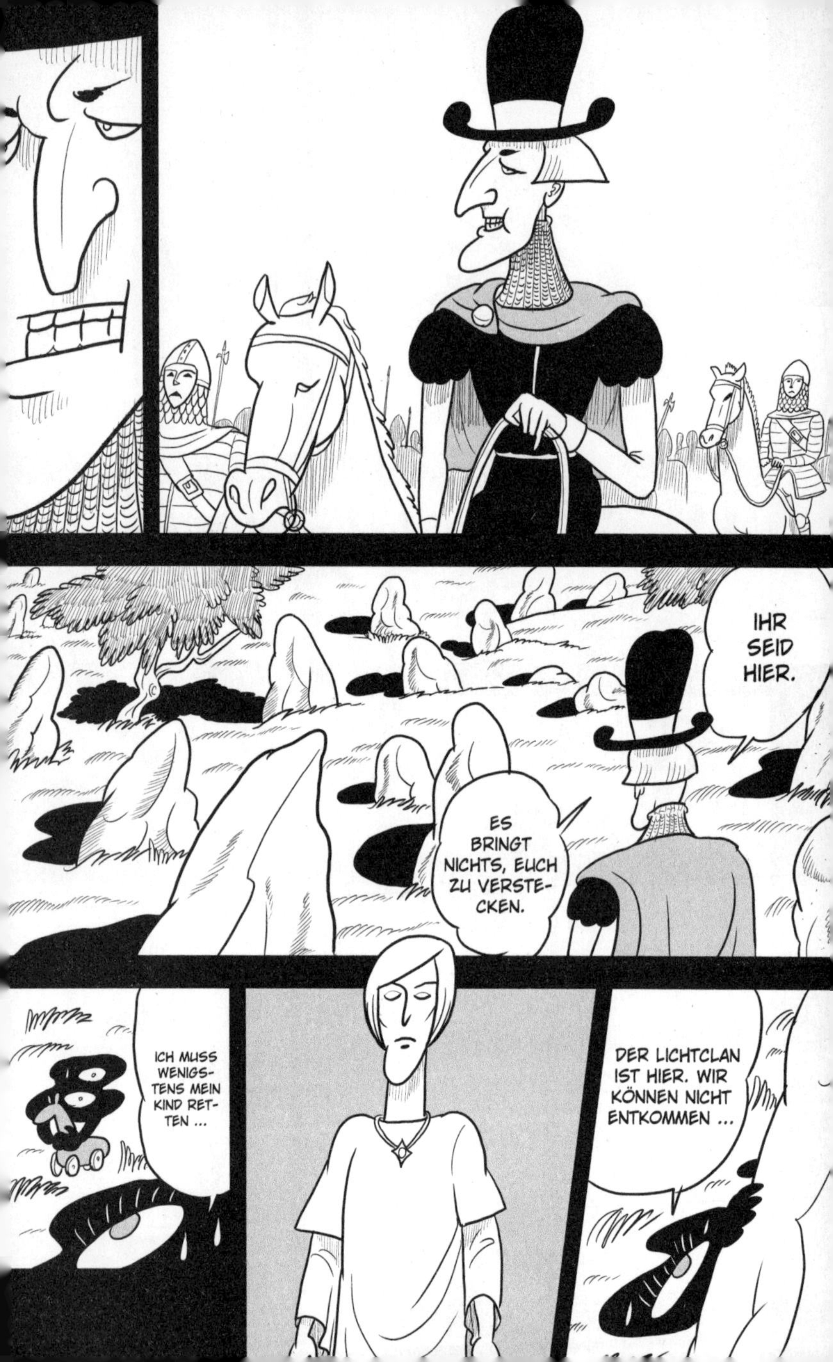
IHR SEID HIER.
ES BRINGT NICHTS, EUCH ZU VERSTE-CKEN.
DER LICHTCLAN IST HIER. WIR KÖNNEN NICHT ENTKOMMEN …
ICH MUSS WENIGS-TENS MEIN KIND RET-TEN …

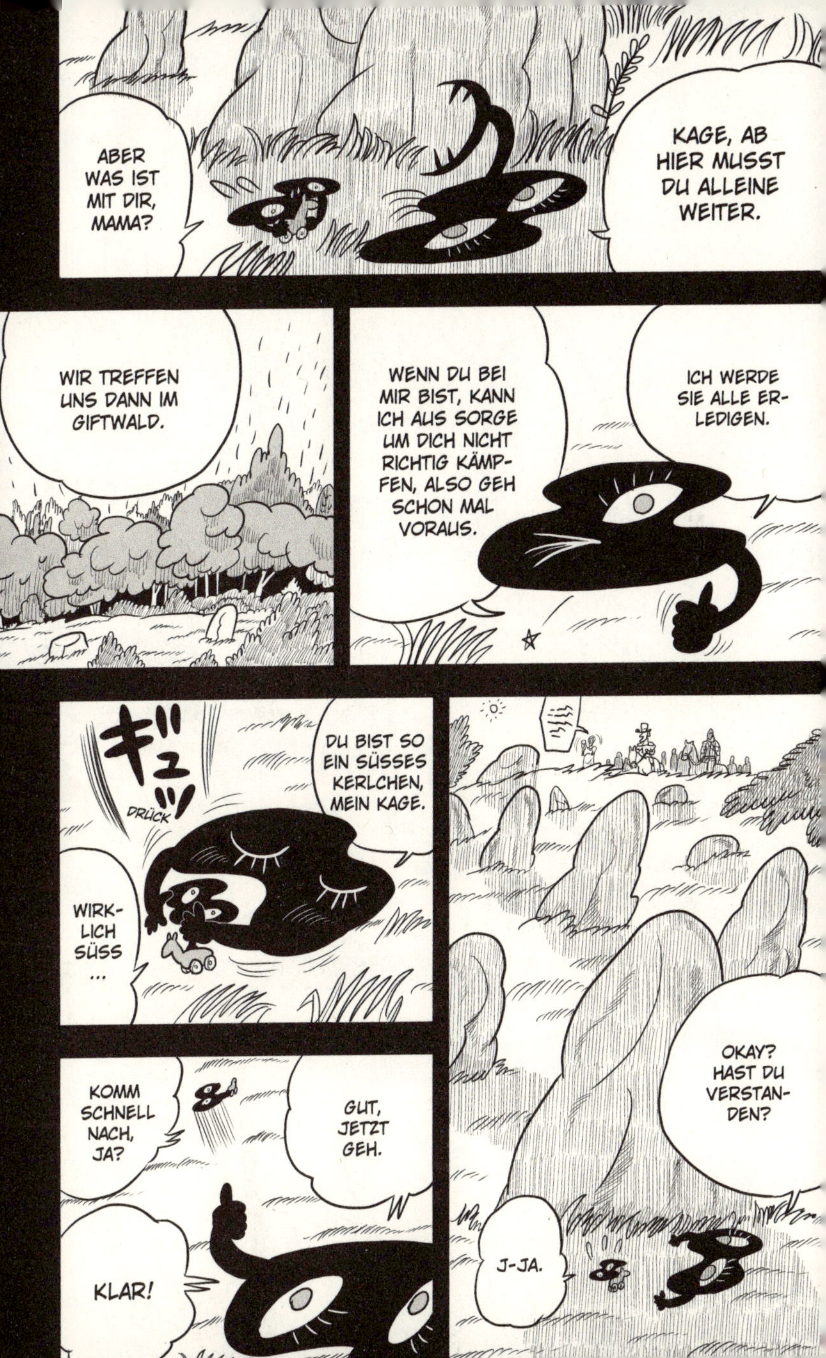
KAGE, AB HIER MUSST DU ALLEINE WEITER.
ABER WAS IST MIT DIR, MAMA?
ICH WERDE SIE ALLE ERLEDIGEN.
WENN DU BEI MIR BIST, KANN ICH AUS SORGE UM DICH NICHT RICHTIG KÄMPFEN, ALSO GEH SCHON MAL VORAUS.
WIR TREFFEN UNS DANN IM GIFTWALD.
OKAY? HAST DU VERSTANDEN?
J-JA.
DU BIST SO EIN SÜSSES KERLCHEN, MEIN KAGE.
ギュッ
DRÜCK
WIRKLICH SÜSS ...
GUT, JETZT GEH.
KOMM SCHNELL NACH, JA?
KLAR!

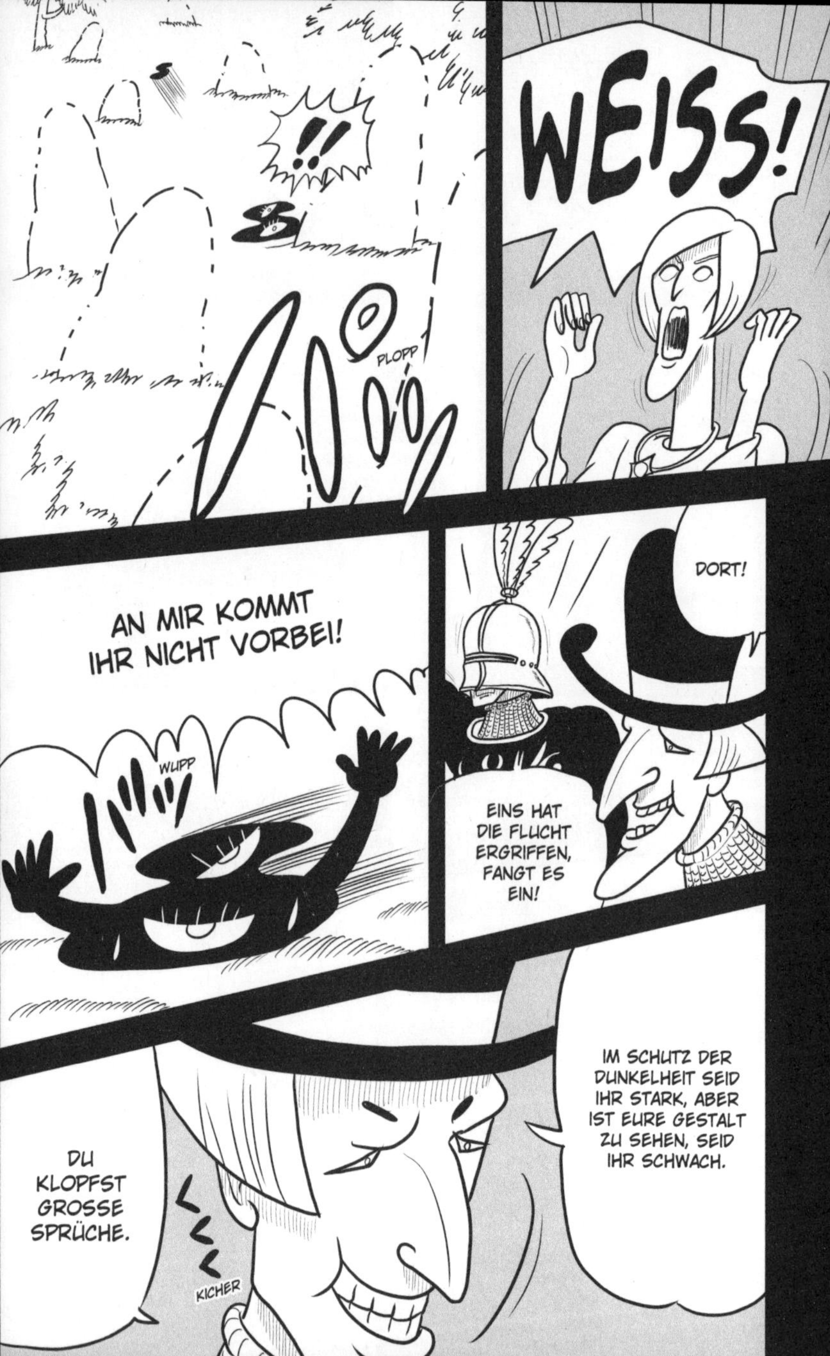

PLOPP
WEISS!
AN MIR KOMMT IHR NICHT VORBEI!
WUPP
DORT!
EINS HAT DIE FLUCHT ERGRIFFEN, FANGT ES EIN!
IM SCHUTZ DER DUNKELHEIT SEID IHR STARK, ABER IST EURE GESTALT ZU SEHEN, SEID IHR SCHWACH.
DU KLOPFST GROSSE SPRÜCHE.
KICHER

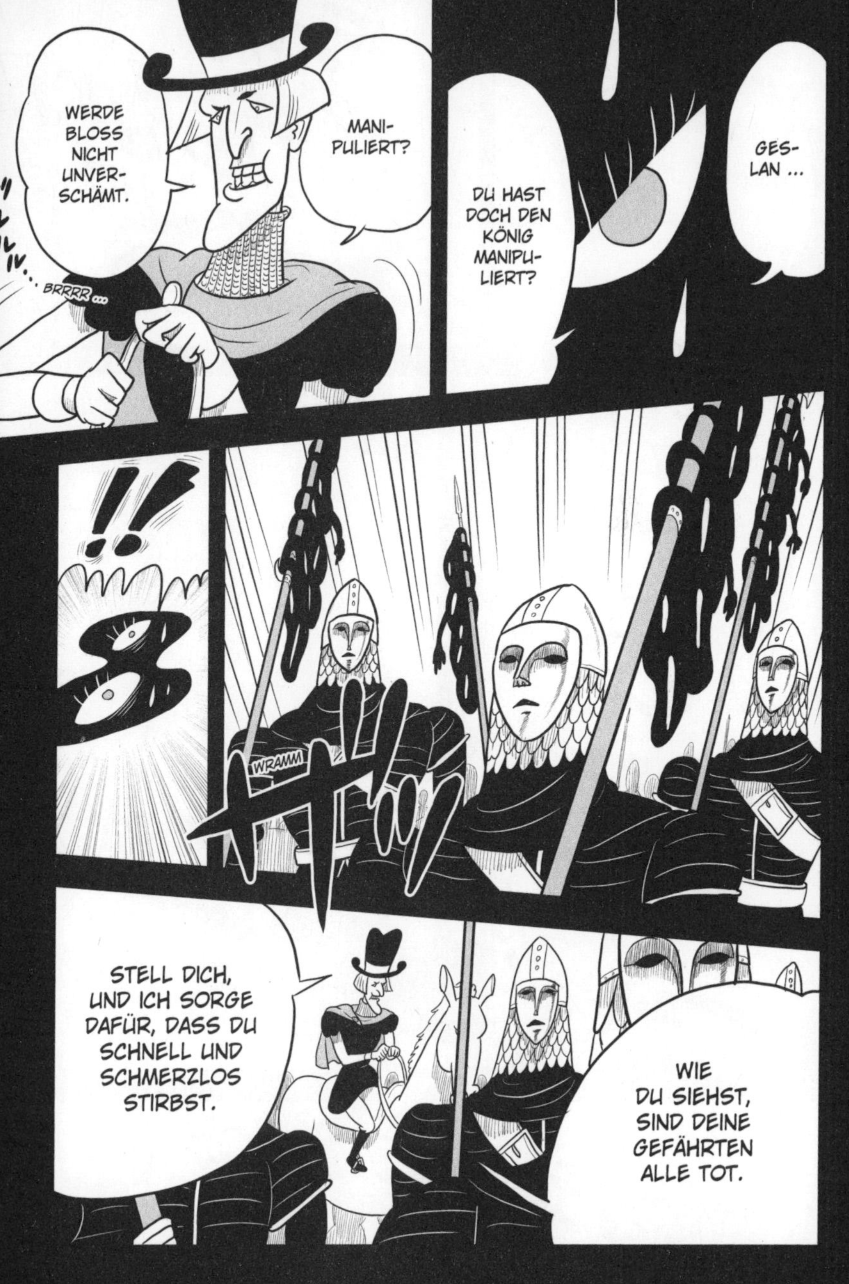
GES-LAN ...
DU HAST DOCH DEN KÖNIG MANIPU-LIERT?
MANI-PULIERT?
WERDE BLOSS NICHT UNVER-SCHÄMT.
BRRRR ...
!!
WRAMM
WIE DU SIEHST, SIND DEINE GEFÄHRTEN ALLE TOT.
STELL DICH, UND ICH SORGE DAFÜR, DASS DU SCHNELL UND SCHMERZLOS STIRBST.

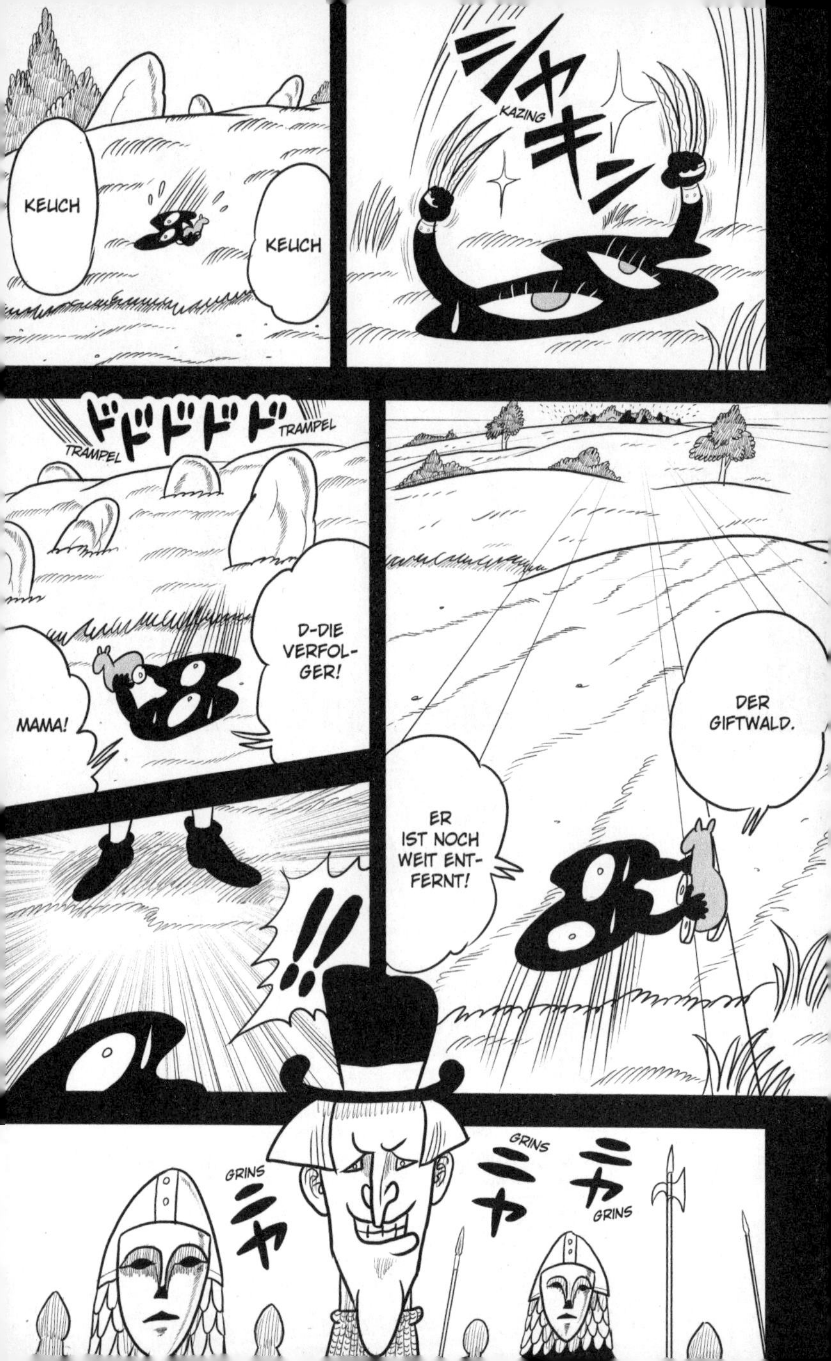

シャキン
KAZING
KEUCH
KEUCH
ドドドドド
TRAMPEL
TRAMPEL
DER GIFTWALD.
ER IST NOCH WEIT ENTFERNT!
D-DIE VERFOLGER!
MAMA!
!!
ニヤ
GRINS
ニヤ
GRINS
GRINS

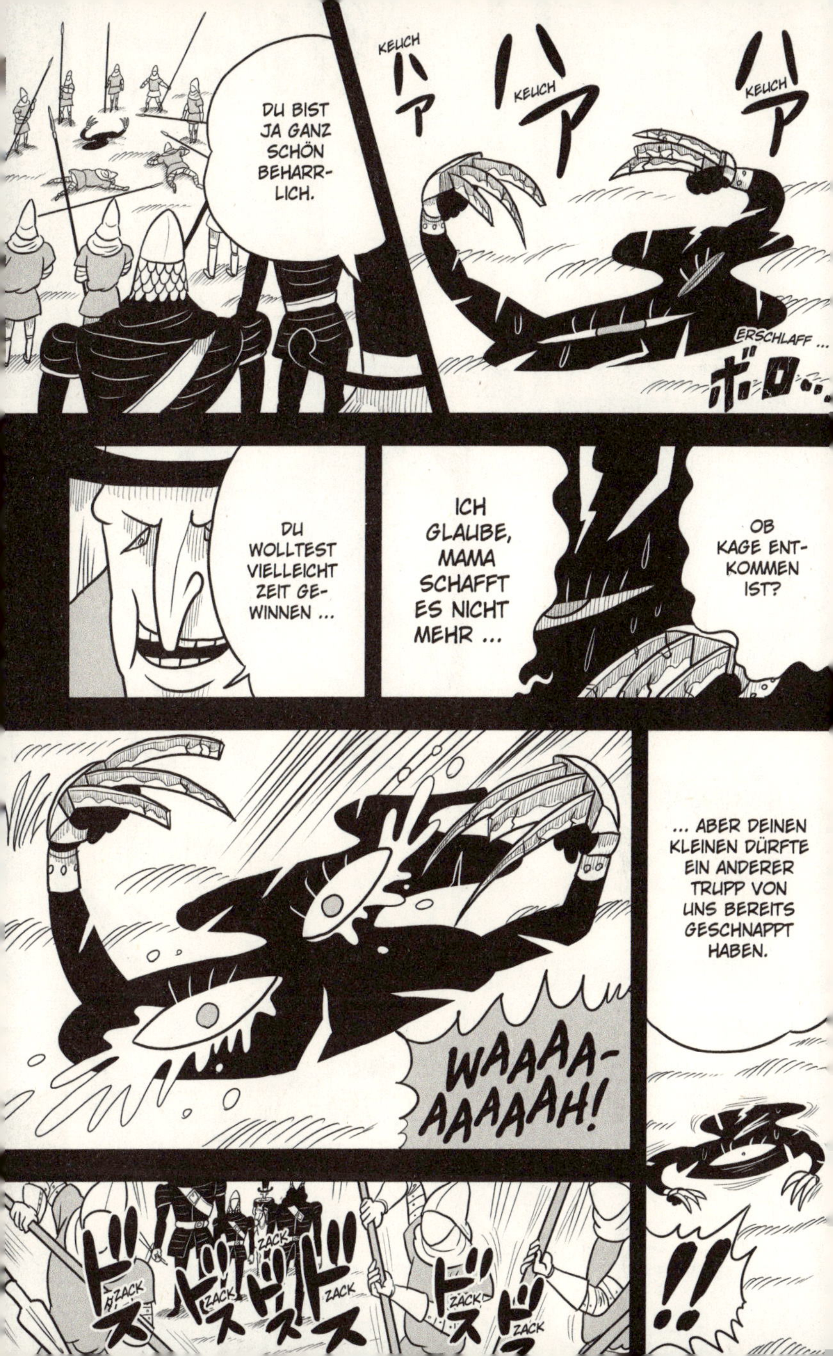
KEUCH
ハア
KEUCH
ハア
KEUCH
ハア
ERSCHLAFF ...
ボロ...
DU BIST JA GANZ SCHÖN BEHARR-LICH.
OB KAGE ENT-KOMMEN IST?
ICH GLAUBE, MAMA SCHAFFT ES NICHT MEHR ...
DU WOLLTEST VIELLEICHT ZEIT GE-WINNEN ...
... ABER DEINEN KLEINEN DÜRFTE EIN ANDERER TRUPP VON UNS BEREITS GESCHNAPPT HABEN.
WAAAA-AAAAAH!
!!
ZACK
ZACK
ZACK
ZACK
ZACK
ZACK

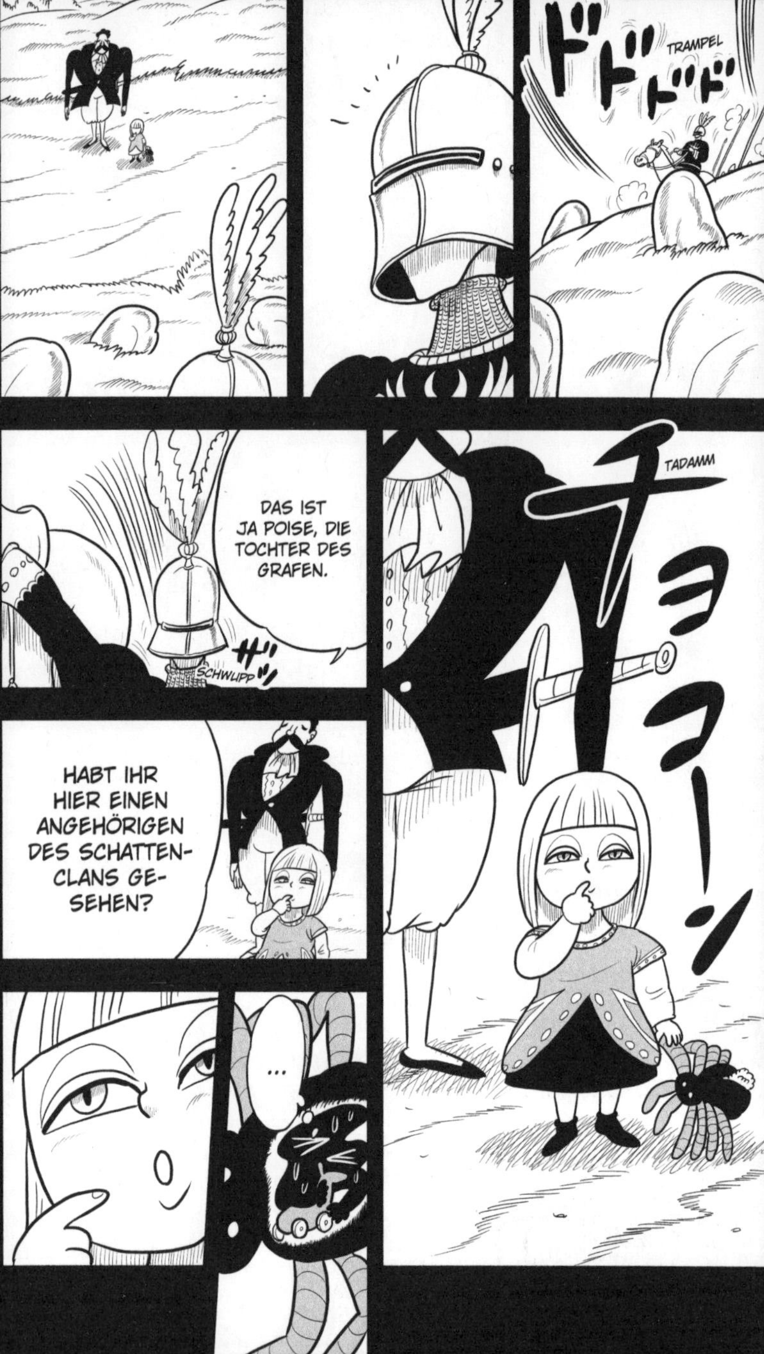
TRAMPEL
TADAMM
DAS IST JA POISE, DIE TOCHTER DES GRAFEN.
SCHWUPP
HABT IHR HIER EINEN ANGEHÖRIGEN DES SCHATTEN-CLANS GE-SEHEN?
...

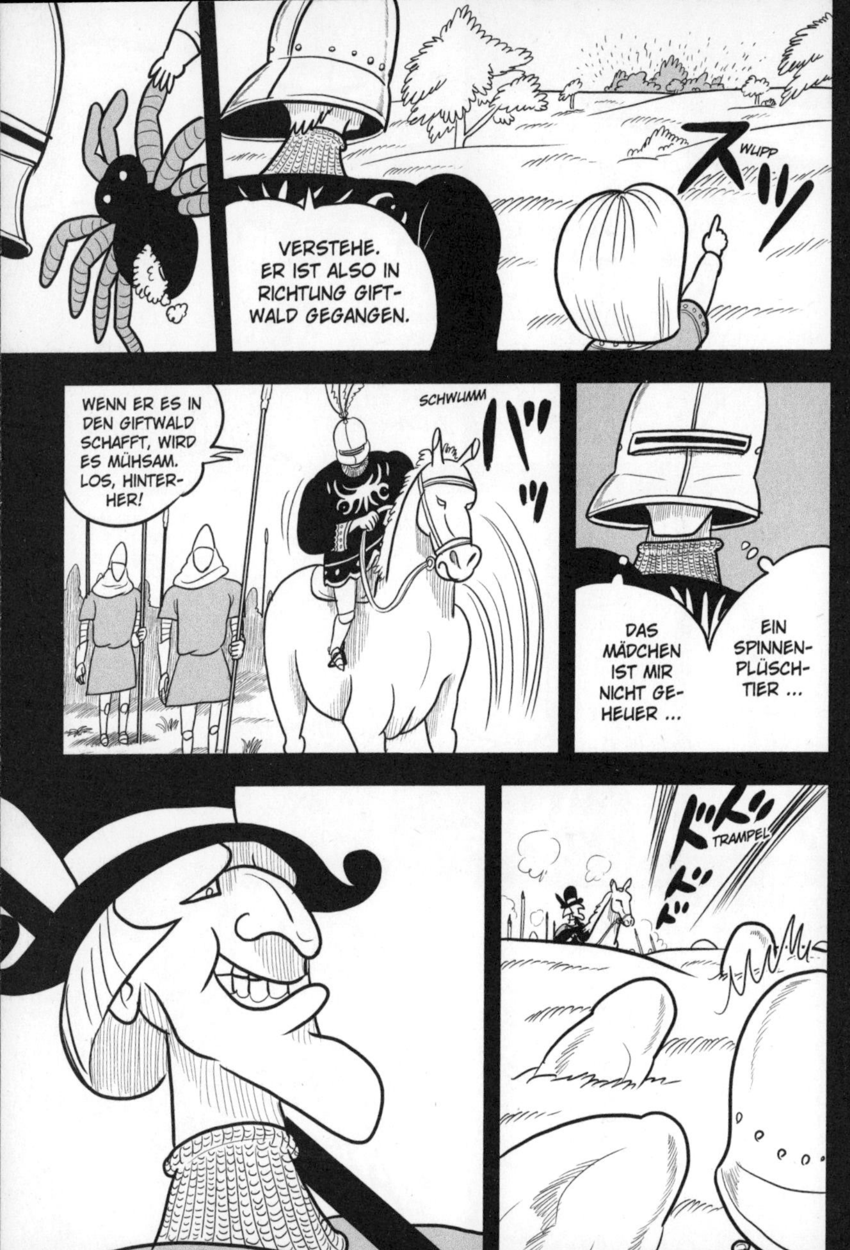
WUPP
VERSTEHE. ER IST ALSO IN RICHTUNG GIFT-WALD GEGANGEN.
SCHWUMM
WENN ER ES IN DEN GIFTWALD SCHAFFT, WIRD ES MÜHSAM. LOS, HINTER-HER!
EIN SPINNEN-PLÜSCH-TIER ...
DAS MÄDCHEN IST MIR NICHT GE-HEUER ...
TRAMPEL

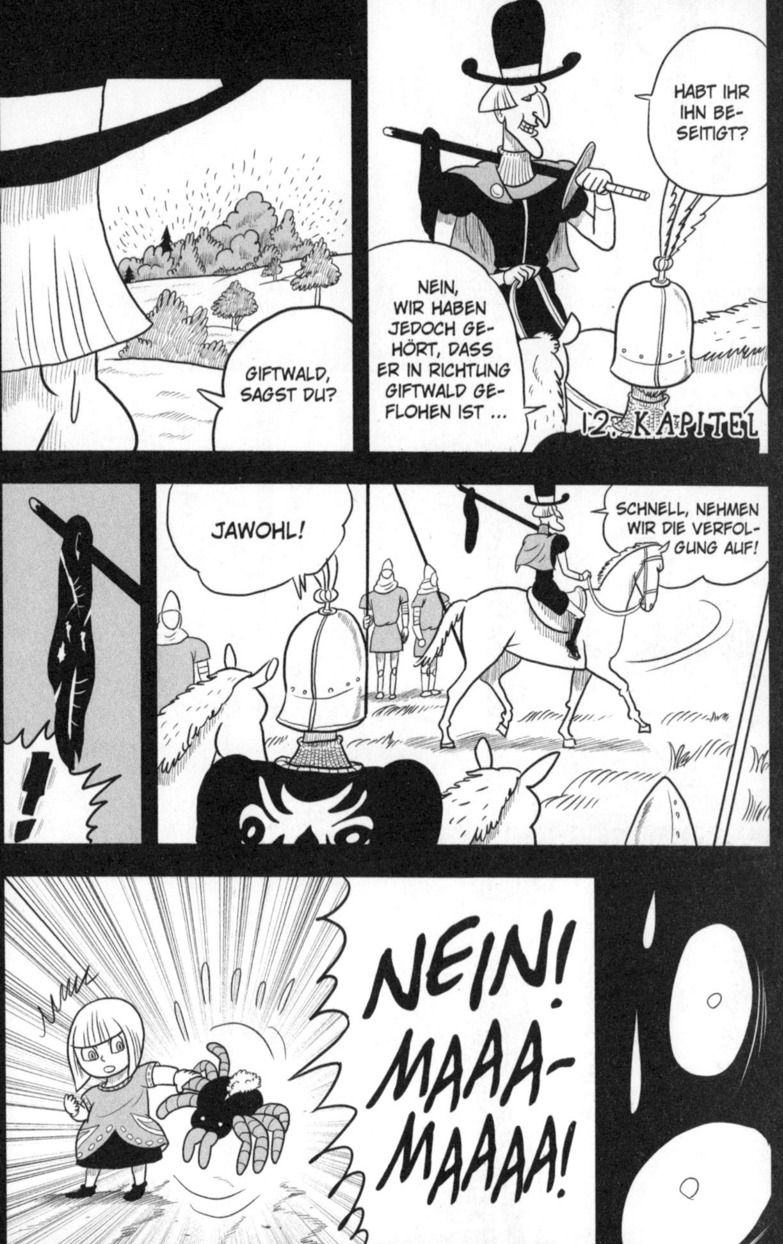

12. KAPITEL
HABT IHR IHN BESEITIGT?
NEIN, WIR HABEN JEDOCH GEHÖRT, DASS ER IN RICHTUNG GIFTWALD GEFLOHEN IST ...
GIFTWALD, SAGST DU?
SCHNELL, NEHMEN WIR DIE VERFOLGUNG AUF!
JAWOHL!
NEIN! MAAA-MAAAA!

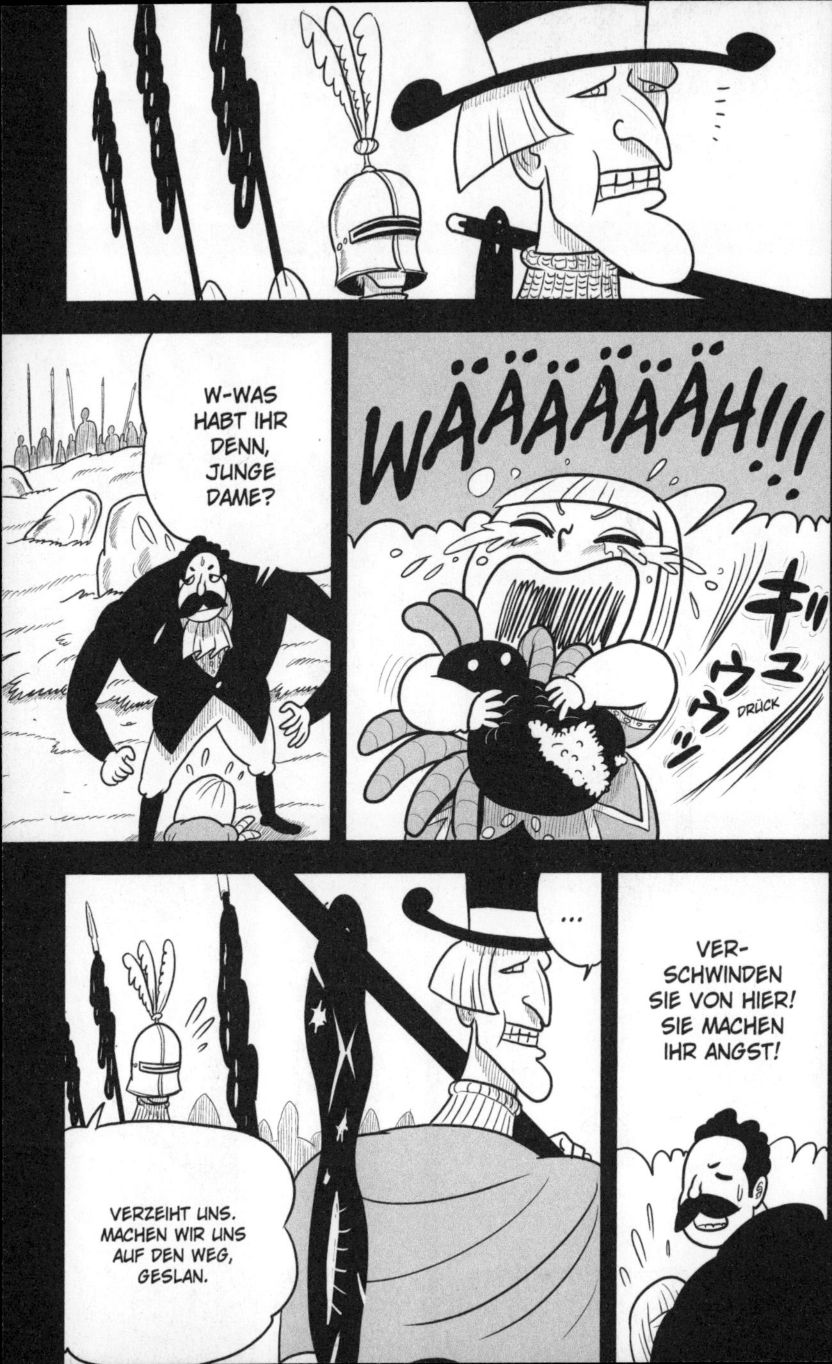

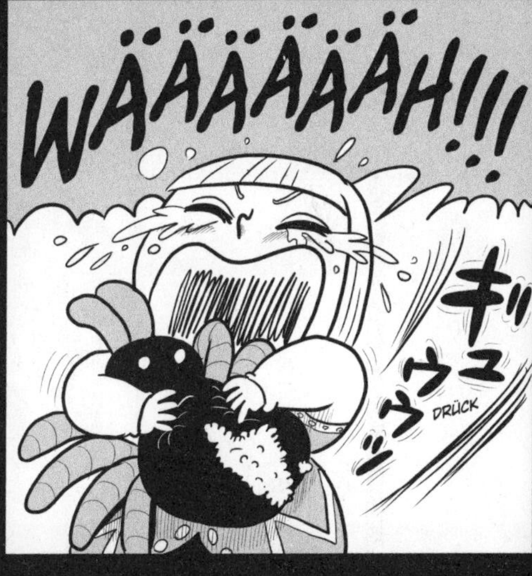
WÄÄÄÄÄÄH!!!
DRÜCK

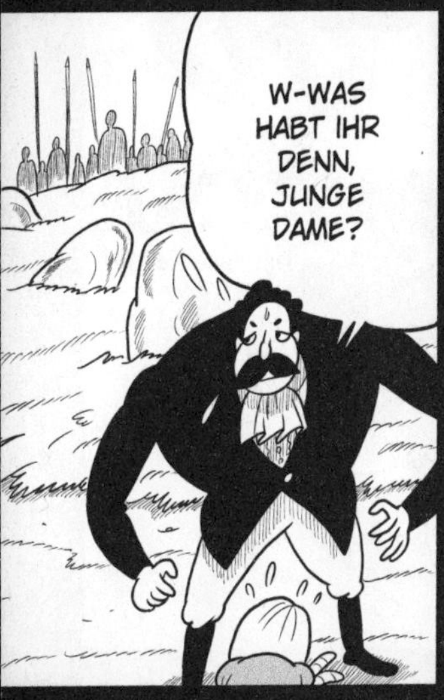
W-WAS HABT IHR DENN, JUNGE DAME?

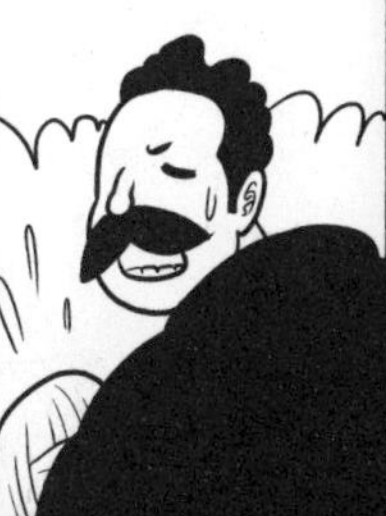
VER-SCHWINDEN SIE VON HIER! SIE MACHEN IHR ANGST!

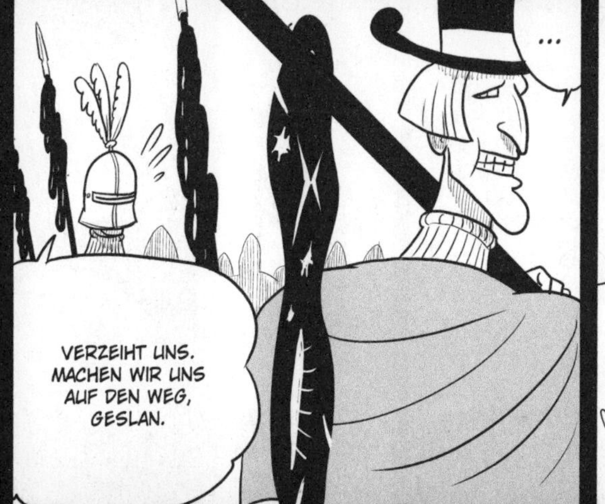
...
VERZEIHT UNS. MACHEN WIR UNS AUF DEN WEG, GESLAN.

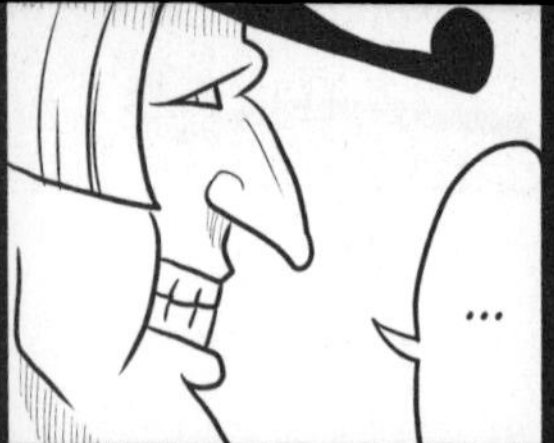
...
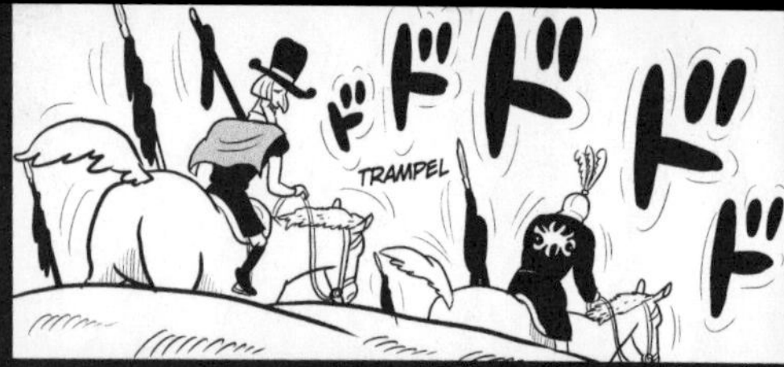
ドドドドド
TRAMPEL
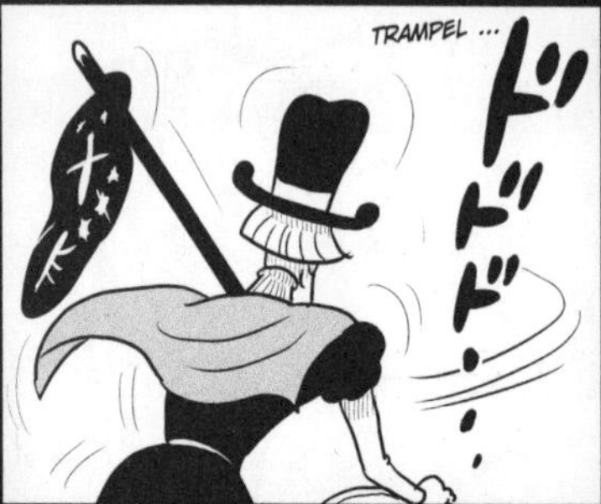
ドドドド・・・
TRAMPEL ...
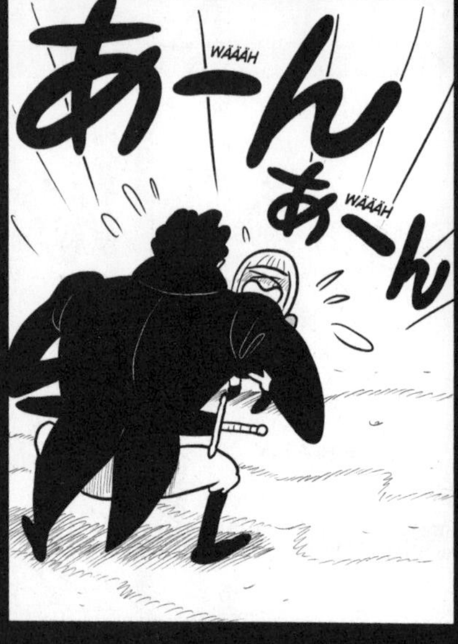
あーん
WÄÄÄH
あーん
WÄÄÄH
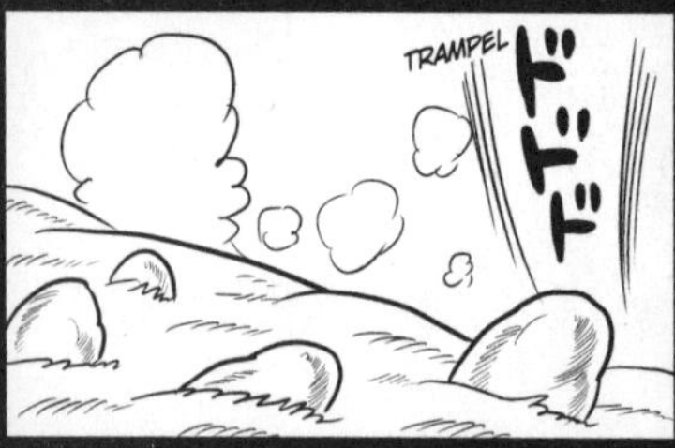
ドドド
TRAMPEL
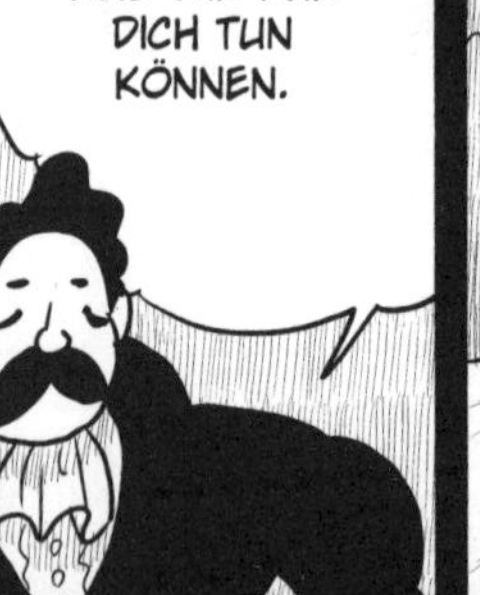
ALS UNTERTANEN VON KÖNIG BO IST DAS ALLES, WAS WIR FÜR DICH TUN KÖNNEN.
WENN DU DEN WEG WEITER GEHST, GELANGST DU IN EIN ANDERES KÖNIGREICH. DU BIST ALSO IN SICHER-HEIT.
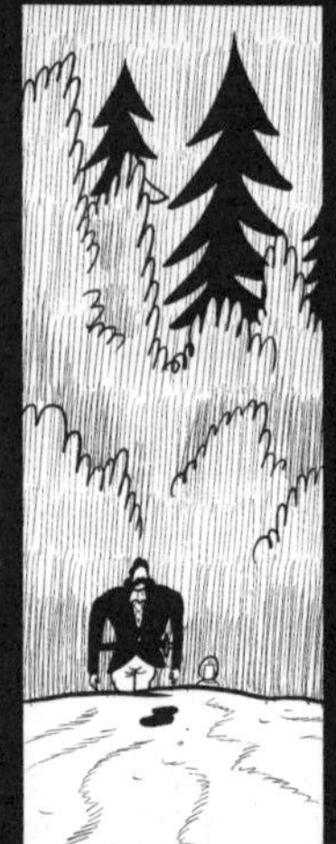
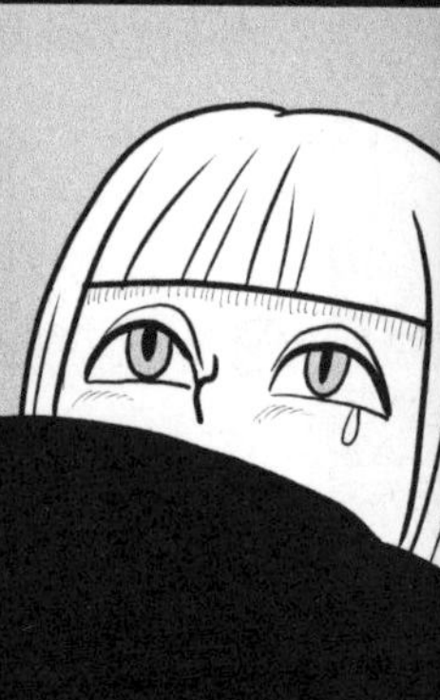

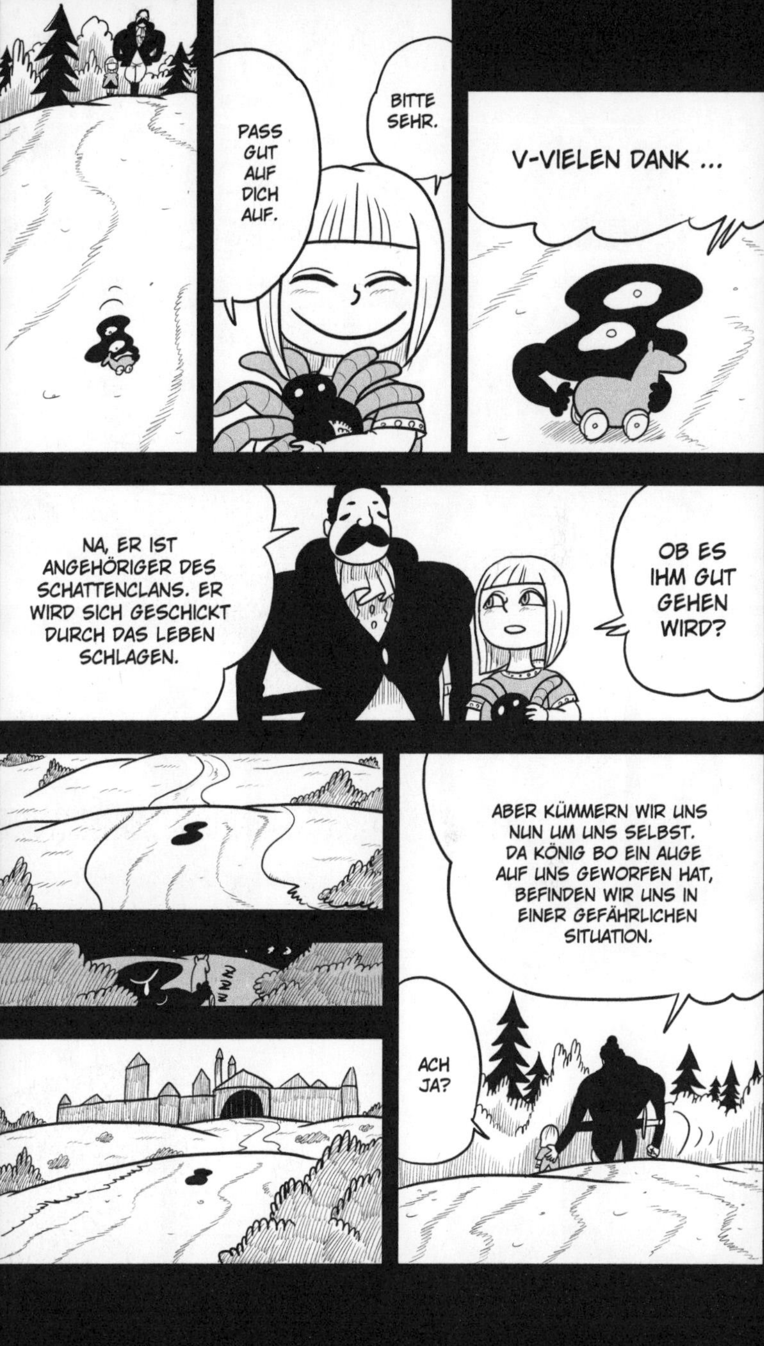
PASS GUT AUF DICH AUF.
BITTE SEHR.
V-VIELEN DANK ...
NA, ER IST ANGEHÖRIGER DES SCHATTENCLANS. ER WIRD SICH GESCHICKT DURCH DAS LEBEN SCHLAGEN.
OB ES IHM GUT GEHEN WIRD?
ABER KÜMMERN WIR UNS NUN UM UNS SELBST. DA KÖNIG BO EIN AUGE AUF UNS GEWORFEN HAT, BEFINDEN WIR UNS IN EINER GEFÄHRLICHEN SITUATION.
ACH JA?

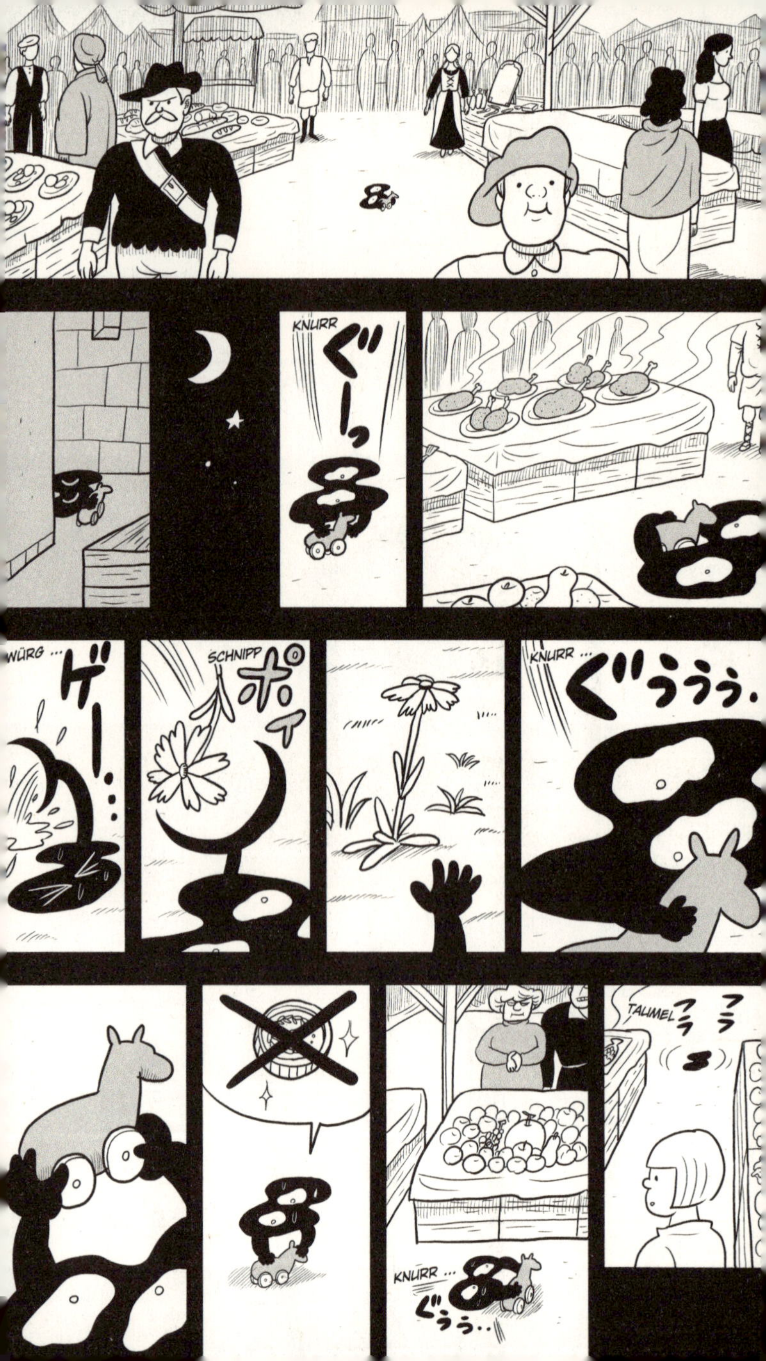
KNURR
ぐーっ
KNURR ...
ぐぅぅぅ.
SCHNIPP
ポイ
WÜRG ...
ゲー!...
TAUMEL
フラ
フラ
KNURR ...
ぐぅぅ..

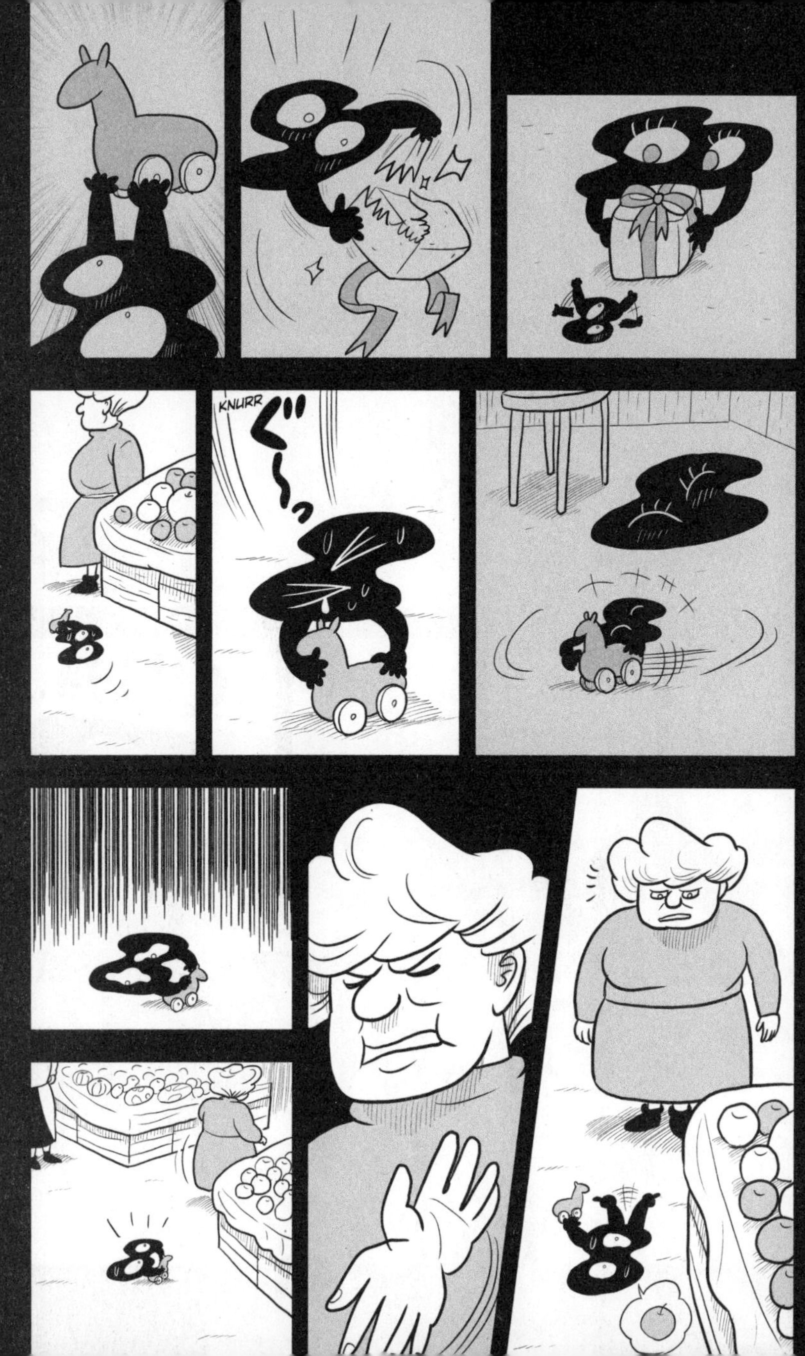
KNURR
ぐ〜っ

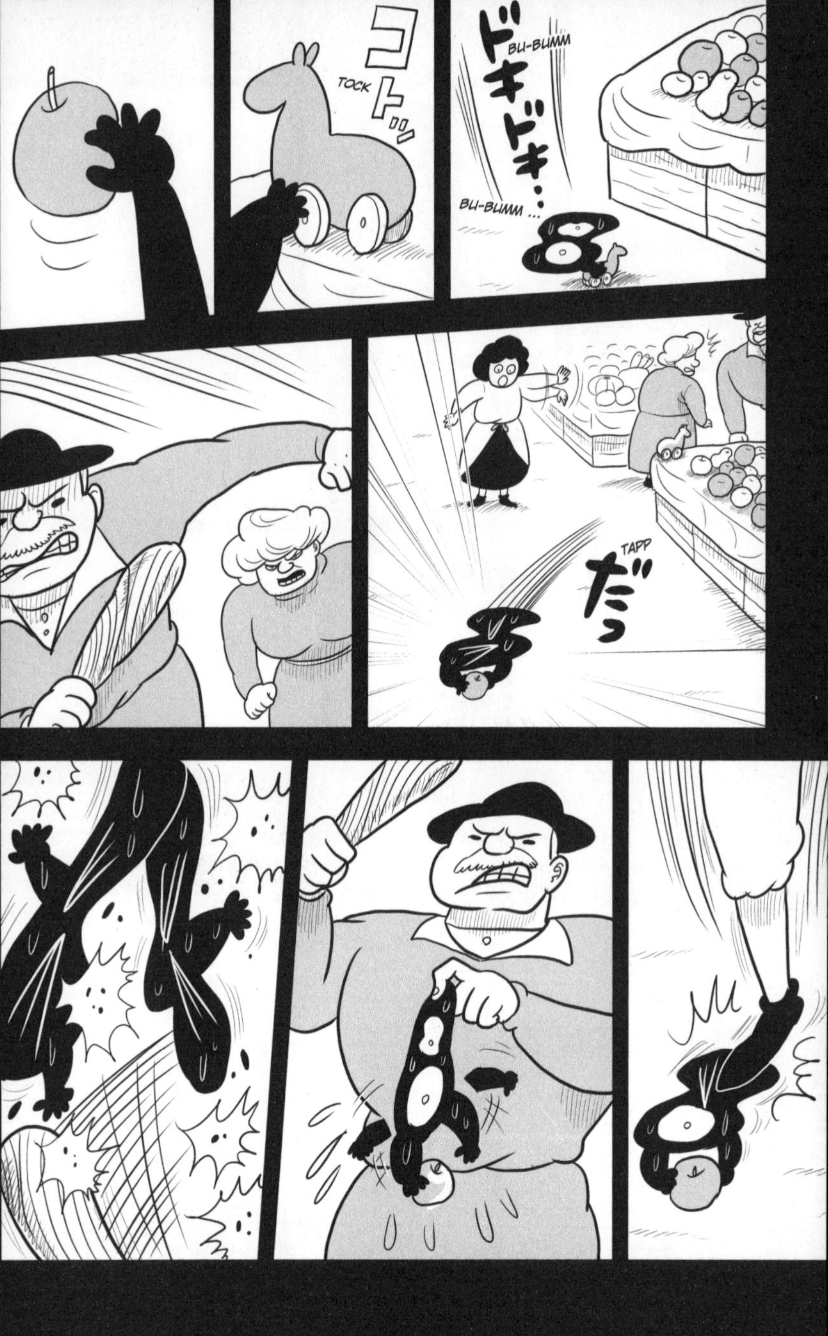

ドキドキ・・
BU-BUMM
BU-BUMM ...
コトッ
TOCK
だっ
TAPP

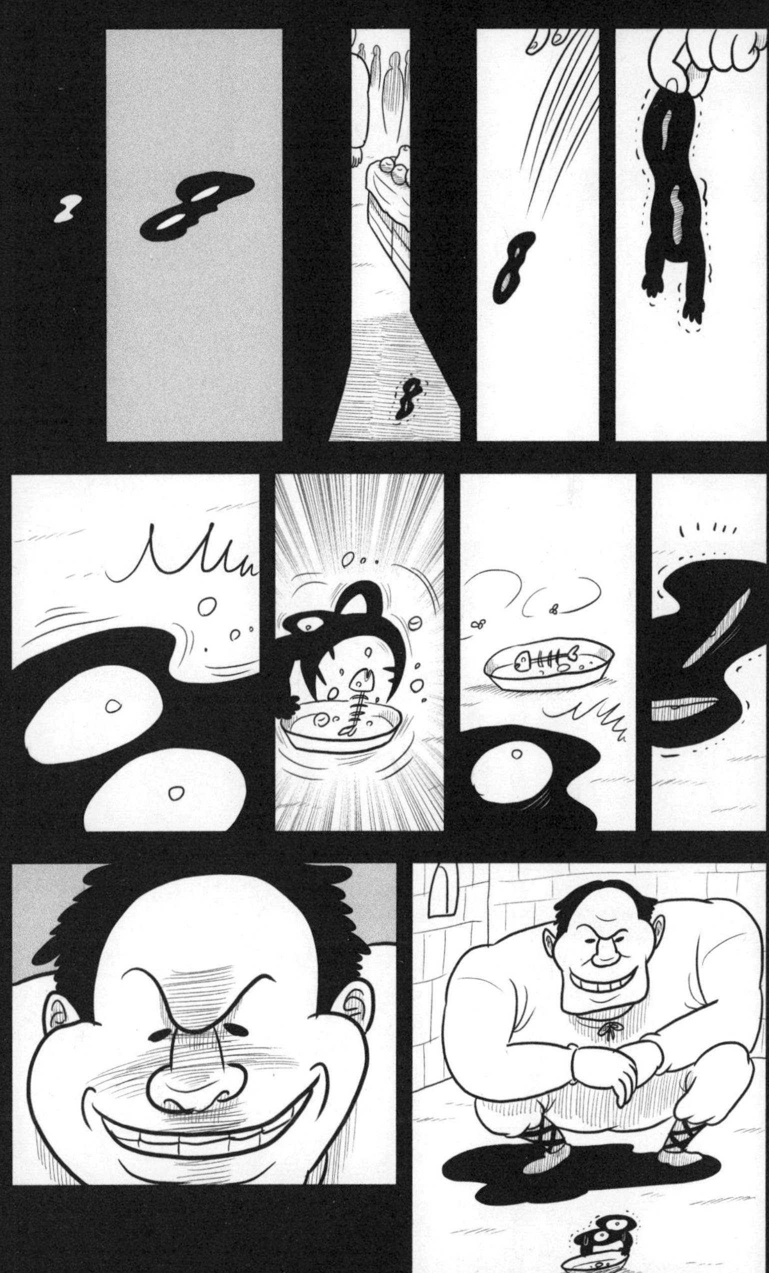

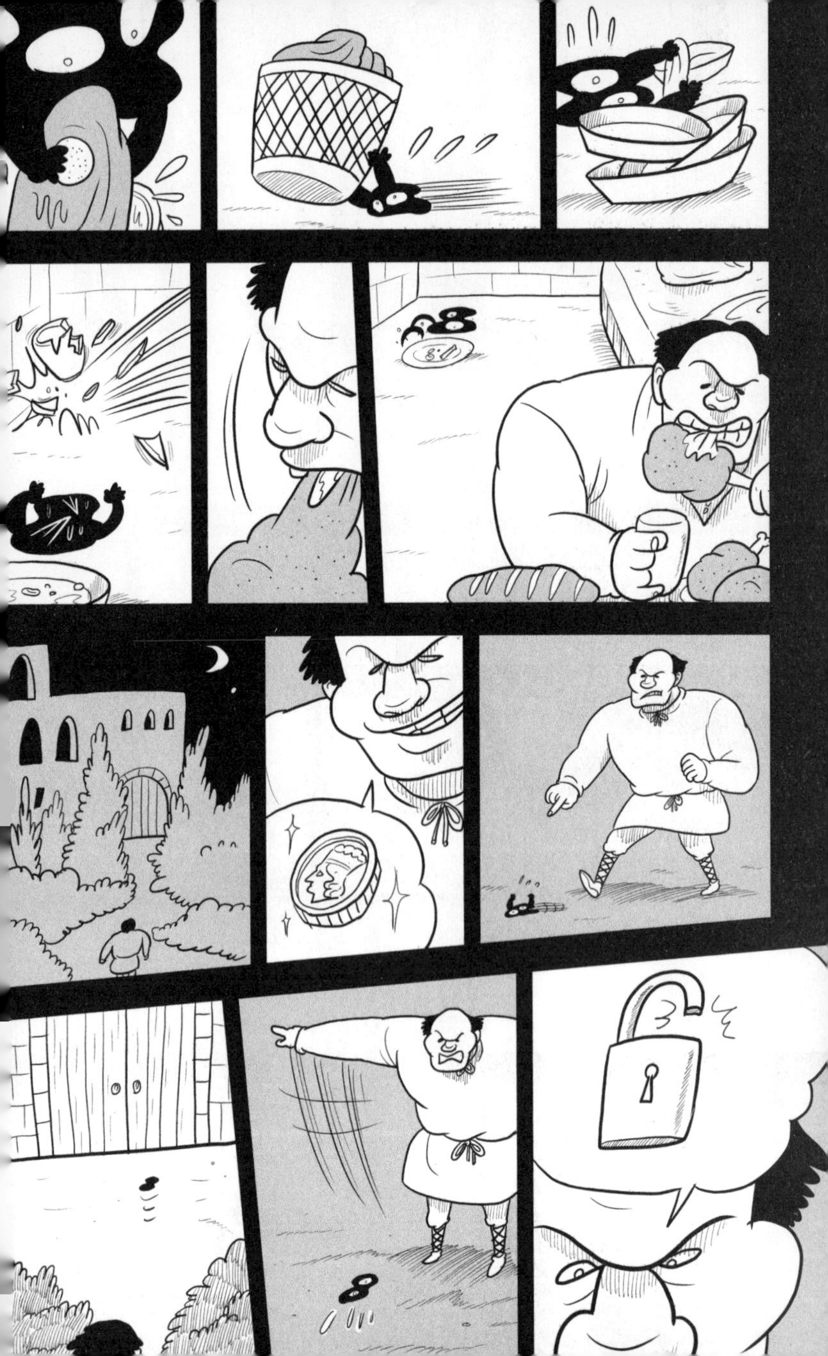

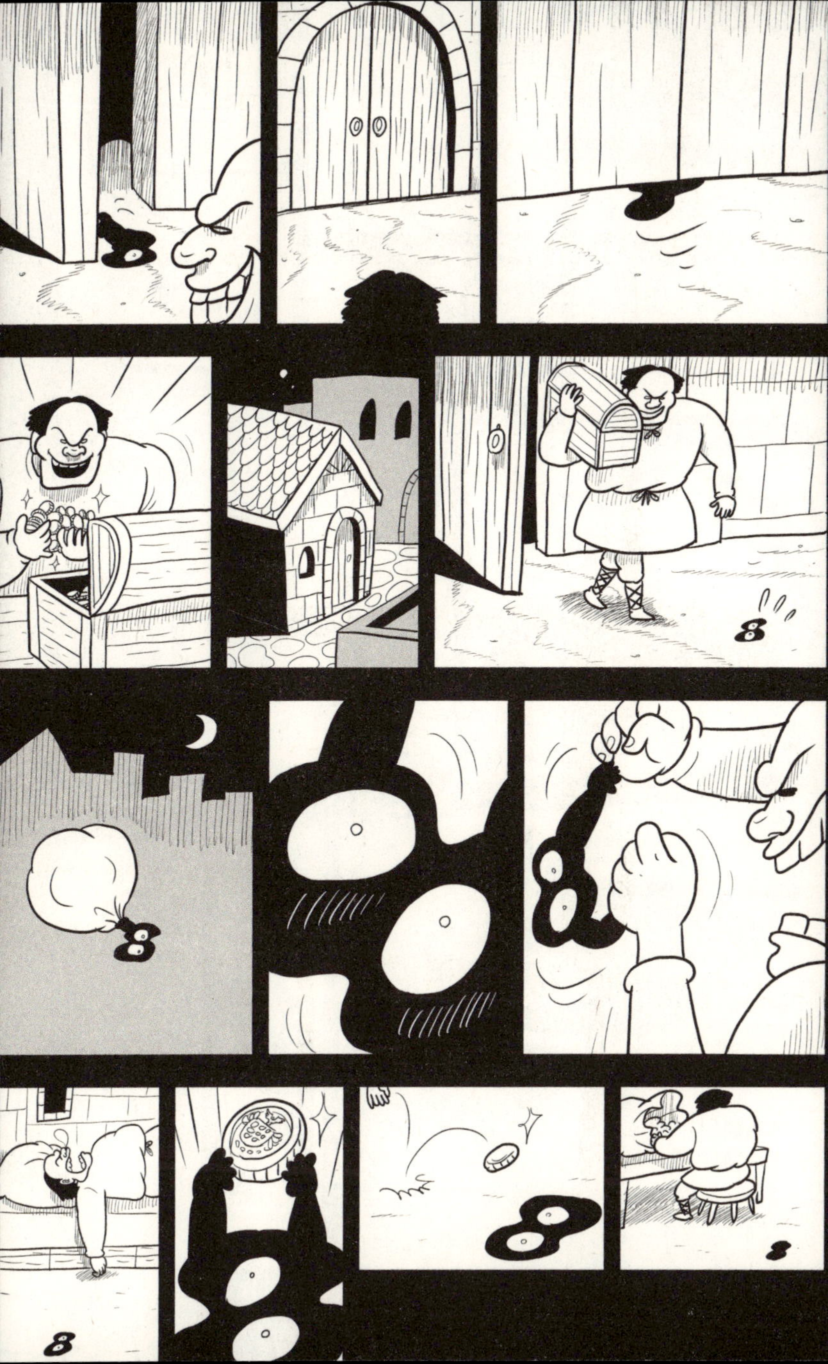

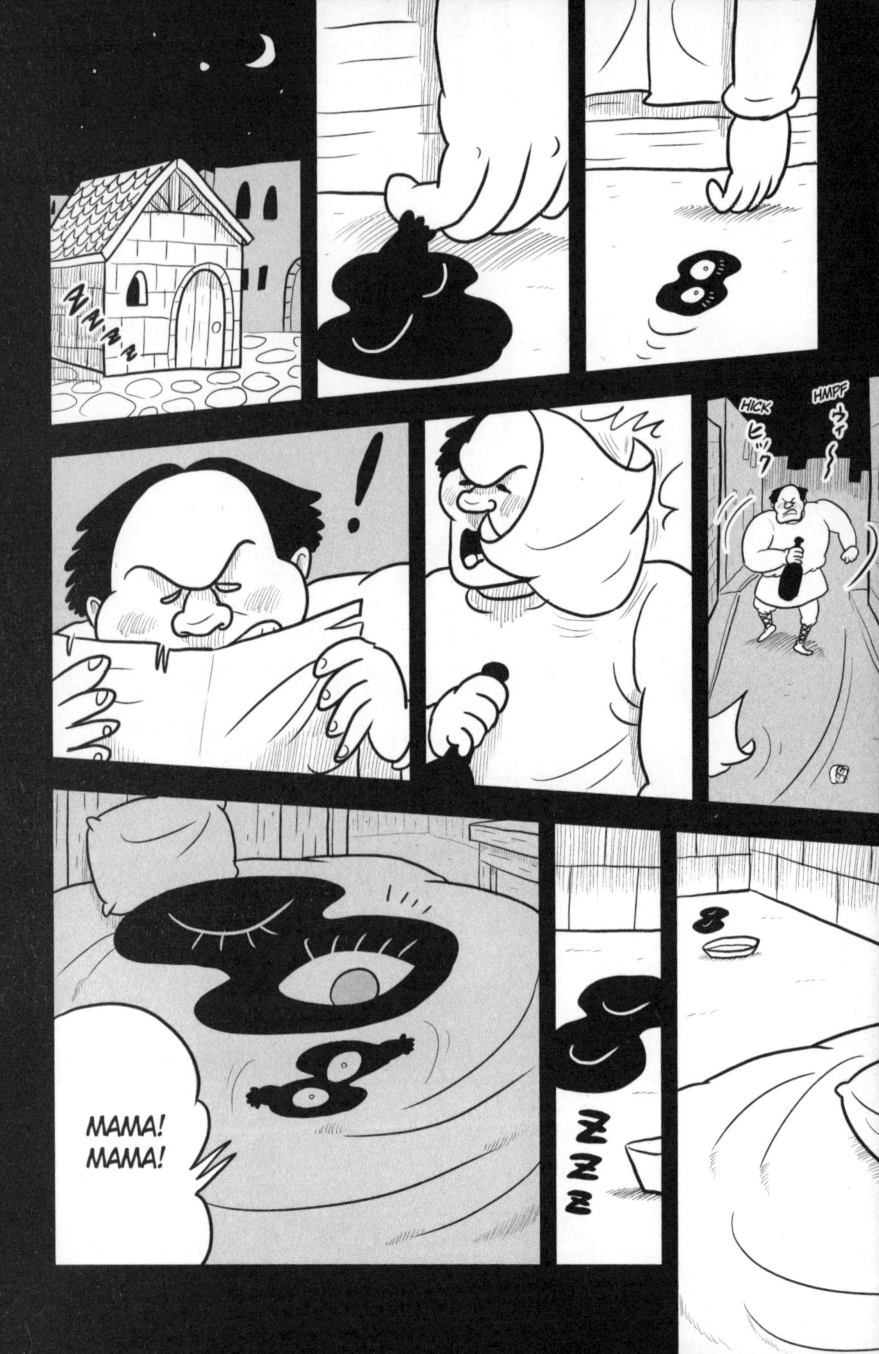
ZZZZZ
!
HMPF
ウ〜
HICK
ヒック
ZZZZ
MAMA!
MAMA!

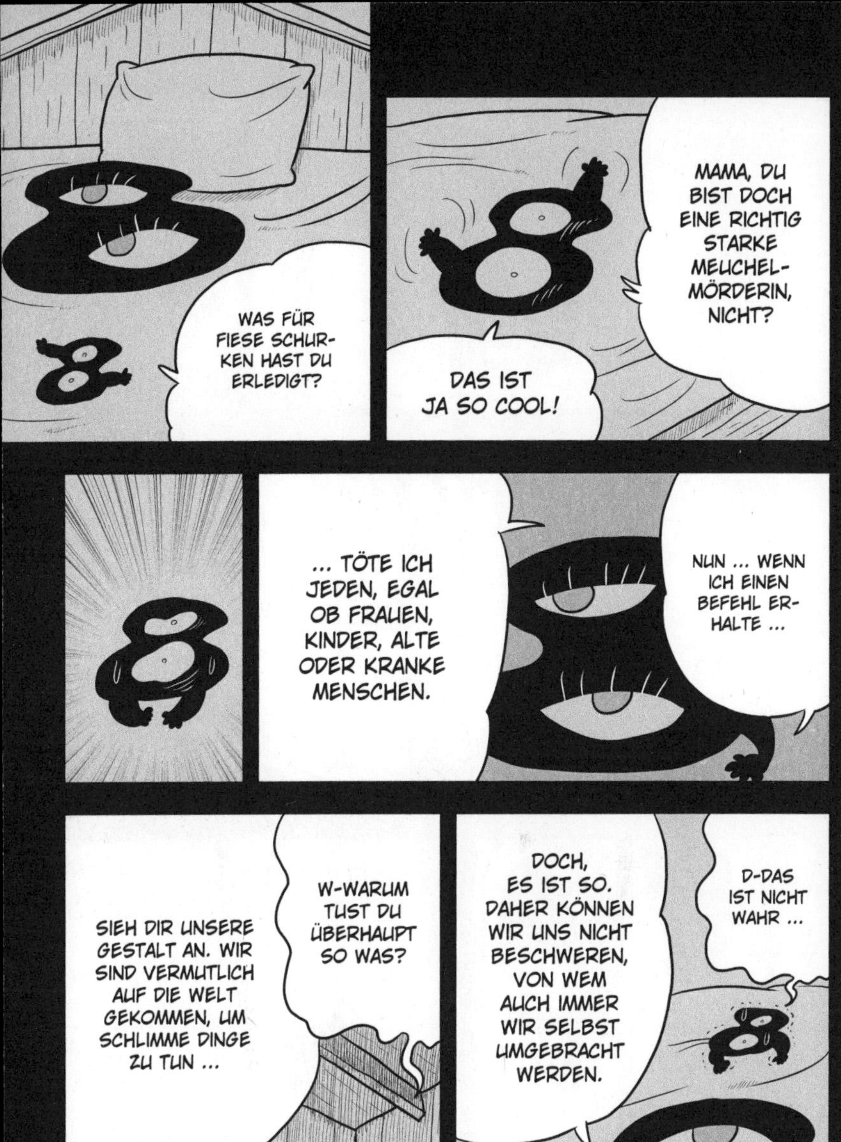
MAMA, DU BIST DOCH EINE RICHTIG STARKE MEUCHEL-MÖRDERIN, NICHT?
DAS IST JA SO COOL!
WAS FÜR FIESE SCHURKEN HAST DU ERLEDIGT?
NUN ... WENN ICH EINEN BEFEHL ERHALTE ...
... TÖTE ICH JEDEN, EGAL OB FRAUEN, KINDER, ALTE ODER KRANKE MENSCHEN.
D-DAS IST NICHT WAHR ...
DOCH, ES IST SO. DAHER KÖNNEN WIR UNS NICHT BESCHWEREN, VON WEM AUCH IMMER WIR SELBST UMGEBRACHT WERDEN.
W-WARUM TUST DU ÜBERHAUPT SO WAS?
SIEH DIR UNSERE GESTALT AN. WIR SIND VERMUTLICH AUF DIE WELT GEKOMMEN, UM SCHLIMME DINGE ZU TUN ...

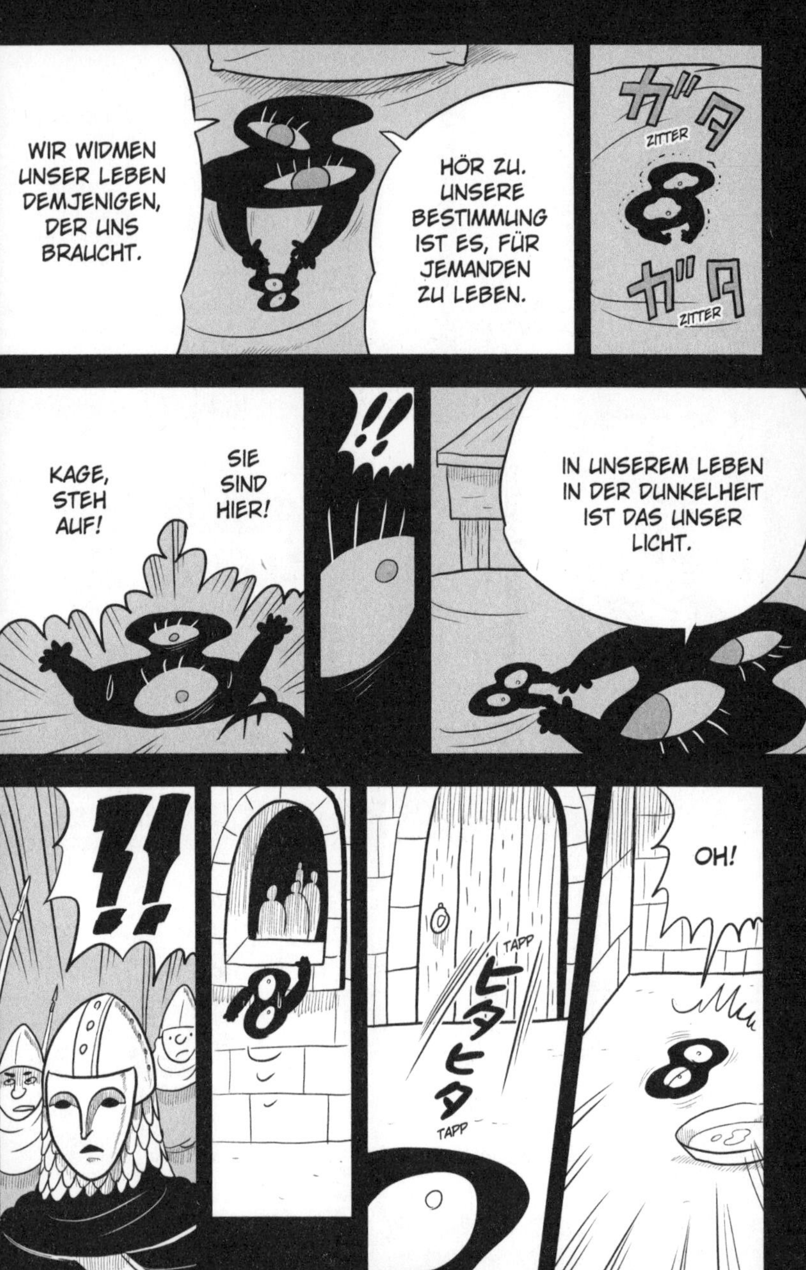

ガタ
ZITTER
ガタ
ZITTER
HÖR ZU. UNSERE BESTIMMUNG IST ES, FÜR JEMANDEN ZU LEBEN.
WIR WIDMEN UNSER LEBEN DEMJENIGEN, DER UNS BRAUCHT.
IN UNSEREM LEBEN IN DER DUNKELHEIT IST DAS UNSER LICHT.
!!
SIE SIND HIER!
KAGE, STEH AUF!
OH!
TAPP
ヒタヒタ
TAPP
!!

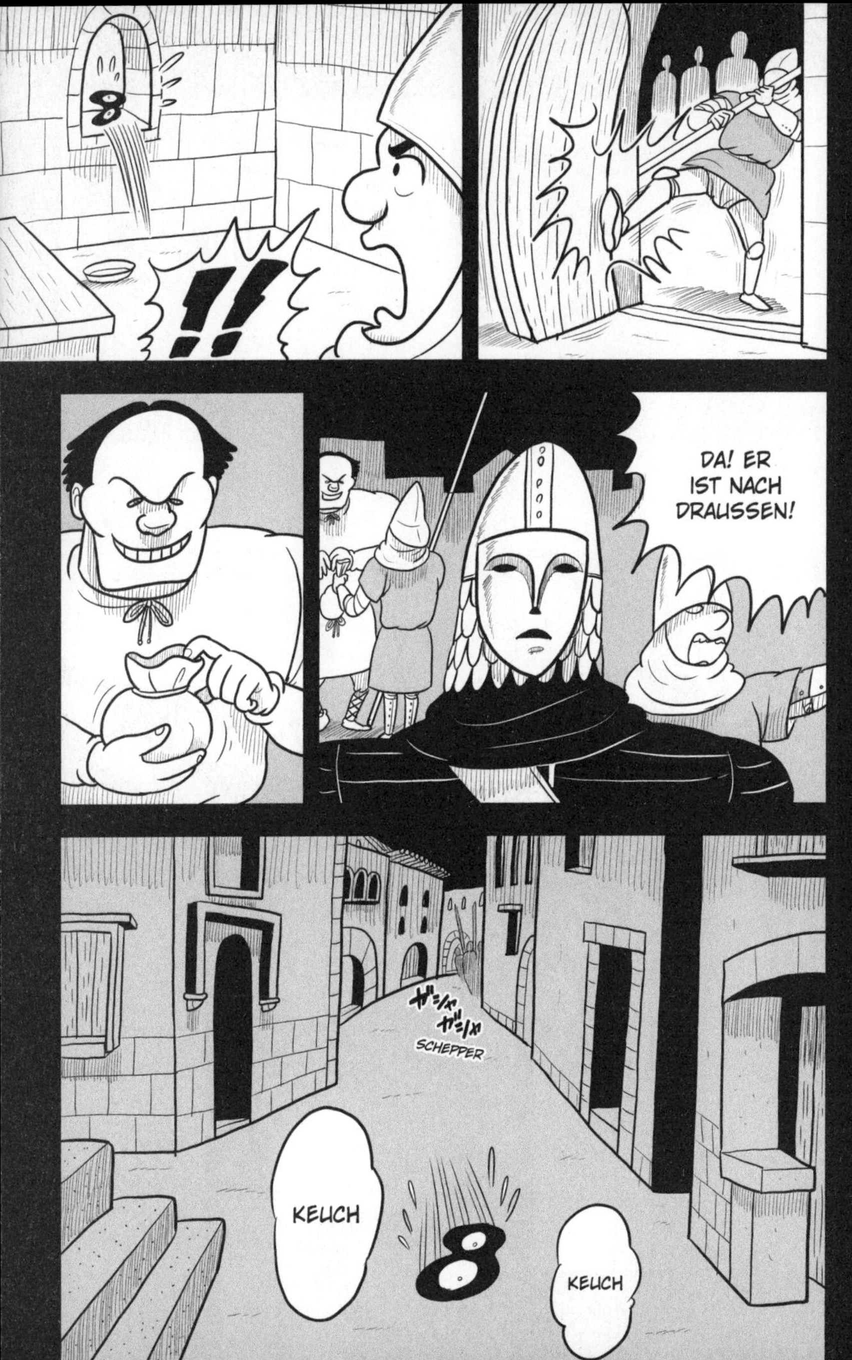
!!
DA! ER IST NACH DRAUSSEN!
SCHEPPER
KEUCH
KEUCH

13. KAPITEL

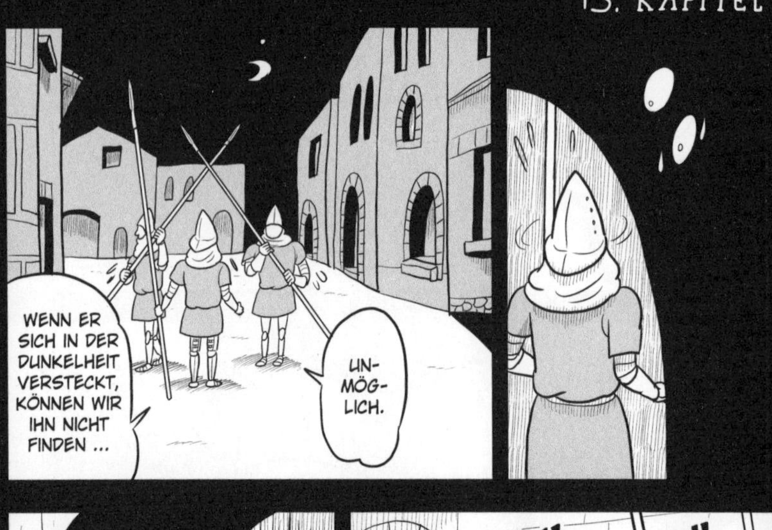

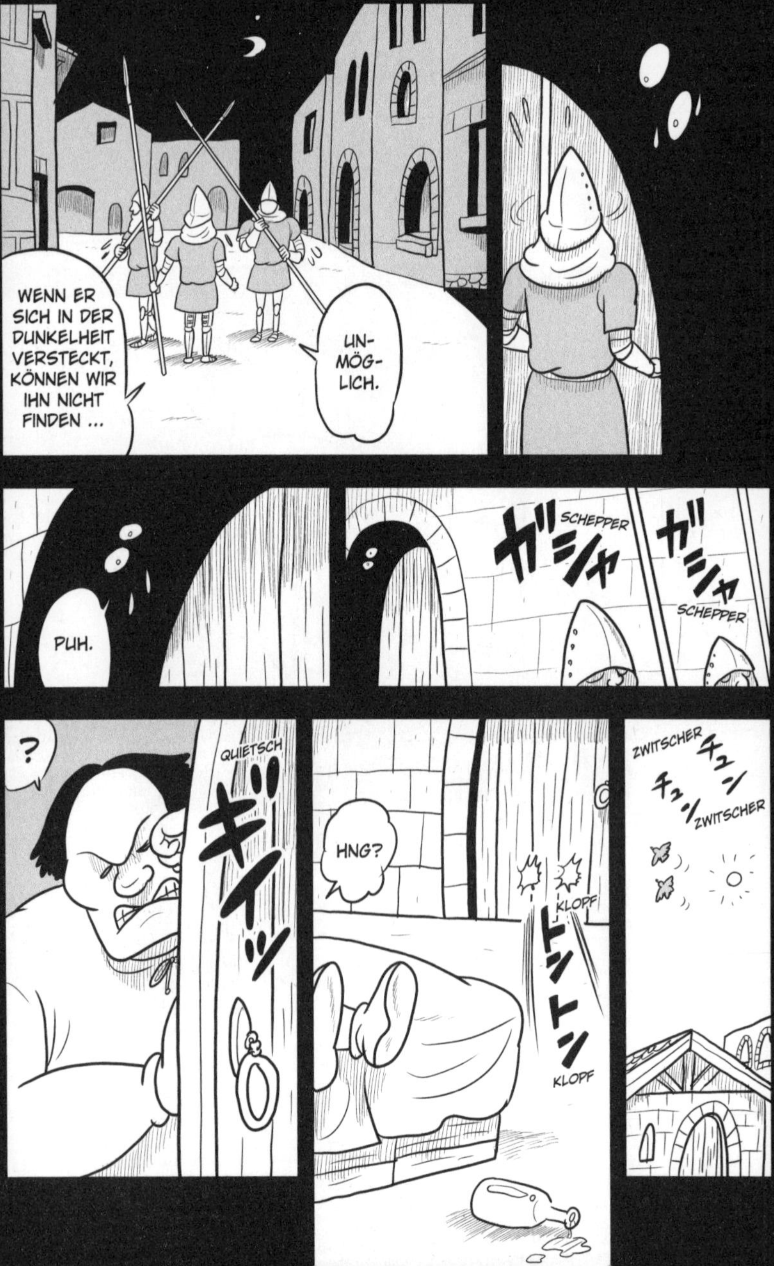

SCHEPPER ガシャ
ガシャ SCHEPPER

PUH.

ZWITSCHER チュン
チュン ZWITSCHER

HNG?

KLOPF トントン KLOPF

QUIETSCH ギイッ

?

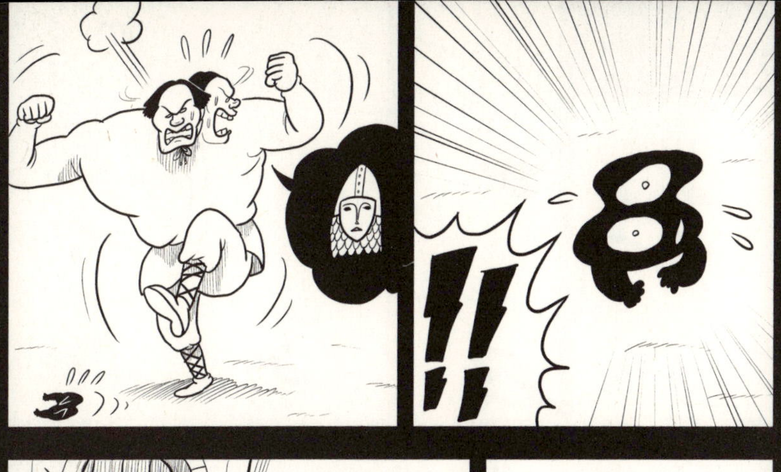
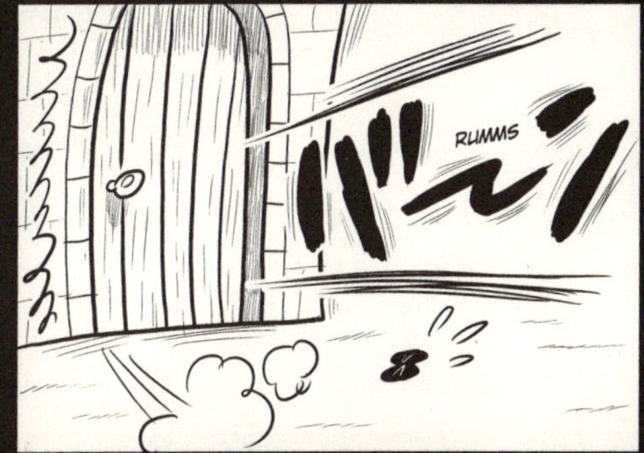
RUMMS
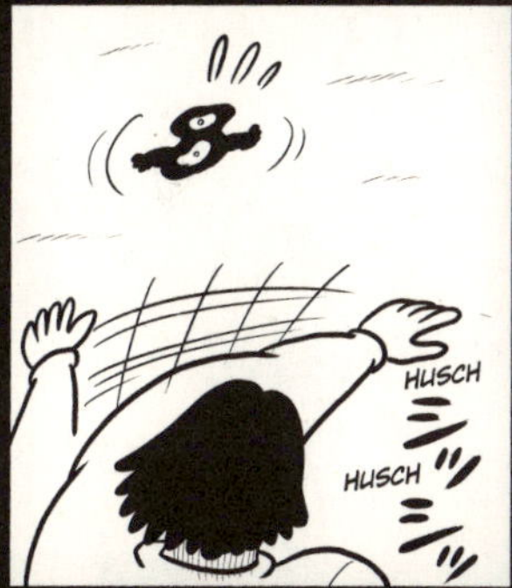
HUSCH
HUSCH
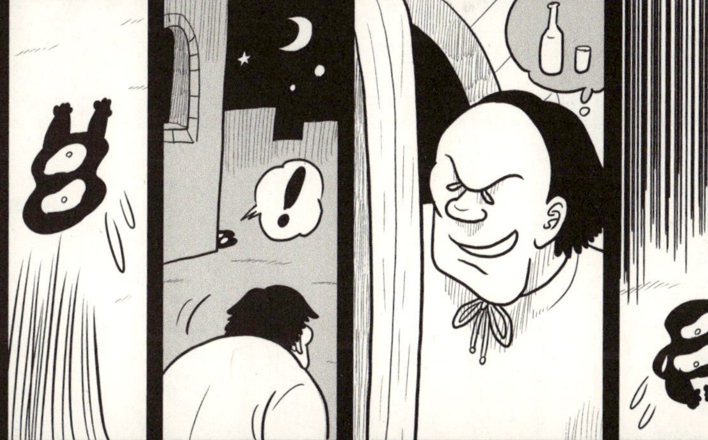
!

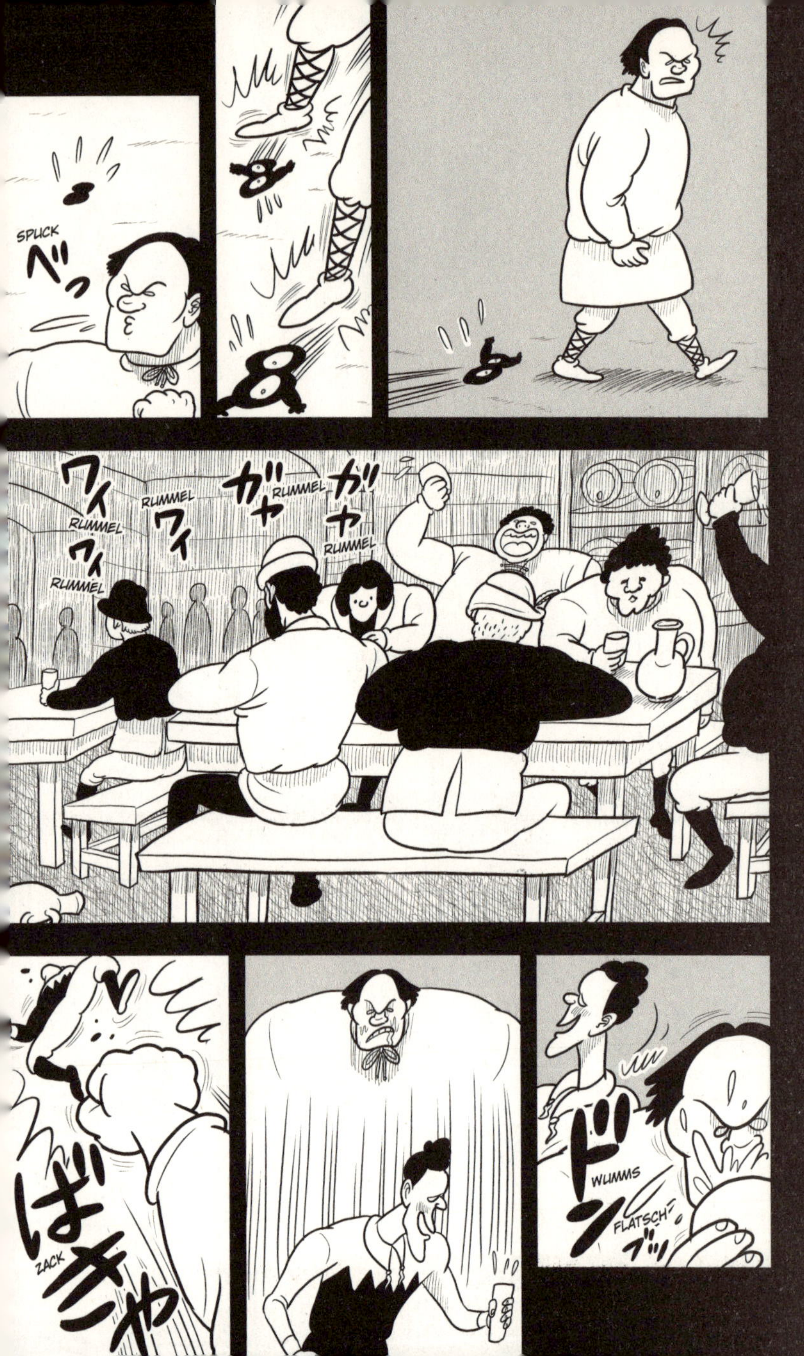
SPUCK
べっ
ワイ RUMMEL
ワイ RUMMEL
ワイ RUMMEL
ガヤ RUMMEL
ガヤ RUMMEL
ドン
WUMMS
FLATSCH
ブッ
ZACK
ばきゃ

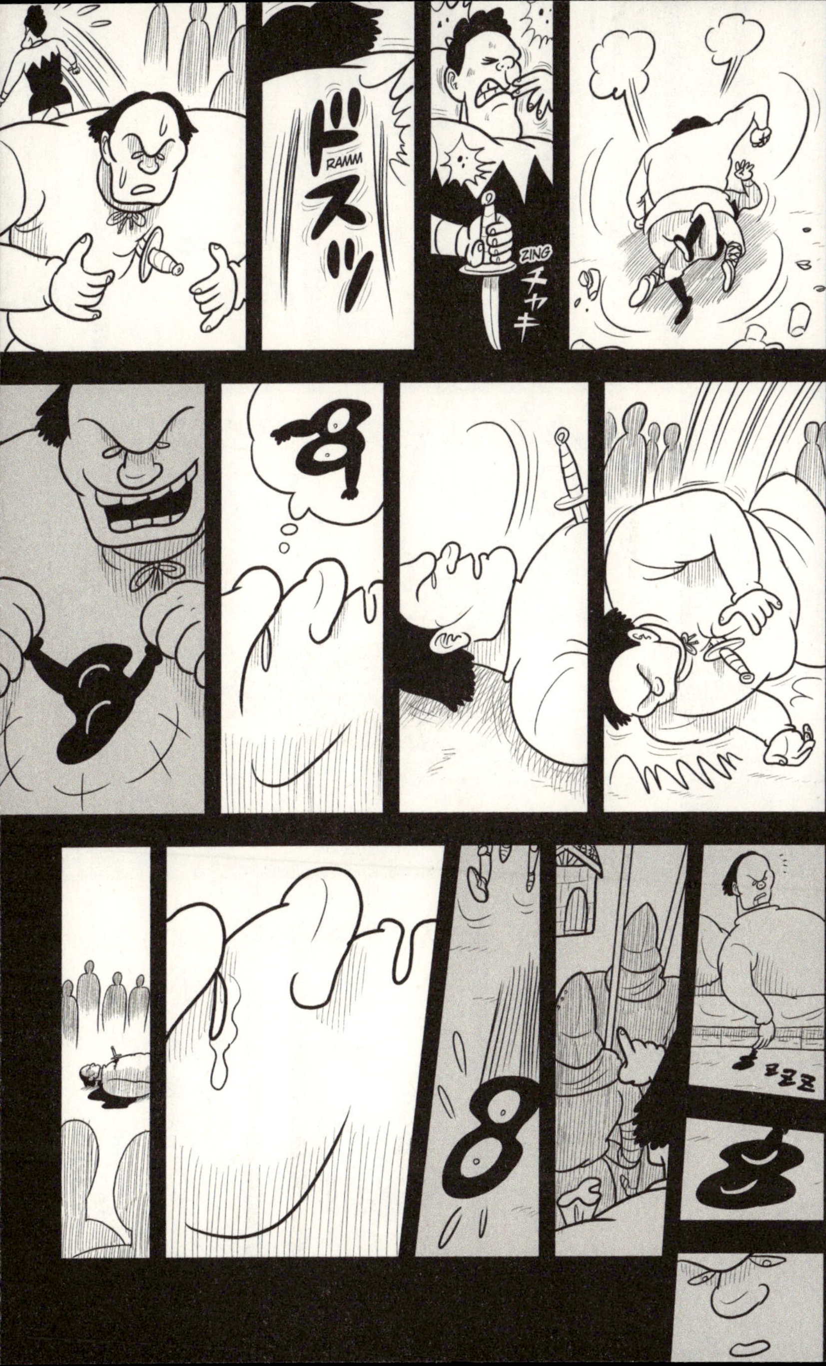

ZING
チャキ
ドスッ
RAMM
Z Z Z

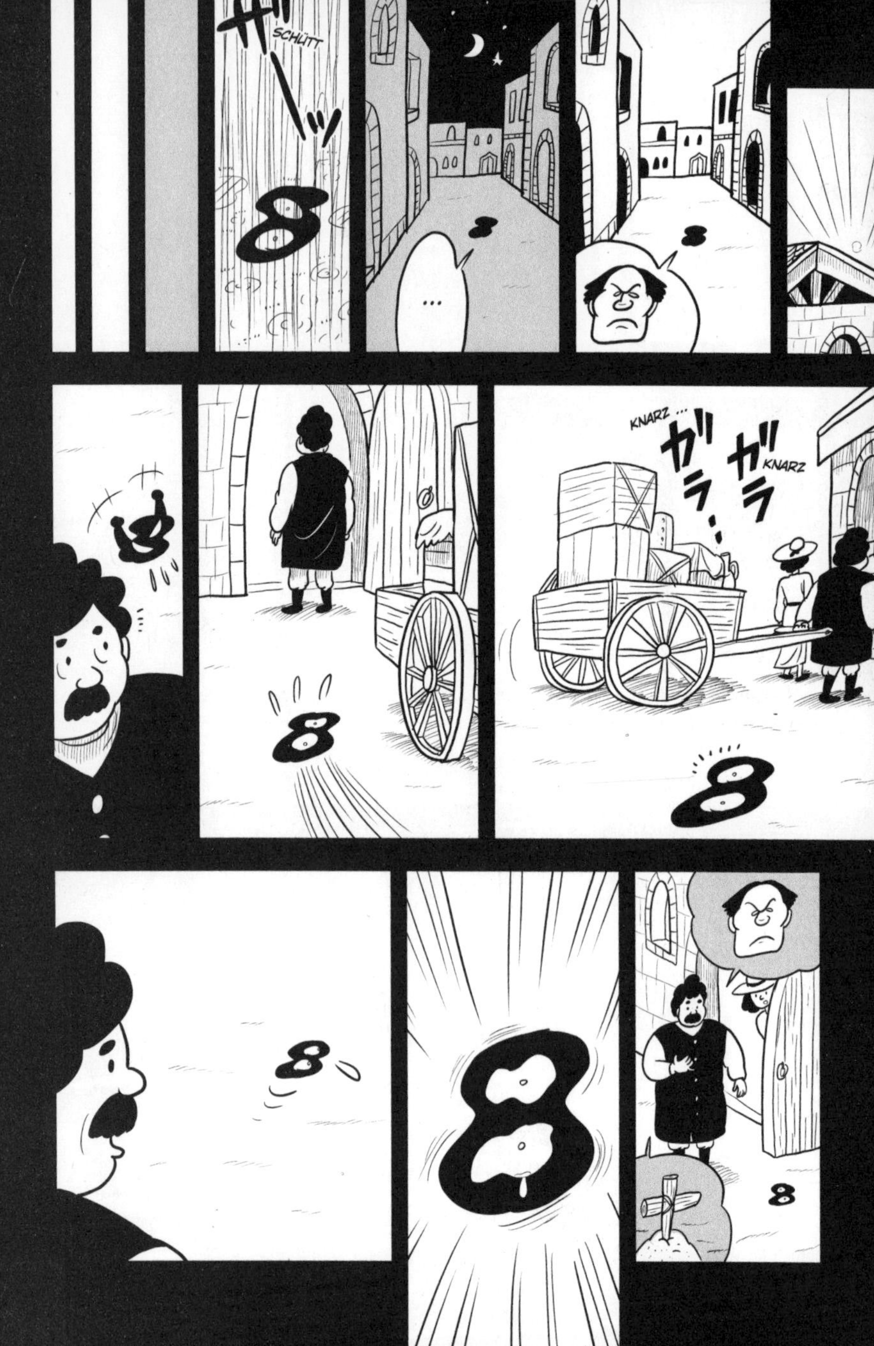

...
ザーッ
SCHÜTT
ガラ
ガラ
KNARZ ...
KNARZ

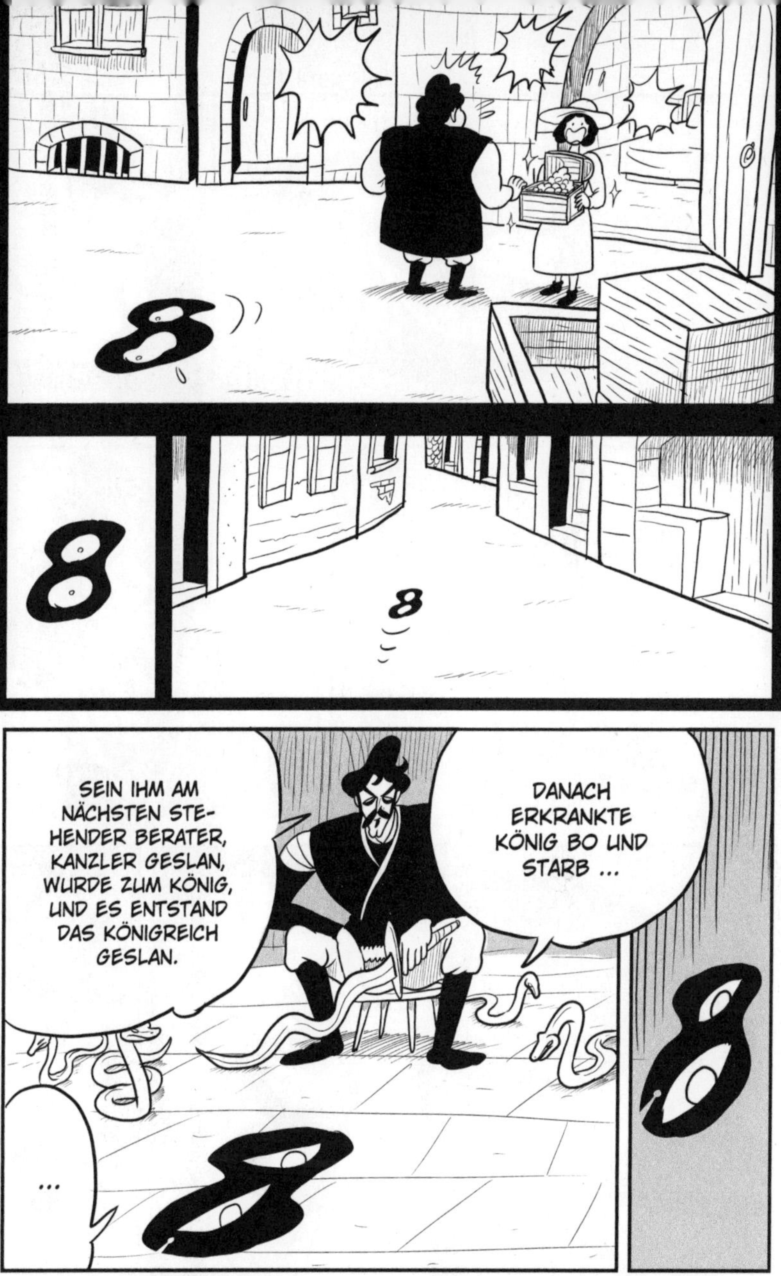

DANACH ERKRANKTE KÖNIG BO UND STARB ...

SEIN IHM AM NÄCHSTEN STEHENDER BERATER, KANZLER GESLAN, WURDE ZUM KÖNIG, UND ES ENTSTAND DAS KÖNIGREICH GESLAN.

...

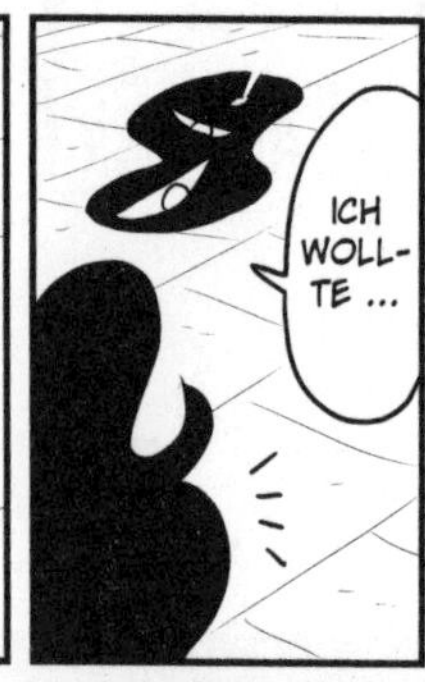
ICH WOLL-
TE ...

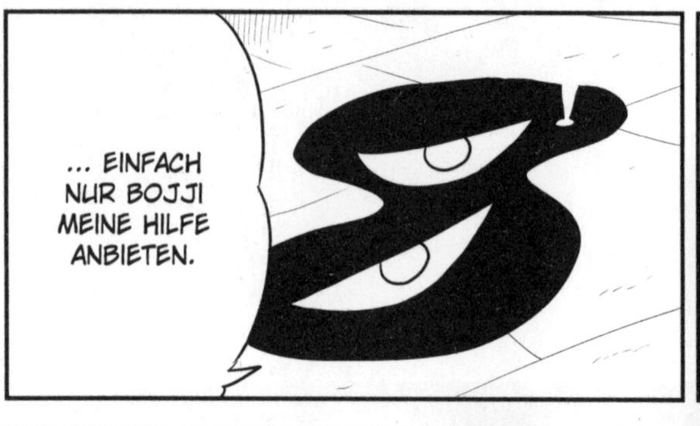
... EINFACH NUR BOJJI MEINE HILFE ANBIETEN.

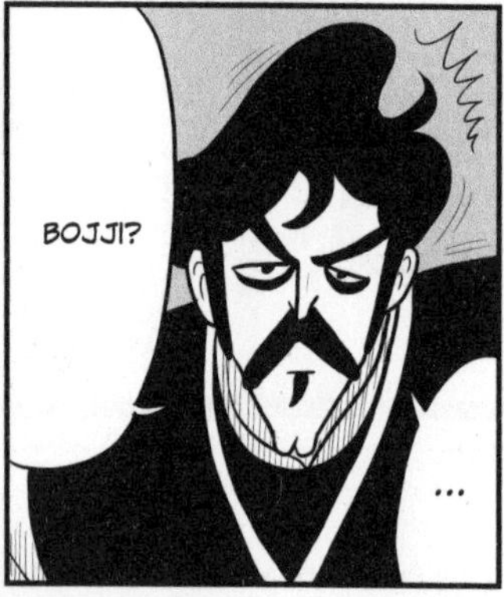
BOJJI?
...

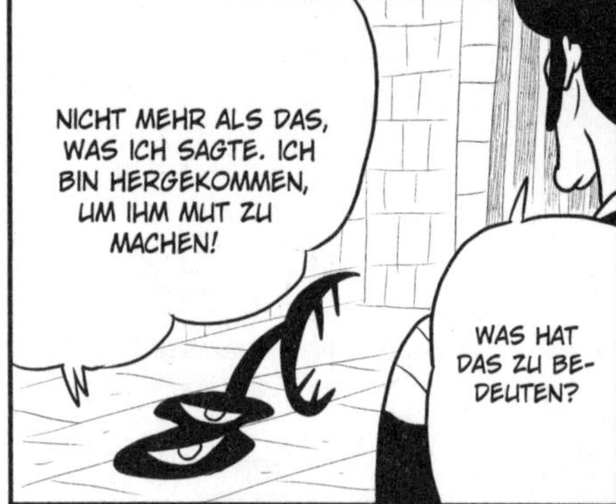
WAS HAT DAS ZU BE-
DEUTEN?
NICHT MEHR ALS DAS, WAS ICH SAGTE. ICH BIN HERGEKOMMEN, UM IHM MUT ZU MACHEN!

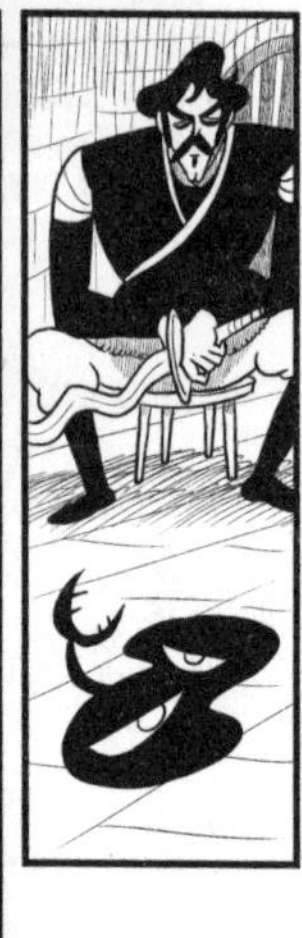

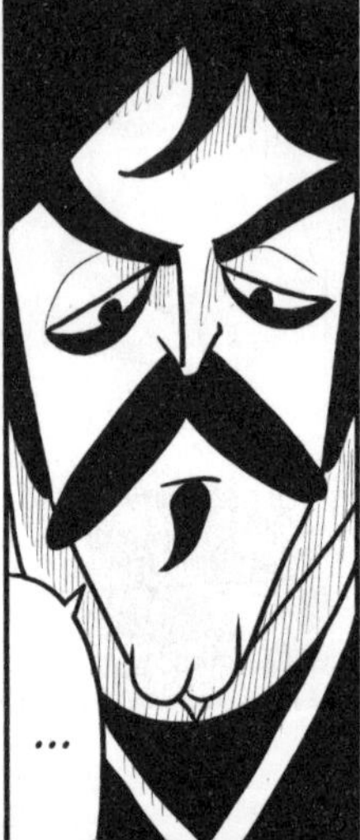
...

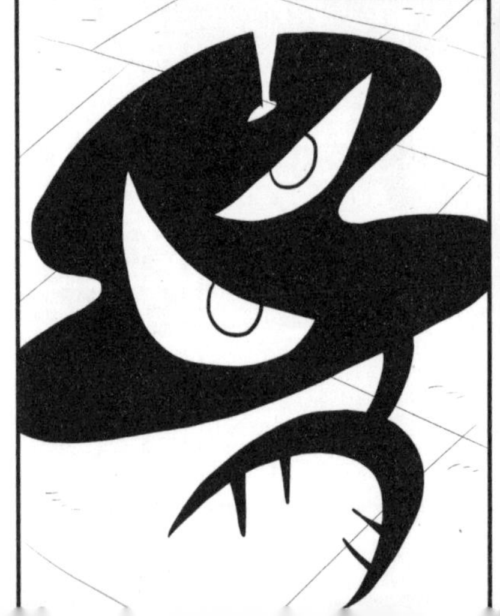

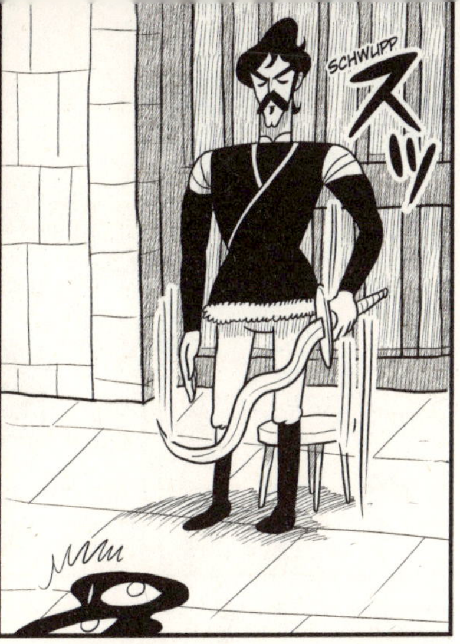
SCHWUPP

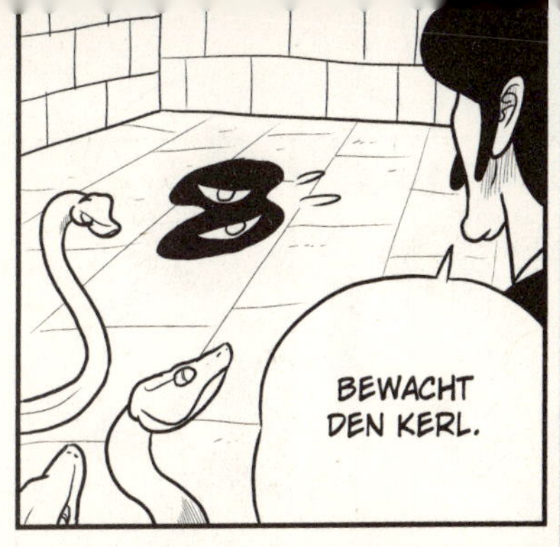
BEWACHT DEN KERL.

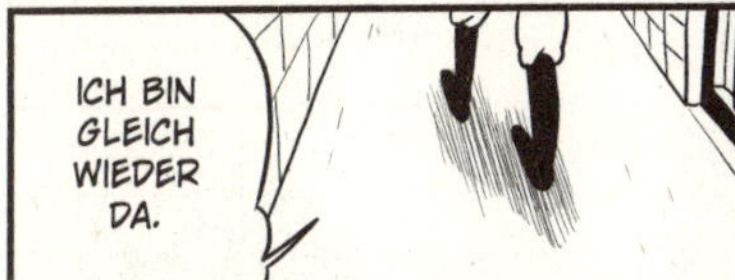
ICH BIN GLEICH WIEDER DA.

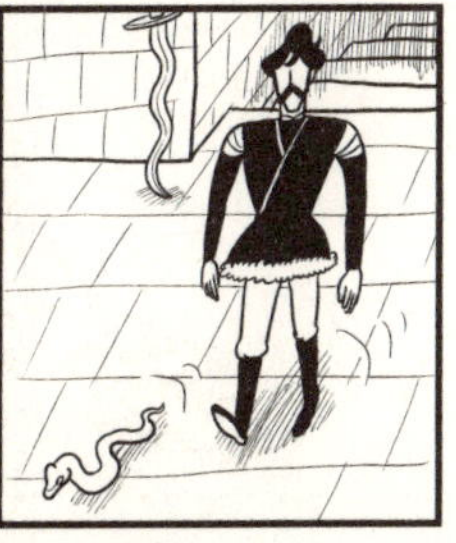

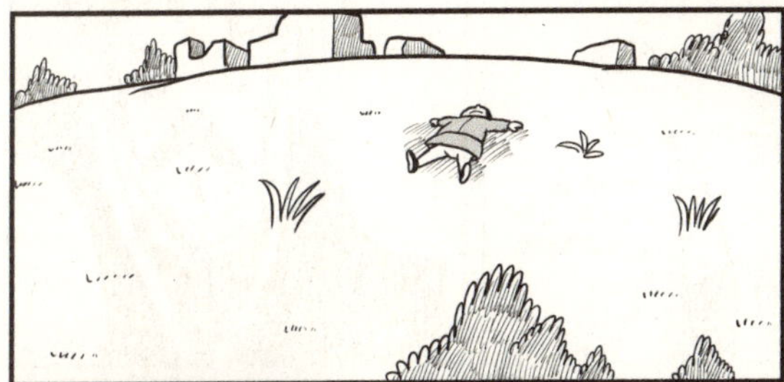

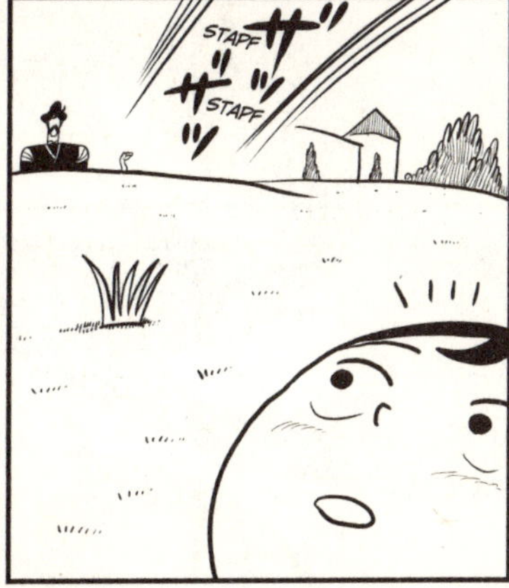
STAPF
STAPF

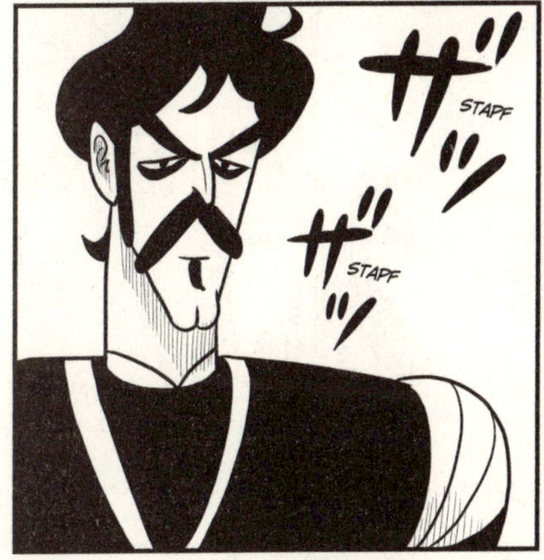
STAPF
STAPF

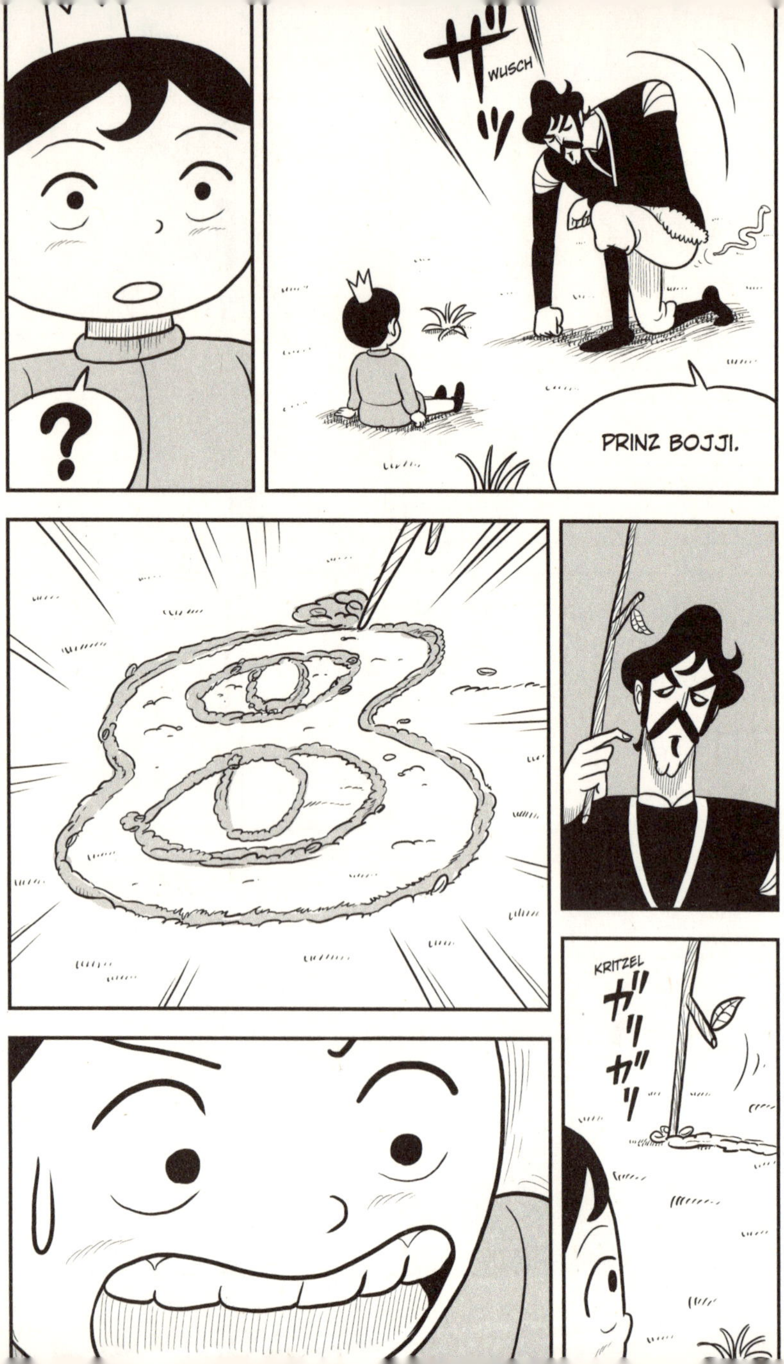

ザッ
WUSCH
PRINZ BOJJI.
?

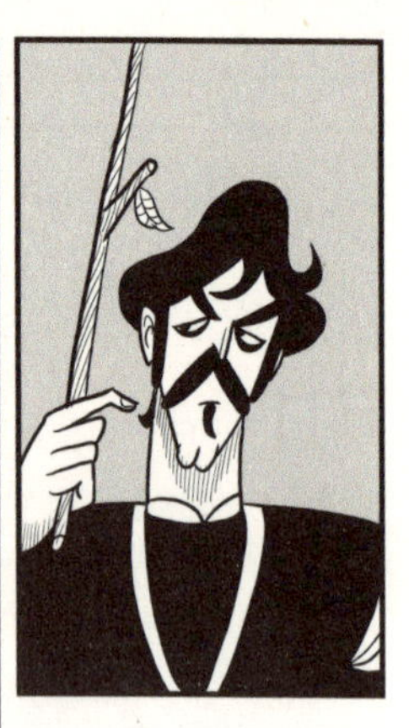
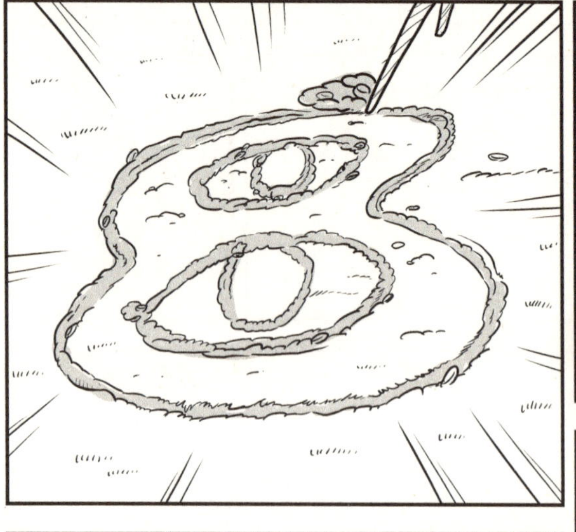
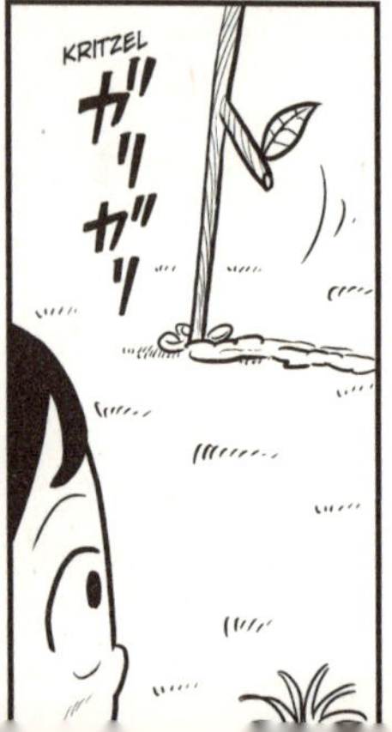

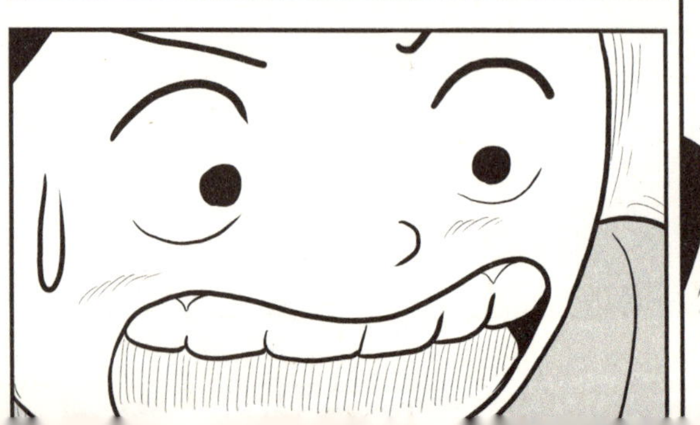

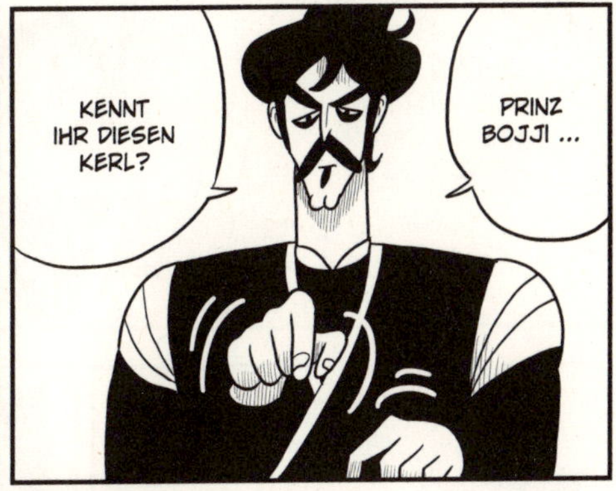
PRINZ BOJJI ...
KENNT IHR DIESEN KERL?

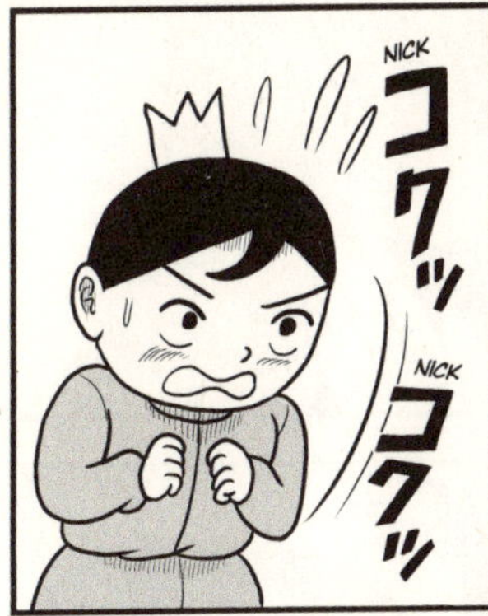
NICK
コクッ
NICK
コクッ

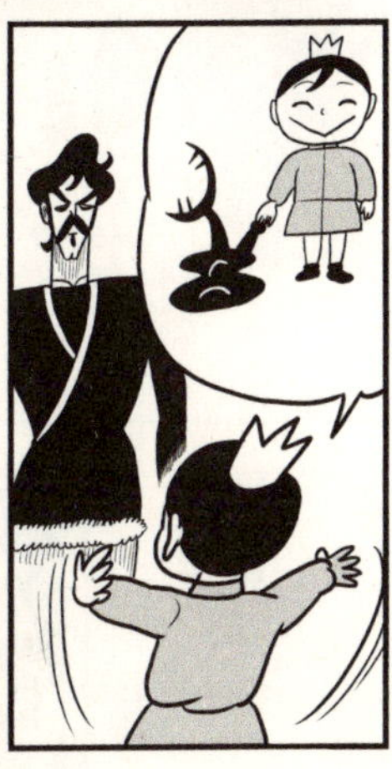

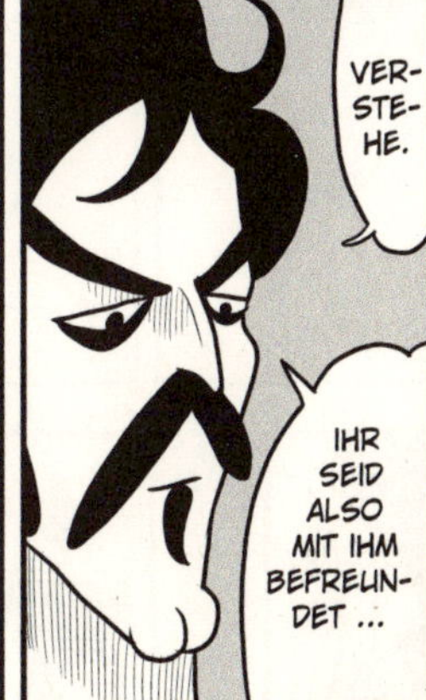
VER-STE-HE.
IHR SEID ALSO MIT IHM BEFREUN-DET ...

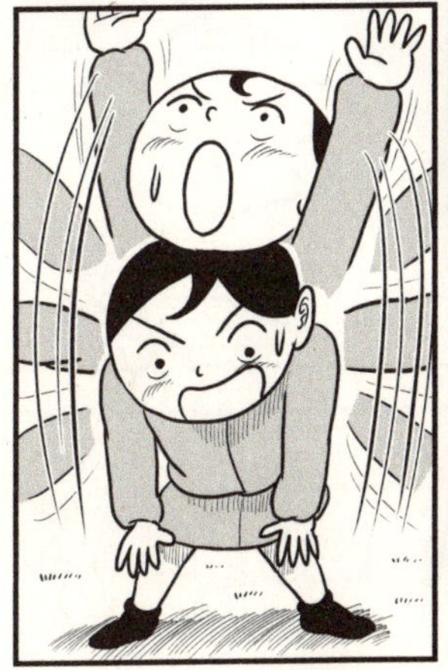

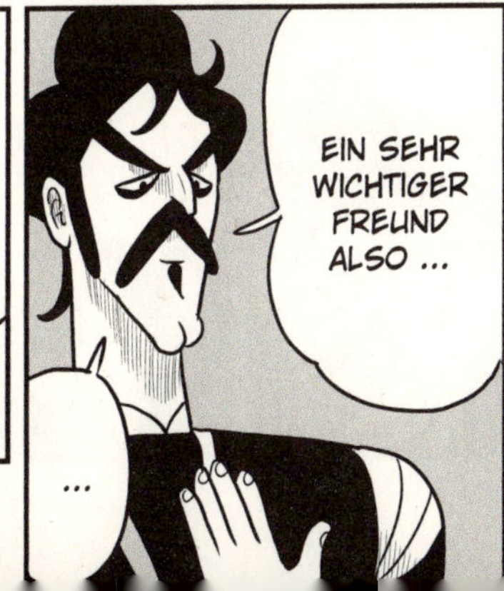
EIN SEHR WICHTIGER FREUND ALSO ...
...

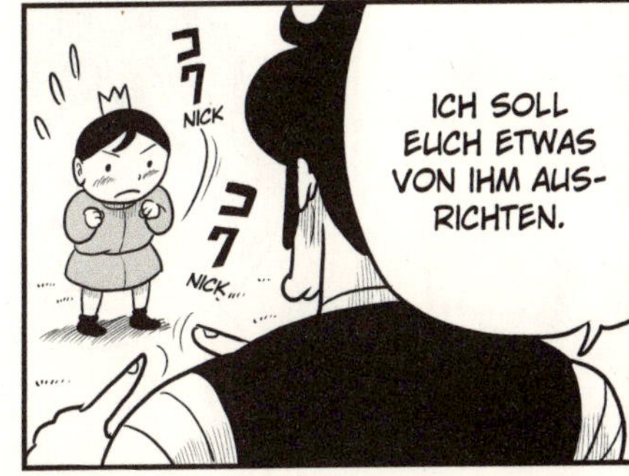
ICH SOLL EUCH ETWAS VON IHM AUS-RICHTEN.
コク
NICK
コク
NICK...

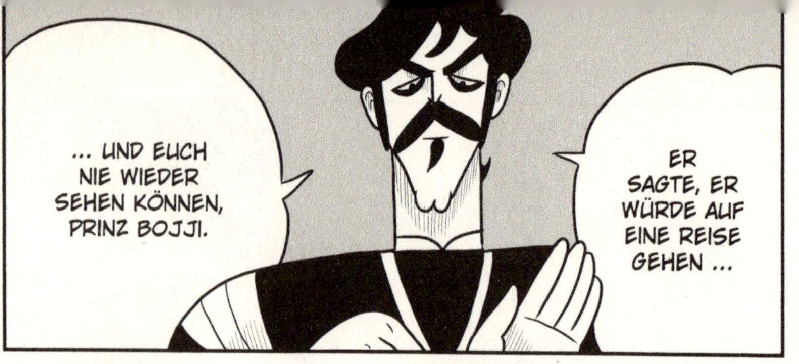
ER SAGTE, ER WÜRDE AUF EINE REISE GEHEN ...
... UND EUCH NIE WIEDER SEHEN KÖNNEN, PRINZ BOJJI.

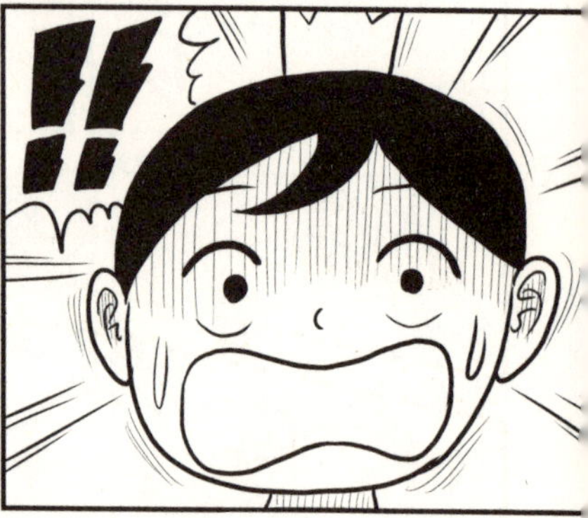
!!

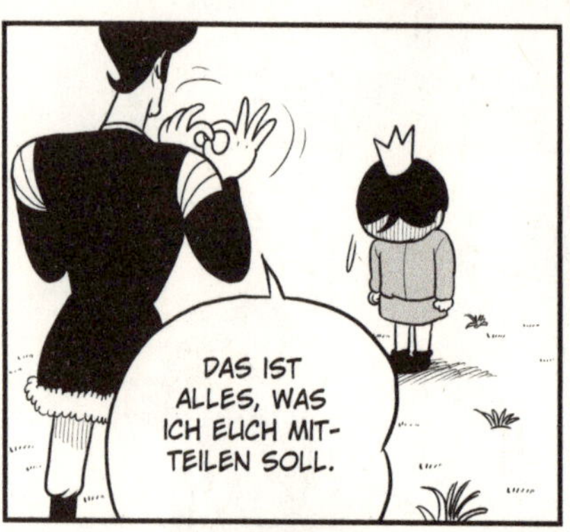
DAS IST ALLES, WAS ICH EUCH MITTEILEN SOLL.

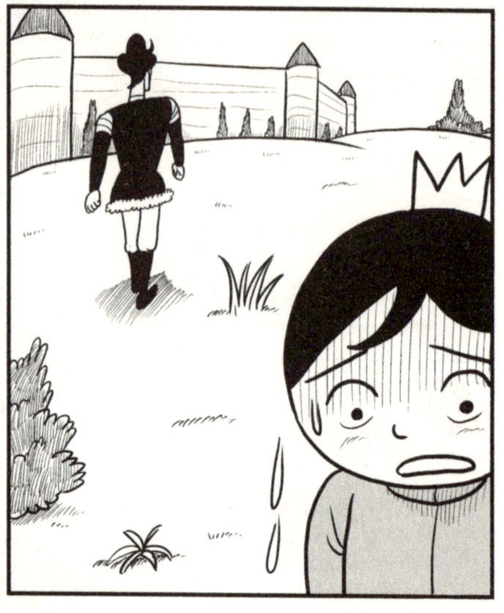

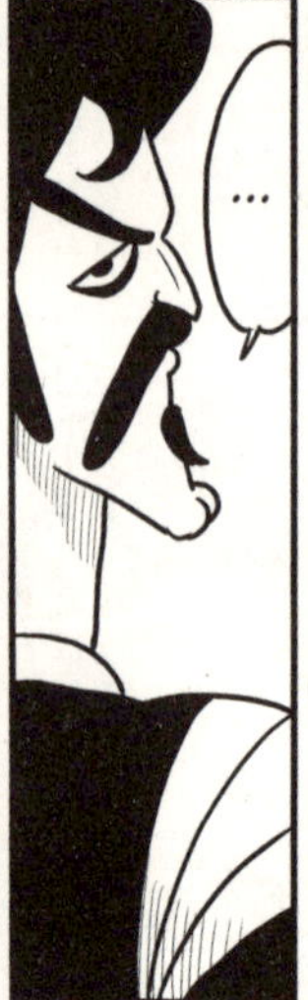
...

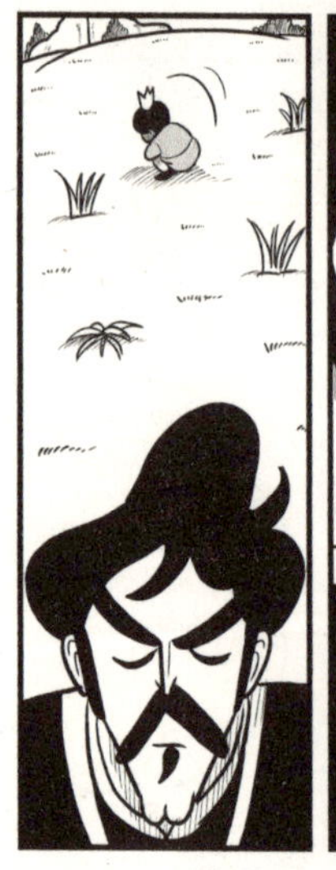

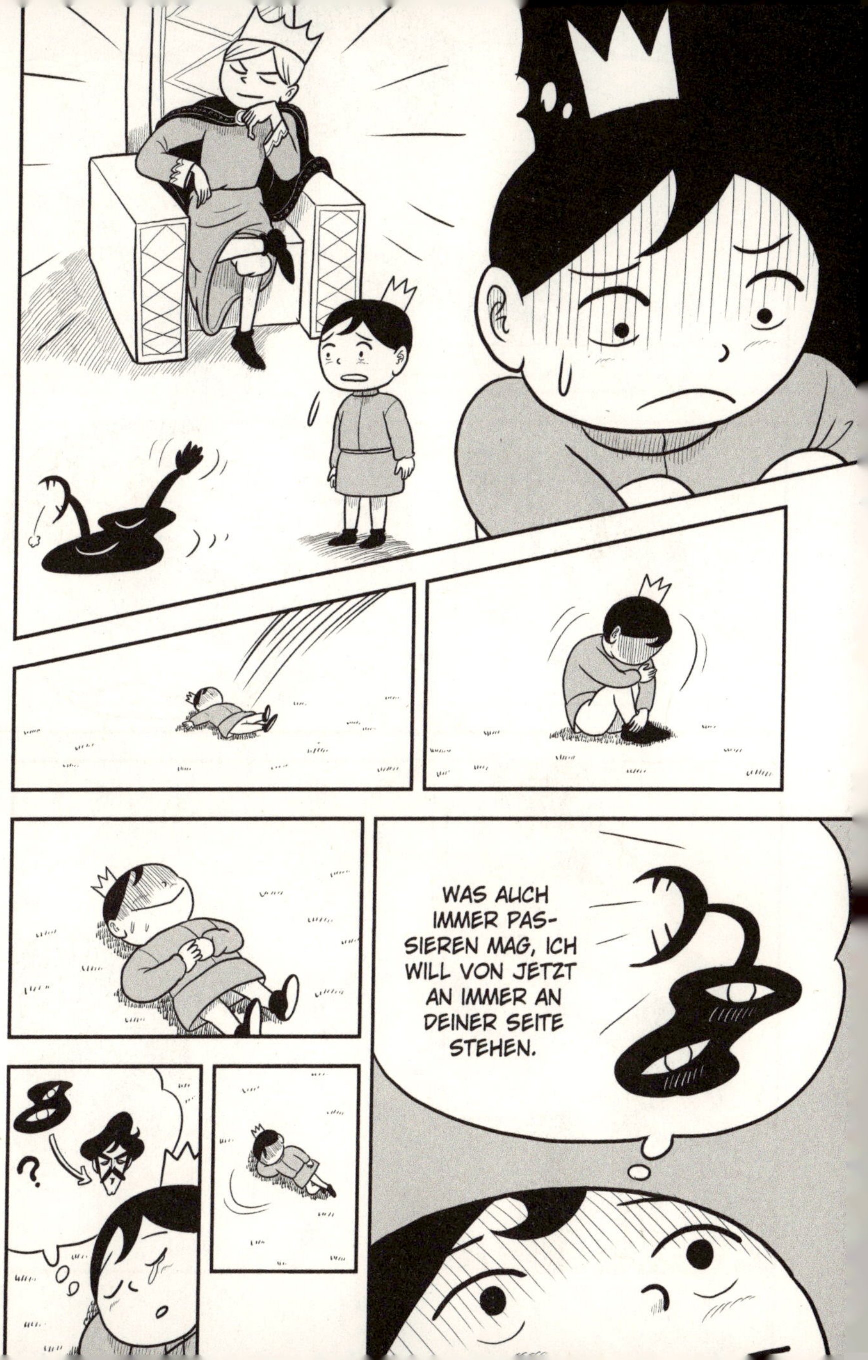

WAS AUCH IMMER PASSIEREN MAG, ICH WILL VON JETZT AN IMMER AN DEINER SEITE STEHEN.

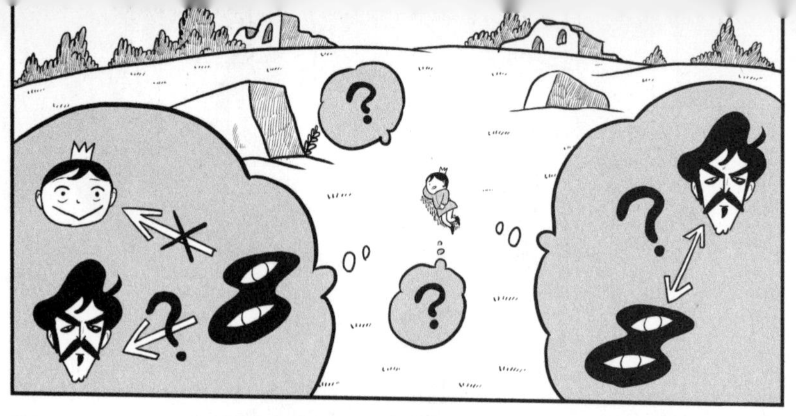

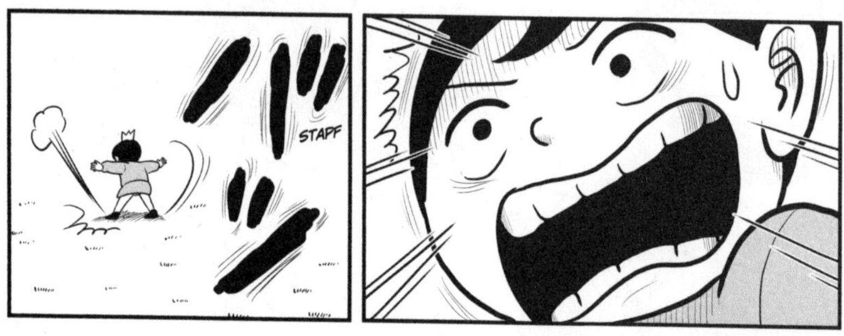
STAPF

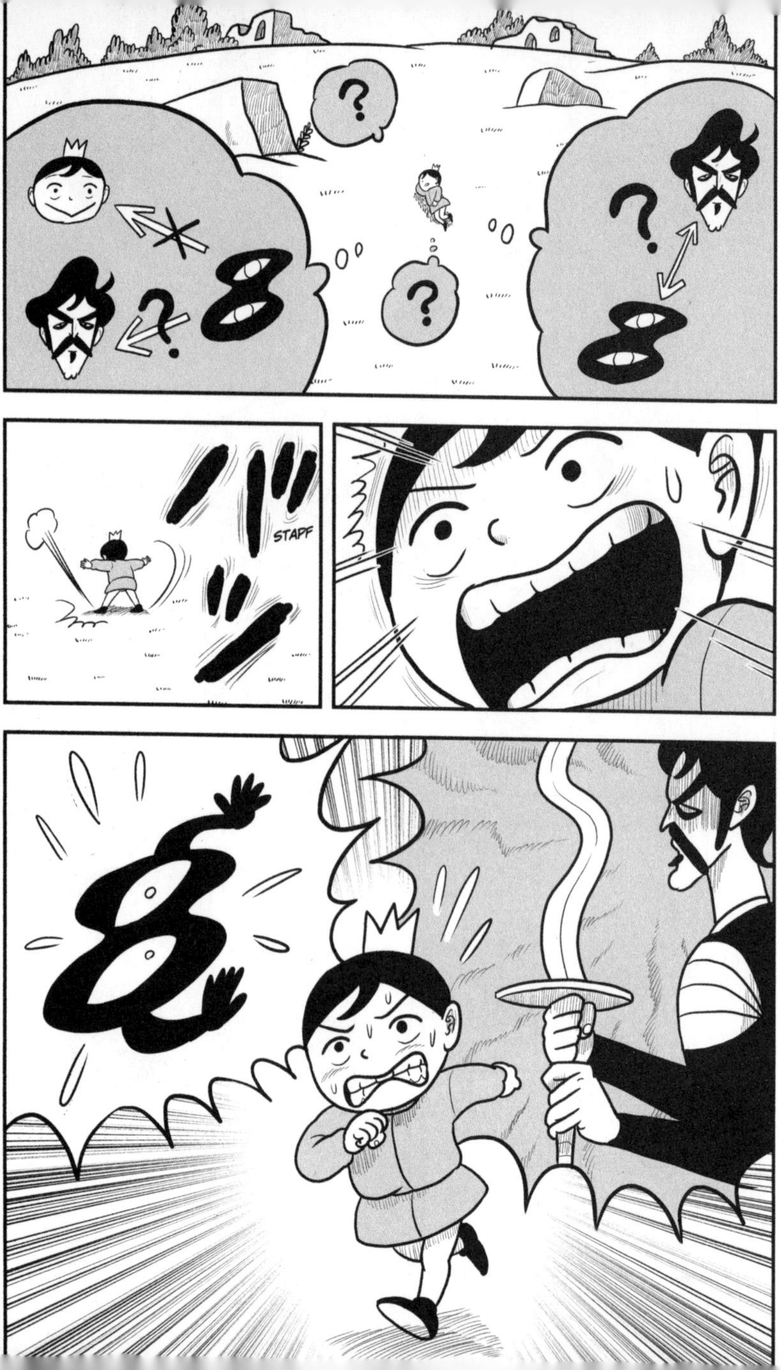

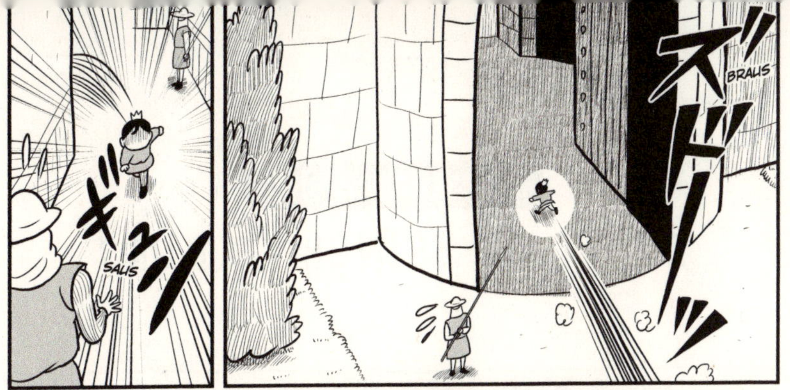

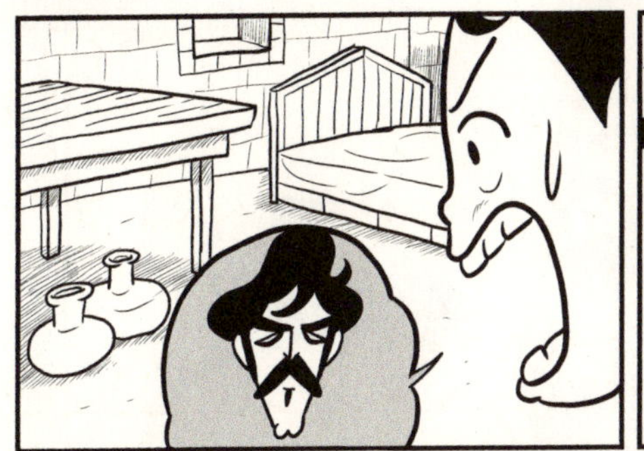

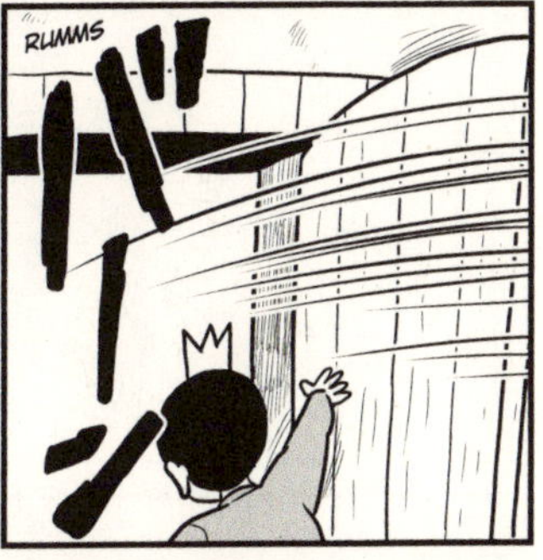

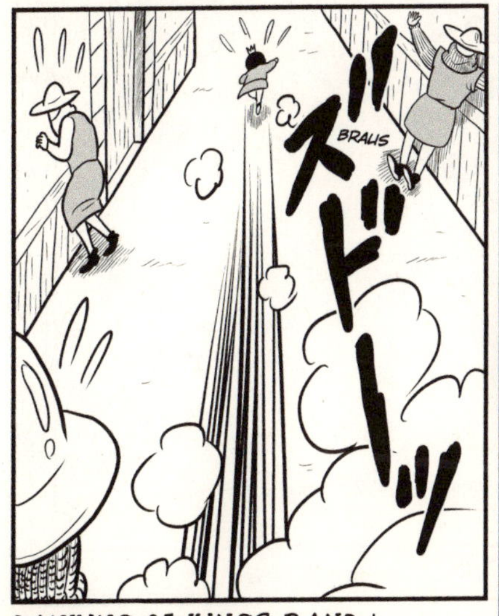

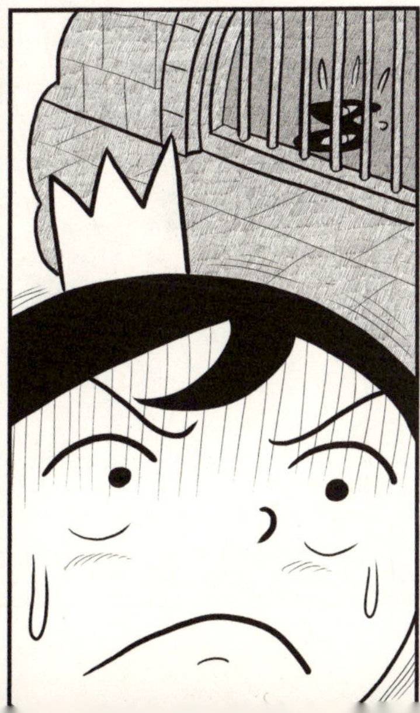

RANKING OF KINGS BAND 1

ENDE – LEST WEITER IN BAND 2

SPEZIALEPISODE

DER TAG SEINER GEBURT

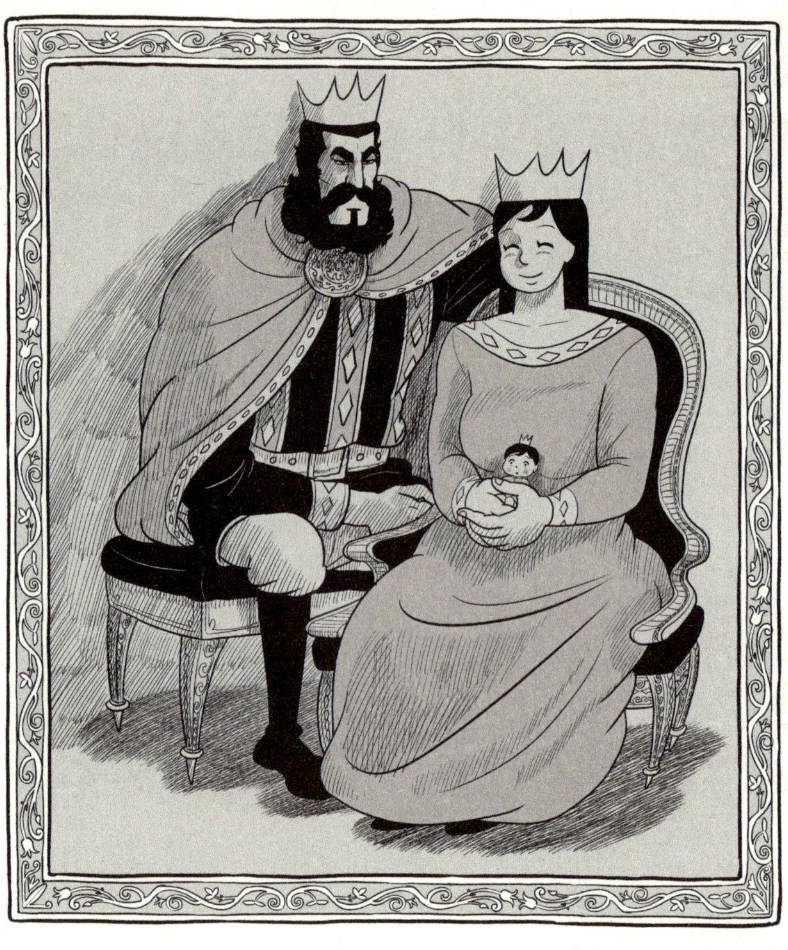

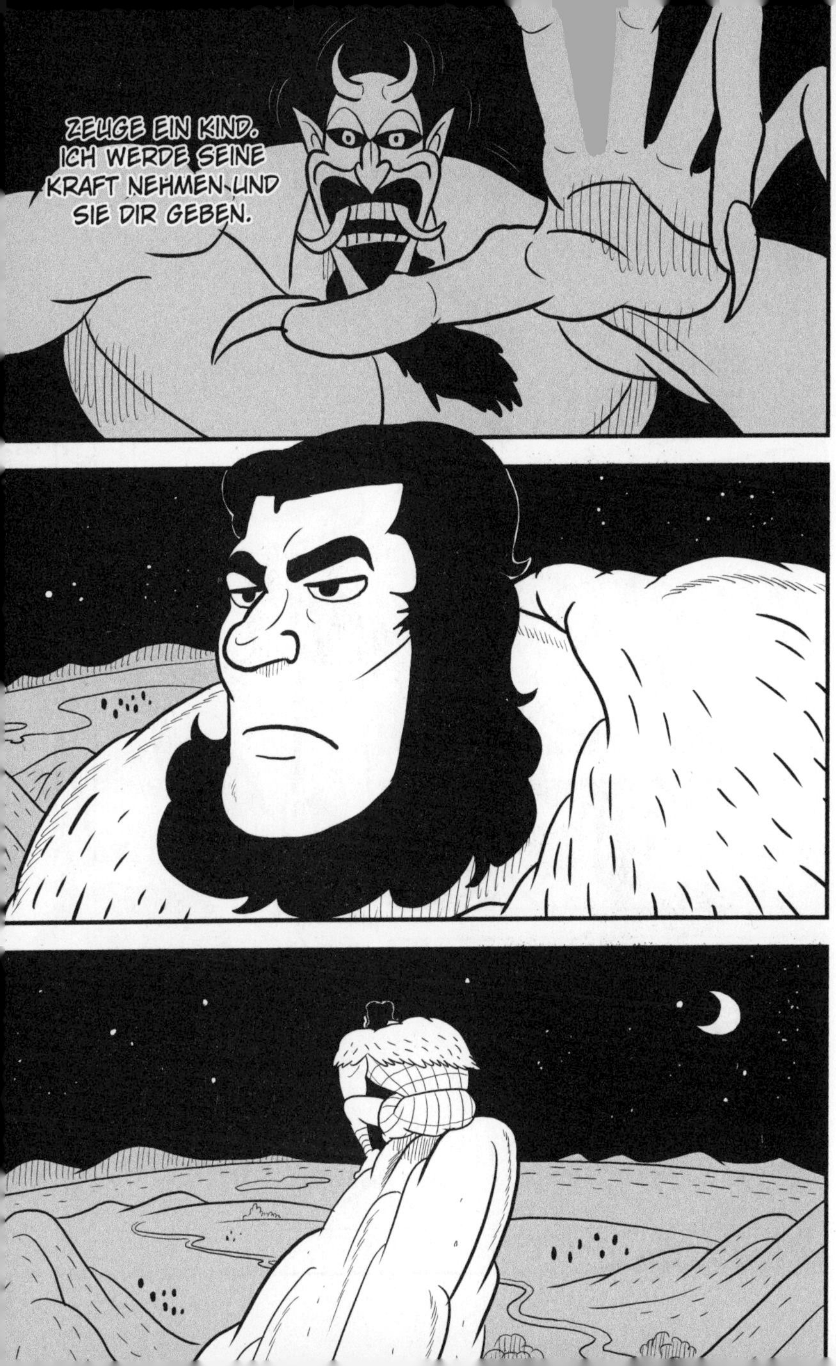

ZEUGE EIN KIND.
ICH WERDE SEINE
KRAFT NEHMEN UND
SIE DIR GEBEN.

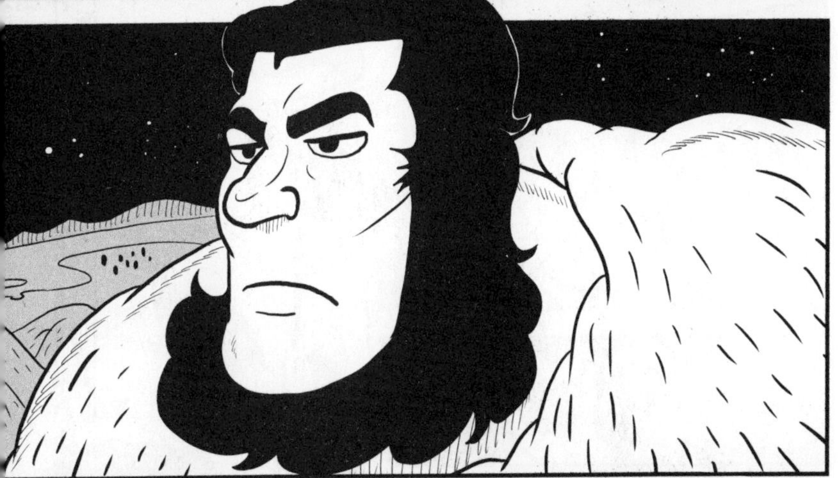

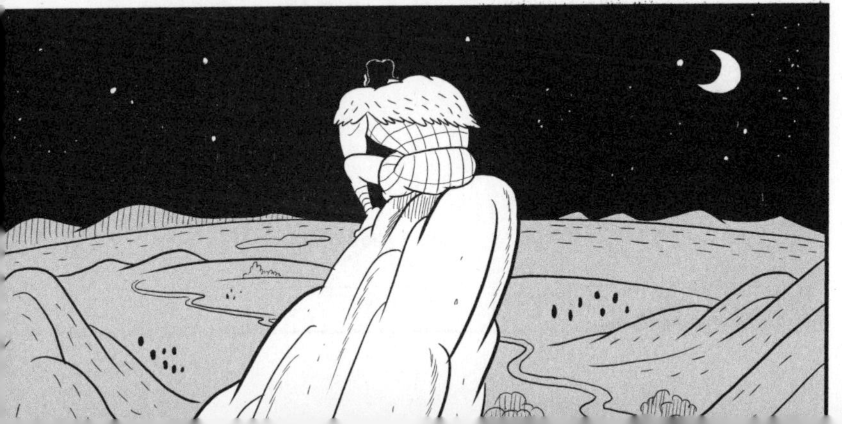

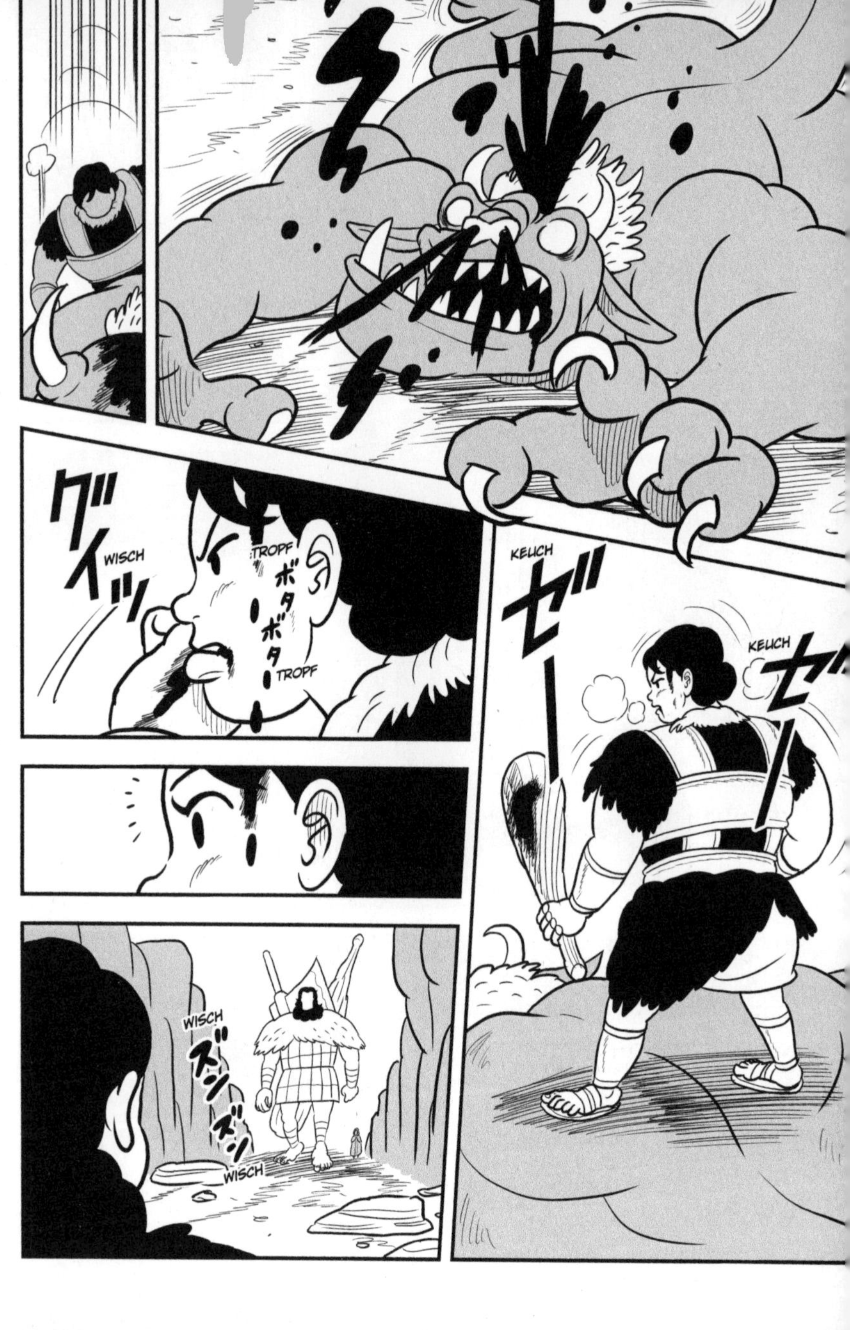
KEUCH
ゼー
KEUCH
ゼー
WISCH
グイッ
TROPF
ボタボタ
TROPF
WISCH
ズシズシ
WISCH

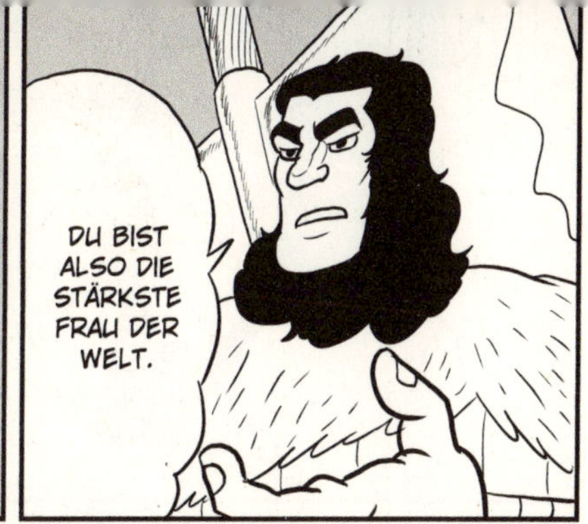
DU BIST ALSO DIE STÄRKSTE FRAU DER WELT.

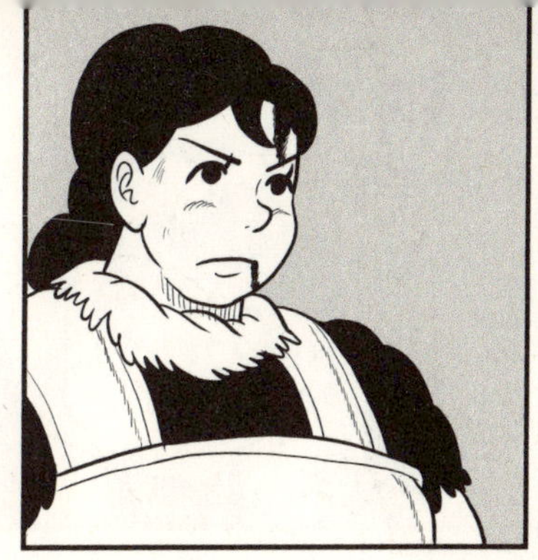

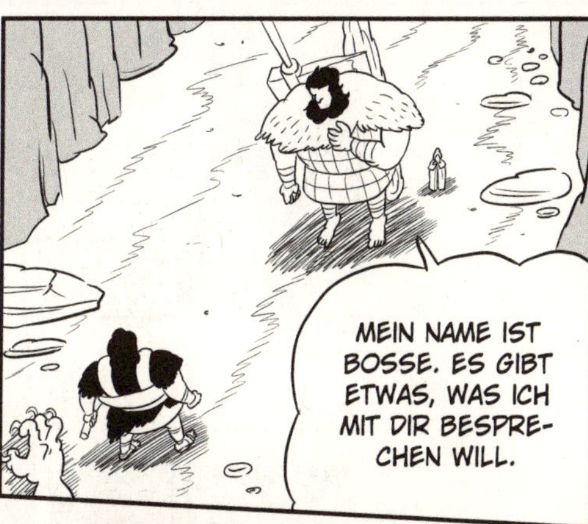
MEIN NAME IST BOSSE. ES GIBT ETWAS, WAS ICH MIT DIR BESPRE-CHEN WILL.

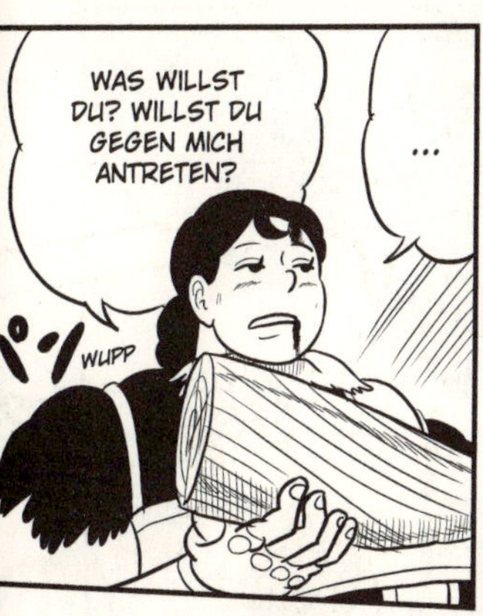
...
WAS WILLST DU? WILLST DU GEGEN MICH ANTRETEN?
WUPP

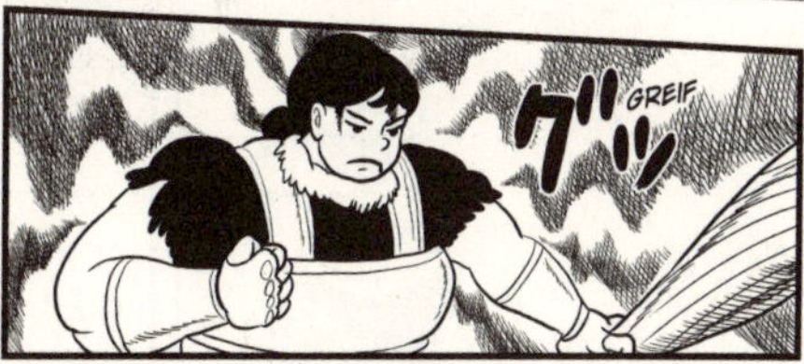
GREIF

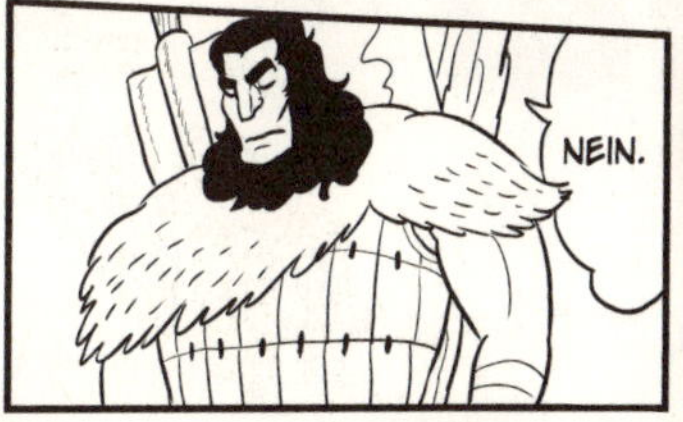
NEIN.

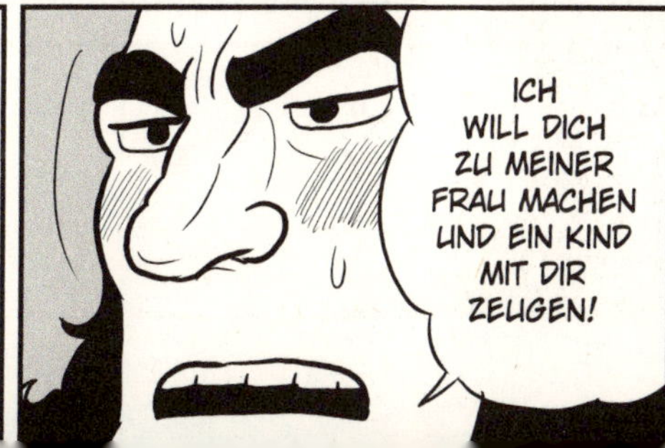
ICH WILL DICH ZU MEINER FRAU MACHEN UND EIN KIND MIT DIR ZEUGEN!

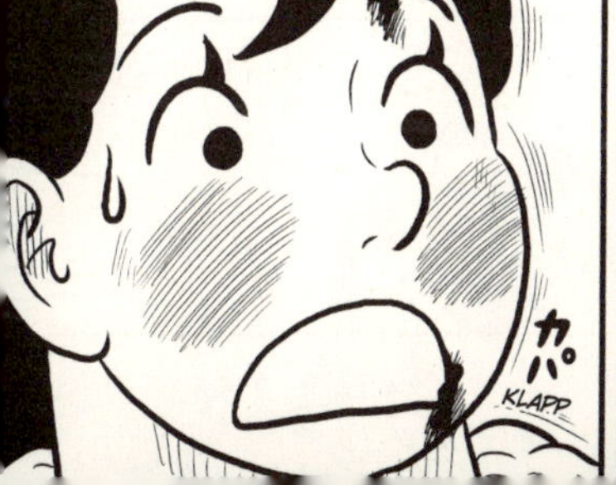
KLAPP

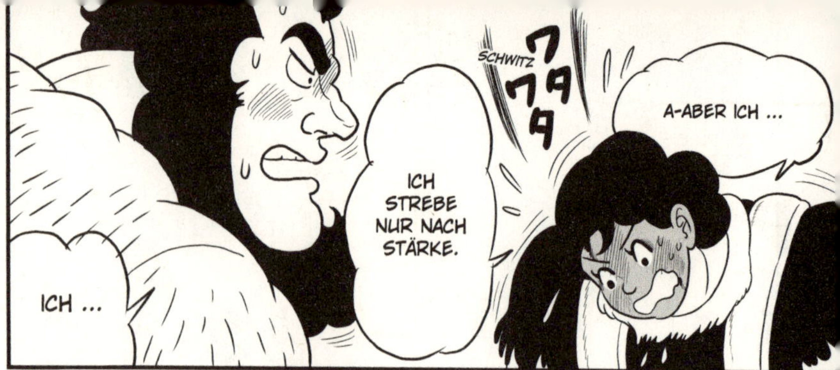
SCHWITZ
A-ABER ICH ...
ICH STREBE NUR NACH STÄRKE.
ICH ...

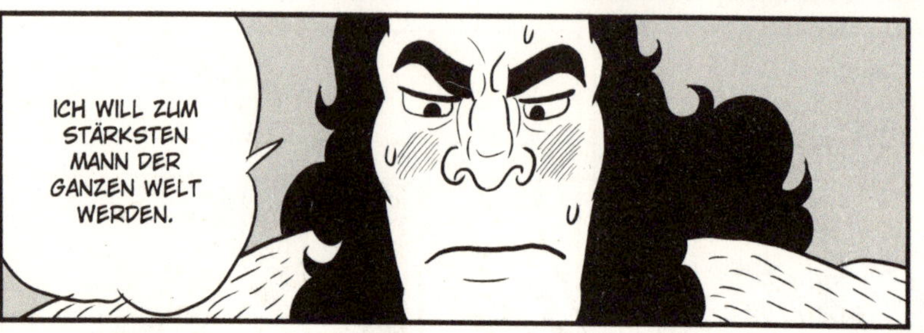
ICH WILL ZUM STÄRKSTEN MANN DER GANZEN WELT WERDEN.

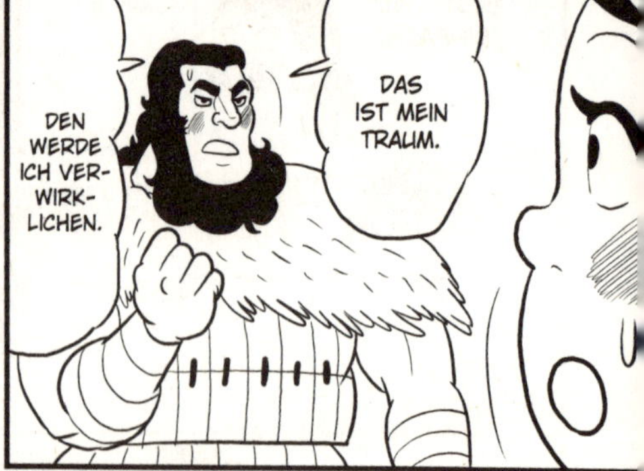
DAS IST MEIN TRAUM.
DEN WERDE ICH VER-WIRK-LICHEN.

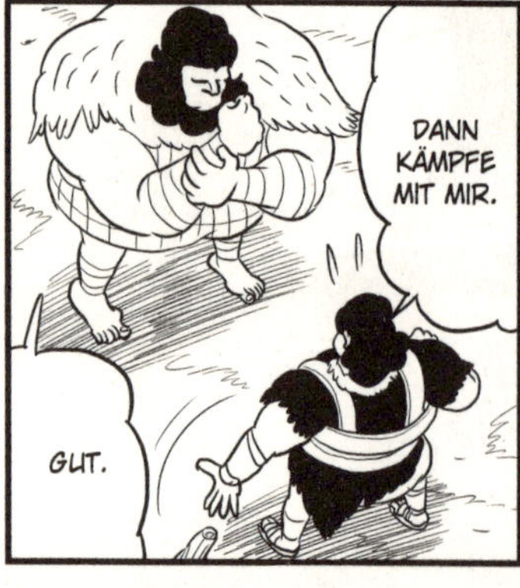
DANN KÄMPFE MIT MIR.
GUT.

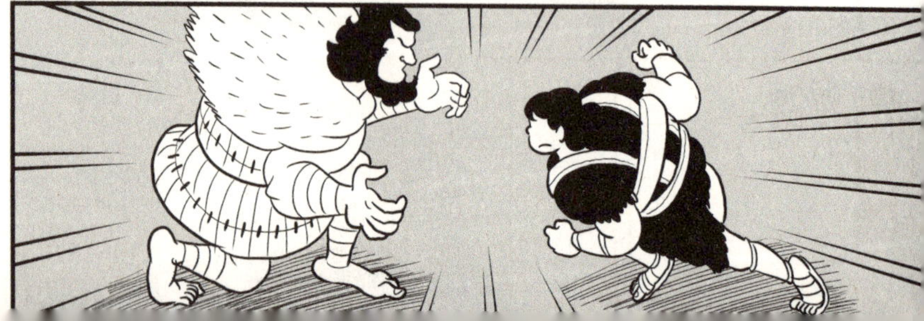

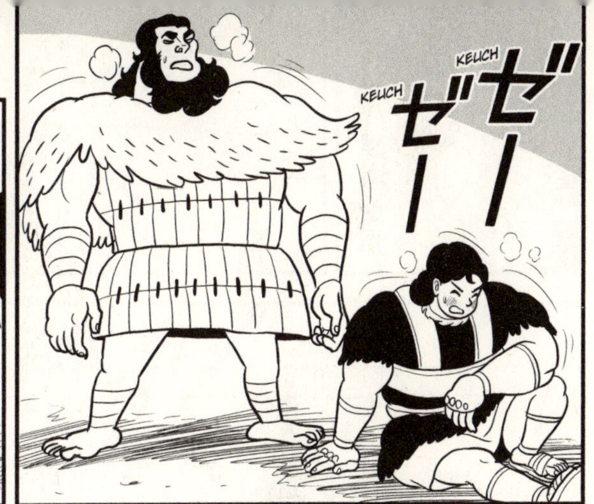
KEUCH
ゼー
KEUCH
ゼー

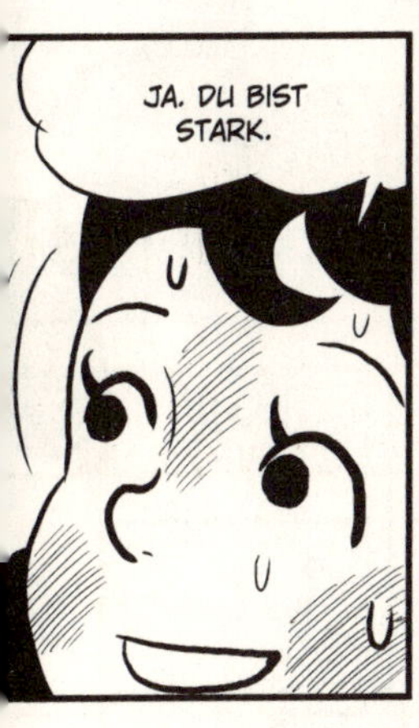
JA. DU BIST STARK.

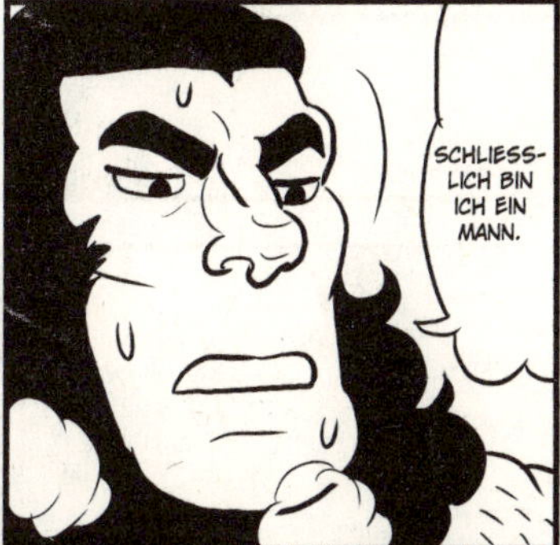
SCHLIESS-LICH BIN ICH EIN MANN.

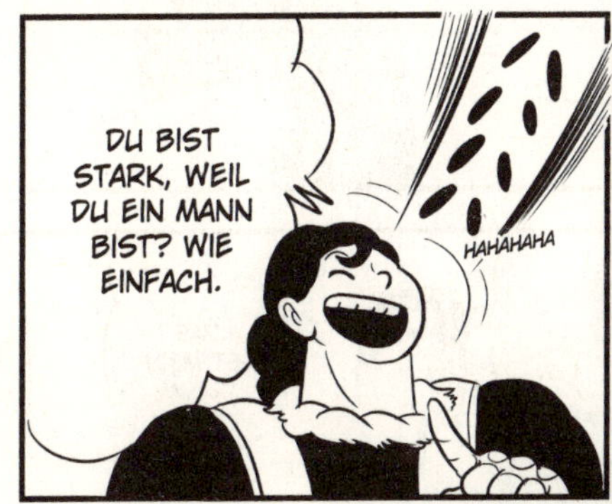
DU BIST STARK, WEIL DU EIN MANN BIST? WIE EINFACH.
HAHAHAHA

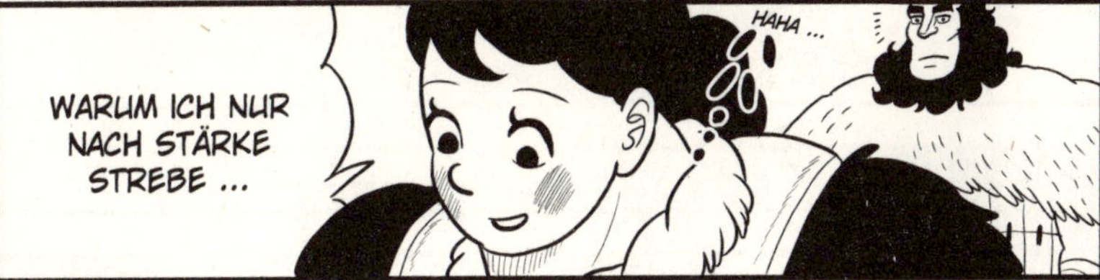
HAHA ...
WARUM ICH NUR NACH STÄRKE STREBE ...

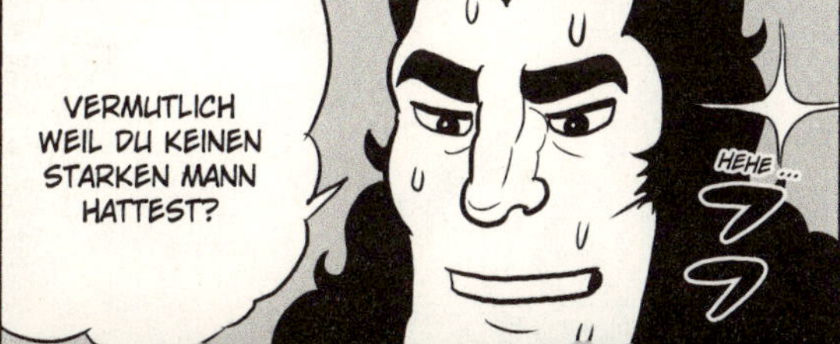
HEHE ...
フフ
VERMUTLICH WEIL DU KEINEN STARKEN MANN HATTEST?

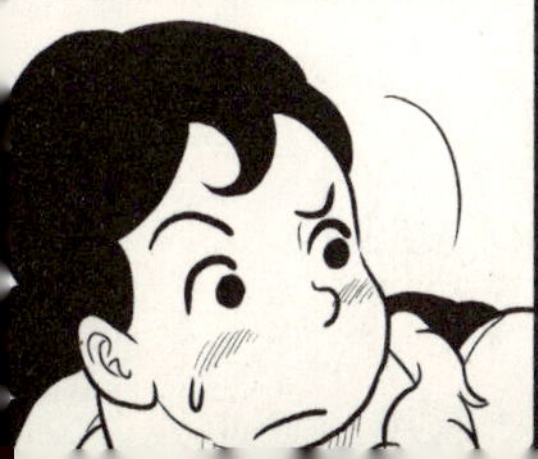

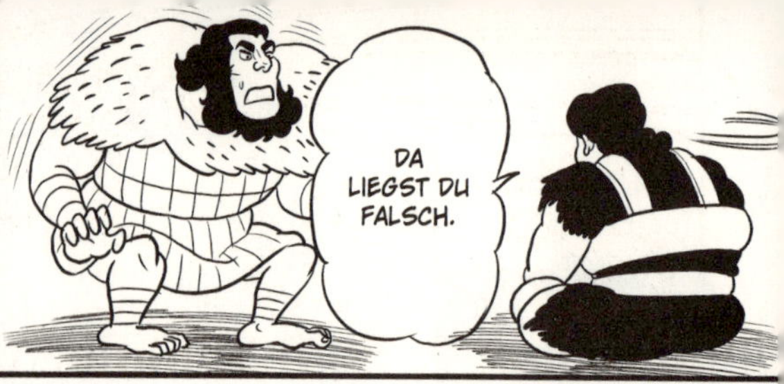
DA LIEGST DU FALSCH.

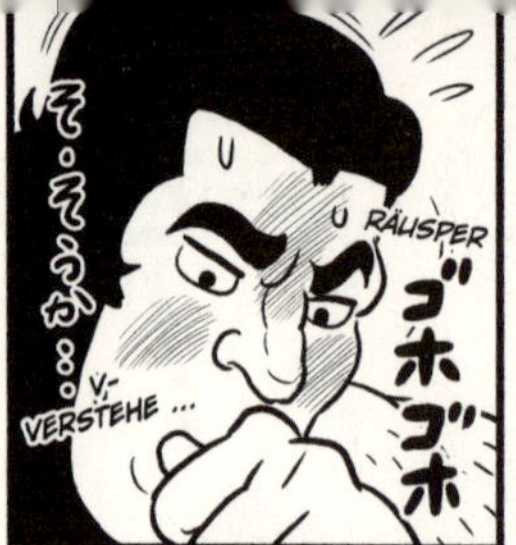
そ・そうか…
V-VERSTEHE ...
ゴホゴホ
RÄUSPER

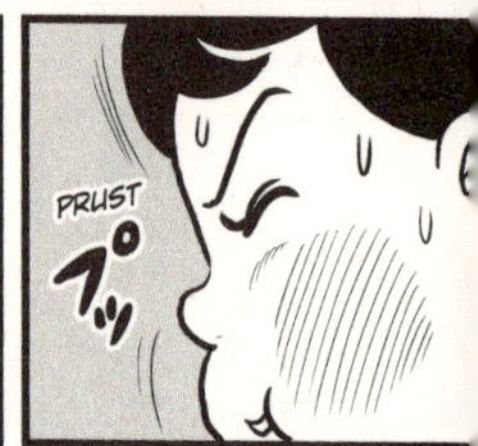
プッ
PRUST

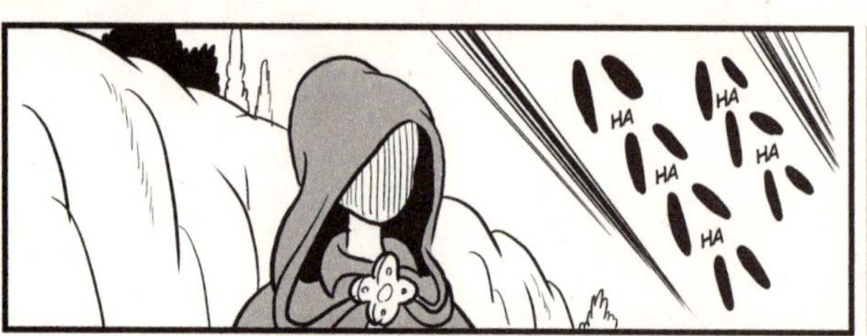
ハハハハハ
HA HA HA HA HA

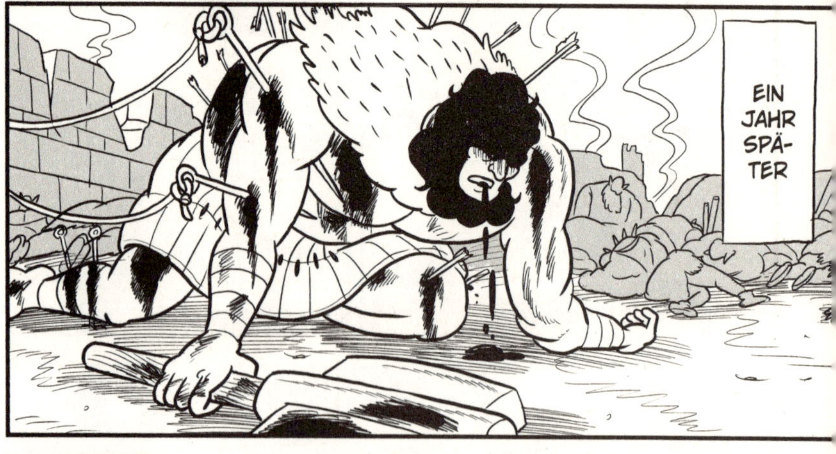
EIN JAHR SPÄTER

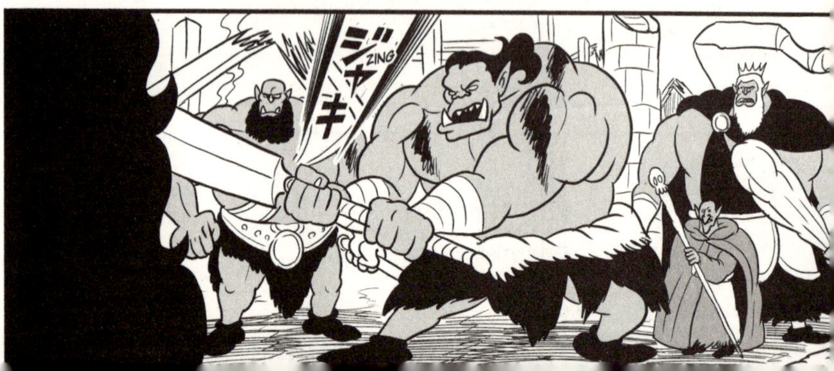
ジャキ
ZING

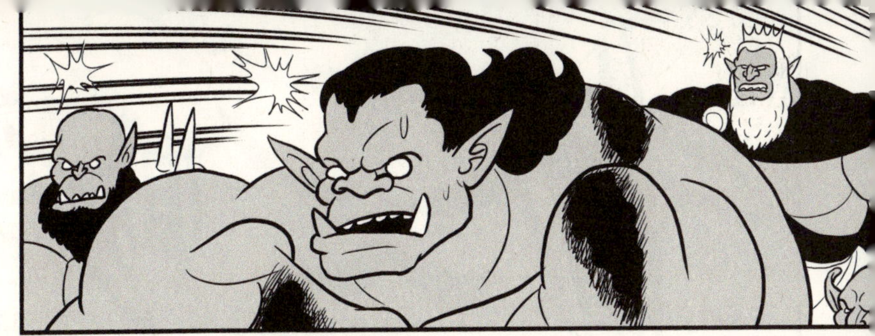
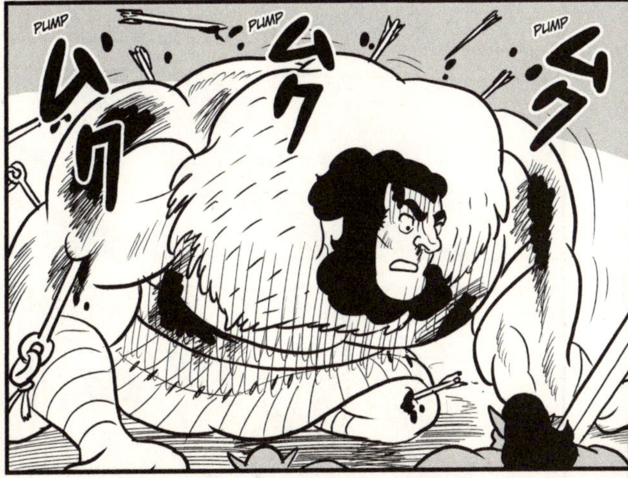
PUMP
ムク
PUMP
ムク
PUMP
ムク
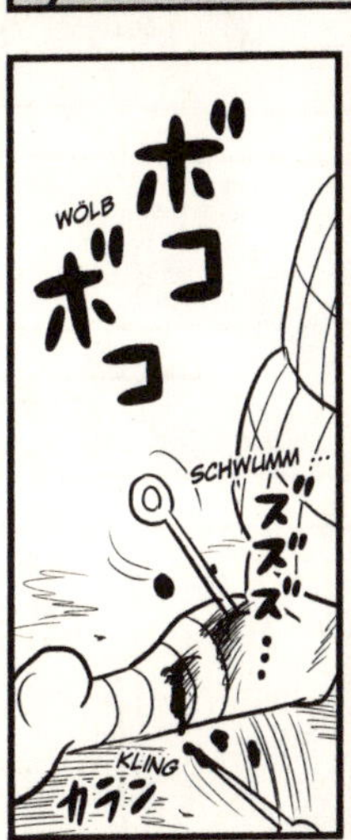
WÖLB
ボコボコ
SCHWUMM ...
ズズズ…
KLING
カラン
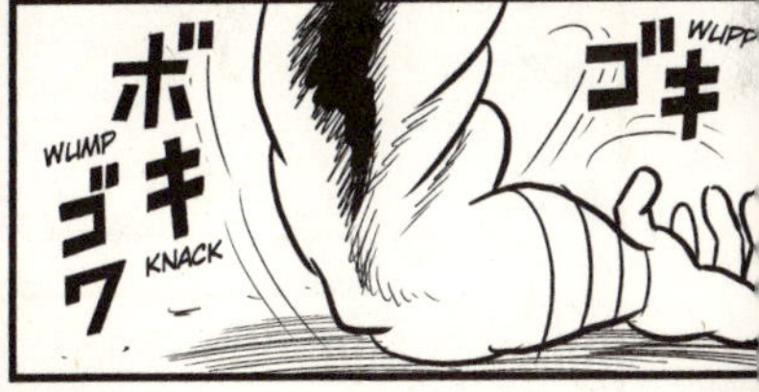
WUPP
ゴキ
WUMP
ボキゴワ
KNACK
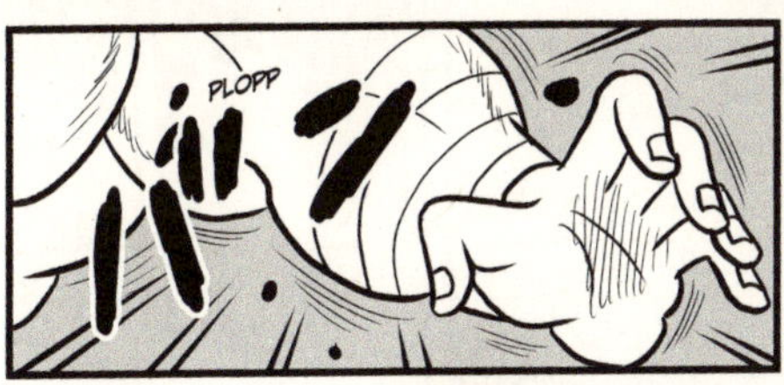
PLOPP
バン
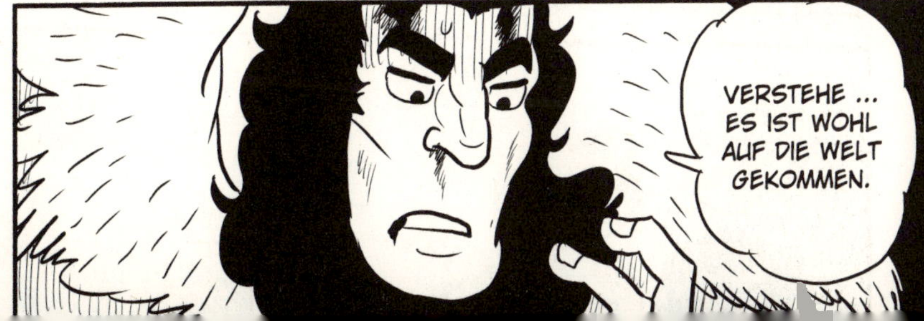
VERSTEHE ...
ES IST WOHL
AUF DIE WELT
GEKOMMEN.

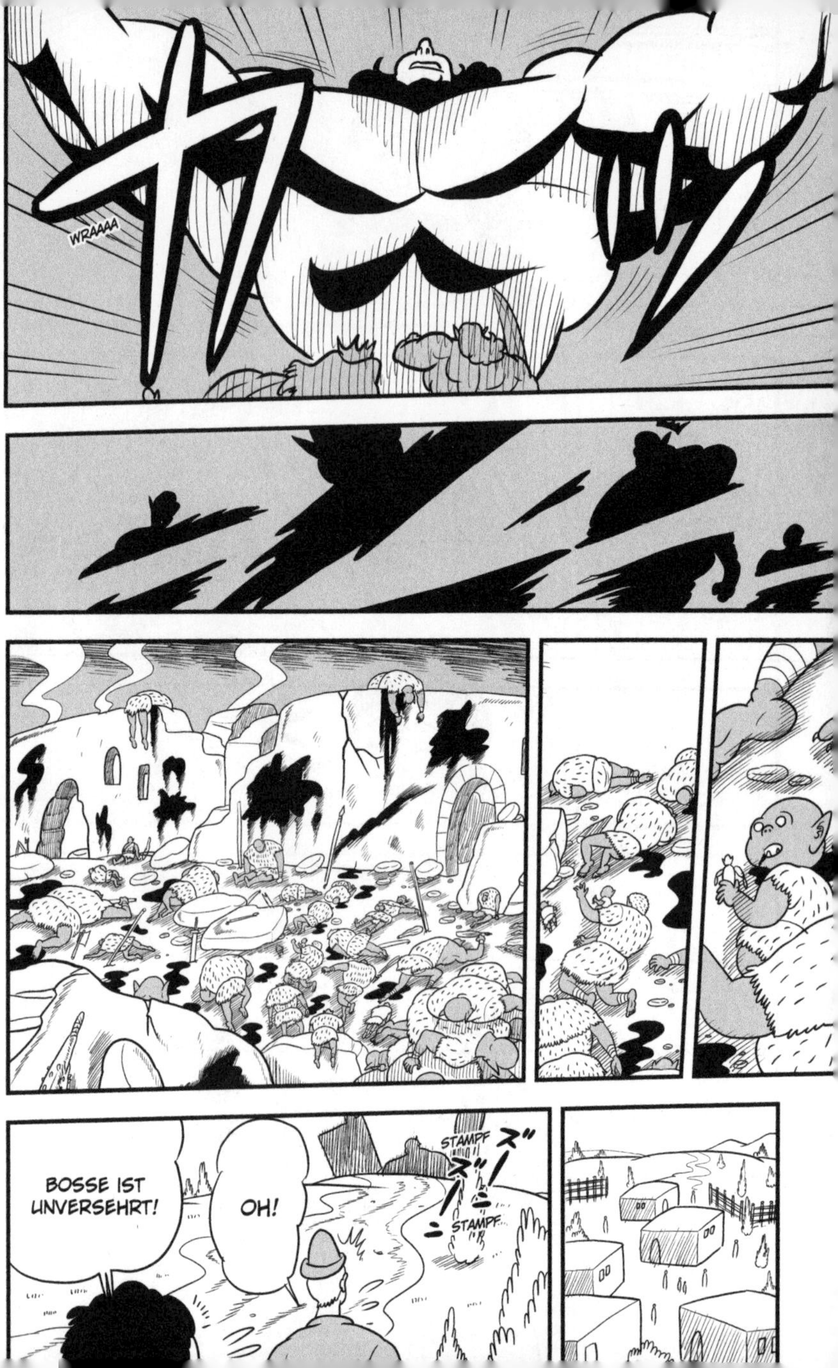

WRAAAA

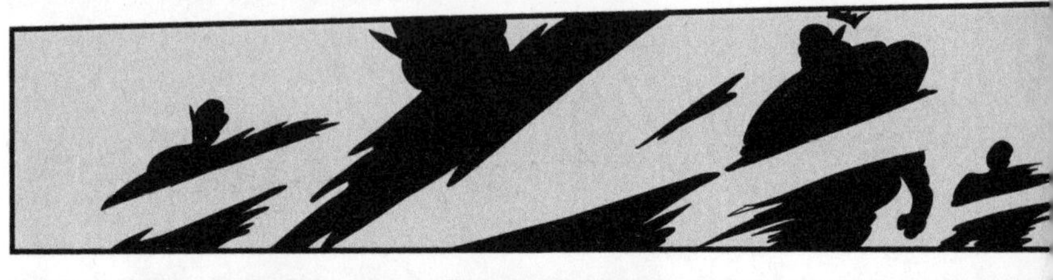

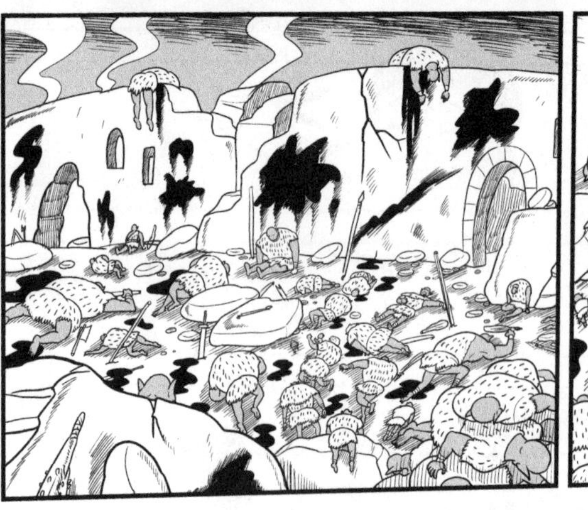

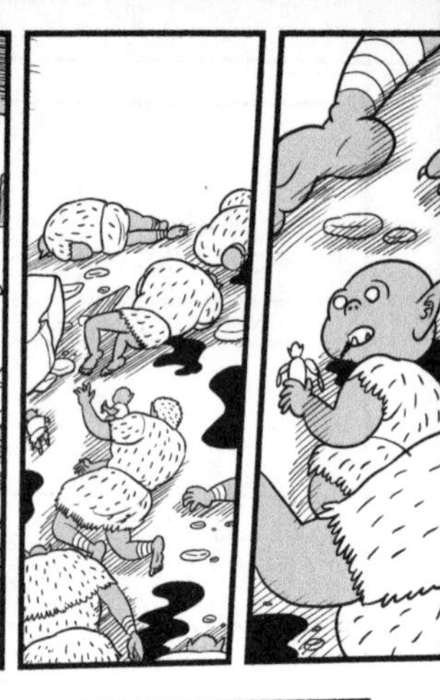

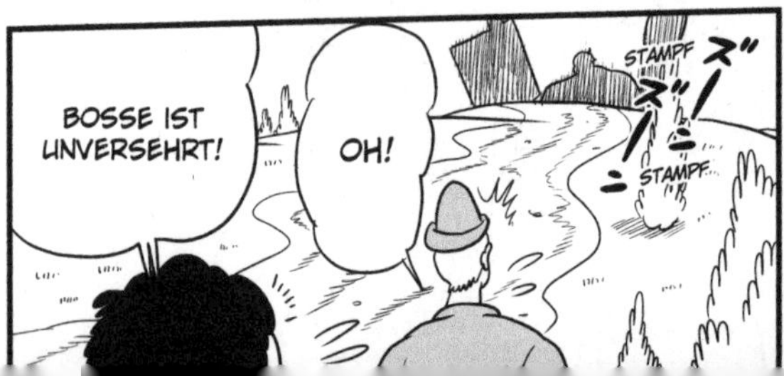

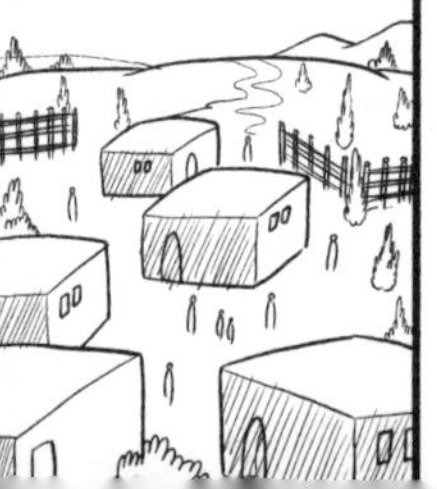

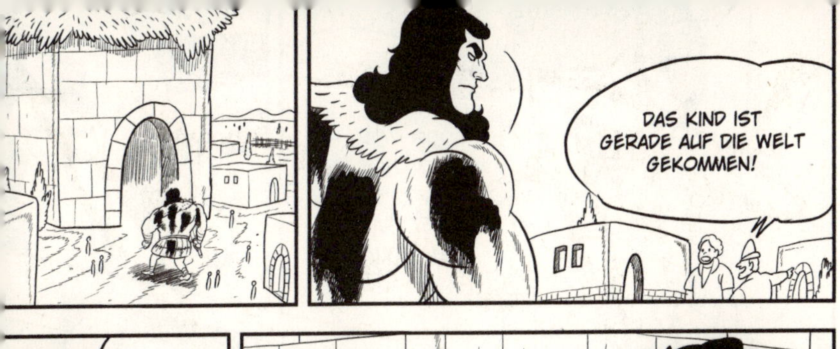
DAS KIND IST GERADE AUF DIE WELT GEKOMMEN!
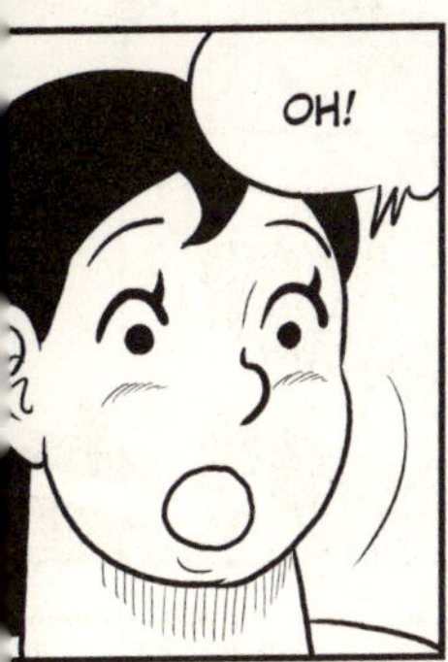
OH!
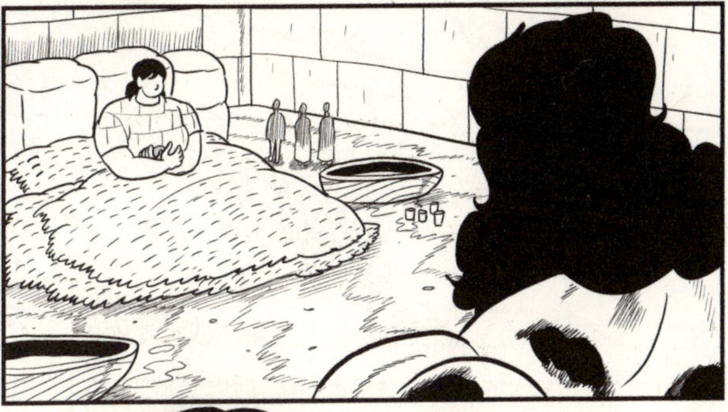
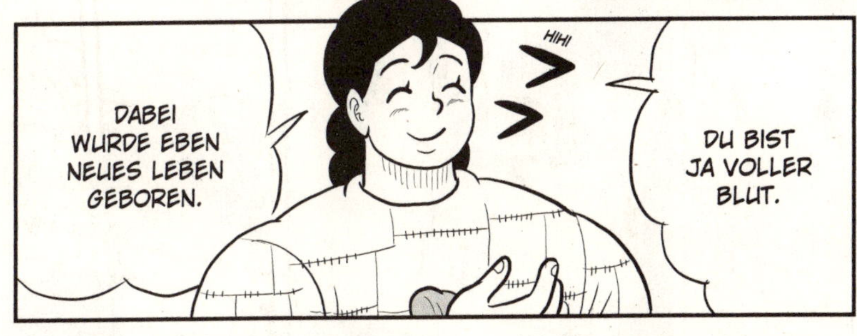
HIHI
DU BIST JA VOLLER BLUT.
DABEI WURDE EBEN NEUES LEBEN GEBOREN.
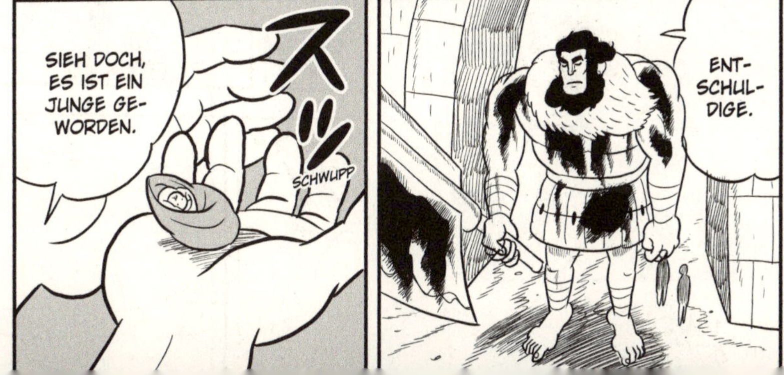
ENT-SCHUL-DIGE.
SIEH DOCH, ES IST EIN JUNGE GE-WORDEN.
SCHWUPP

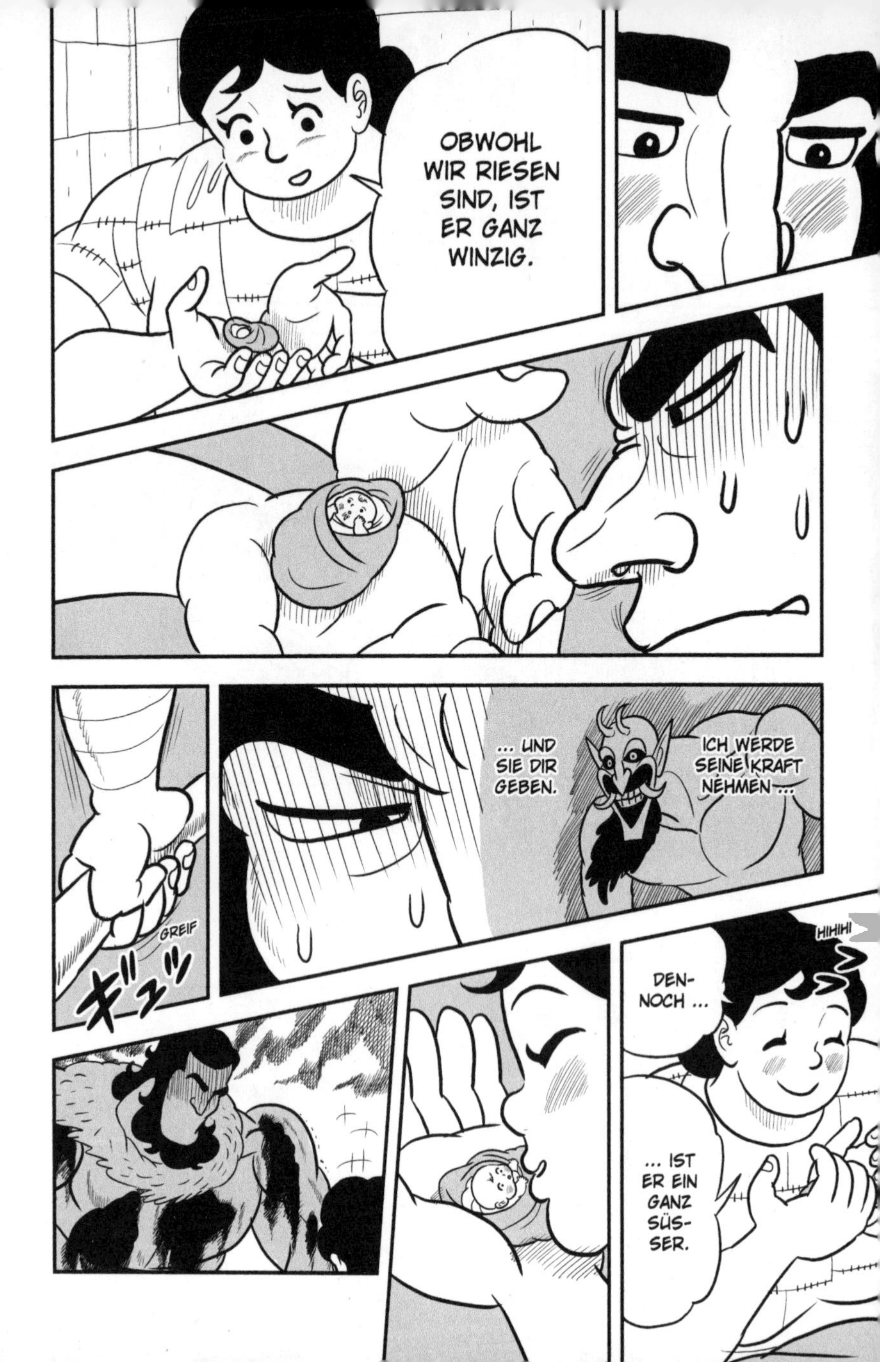
OBWOHL WIR RIESEN SIND, IST ER GANZ WINZIG.
ICH WERDE SEINE KRAFT NEHMEN ...
... UND SIE DIR GEBEN.
GREIF
ギュッ
HIHIHI
DEN-NOCH ...
... IST ER EIN GANZ SÜS-SER.

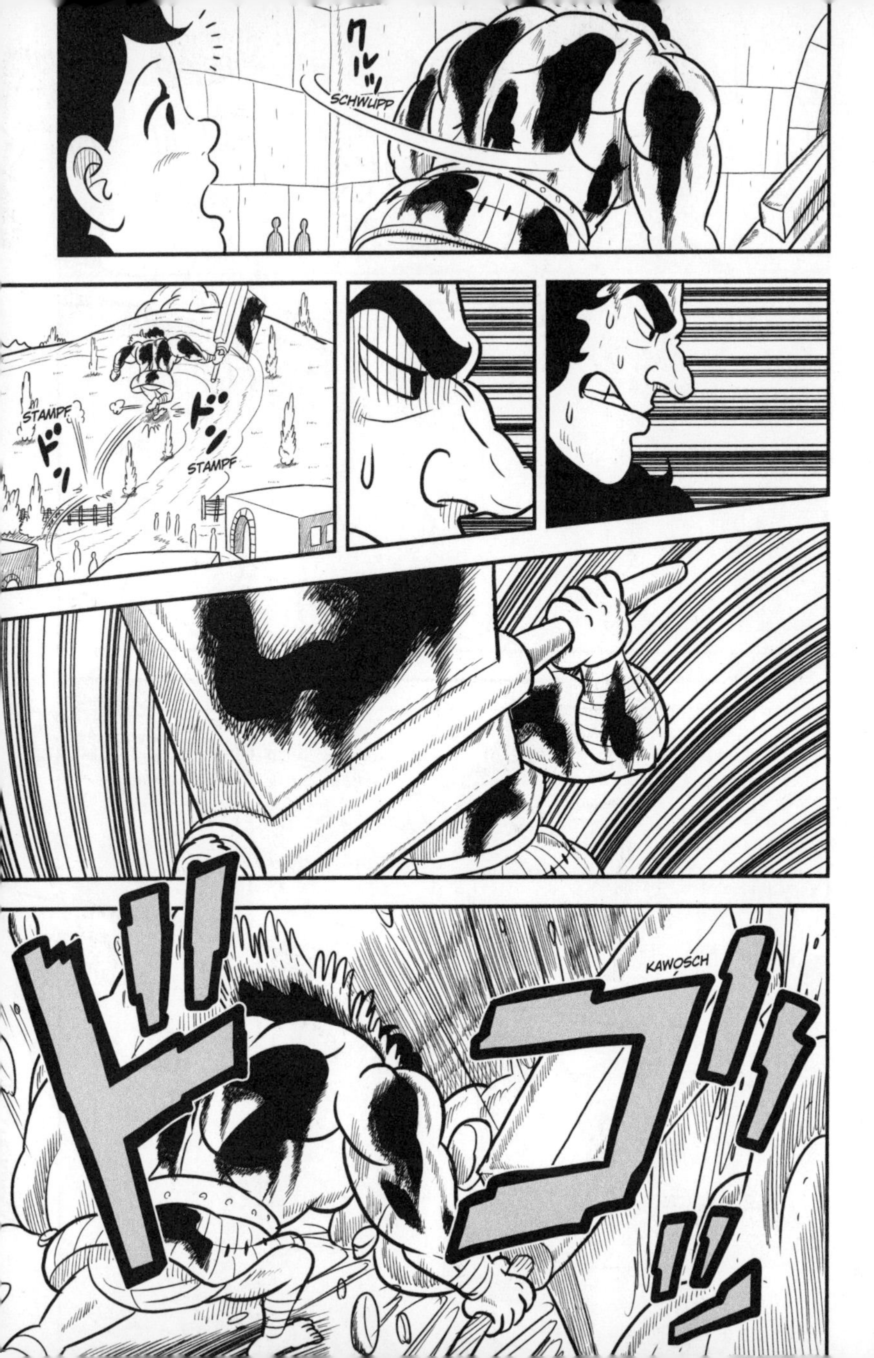

クルッ
SCHWUPP
STAMPF
ドッ
ドッ
STAMPF
ドゴッ
KAWOSCH

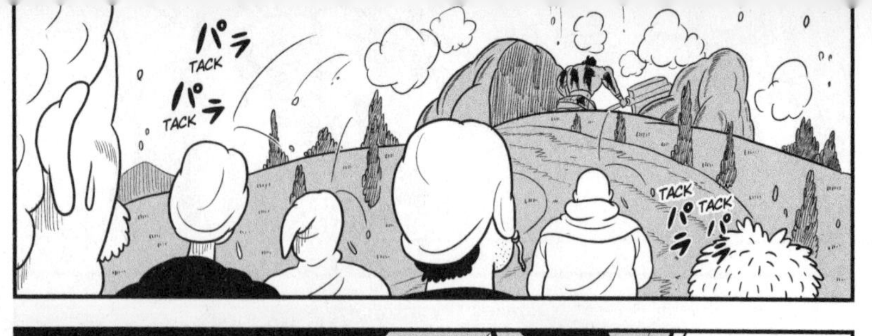

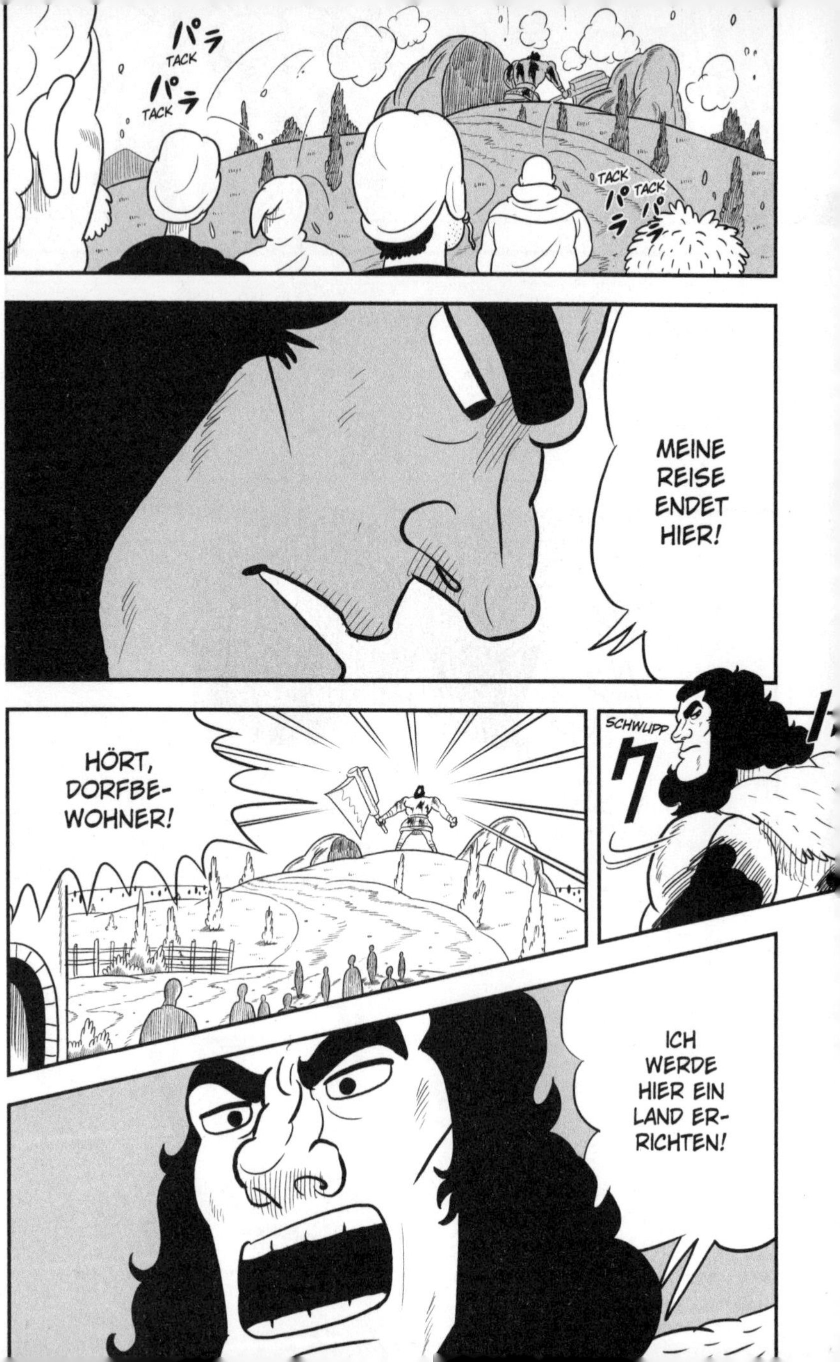

MEINE REISE ENDET HIER!

SCHWUPP ク

HÖRT, DORFBE-WOHNER!

ICH WERDE HIER EIN LAND ER-RICHTEN!

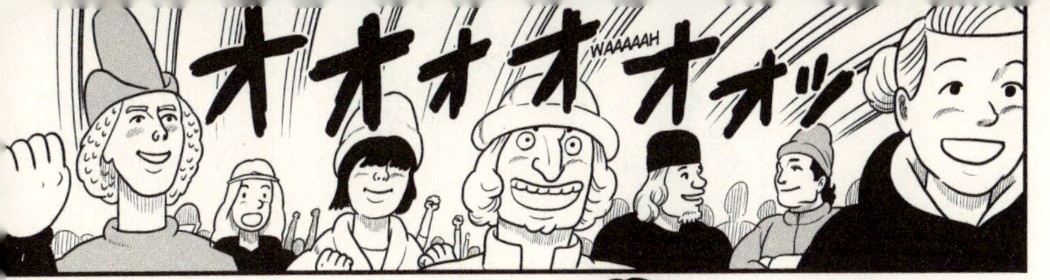

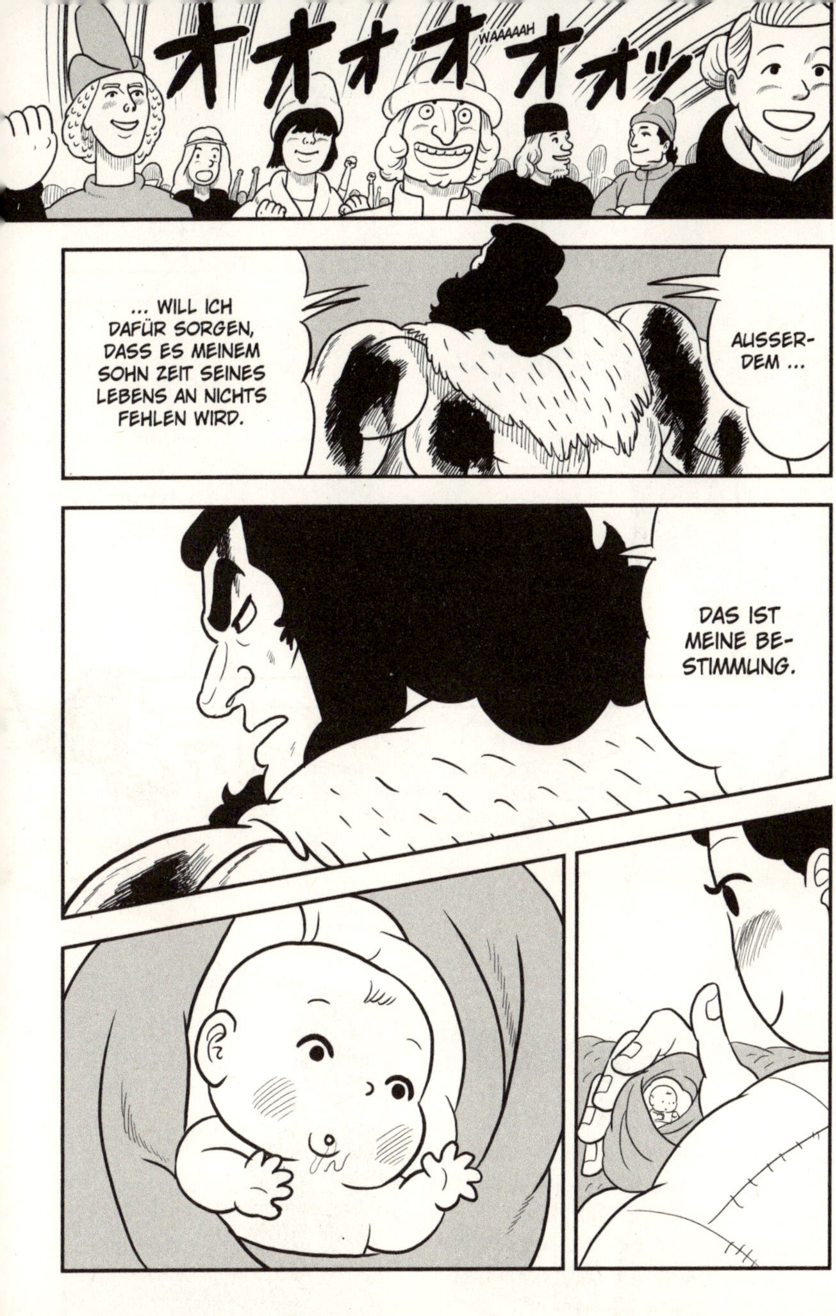

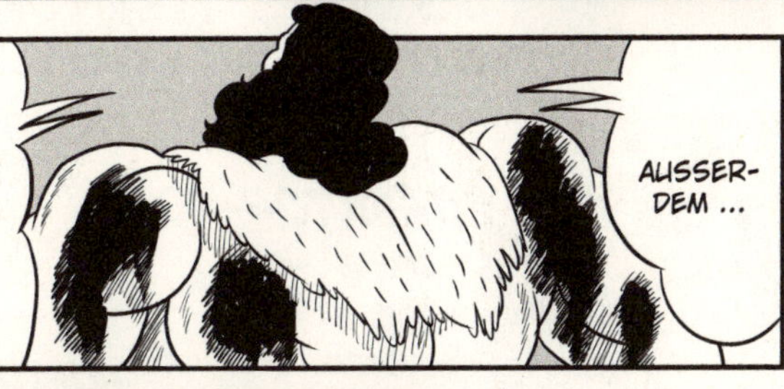

DAS IST
MEINE BE-
STIMMUNG.

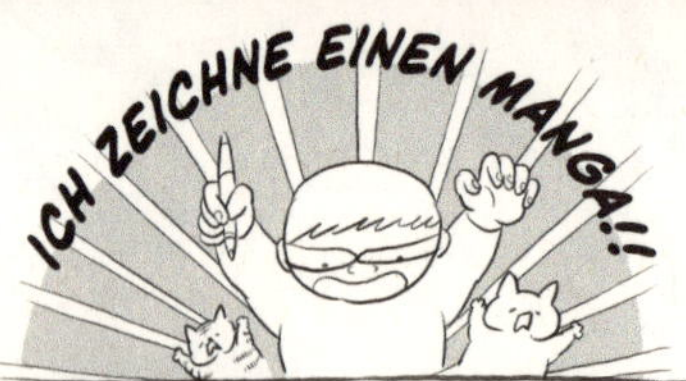

SECHS MEINER MANGA-UTENSILIEN

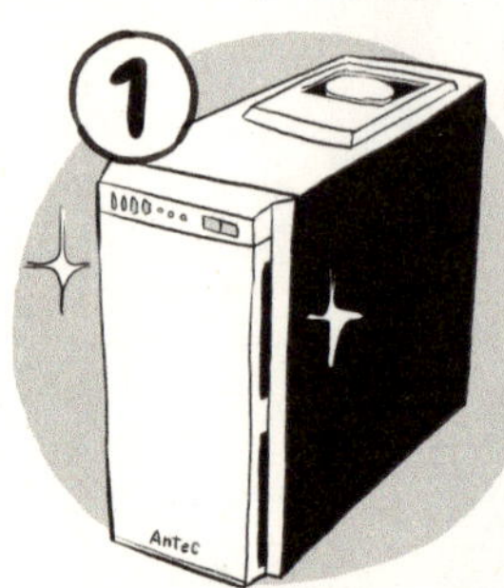

DESKTOP-PC

- CPU: i5-7400
- RAM: 16GB
- SYSTEM: 64-BIT-WINDOWS
- ICH BIN VÖLLIG IN PC-GEHÄUSE VON ANTEC VERNARRT.

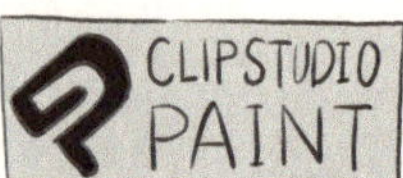

SOFTWARE-ANWENDUNG 『clipstudio』

DA ICH NOCH NIE MIT EINER ANDEREN SOFTWARE GEARBEITET HABE, KANN ICH KEINE VERGLEICHE ANSTELLEN, ABER DIESE IST LEISTUNGSSTARK UND DABEI GÜNSTIG. SIE IST EINFACH HERVORRAGEND.

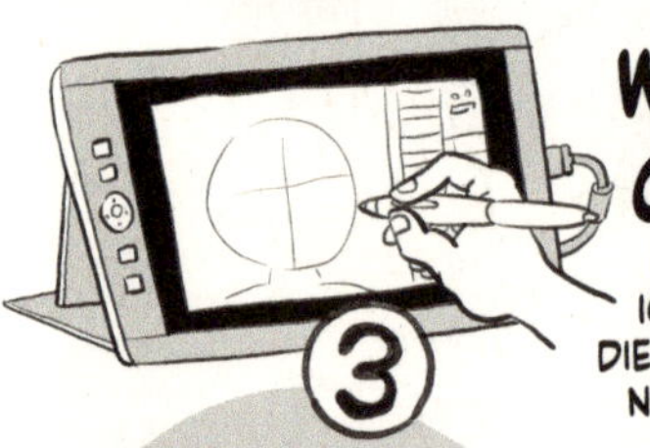

Wacom CINTIQ 13HD

DAS FÜHLT SICH WIRKLICH GENAUSO AN, ALS WÜRDE ICH MIT DEM BLEISTIFT ZEICHNEN. DIE ERFAHRUNG MIT DIESEM GERÄT HAT MICH DAZU GEBRACHT, EIN BILDERBUCH NOCH EINMAL ZU ZEICHNEN - EIN SAGENHAFTES GERÄT!

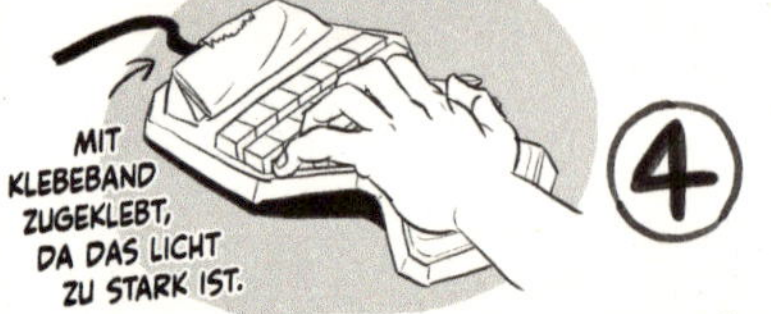

Logicool G13 Gameboard

DA ICH SO MIT DER LINKEN HAND DINGE WIE LEINWANDDREHUNG, VERGRÖSSERN/VERKLEINERN USW. MACHEN KANN, SPARE ICH EINE UNMENGE AN ZEIT. AUSSERDEM SIND PRODUKTE VON LOGICOOL ROBUST UND LANGLEBIG, SODASS ICH DER MARKE ABSOLUT VERTRAUE.

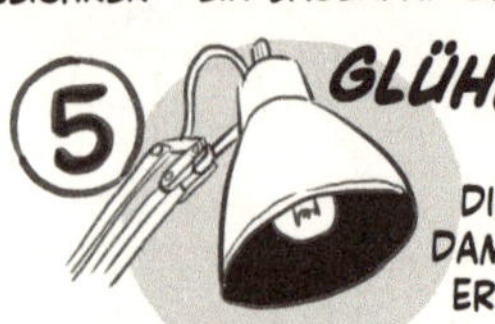

GLÜHLAMPE

WEIL DIE AUGEN DAMIT NICHT ERMÜDEN.

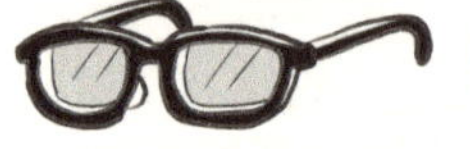

6

BLAULICHTFILTER-BRILLE

DAS SCHEINT ZWAR NICHT WISSENSCHAFTLICH BELEGT ZU SEIN, ABER SEIT ICH EINEN BLAULICHTFILTER IN MEINER BRILLE HABE, WERDEN MEINE AUGEN TATSÄCHLICH NICHT SO SCHNELL MÜDE.

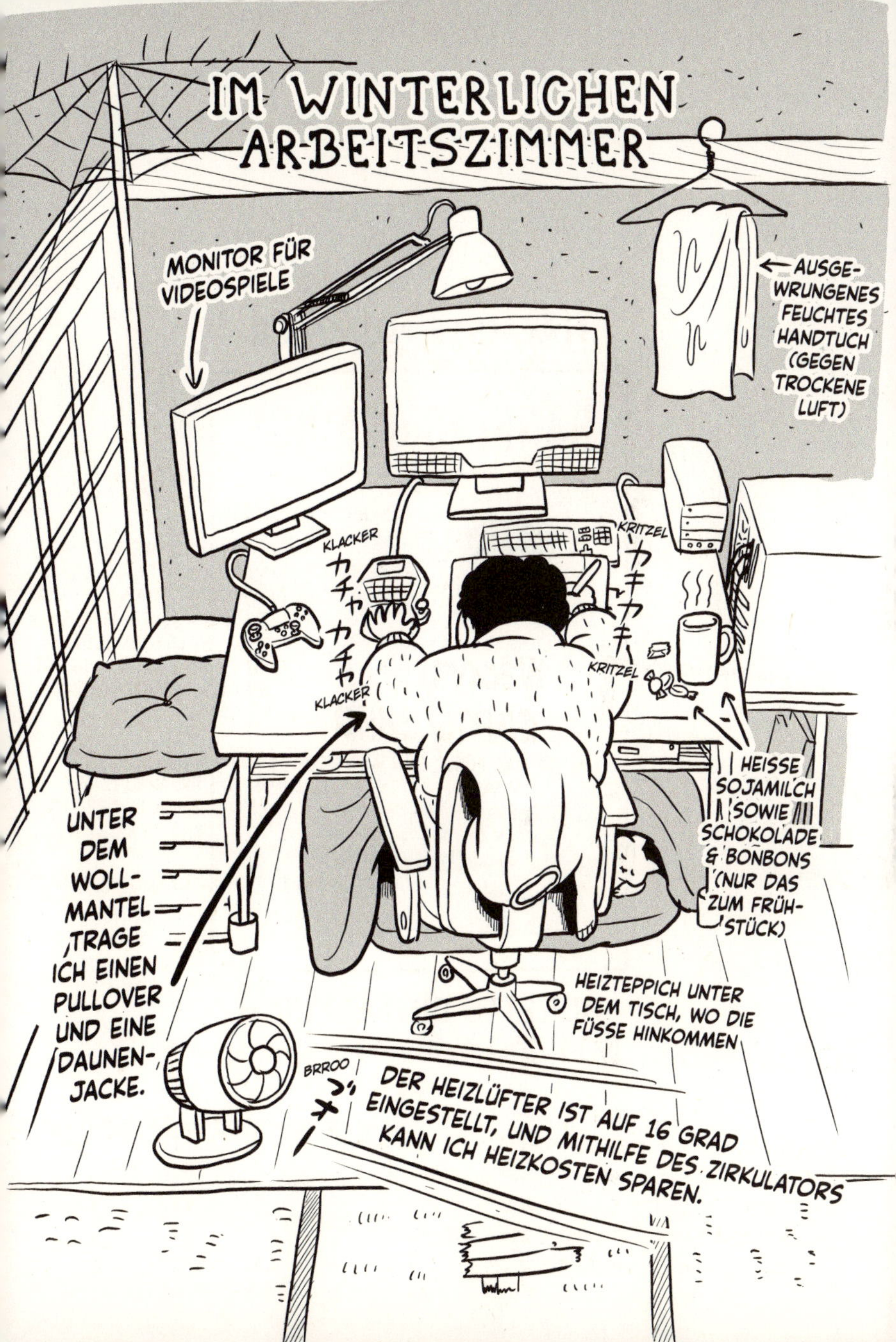

IM WINTERLICHEN ARBEITSZIMMER
MONITOR FÜR VIDEOSPIELE
← AUSGE-WRUNGENES FEUCHTES HANDTUCH (GEGEN TROCKENE LUFT)
KLACKER
カチャカチャ
KLACKER
KRITZEL
カキカキ
KRITZEL
HEISSE SOJAMILCH SOWIE SCHOKOLADE & BONBONS (NUR DAS ZUM FRÜHSTÜCK)
UNTER DEM WOLL-MANTEL TRAGE ICH EINEN PULLOVER UND EINE DAUNEN-JACKE.
HEIZTEPPICH UNTER DEM TISCH, WO DIE FÜSSE HINKOMMEN
BRROO
DER HEIZLÜFTER IST AUF 16 GRAD EINGESTELLT, UND MITHILFE DES ZIRKULATORS KANN ICH HEIZKOSTEN SPAREN.

NÄCHSTE NUMMER

RANKING OF KINGS

2

SOUSUKE TOKA

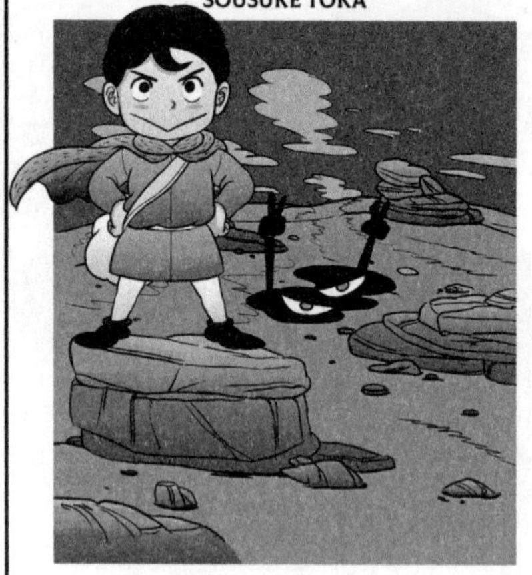

BEREITS ERHÄLTLICH

ACHTUNG!

Dieser Comic wird wie im Original gelesen:
von rechts nach links,
also fangt einfach von der anderen Seite des Buches an
und stürzt euch in die Welt von

RANKING OF KINGS

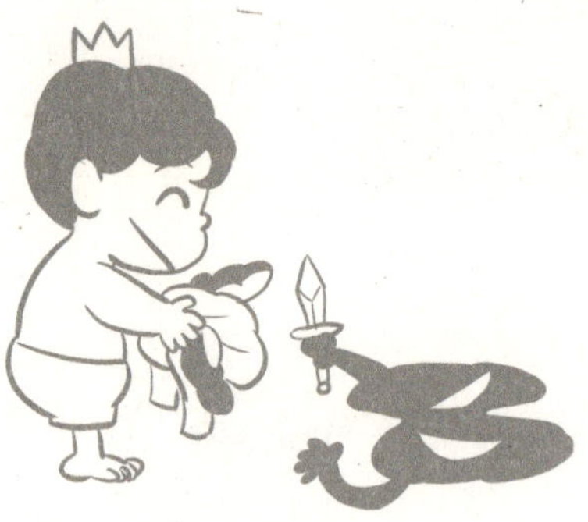

RANKING OF KINGS erscheint bei **PANINI MANGA**, Schloßstraße 76, D-70176 Stuttgart. RANKING OF KINGS wird unter Lizenz in Deutschland von PANINI Verlags-GmbH veröffentlicht. Druck: LEGO PRINT S.p.A. Anzeigenverkauf: BLAUFEUER VERLAGSVERTRETUNGEN GmbH, info@blaufeuer.com. Es gelten die Anzeigenpreise gemäß der Mediadaten 2023. Direkt-Abos auf **www.paninimanga.de**. Geschäftsführer **Hermann Paul**, Publishing Director Europe **Marco M. Lupoi**, Finanzen/Logistik **Felix Bauer**, Marketing Director **Holger Wiest**, Marketing **Dr. Rebecca Haar**, **Jessica Langer**, Vertrieb **Alexander Bubenheimer**, PR/Presse **Steffen Volkmer**, Publishing Manager **Lisa Pancaldi**, Redaktion **Stephanie Jakob**, **Matthias Korn**, **Philipp Nakata**, **Daniela Uhlmann**, Übersetzung **Gyo Araiwa**, Proofreading **Tomislav Subasic**, grafische Gestaltung **Rudy Remitti**, **Nicola Spano**, Art Director **Alessandro Gucciardo**, Redaktion Panini Comics **Elisa Panzani**, **Ludovica Ungari**, Repro/Packager **Alessandro Nalli** (coordinator), **Anna Boselli**, **Mario Da Rin Zanco**, **Valentina Esposito**, **Luca Ficarelli**, **Simone Guidetti**, **Linda Leporati**, **Fabio Melatti**.
ISBN 978-3-7416-3320-1

2. Auflage

Bibliografische Information der Deutschen Nationalbibliothek
Die Deutsche Nationalbibliothek verzeichnet diese Publikation in der Deutschen Nationalbibliografie; detaillierte bibliografische Daten sind im Internet über dnb.d-nb.de abrufbar.

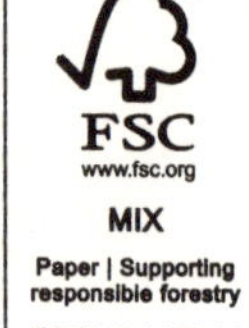